# TRAITÉ DU CONTRAT DE MARIAGE.

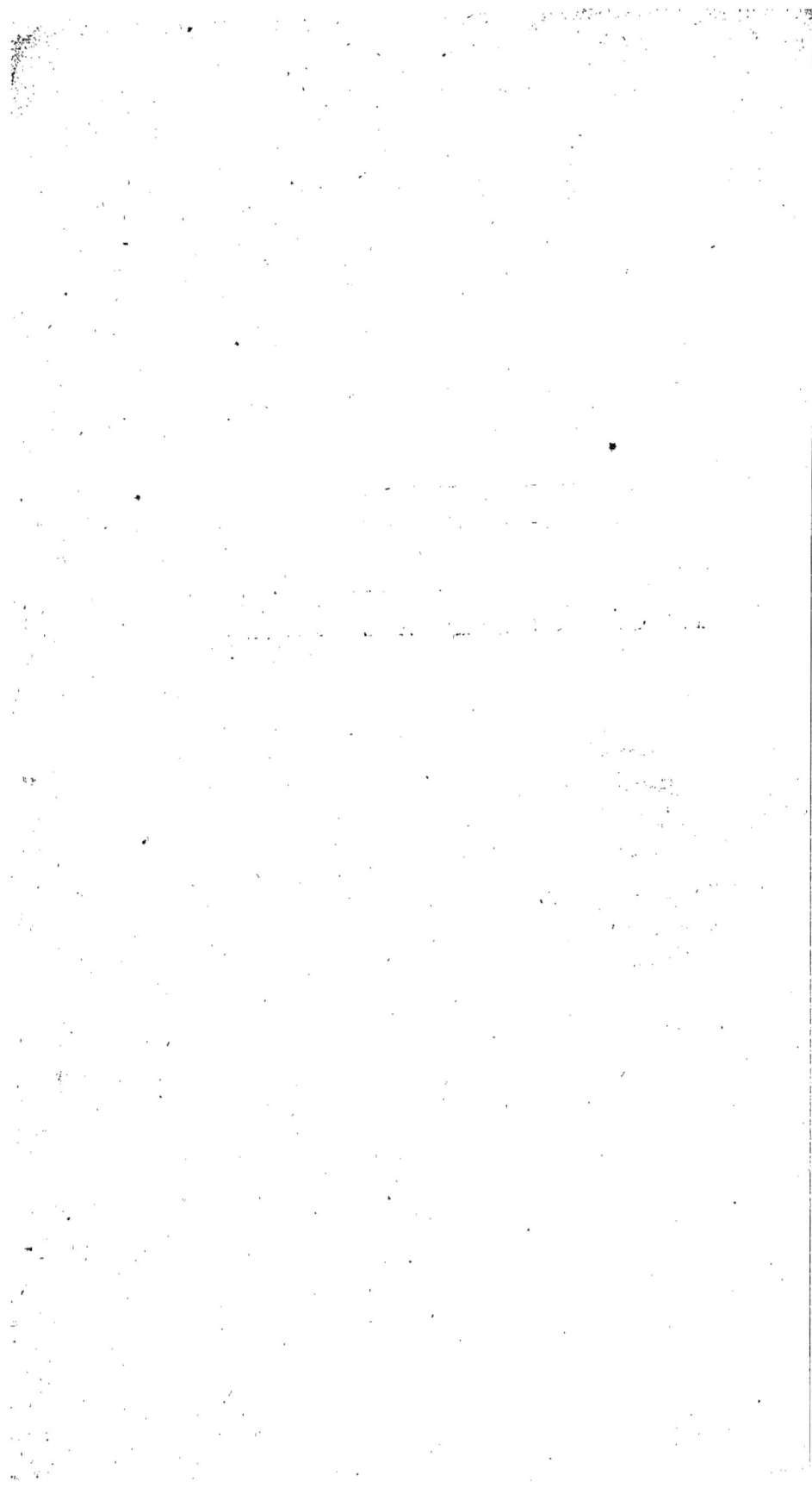

# TRAITÉ DU CONTRAT DE MARIAGE,

PAR M. P.-H. BELLOT DES MINIÈRES,

AVOCAT PRÈS LA COUR ROYALE DE POITIERS.

TOME QUATRIÈME.



A POITIERS,

CHEZ É.-P.-J. CATINEAU, IMPRIMEUR-LIBRAIRE.

1825.

# TRAITÉ
# DU CONTRAT
# DE MARIAGE.

## CHAPITRE III.

### *Régime dotal.*

### XV.e LEÇON.

Le régime dotal n'a aucune ressemblance avec le régime de la communauté; ce dernier emporte avec lui l'idée d'une société. Le régime dotal est conçu dans des idées tout-à-fait contraire. Cependant, si la femme ne jouit pas de l'avantage d'un associé, sa fortune est exposée à bien moins de périls. Ce régime en effet a des moyens de conservation que ne présentent ni la communauté légale ni l'exclusion de communauté.

Il est inutile de dire que ce régime n'a point pris naissance chez nous ; nous le devons aux Romains. Aussi dans les cas difficultueux et par-tout où le Code garde le silence, c'est le droit romain qu'il faut consulter, sinon comme loi, du moins comme raison écrite et lorsque ce droit n'est pas en opposition avec nos mœurs, nos habitudes, nos principes.

La jurisprudence des parlemens de droit écrit est une autre source qui ne doit pas moins vous être indiquée, puisque dans ces parlemens c'est la loi romaine à l'empire de laquelle on était soumis, sauf à faire attention à ce qui était particulier à chacun d'eux.

Une remarque indispensable, c'est que le régime dotal ne tire pas son nom de la dot. La dénomination de *biens dotaux* n'est point particulière à ce régime. Nous entendons par biens dotaux tous les biens que la femme apporte au mari pour supporter les charges du mariage, art. 1540. Nous avons vu en effet que la femme qui se mariait, soit avec communauté, soit sans communauté, apportait tous ses biens à son mari pour supporter ces charges. Ainsi il ne suffit point que la femme se constitue une dot pour que les époux soient en régime dotal. Il n'y aurait même pas soumission à ce régime quand la femme se serait constitué une partie de ses biens en dot, en se réservant la jouissance de l'autre. La séparation de biens stipulée par contrat de mariage est un régime aussi tout différent du régime dotal.

Pour être sous les lois de ce régime, il faut s'y soumettre expressément ou tacitement; tacitement, en réunissant dans le contrat de mariage les caractères distinctifs de ce régime: ces caractères sont, d'un côté, l'inaliénabilité du fonds dotal; de l'autre, la distinction des biens de la femme en biens dotaux et en biens paraphernaux ou extradotaux.

La soumission au régime dotal est expresse, lorsque les époux dans leurs conventions de mariage se soumettent expressément et formellement à ce régime, en déclarant quels sont les biens dotaux et les biens paraphernaux de la femme.

Mais, sans se soumettre expressément au régime dotal, si la femme se constitue tous ses biens en dot, en stipulant l'inaliénabilité de tous ou de quelques-uns d'eux, n'y aura-t-il pas implicitement soumission au régime dotal? On ne voit pas là, il est vrai, l'un des caractères distinctifs de ce régime, nous voulons dire la distinction des biens dotaux et des biens paraphernaux. Faites attention néanmoins qu'en se constituant en dot tous ses biens, et déclarant ses immeubles inaliénables en tout ou partie, la femme imprime à ces derniers biens le caractère de biens dotaux du régime dotal, et comme l'on n'est pas présumé se marier sous deux régimes, la femme reconnaît qu'elle possède deux sortes de biens; nous voulons dire des dotaux et des paraphernaux. Par une semblable clause, elle est censée avoir exclu tous ceux de ces biens qui ne sont pas déclarés inaliénables. Si elle les a tous déclarés inaliénables, elle est alors censée avoir exclu tous les biens qu'elle pourrait acquérir par succession, donation, legs. Elle a fait par voie d'exclusion la distinction qui est requise sous un tel régime: en bonne logique on ne peut faire d'exclusion sans distinguer.

Dans l'hypothèse posée, nul doute que les biens déclarés inaliénables seront régis par les principes relatifs au régime dotal, et que les biens non compris dans la dot pourront être aliénés, comme ne fesant pas partie de la dot; mais qui les régira? La femme, s'ils sont paraphernaux; s'ils ne l'étaient pas, ce serait encore le mari. La question est donc de savoir s'ils sont paraphernaux; question qui tient à celle de savoir s'il y a régime dotal. Nous avons bien vu que, quand il y a exclusion de communauté, si les époux stipulent que partie des biens de la femme seront inaliénables, le mari n'en a pas moins le droit d'administrer les biens non déclarés tels, et qu'il avait le droit d'en percevoir tous les fruits; donc il serait faux de dire que d'en déclarer inaliénables, c'est rendre les autres paraphernaux.

Observez, Messieurs, que dans le cas dont nous venons de parler, (c'est-à-dire *quand, avec exclusion de communauté*, on stipule l'inaliénabilité de quelques biens,) les époux se sont soumis expressément à un régime, ils ne peuvent ignorer quelle est la loi par laquelle ils veulent être régis. On voit de suite comment les biens seront administrés; mais, quand les époux, la femme sur-tout s'étant constituée en dot, n'a pas expressément déclaré à quel régime elle se soumettait, et qu'elle a déclaré des biens inaliénables, elle a dû avoir nécessairement l'intention de se soumettre au régime dotal, cette inaliénabilité appartenant plutôt à ce régime qu'à l'autre, et qu'on n'est pas présumé se soumettre à deux à la fois. On est soumis à deux régimes, quand on prévoit les cas qui seront soumis à tel régime et ceux qui seront soumis à tel autre. Point de difficulté: mais, lorsqu'au contraire on fait une stipulation indicative d'un régime et qu'on n'a pas exprimé que les autres cas seraient soumis à tel autre régime, on est tacitement convenu que pour ces cas même on se soumet au même régime; pour que le contraire existât il faudrait une convention contraire.

En régime dotal il n'est même pas indispensable qu'il y ait des paraphernaux: car rien n'empêche qu'on soumette à l'inaliénabilité tous les biens meubles et immeubles, présens et futurs. Il suffit que le contrat de mariage laisse entrevoir ces sortes de biens, c'est-à-dire le caractère de paraphernaux, ainsi que nous nous en expliquerons en parlant en particulier des biens paraphernaux.

Nous ne nous dissimulerons pas cependant, Messieurs, que l'opinion que nous venons de soutenir est singulièrement contrariée par la disposition de l'article 1392. Cet article semblerait exiger impérieusement la soumission expresse au régime dotal. Si l'on y fait attention, cet article dit que la stipulation par laquelle la femme se constitue en dot ou qu'il lui est constitué en dot, ne suffit pas pour soumettre ces biens au régime dotal. Sans doute il veut pour que cela soit qu'il y ait déclaration expresse à cet égard. C'est que l'espèce de convention dont il parle n'indique nullement le régime dotal; on n'y a pas déclaré ces biens que la femme se constitue ou qui lui sont constitués inaliénables; et nous soutenons précisément que cette déclaration d'inaliénabilité dispense d'une soumission expresse au régime dotal, quand on ne s'est pas déjà expressément soumis à un autre régime. Nous soutenons que cette soumission n'a pas besoin d'être toujours expresse, qu'elle peut être implicite; mais nous conseillerons toujours de commencer le contrat de mariage par une soumission expresse au régime sous lequel on veut se ranger, et sur-tout quand c'est au régime dotal qu'on veut appartenir.

Nous avons dit que le mot *dot* appartenait à tous les régimes. Nous n'avons pas prétendu par là qu'il n'y avait aucune différence entre la dot de la femme mariée en communauté et celle de la femme mariée en régime dotal, abstraction faite de l'inaliénabilité. La dot sous le régime de la communauté a une bien plus grande extension que sous le régime dotal; elle comprend tous les biens de la femme, quels qu'ils soient, échus ou à échoir, meubles ou immeubles.

Sous le régime dotal nous comprenons seulement tout ce qui est donné à la femme en contrat de mariage et ce qu'elle-même s'est constitué en dot; le reste est extradotal. Ces distinctions nous seront plus tard de quelque utilité.

Nous appellerons donc biens dotaux du régime dotal tous les biens que la femme apporte à son mari. S'étant soumise au régime dotal, tout ce qu'elle se constitue en dot, de même que tout ce qui lui est donné en contrat de mariage, est dotal, s'il n'y a stipulation contraire, art. 1540 et 1541. *Definiri potest contractus quo mulier aliusve pro ea viro ad sustinenda matrimonii onera aliquid dat aut promittit.*

De là la conséquence que tous les biens qui n'ont pas été constitués en dot sont paraphernaux ou extradotaux; mais cette constitution de dot doit être expresse. Si une femme se soumet au régime dotal sans dire quels sont ses biens dotaux et ses biens paraphernaux, on ne sait quelle qualité leur donner. La dot, selon le sens du régime dotal, est une espèce de servitude qui veut être prouvée, autrement les biens sont présumés libres. Si on fait à la femme une dot par contrat de mariage et qu'elle se soit soumise au régime dotal, les biens compris dans cette constitution seront dotaux; si elle ne dit pas qu'elle constitue ses autres biens, ils sont paraphernaux; elle est censée les avoir exclus. Dans le doute la loi doit pencher pour la liberté des biens; mais, si rien n'indique quels sont les biens qu'on a frappés spécialement d'inaliénabilité, on présumera plutôt que ce sont les biens présens qui ont été l'objet de la stipulation que les biens futurs; que ce sont plutôt les biens présens que l'on a voulu soustraire à la dissipation que les biens qui n'existent pas encore. Tous ceux qui lui adviendront pendant le mariage seront paraphernaux, et les autres dotaux. L'intention des parties a dû être telle. Voyez l'article 1542 *in fine*, du moins par argument. Il faut bien que le contrat de mariage produise son effet; il faut que cette soumission au régime dotal ait son exécution; c'est du moins ce qu'on peut dire. Autrefois on était partagé sur la question de savoir si tous les biens de la femme étaient dotaux, lorsqu'elle était mariée sans avoir constitué aucune dot. La plupart des auteurs pensaient qu'il n'y avait point de dot tacite, parce que la dot est un contrat, et que les contrats ont besoin d'être prouvés; ils disaient qu'il pouvait y avoir des mariages sans dot; qu'on ne devait considérer comme biens dotaux que ceux qui étaient expressément constitués. La loi première au Code *de dotis promissione*, déclarait même nulle la constitution de dot dans laquelle la femme n'avait pas spécifié les biens qu'elle se constituait.

D'un autre côté, les constitutions de dot tacites étaient admises dans les provinces;

l'on y regardait comme constitution implicite tout contrat de mariage qui fesait présumer, même légèrement, que cette constitution avait été dans l'intention de la femme; le bien qu'une femme s'était implicitement constitué en dot était dotal même à l'égard de celui qui avait traité avec la femme, dans l'opinion que c'était un paraphernal. La Cour de cassation a même confirmé cette jurisprudence par un arrêt du 9 floréal an 11. Sous l'empire du Code, la question, il faut l'avouer, peut souffrir des difficultés. L'article 1392 dit bien que la constitution de dot en termes généraux ne suffit pas pour soumettre ces biens au régime dotal; il faut une déclaration expresse à cet égard. Il ajoute que la soumission au régime dotal ne résulte pas non plus de la simple déclaration faite par les époux qu'ils se marient sans communauté, ou qu'ils seront séparés de biens. Peut-on en tirer la conséquence qu'il suffit de dire qu'on se soumet au régime dotal pour être soumis effectivement à ce régime? Il est vrai qu'on ne trouve pas suffisamment la ligne de démarcation entre le régime dotal et celui de communauté; on n'y voit pas les signes caractéristiques du régime dotal; *id est* la distinction qu'on y fait *des biens dotaux* et *des biens paraphernaux*. Elle est implicite, dira-t-on; mais d'un autre côté la dot est une espèce de servitude qui veut être prouvée. On ne voit pas même dans l'article 1542 que la loi reconnaisse cette distinction implicite, cette dot implicite. Tout au contraire doit être exprès dans cette matière.

On peut répondre que, si on consulte l'intention des parties, on verra bien qu'elles ont voulu se soumettre au régime dotal. Si elles ont voulu s'y soumettre, elles ont aussi voulu que des biens fussent dotaux selon ce régime. La loi dit bien qu'une constitution de dot ne suffit pas pour mettre en régime dotal; cela est conséquent, la constitution de dot appartenant à tous les régimes et que celui de la communauté a la suprématie. Il ne suffit pas non plus de dire qu'on se marie sans communauté, parce qu'il y a l'exclusion de communauté, bien distincte du régime dotal. Mais quand on se soumet au régime dotal il n'est plus douteux à quel régime on appartient; et comme il faut des biens dotaux et des biens paraphernaux, les biens présens sont les dotaux; les biens à venir, les paraphernaux.

Mais on peut nous faire une bien forte objection. C'est l'article 1575 qui la fournit. En effet, d'après cet article, tous les biens de la femme peuvent être paraphernaux. Or il n'est donc pas indispensable qu'il y ait des biens dotaux; le régime dotal peut donc exister sans cela. Non; il n'est pas indispensable pour la validité du contrat de mariage qu'il y ait des biens dotaux; mais alors nous ne voyons plus de régime dotal. C'est une véritable séparation de biens. Nous expliquerons plus tard comment il se fait qu'une femme mariée en dotalité n'ait que des paraphernaux; la chose est facile à concevoir; mais, quoiqu'elle n'ait pas de biens dotaux, pourvu que le contrat de mariage laisse entrevoir des biens dotaux, on ne peut se refuser de reconnaître là un régime dotal. Mais, lorsqu'une femme déclare que tous ses biens présens et futurs, tant meubles qu'immeubles, seront paraphernaux, nous ne voyons pas autre chose qu'une séparation de biens, puisque ces biens seront régis de la même manière et que l'état du mari et de la femme sera le même. La soumission expresse qu'ils auraient faite au régime dotal est absolument inutile, illusoire; elle ne peut produire aucun effet, puisqu'on ne peut y entrevoir aucun signe de dotalité ?

Mais en est-il de même lorsque la femme s'est soumise au régime dotal, sans exprimer quels sont ou seront les biens dotaux et les biens paraphernaux; quand en un mot le contrat de mariage ne laisse entrevoir encore aucune dotalité ?

D'après la règle que la dot est une servitude et doit être prouvée; d'après cette autre que l'on ne doit pas juger des contrats par le nom ou le titre qu'on leur donne, mais uniquement par leur substance; du moment où ce contrat n'indique aux yeux de la loi aucun signe de dotalité, nous tenons à cette dernière opinion que les biens présens pas plus que les biens à venir seront dotaux; et qu'il n'y a encore autre chose qu'une simple séparation de biens. Nous dirons que le notaire qui a reçu le contrat n'a pas su ce que c'était que le régime dotal, et qu'il n'a pas connu la valeur des termes dont il s'est servi.

Si la femme eût écrit: Je me soumets au régime dotal et me constitue tous mes biens en dot, nous croyons qu'il en serait autrement; on ne peut pas dire qu'il n'y ait pas là de dotalité. Seulement on n'a pas exprimé quels biens en seront frappés; mais il est facile au juge d'interpréter cette constitution. Nous pensons alors que la dot comprendra les biens présens. Catelan, liv. 4, chap. 56, rapporte deux arrêts qui l'ont ainsi jugé; l'un du 27 mars 1668, l'autre du 14 mai même année; voyez aussi Faber en son Code, liv 5, tit. 7, défin. 18; Despeisses, tom. 1.er, part. 1.re, sect. 3, n.o 30; Boucheul sur la coutume de Poitou, art. 230, n.o 57. C'est aussi là, il nous semble, la disposition de l'article 1542.

## SECTION I.re

### *De la Constitution de dot, art.* 1542.

La clause qui donne aux biens le caractère de biens dotaux peut être expresse ou tacite: elle est tacite, par exemple, relativement à tous les biens donnés à la femme par contrat de mariage, comme nous l'avons vu sur l'article 1541. Il y a présomption qu'ils sont donnés en considération du mariage, *id est* pour aider le mari à soutenir les charges du mariage. Relativement aux biens que la femme apporte elle-même en mariage, si elle a dit qu'elle se soumettait au régime dotal, et qu'aucune dot ne lui soit faite, la dot ne s'entend que des biens qu'elle a; mais tout ce qu'elle a s'y trouve compris. Si elle n'en possède aucun, la clause ne doit plus s'entendre que des biens à venir; ses biens meubles en feront même partie; car le contrat de mariage ne sera pas nul pour cela. S'il ne l'est pas, la dot ne peut être autrement entendue. Hors ce cas, les biens à venir, quels qu'ils soient, ne seront jamais dotaux sous le régime dotal, qu'autant qu'ils l'auront été expressément stipulés.

Pour ne laisser aucun doute, il convient donc beaucoup mieux que les époux se conforment à l'article 1542, et qu'ils disent quel est l'objet ou la quotité de biens qu'ils entendent soumettre à la loi de l'inaliénabilité. Quand c'est une quotité, il faut dire si c'est une quotité de biens présens seulement, ou une quotité de biens à venir, ou une quotité de biens présens et à venir. Néanmoins, si la femme a dit qu'elle mettait une quotité de biens et qu'elle eût des biens présens, cela ne s'entendra que des biens présens, ainsi que le dit l'article 1542 *in fine*, du moins par argument. Un contrat de mariage doit tout prévoir; non-seulement il doit exprimer quelle est la dot, ne laisser aucun doute, ni sur sa réalité, ni sur la quotité, ni sur quels biens elle frappe; mais il doit dire encore comment elle sera touchée par le mari; quel usage il en fera; en un mot quelles sont toutes les modifications qu'on entend faire subir au régime sous lequel les époux veulent se ranger.

Par exemple encore, que la femme se soit

constituée tous ses biens présens, ou une quotité de ces mêmes biens, ou tous ses biens à venir, ou une quotité de ces biens, ou tous ses biens présens et à venir, ou une quotité de ses biens présens et à venir; dans tous ces cas il est presque indispensable qu'il y ait inventaire détaillé de tous les meubles et effets mobiliers de la femme. S'il n'y en a pas, les époux n'en seront pas moins sous le régime dotal. Le Code garde le silence sur le défaut d'inventaire en matière de régime dotal; il ne dit pas que la femme pourra prouver par titre, témoins et commune renommée, la consistance de sa dot mobilière. Sans doute la femme a à s'imputer de n'avoir pas fait cet inventaire, en ce qui concerne les biens mobiliers qu'elle possédait lors de son mariage; mais, d'un autre côté, les époux se sont soumis au régime dotal où l'on suppose qu'une dot a été constituée; il serait bien rigoureux de ne pas permettre à la femme de prouver quel était le montant de sa dot. Le législateur n'a pas répété ce qu'il a dit en matière de société réduite aux acquêts; il n'a pas dit que le défaut d'inventaire préjudicierait ici à la femme, d'où l'on pourrait conclure que l'article 1415 devient applicable. A plus forte raison, si les biens à venir sont compris dans la dot, la femme sera-t-elle admise à prouver quels biens lui sont échus, si le mari n'a pas fait faire l'inventaire du mobilier au fur et mesure qu'il est échu à la femme ?

Quoi qu'il en soit, nous ne pensons pas que la femme puisse être admise à prouver par témoins et commune renommée. Le législateur n'a pu toujours se répéter; il a été établi au titre des contrats et obligations que, toutes les fois qu'une personne se dirait créancière, elle serait obligée de prouver la légitimité de sa demande; l'article 1341 et suivans, le législateur a établi comment cette preuve se ferait. Au titre du contrat de mariage il a fait des exceptions à la règle générale de l'article 1341, et si en matière de communauté conventionnelle il est prouvé que l'article 1499 déroge à l'article 1415, on doit en matière de régime dotal se trouver également dans les termes du droit commun où chacun est obligé de se procurer une preuve écrite de l'obligation dont il veut un jour demander l'exécution; on doit lui appliquer la maxime, *ei incombit probatio qui dicit;* et il doit faire cette preuve conformément au prescrit de l'article 1341, à moins qu'on ne se trouve dans les cas d'exceptions prévus par la loi. D'ailleurs, si l'on y fait attention, on verra bien que la loi a entendu que les parties fissent inventaire du mobilier appartenant à la femme; il suffit de voir pour cela l'article 1551. Voyez aussi l'article 2279.

Voilà pour le mobilier que la femme apporte en mariage; mais pour celui qui lui échoit durant le mariage le cas est différent. Si le mobilier qui lui échoit est dotal, le mari doit le faire constater. Le mari en est responsable, elle doit compter sur son mari en cette circonstance; d'ailleurs elle n'a pas le droit de le toucher, c'est son mari qui est *dominus dotis*. Mais si ce mobilier est paraphernal, comme la femme en a la libre disposition, que le mari n'en est nullement responsable, c'est à la femme de le faire constater. S'il ne l'a pas été, il y aura contestation. Néanmoins notre opinion est que la femme pourra prouver, même par témoins, la consistance de son mobilier. Car enfin elle possède, et toute possession se prouve par témoins; ce qu'elle ne fait pas en fait de meubles dotaux. Voyez ce que nous avons dit en parlant de la séparation contractuelle. Nous verrons plus tard si la loi du 5 septembre 1807, concernant le trésor public, est applicable au régime dotal. Voyez aussi l'article 554 du Code de commerce.

Si la dot est augmentée durant le mariage par quelques donations faites par des étrangers, ou elles seront manuelles, ou il en existera une preuve authentique. Dans ce dernier cas point de difficulté. Dans l'autre, vis-à-vis le mari la preuve en pourra être faite par témoins; elle pourra être faite même vis-à-vis les héritiers du mari et de ses créanciers, par argument des articles 1415 et 1504. Mais supposons qu'il n'existe qu'une reconnaissance du mari donnée à la femme, ou, ce qui est la même chose, supposons que la femme d'une manière générale ait dit que tous ses biens meubles seraient dotaux, sans qu'il y ait eu inventaire, et que le mari reconnaisse en avoir eu telle quantité.

Autrefois on décidait que s'il s'agissait d'une confession ou reconnaissance faite par le mari d'une dot, sans expression de réelle numération, et qui n'eût d'autre preuve que la simple confession du mari; on décidait, disons-nous, que cette reconnaissance ne nuisait même pas au mari; il y avait soupçon de fraude, et c'était à la femme à le purger; néanmoins ce soupçon cessait lorsqu'on avait fait la déclaration de l'origine des deniers que le mari confessait avoir reçus; mais observez qu'alors la donation entre mari et femme était interdite; ce qui fesait plus facilement présumer la fraude, quand rien n'établissait la cause de la reconnaissance; mais quand la reconnaissance était notariée avec déclaration de numération, la présomption de fraude disparaissait.

Aujourd'hui la reconnaissance, pour produire des effets même vis-à-vis le mari, doit aussi renfermer une cause. Néanmoins, si cette cause n'était pas exprimée, la femme pourrait la prouver aux termes de l'article 1132, et si la cause exprimée était fausse, le mari pourrait prouver la fausseté, sauf à la femme à prouver que si celle-ci est fausse, il en existe une réelle. Cette preuve se fera selon les règles tracées aux titres des obligations.

Si la femme ne peut prouver la réalité de la cause, peut-être prétendra-t-elle, soit vis-à-vis les héritiers du mari, soit vis-à-vis les créanciers de ce dernier, que c'est une donation que son mari lui a faite, et sur-tout si la reconnaissance est authentique. Elle dira que son mari pouvant lui donner directement, il a pu lui donner indirectement, et même déguiser sa libéralité; elle pourra s'appuyer même de quelques arrêts qui font aujourd'hui jurisprudence et qui consacrent ce principe, que tout ce que les héritiers du mari peuvent faire, c'est de demander la réduction de la donation. Mais il faut convenir que l'article 1099 contrarie singulièrement ces prétentions. D'après lui toute donation déguisée est nulle. Il est vrai que l'article 911 porte une disposition analogue, et cependant on a jugé, comme nous venons de le dire, qu'il ne s'opposait point à ce qu'on pût déguiser une donation, pourvu que le donataire fût capable et que la portion disponible ne fût point excédée; mais il faut faire une remarque importante: l'article 1099 est au chapitre des donations *entre époux*. L'article 1099 dispose pour un cas et l'article 911 pour un autre; ce dernier ne parle que de donations faites au profit d'un incapable; donc, si le donataire est capable, la donation vaut. Mais l'article 1099, qui n'est relatif qu'aux donations entre époux, attendu que l'article 911 avait statué pour les donations en général, dit positivement que toute donation déguisée est nulle; par conséquent il suffit aux intéressés de prouver le déguisement. Qu'on ne dise pas que ces mots *toute donation déguisée* se rapportent à la première disposition de l'article qui défend d'excéder la quotité disponible, et que ce n'est que dans ce cas qu'il est défendu de déguiser la donation; la manière dont cet article est conçu, ainsi que la rubrique sous laquelle il se trouve, s'oppose à cette interprétation. Le législateur a réellement voulu qu'on ne pût déguiser une telle donation, sur-tout quand elle est pendant le mariage, à cause de la faculté que l'époux donateur a toujours de révoquer sa libéralité; ce qu'il ne pourrait faire si le déguisement était permis.

Nous pouvons même dire que cet article 1099 semble avoir été dicté dans l'intention de faire disparaître tous les doutes qui existaient sur la question que nous venons d'agiter.

Si la reconnaissance que le mari donne

à sa femme est sous seing privé, en supposant les mêmes hypothèses, il faudra, pour être valablement opposée aux créanciers hypothécaires du mari, qu'elle ait une date certaine antérieure à l'acquisition de leurs droits; vis-à-vis des autres créanciers elle produira toujours son effet. La plus grande difficulté consiste à savoir s'il suffit que le mari ait reconnu qu'une donation manuelle a été faite à sa femme. De cette manière il n'est pas douteux que le mari peut frauder ses créanciers; mais qui devra prouver? Est-ce la femme, que l'acte est sincère? Sont-ce les créanciers, qu'il est frauduleux? Si l'acte est authentique et que la cause y soit exprimée, ainsi que la numération des deniers, il nous semble qu'on ne peut le contester qu'en s'inscrivant en faux. Mais, si la cause n'est que simplement énoncée par le mari, sans qu'on puisse être certain de la donation, cela nous paraît très-équivoque; néanmoins c'est là une question de fait, abandonnée à la prudence du juge, qui dépend des circonstances; c'est toujours un avantage pour la femme que l'énonciation de la cause; mais cela ne suffit pas. Comme nous l'avons vu, la femme doit en prouver la réalité. Qu'est-ce qu'une donation dont le donateur n'est pas connu et ne s'est fait connaître par aucun acte légal? On ne doit voir là qu'un avantage indirect, ou l'intention de frauder des tiers.

Nous allons supposer maintenant que le contrat de mariage porte quittance de la dot; fera-t-il pleine foi entre les parties? Point de doute, le mari ne pourra l'attaquer sous ce rapport. Ses héritiers collatéraux, qui n'ont que l'action qu'il avait lui-même, ne le pourront non plus; cependant il peut y avoir là donation déguisée. Que devient la disposition de l'article 1099? En ce qui concerne les donations déguisées entre époux, je pense qu'il y a une différence entre celles qui ont lieu par contrat de mariage et celles qui sont faites pendant le mariage. Par contrat de mariage, elles ne diffèrent en rien de celles entre-vifs dont parle l'article 911: or il a été jugé qu'on pouvait déguiser une donation, pourvu que le donataire fût capable et qu'on n'excédât pas la portion disponible. La femme n'est certainement pas incapable de recevoir du mari. Il peut donc être convenu entre elle et lui qu'il lui donnerait quittance d'une dot qu'elle n'avait pas, afin qu'elle en eût la reprise à l'époque de la dissolution du mariage. La femme peut même ne s'être mariée qu'à cette condition; c'est là une convention matrimoniale.

Mais, quand elle est faite pendant le mariage, s'il n'était pas permis d'attaquer une telle donation, alors on la déguiserait toujours; aucune donation pendant le mariage ne serait susceptible d'être révoquée. Le législateur aurait manqué son but; il était donc indispensable qu'on pût attaquer cette donation, par cela seul qu'elle est déguisée.

Lors même que la donation est par contrat de mariage, elle peut être attaquée par les enfans d'un premier mariage; voyez l'article 1098. Les enfans et les ascendans, en leur qualité d'héritiers à réserve, le peuvent également sous le prétexte que la portion disponible est excédée, la loi étant alors violée; mais, si le notaire atteste la numération des espèces, il faut s'inscrire en faux ou respecter la donation.

Ce que nous venons de dire s'applique également au cas où la dot a été constituée par un tiers, tout aussi bien que lorsqu'elle l'a été par la femme elle-même. Si la quittance donnée par le mari à ce donateur étranger ne contient qu'une quittance pure et simple, sans déclaration que les espèces ont été comptées, il peut s'élever des difficultés, non par rapport à la femme qui réclame le montant de sa dot, le mari en étant responsable après dix ans; mais si les dix ans n'étaient pas écoulés, le mari, les héritiers du mari et ses créanciers pourraient demander à prouver la fraude, *id est* prouver que la quittance est simulée, et la femme n'aurait alors d'action que contre les débiteurs de la dot qui ne pourraient soutenir que le mari leur avait fait remise, parce qu'on ne peut remettre que ce qui nous appartient, qu'une dot doit toujours être acquittée, ayant pour but de soutenir le ménage, et qu'en matière de régime dotal elle est inaliénable.

S'il s'était écoulé plus de dix ans entre la célébration du mariage et la réclamation de la femme touchant la reprise, nous avons dit que vis-à-vis la femme on ne pourrait prouver la fraude, puisque le mari se trouverait garant; mais vis-à-vis le débiteur elle pourrait être prouvée tant qu'il n'aurait pas acquis la prescription.

Vous devez sentir également que foi est cependant due à la quittance jusqu'à la preuve contraire; que la femme plaidant contre le constituant doit prouver ce qu'elle avance; car la quittance se rapportant à une promesse de dot, a une cause suffisante. Si les créanciers du mari contestent vis-à-vis la femme avant les dix ans, c'est-à-dire s'ils prétendent que la dot n'a pas été reçue et que la quittance n'est pas sincère, ils devront également faire la preuve; de même qu'ils devront prouver contre le constituant si c'est contre lui qu'ils contestent la validité de la quittance.

Dans le droit romain les créanciers du constituant pouvaient faire révoquer la dot constituée en fraude de leurs droits; cela avait lieu même à l'égard de la femme, quand elle s'était constituée aussi en fraude des droits de ses créanciers. Il fallait prouver que le constituant n'était pas solvable dans le temps de la constitution, ou que la dot l'avait rendu insolvable: à l'égard du mari, il fallait prouver qu'il était *conscius fraudis*.

Dans notre nouveau droit cette révocation aurait difficilement lieu, sur-tout s'il s'agissait d'une dot mobilière. Néanmoins, si les deux époux avaient participé à la fraude, l'action pourrait être intentée par les créanciers antérieurs à la donation. L'article 1167 embrasse ce cas comme tant d'autres. Mais, si l'un des époux avait seul été participant de la fraude, il faut distinguer: si c'est le mari, cela ne peut nuire à la femme qui ne s'est mariée qu'à cause de la dot. En aucun temps on ne pourra agir contre elle par l'action révocatoire, on aura seulement contre le mari une action en dommages-intérêts. Si c'est la femme qui a colludé avec le donateur, cette collusion, cette fraude ne peut nuire au mari, qui ne s'est marié qu'à cause de la dot, et vis-à-vis lequel la donation est à titre onéreux; mais vis-à-vis la femme l'action est intentable, et après le mariage ils pourront la priver de l'avantage d'une dot qui est le fruit de sa fraude. Mais vis-à-vis les tiers qui en ont été victimes, le fonds est-il inaliénable? Pourraient-ils pendant le mariage faire vendre la nue propriété, et après la séparation de biens saisir les jouissances et le fonds? Le mariage consommé, le fonds est dotal, partant inaliénable, et cette inaliénabilité est autant dans l'intérêt du mari que dans celui de sa femme; du moins il a le droit de l'invoquer comme elle. Il n'est pas permis de changer la destination de ce fonds; un jour il peut être aliéné pour l'utilité même du mari, et toujours les jouissances doivent être employées à soutenir les charges du mariage. L'expropriation que feraient faire les créanciers se ferait, non sur la tête de la femme, mais sur la tête même du donateur; il faudrait qu'il fissent d'abord rentrer l'héritage entre les mains de ce dernier. Or ce retour serait une espèce d'aliénation que consentirait la femme pour acquitter sa propre dette, et cela ne peut avoir lieu. Vainement les créanciers conserveraient-ils la jouissance au mari; ils ne peuvent pas plus prétendre au fonds qu'à la jouissance. S'ils ont droit au fonds, ils ont droit aux fruits; ils doivent faire révoquer la donation pour le tout, ou la maintenir pour le tout, et l'on sait que la séparation ne change rien à la destination du fonds dotal.

Nous assimilons la révocation de la donation à la vente de ce même fonds; l'effet nous paraît effectivement le même. Or pendant le mariage on ne peut vendre la nue propriété du fonds dotal. Ainsi, lorsque la femme a participé à la fraude du donateur, le point principal à examiner est de savoir si cette fraude peut ou non être opposée au mari. Il ne s'agit point de savoir si on doit lui laisser les jouissances pour soutenir les charges du mariage; il faut voir seulement si la donation est nulle. Si elle est nulle, le fonds et les jouissances doivent rentrer au donateur et être saisis par les créanciers dont ils étaient le gage avant que le mari n'y eût aucun droit. Revendiquer le fonds et laisser les jouissances, c'est ôter au fonds dotal son principal caractère, qui est l'inaliénabilité; c'est convertir en un simple usufruit une propriété parfaite. On se demandera sans doute quel est l'intérêt qu'a le mari à empêcher qu'on ne fasse vendre la nue propriété. On dira qu'il ne doit pas se plaindre, puisqu'on ne change pas la fin qu'on s'était proposée, savoir d'employer les jouissances du fonds à soutenir les charges du mariage. On répond que ce n'est pas de cela qu'il s'agit. Si la donation est valable vis-à-vis lui, les choses doivent rester entières pendant tout le mariage : on porte atteinte à ses conventions matrimoniales; d'ailleurs il n'est pas vrai de dire qu'il doit être indifférent pour le mari que la nue propriété soit vendue ou non; on voit au contraire dans l'article 1558 et notamment dans la troisième disposition, que le mari a intérêt à conserver ce fonds, puisque le fonds dotal peut être vendu pour fournir des alimens à la famille dans les cas prévus par les articles 203, 205, 206, au titre du mariage. Ainsi examinons donc sérieusement si la donation étant nulle vis-à-vis la femme, parce qu'elle a été participante de la fraude, elle l'est vis-à-vis le mari. On peut opposer la maxime qu'on ne peut transmettre plus de droits qu'on en a: le mari n'ayant droit aux jouissances du fonds dotal, et au fonds dotal lui-même, qu'à cause de sa femme, tenant son droit de sa femme, et non pas du donateur, si le droit de la femme vient à cesser, celui du mari doit cesser. Qu'est-ce en effet que cette révocation? Une espèce de revendication; c'est une éviction qu'éprouve la femme. Hé bien, supposons que ce soit une éviction réelle; supposons qu'un tiers, véritable propriétaire du fonds dotal, exerce une action en revendication contre la femme et se fasse reconnaître propriétaire, le mari pourra-t-il opposer qu'il ne s'est marié qu'à cause de la dot? Aura-t-il un droit plus fort que celui de la femme? Non sans doute. Hé bien, si, dans cette circonstance où la femme n'a rien à se reprocher, elle ne peut transmettre un droit à son mari, à plus forte raison dans celui où elle a à se reprocher une trame criminelle.

Nous fesons une très-grande différence entre l'action révocatoire et l'action en revendication. Quand le véritable propriétaire revendique, le mari n'a rien à dire. Sa femme l'a trompé, c'est un débat à terminer entre eux, et voilà tout. Le mari n'a rien à objecter à celui qui réclame une propriété légitime. Le dernier dirait: Votre contrat de mariage ne me regarde pas, mon droit est tout aussi légitime que le vôtre, votre position est bien moins favorable que la mienne; vous ne pouvez faire tout au plus que ce que tout autre acquéreur pourrait faire. Il pourrait m'opposer la prescription; à la rigueur, c'est tout ce que vous pourriez faire vous-même; encore serait-il facile à démontrer que vous ne le pourriez si votre femme ne le pouvait.

Mais, quand il s'agit de l'action révocatoire, quand il s'agit de faire annuler la donation qui a été faite à la femme, et que l'objet donné forme la dot, la fraude de la femme ne peut être opposée au mari. Le mari est ici lui-même un tiers; il était partie dans le contrat; il tient son droit du donateur plutôt que de sa femme; sa cause est préférable à celle des créanciers de celui-ci qui n'avaient aucun droit *de propriété sur le fonds*, comme dans l'espèce précédente; tandis que lui, mari, a acquis réellement un droit de propriété, un *jus in re* dans le fonds dotal. Il fait un sacrifice pour acquérir ce droit; il s'est chargé des frais du ménage; il s'est engagé à nourrir une famille; il a pu n'avoir épousé la donataire que parce qu'il trouvait dans la dot qu'on lui fesait un dédommagement ou le prix des obligations qu'il s'imposait. Le contrat qu'il a formé n'est donc pas seulement avec sa femme, mais encore avec le donateur. C'est de lui qu'il a acquis le *jus in re* qui lui appartient; il est au moins donataire comme sa femme, son titre est le même, la donation est directe du donateur à lui; mais c'est une donation à titre onéreux qui lui a été faite et dont il paie tous les jours le prix; par conséquent la mauvaise foi de sa femme lui est étrangère, elle ne peut lui préjudicier; par rapport à lui et au fonds dotal pendant le mariage, c'est comme si elle eût été de bonne foi.

Il nous reste une autre question à examiner sur l'article que nous avons sous les yeux. La femme, en se soumettant au régime dotal, peut se constituer en dot et déclarer inaliénables tous ses biens. Mais, si elle avait des enfans d'un premier mariage, *quid juris?* Nous ne pensons pas que dans cette circonstance l'article 1527 soit applicable, quand il dit que les simples bénéfices résultans des travaux communs, faits sur les revenus respectifs, quoique inégaux, des deux époux, ne sont pas considérés comme un avantage fait au préjudice des enfans du premier lit. L'article 1527 suppose le régime de la communauté, où la femme peut profiter de ses revenus qui ont enrichi la masse commune. Mais sous le régime dotal les revenus de la dot appartiennent en entier au mari, qu'ils soient ou non considérables. Voyez d'ailleurs ce que nous avons dit au régime exclusif de la communauté sur l'article 1527.

Nous avons établi que tous les biens donnés à la femme pendant le mariage sont paraphernaux de plein droit, à moins qu'ils n'aient été frappés de dotalité par le contrat de mariage, soit expressément, soit tacitement; nous pouvons ajouter avec l'article 1543 qu'il ne peut même rien lui être donné pendant le mariage, avec la condition que, nonobstant le défaut de constitution de dot stipulée à cet égard par contrat de mariage, les choses données auront nature de biens dotaux et partant seront inaliénables. L'article 1543 ne s'entend pas seulement en ce sens que les parties elles-mêmes, c'est-à-dire les époux, ne peuvent point changer la nature de leurs biens: cette disposition eût été même inutile; car c'est un principe trop certain que les époux durant le mariage ne peuvent changer leur contrat. L'acticle 1543 ne s'entend point encore en ce sens que si les époux s'étaient mariés sous un régime où tous les biens sont libres, les donateurs ne pourraient frapper d'inaliénabilité les biens qu'ils donnent; il s'entend en ce sens que, lorsque les époux se sont soumis au régime dotal et ont déclaré inaliénables certains biens, les donateurs ne peuvent également frapper ceux dont ils gratifient la femme de la même inaliénabilité. L'article 1543 ne fait aucune distinction, sa prohibition est absolue, la dot ne peut être constituée ni même augmentée; de quelque manière qu'on l'envisage, il est exclusif de l'idée d'inaliénabilité. La dot ne peut être *constituée pendant le mariage*, c'est-à-dire que si la femme n'a reconnu aucun bien inaliénable, c'est-à-dire si elle n'est point en régime dotal, les donateurs ne peuvent lui constituer une dot selon ce régime. *Augmentée durant le mariage*, c'est-à-dire que si l'on s'est soumis au régime dotal et qu'on ait fixé et déterminé les biens dotaux, on ne peut les augmenter; ce qui veut bien dire qu'ils seront toujours paraphernaux; remarquez que l'article ne dit pas les époux ne *peuvent*, il dit la *dot ne peut être augmentée;* cette prohibition s'étend donc non-seulement aux époux, mais encore aux donateurs eux-mêmes.

Il est dur sans doute pour un donateur ou testateur de ne pouvoir apposer à sa libéralité la condition qui lui plaît; d'autant plus ici qu'il y a déjà des biens inaliénables. Mais il faut faire attention que la prohibition de l'article 1543 est d'ordre public; que les biens sont tous et doivent tous être dans le commerce; que c'est là une règle générale qui n'a d'autre exception que celle que la loi a elle-même prévue. Il y a un autre but moral, c'est que des tiers pourraient être facilement trompés; en effet le mari et la femme qui voudraient vendre le bien donné, pourraient ne montrer, et les tiers n'exiger que le contrat de mariage où l'on verrait que les biens à venir de la femme sont libres; ils contracteraient avec sécurité sur l'obligation personnelle et solidaire de la femme; puis, quand ils en viendraient à l'exécution du contrat, on leur montrerait une donation où les seuls biens qu'on croyait libre sont empreints de la même servitude.

La donation ne serait point nulle pour cette cause; la condition serait seulement réputée non écrite, comme contraire à la loi, art. 900, à moins que le donateur n'eût exprimé que la donation n'aurait d'effet qu'autant que les biens donnés seraient dotaux; la condition étant de rigueur et ne devant pas seulement être réputée non-écrite.

Mais si, lorsque les biens futurs n'ont pas été frappés d'inaliénabilité, les biens donnés, malgré la volonté formelle des disposans, ne peuvent être frappés du caractère de dotalité: en est-il de même dans le cas contraire? c'est-à-dire, si les biens à venir ont été frappés par le contrat de mariage d'inaliénabilité, peut-on en donner à la condition qu'ils seront libres entre les mains de la donataire? Les raisons ne sont pas les mêmes; la faveur due à la liberté des biens suffit pour l'emporter. Ici d'ailleurs les tiers ne peuvent être trompés, et c'est le cas de dire que les donateurs sont libres d'apposer à leurs libéralités les conditions qu'ils veulent. En vain dirait-on que c'est aussi là changer les conditions du mariage, et que les époux ne se sont unis que sous les conditions qui y sont exprimées. Cette condition n'est point contraire aux lois, aux mœurs, elle est licite, honnête, la loi la tolère; elle ne viole tout au plus que la loi que les époux se sont faite, tandis que l'autre viole tout-à-la-fois la loi des parties et la loi positive; c'est ici la volonté du donateur, qui est la loi qu'il faut respecter.

Nous allons examiner maintenant sur quels

biens doit s'imputer la dot. L'article 1544 dispose que, si le père et la mère constituent conjointement une dot, sans distinguer la part de chacun, elle sera censée constituée par portions égales. Si la dot est constituée par le père seul, pour droits paternels et maternels, la mère, quoique présente au contrat, ne sera point engagée, et la dot demeurera en entier à la charge du père.

Sur la première partie de cet article, nous dirons que, quand même les choses données appartiendraient à l'un des époux ou à l'un d'eux en plus grande partie qu'à l'autre, la dot serait toujours censée constituée par portion égale, sauf l'action de celui à qui appartiendrait la chose contre celui dont il aurait ainsi acquitté l'obligation. Voyez au surplus ce que nous avons dit à cet égard en parlant de la communauté légale, art. 1438 et 1439. (1)

---

(1) Nous n'avons pas, en parlant dans notre premier volume de la subrogation en l'hypothèque légale de la femme, agité la question de savoir si le mari et la femme donnant conjointement un conquêt de communauté ou un bien propre du mari à l'un de leurs enfans ou à un étranger, la femme serait censée avoir

La seconde partie de notre article veut dire que le père n'a pu engager la mère sans

---

renoncé, vis-à-vis le donataire, à son hypothèque sur ce bien. S'il s'agissait d'une vente que le mari consent, point de doute. S'il s'agissait du consentement donné par la femme à la donation que son mari fait seul de l'un de ses propres, point de doute encore; car le mari pouvait vendre et donner dans cette circonstance sans le consentement de sa femme. Il est clair qu'elle n'intervient dans le contrat que pour renoncer aux droits qu'elle a sur l'héritage qui est l'objet de la vente ou de la donation, et pour rassurer l'acquéreur ou le donataire contre l'exercice de son hypothèque légale. On peut voir à cet égard *le* §. 1.er *de la loi* 4 *ff. quib. mod. pign. vel. hyp. solv.*, *lois* 7 *in princ. eod. tit. et* 4 *Cod. de remiss. pign.*

Mais, lorsque le mari donne seul un conquêt à un étranger, ou autrement que dans les cas prévus par l'article 1422, on peut dire que l'intervention de la femme peut avoir lieu seulement pour permettre la donation et relever le mari de l'incapacité où il était de donner seul; mais n'ayant rien dit quant à son hypothèque et sa comparution dans l'acte produisant un effet sans cette renonciation, on doit dire qu'elle la conserve encore. Il a pu effectivement entrer dans l'intention de la femme de ne permettre que simplement la donation; c'est déjà même un très-grand sacrifice pour elle. Etendre son consentement jusqu'à la renonciation de son hypothèque, c'est aller au-delà de son consentement exprès. Le silence de celle-ci à un contrat où elle est présente,

---

ce qu'elle a voulu. Elle a pu vouloir renoncer à partager dans le conquêt, mais elle peut n'avoir pas voulu perdre ses créances contre son mari. Si elle eût pu croire que le consentement qu'elle donnait pouvait l'empêcher d'exercer ses reprises, elle ne l'aurait probablement pas donné.

Maintenant la femme a donné conjointement avec son mari un conquêt de communauté; elle est donataire comme lui. Elle contracte une obligation personnelle; qu'elle accepte ou répudie la communauté, elle sera toujours tenue, et même sur ses propres biens. C'est plus qu'un simple consentement qu'elle donne à la donation, elle donne elle-même, et elle donne la moitié de l'héritage ou la moitié de la valeur de l'héritage. On voit donc que son obligation produit encore ici un effet qui n'est pas nécessairement la renonciation à l'hypothèque; elle donne, elle s'oblige sur ses propres biens, voilà l'effet de l'acte auquel elle donne son consentement. La renonciation à l'hypothèque est autre chose, et l'acte produit effet sans cela. Néanmoins comment supposer qu'elle puisse conserver son hypothèque sur ledit héritage? car du moment où elle donne une chose, elle ne peut se réserver la faculté d'exercer aucun droit sur cette chose. Si l'on y fait attention, la femme ne donne pas tout l'héritage; elle n'en donne que la moitié; elle ne s'engage personnellement que pour cette moitié, et jusqu'à concurrence de cette moitié ne peut équivaloir à un consentement exprimé. La présence de la mère au contrat

---

elle renonce à opposer son hypothèque. Si son mari lui doit 10,000 fr., elle renonce à opposer son hypothèque jusqu'à concurrence de 5,000 fr.; elle est garante jusqu'à concurrence d'une moitié, c'est-à-dire elle est garante de son propre engagement; mais elle ne promet rien du chef de son mari, la donation qu'il fait ne la regarde pas; c'est comme si elle eût donné seule la moitié de l'héritage; sur l'autre moitié elle conserverait son hypothèque; mais sa créance sur le bien aurait diminué en proportion.

Cependant ne résulte-t-il pas de ces raisonnemens qu'on divise réellement l'hypothèque? Cette hypothèque existe sur tout l'héritage et sur chaque partie de l'héritage: elle existe pour tout ce qui est dû au créancier: *est tota in toto et tota in qualibet parte.* Si la femme donne la moitié de l'héritage affecté à son hypothèque, et si sur l'autre moitié elle la conserve, elle la conserve pour tout ce qui lui est dû; autrement elle la diviserait. Dira-t-on que c'est la créance qui est divisée? Non; elle ne divise pas sa créance, car elle n'y confère aucun droit; elle n'est pas l'objet direct et principal de la stipulation; la femme ne contracte qu'une simple action en garantie; ( elle se rend du moins garante de l'éviction qui peut procéder de son chef. ) Maintenant cette action en garantie est-elle divisible par elle-même? Cela est fort douteux. Prenons qu'elle ne le soit pas, lorsqu'elle se rapporte à une somme de sa fille peut n'être qu'une suite de l'o-béissance qu'elle doit à son mari. Du reste

---

d'argent divisible de sa nature; mais ici à quoi se rapporte la garantie ? A une hypothèque, à une chose indivisible par sa nature, à une chose qui s'étend sur chaque partie de l'héritage. En effet elle s'étend sur la partie aliénée comme sur celle qui ne l'est pas. Il faut donc que la femme la conserve sur tout l'héritage, ou qu'elle y ait renoncé pour le tout. Si elle renonce pour la part qu'elle aliène, elle renonce également pour la part qu'aliène son mari. On ne perd ni ne gagne l'hypothèque pour partie.

On objectera que ce n'est pas l'hypothèque qu'on divise, mais bien la créance. Car, de même que la femme donne la moitié de l'héritage, de même elle est censée donner la moitié de la créance qu'elle a sur celui-ci. Elle transporte la moitié de cette créance avec sa moitié dans l'héritage. Elle subroge jusqu'à concurrence de cette moitié, et pour l'autre moitié elle conserve son hypothèque sur tout l'héritage.

Donc ce n'est pas diviser l'hypothèque. Le droit, de même que l'héritage, est divisible matériellement et intellectuellement; en divisant la garantie à laquelle la femme s'est soumise, on ne fait donc rien de contraire à la nature de l'obligation qu'elle a contractée.

C'est précisément ce que nous nions. L'obligation de la femme a pour objet direct et principal, non pas une somme d'argent, les créances de la femme il faut remarquer qu'il est ici question de la femme mariée en régime dotal; car il en

---

sur l'héritage, mais une garantie dont l'objet est une hypothèque. Cette hypothèque est la chose même à laquelle elle renonce, ses créances pouvant exister sans cela. Par conséquent l'objet de la renonciation étant indivisible, elle ne peut y renoncer pour partie; la renonciation porte sur tout l'héritage et sur tout le droit. Qu'on ne dise pas ici que l'hypothèque est un accessoire, que la créance est le principal; partant qu'il est bien plus naturel de faire porter la renonciation sur la créance et accessoirement sur l'hypothèque. Cela ne prouverait rien; car il résulterait toujours que la femme conserverait une hypothèque sur la portion même qu'elle aliénerait, puisque l'hypothèque s'étend sur tout l'héritage: or peut-on admettre qu'un donateur conserve un droit d'hypothèque sur la chose même qu'il donne et pour une créance antérieure à l'acte de donation, pour une créance qui n'est pas stipulée dans l'acte même? Enfin il en résulterait que la donatrice se réserverait le droit d'évincer le donataire pour une cause qui n'est pas inhérente au contrat et à laquelle il est pour ainsi dire évident qu'elle a renoncé, attendu qu'elle procéde de son chef Car enfin le cas est à-peu-près le même que celui où la donation du bien d'autrui étant permise, j'aurais donné le bien d'autrui; or si j'avais une hypothèque sur le bien de Pierre et que je donnasse le bien de Pierre, est-ce que je ne serais pas présumé avoir renoncé à mon hypothèque? Supest autrement en régime de communauté, où le mari en dotant en effets de la commu-

---

posez, pour rendre l'analogie plus complète, que Pierre ait donné conjointement avec moi ce même héritage sur lequel j'avais hypothèque, conserverais-je ce droit sur la portion que Pierre est présumé avoir donnée ? Où est-elle cette portion? Où est la partie grévée et la partie qui reste libre de mon hypothèque? Admettez même que la garantie que je dois, car j'en dois une, n'ayant pas réservé une créance, je suis censé y avoir renoncé; admettez, disons-nous, que la garantie que je dois porte sur ma créance et non sur hypothèque; admettez que je sois censé avoir subrogé dans cette créance; n'ayant pas limité l'étendue de cette subrogation, elle doit embrasser la créance tout entière: telle est notre opinion sur cette importante question.

Si la femme n'avait fait que consentir à la donation de son mari, soit d'un propre, soit d'un conquêt, il en serait de même; le consentement de la femme emporte renonciation à tous les droits réels qu'elle peut avoir sur la chose; c'était à elle de faire ses réserves: pourquoi en effet la femme aurait-elle donné son consentement plutôt pour relever son mari de l'incapacité résultant de l'article 1422, que pour renoncer à son hypothèque? N'est-il pas plus présumable que son consentement à l'acte a eu l'un et l'autre pour objet?

On ne trouvera là sans doute aucune contradiction avec ce qui a été dit dans le premier volume sur la nauté stipule tant pour lui que pour la femme, quoique la femme n'étant engagée que comme commune, puisse faire évanouir son obligation en renonçant à la communauté; cela ne peut donc avoir lieu en régime dotal, puisqu'il n'y a pas de communauté. Le mari n'a aucune qualité pour obliger la femme sans son aveu. Cependant, s'il y avait société d'acquêt, le mari, en constituant la dot sur les acquêts, engagerait la femme pour moitié, quoiqu'il promît seul; ce serait la même chose que s'il y avait communauté.

L'article 1544 statue pour le cas où le père et la mère sont existans. L'article 1545 prévoit celui où l'un d'eux est prédécédé; il dit que si la dot est constituée par le survivant des père et mère pour biens paternels et maternels, la dot doit se prendre d'abord sur les droits du futur époux, dans les biens du conjoint prédécédé, et le surplus sur les biens du constituant. Cette règle est fondée sur la présomption que le constituant n'a voulu rien donner du sien

---

subrogation; les cas dont on vient de parler sont tout différens.

avant de s'être libéré entièrement de ce qu'il devait.

Cette règle est applicable également au régime de la communauté.

L'article 1546 prévoit un autre cas; c'est celui où l'enfant, ayant ses père et mère, a cependant des biens; il dit que la dot se prendra sur les biens des constituans, s'il n'y a stipulation contraire. En effet celui qui donne entend ordinairement ou est présumé donner sur sa fortune. L'article 1546 s'appliquerait également au cas où le père ou la mère aurait prédécédé; la fille ayant alors des droits échus, la dot que lui constituerait le survivant serait toujours à prendre sur les biens de ce dernier, à moins qu'il n'ait dit qu'il dotait *pour droits paternels et maternels.*

Il arrive parfois que le survivant des père et mère, en parlant au contrat de mariage, fasse une donation d'une certaine somme ou l'abandon de quelque héritage, à la condition que l'enfant gratifié ne lui demandera aucun compte. Si l'enfant est encore mineur, un tel engagement ne peut le lier. Serait-il majeur, le compte de tutelle n'ayant point été rendu, l'article 472 prohibe encore la renonciation de l'enfant. Mais cette renonciation étant une condition de l'abandon ou de la constitution de dot, l'article 900 devra-t-il être appliqué, et réputera-t-on non-écrite cette condition comme contraire à la loi? L'enfant recueillera-t-il le bénéfice de la disposition, sans être obligé de remplir la condition à laquelle elle est attachée? Cette question se décide par celle-ci : Est-ce une donation qui a été faite, ou bien un traité, un arrangement de famille? Il me semble que c'est là une convention synallagmatique, qui contient des engagemens réciproques et qui doit être exécutée ou annulée *indivisibiliter*. Ce n'est pas là une donation proprement dite; c'est un traité, c'est un contrat à titre onéreux, c'est une cession qui n'est nullement régie par les principes des dispositions entre-vifs et testamentaires. Si la question s'élevait pour un contrat de mariage antérieur au Code, il y aurait encore moins de difficulté, parce qu'alors il n'y avait point de dispositions semblables à celle de l'article 900. L'enfant aura donc le droit de demander la nullité de sa renonciation; mais alors il ne pourra, selon nous, réclamer la dot. Nous observerons aussi que le traité serait nul si on avait violé l'article 472, quand même le mineur eût été assisté des personnes dont le consentement est requis pour la validité du mariage.

Mais *quid* si le père n'avait pas été le tuteur de son enfant, mais que l'enfant eût eu des biens, non du chef de sa mère, laquelle existe encore, mais des biens qui lui auraient été donnés, par exemple, à la condition que le père rendra compte même de la jouissance?

Nous ne pensons pas que l'article 472 soit applicable à ce cas. Le père n'est pas tuteur, et l'article 472 ne parle que du tuteur. Le père n'est ici que simple administrateur, qualité bien différente; différence de laquelle découlent beaucoup de conséquences. Si l'enfant est majeur à l'époque de la renonciation, le contrat devra être exécuté en tous les points. Néanmoins *nous conseillons*, même en ce cas, de se conformer au prescrit de l'article 472; car la raison qui l'a dicté pour le cas d'une tutelle, semblerait également exister pour le cas qui nous occupe.

On a également agité la question de savoir

si la constitution de dot que fait un père à sa fille, d'une somme, du *chef de sa mère*, est considérée comme une vente que la fille fait au père de ses droits successifs maternels; par conséquent si elle est sujette aux droits d'enregistrement auxquels une telle vente donnerait lieu. Même question a été proposée à l'égard d'une constitution de dot que fait un père à sa fille, d'une somme précédemment léguée à celle-ci par un étranger; on a demandé si c'est un droit fixe ou proportionnel qui est dû également dans ce dernier cas. Un arrêt de cassation, du 10 pluviôse an 13, a décidé les deux questions négativement, parce qu'il n'y avait dans le contrat de mariage aucune expression qui fît supposer une vente de la part de la fille; pas plus que dans le second cas on ne voit d'obligation personnelle de la part du père. On n'y voyait au contraire qu'une exécution du contrat existant déjà: le père avait reçu pour la fille, il devait lui restituer. Mais il faut bien se garder de se servir d'expressions qui caractériseraient une vente ou cession; car, s'il était dit, par exemple, qu'au moyen de la somme constituée en dot, le père jouira des biens maternels, le droit d'enregistrement serait dû. C'est ce que la même Cour a décidé par un arrêt du 7 septembre 1807.

L'article 1440 avait décidé que ceux qui constituaient une dot en devaient la garantie. Une semblable disposition devait avoir lieu en matière de régime dotal. Cette disposition se trouve dans l'article 1547. Les père et mère en sont même tenus comme les autres constituans; l'on en sent la raison, c'est que la dot est mise au rang des contrats à titre onéreux, puisqu'elle est pour soutenir les charges du mariage; mais vous observerez que la garantie n'est due qu'autant que la cause d'éviction est antérieure au mariage. La femme elle-même qui s'est dotée, est tenue de la garantie sur ses paraphernaux. Si elle est évincée de l'héritage qu'elle s'est constitué, une portion de ses paraphernaux doit supporter les charges du mariage. Mais pourrait-elle à l'héritage évincé en substituer un autre qui serait également dotal? Cet immeuble ne pourrait point devenir inaliénable. Mais l'article 1555 semble favorable à cette espèce d'acte entre le mari et la femme, quoiqu'il s'agisse ici de régime dotal et qu'il parle d'exclusion de communauté. M. Delvincourt prétend que dans cette circonstance le mari seul aurait droit de vendre l'immeuble, parce qu'il le considère comme une dation en paiement. Sans doute que c'est une dation en paiement qui est faite, mais seulement pour réparer le préjudice qu'a causé l'éviction. Il faut voir si la dation porte sur la propriété ou seulement sur la jouissance. S'il n'est rien dit touchant le transport de la propriété, je ne conseillerais pas à l'acquéreur d'acheter sans le concours de la femme. Le même auteur raisonne par analogie de l'article 1553. L'article 1595, n.º 3, nous semble aussi applicable en régime dotal. Nous pensons que la femme peut vendre à son mari; car par ces mots *exclusion de communauté*, il faut entendre tout régime, autre que celui de la communauté.

Nous n'avons rien à dire sur l'article 1548, si ce n'est qu'il consacre une disposition équitable. L'article 1440 l'avait déjà décidé pour ce qui concerne la dot sous le régime de la communauté. Les fruits seuls de la dot sont pour soutenir les charges du mariage; ces fruits ou intérêts sont donc dus dès qu'il est contracté. Mais remarquez que si le mariage ne s'accomplit pas de suite, et que cependant le mari touche les fruits du fonds dotal ou l'intérêt de la somme dotale, ces fruits ou intérêts ne lui appartiennent pas; ils augmentent la dot. En effet ils ne doivent lui être dus que lorsqu'il y a mariage, puisqu'ils sont pour en soutenir les charges.

Nous avons dans notre second volume, page 448, agité la question de savoir si les intérêts de la dot se prescrivent par cinq ans. Nous avons décidé négativement. Cette solution peut être bonne au fond; mais elle exigeait peut-être d'autres raisons que celles que nous avons données, et sur-tout plus de développement. L'article 2277 dit: Les intérêts des sommes prêtées, *et généralement tout ce qui est payable par année* ou *à des termes périodiques plus courts, se prescrivent par cinq ans.* C'est l'intérêt des sommes prêtées, et tout ce qui est payable par année ou à des termes périodiques, qui est sujet à la prescription. L'intérêt de la dot est un intérêt légal pour lequel l'article 1440 et l'article 1448 ne supposent aucune convention qui le rende payable tous les ans ou à des termes périodiques. Comme la dot est pour soutenir les charges du mariage, la loi supplée au silence des parties : la dot ne soutiendrait plus les charges du mariage, si l'intérêt de la somme qui en est l'objet n'était dû aux époux. Mais ce que fait la loi n'équivaut tout au plus qu'à cette convention : Vous me paierez l'intérêt jusqu'à ce que vous acquittiez votre dette. Mais cela ne peut équivaloir à cette convention : Vous aurez 15, 20 ans pour payer le capital de la dette, et jusque là vous me paierez l'intérêt à raison de tant par an, ou de six mois en six mois. Dans l'article 2277, il s'agit d'intérêts stipulés qui doivent se payer annuellement ou à des termes désignés ; il s'agit d'intérêts qu'on peut exiger à certaines époques, sans pour cela qu'on ait le droit d'exiger le capital, à moins que le terme qui le concerne en soit expiré. Comme cet intérêt se paie annuellement ou à certaines époques, la loi présume que le créancier les a reçus, exigés aux termes convenus, ou du moins quand il y a 5 ans d'écoulés, cette présomption *est juris*. Mais quand la loi fait produire à certaine somme l'intérêt de plein droit, il ne peut y avoir la même présomption. On ne peut aussi facilement croire que le créancier se sera présenté tous les ans chez son débiteur, pour recevoir ce même intérêt. Il n'y a aucun terme de fixé pour cela, on ne peut lui dire: Pourquoi n'êtes-vous pas venu réclamer les fruits de votre créance? Ce n'est qu'à des créances qui jouissent d'une grande faveur que la loi fait courir l'intérêt de plein droit; comment cette même loi aurait-elle voulu frapper cet intérêt d'une prescription aussi courte; c'est précisément parce qu'on présume qu'un donataire, un mineur n'osera pas, la plupart du temps, solliciter, presser, importuner son bienfaiteur ou son tuteur, que la loi, dans les articles 474, 1440, 1448, fait courir l'intérêt; comment cette loi si bienveillante aurait-elle imposé l'obligation au mineur ou au donataire de se présenter dans cinq ans? Elle serait en contradiction avec elle-même, si elle les punissait d'un tel retard.

Il y a des raisons morales qui nous portent à croire que l'article 2277 n'est pas applicable à notre espèce. Mais il peut y en avoir d'autres encore. On a décidé que cet article ne pouvait être opposé au vendeur. En matière de vente, l'intérêt est légal, si la chose produit des fruits, art. 1652. M. Vazeille, avocat à Riom, et auteur du Traité des Prescriptions, combat cette décision. Il dit aussi que, lorsqu'un jugement a condamné une partie, l'intérêt qui en résulte est sujet à la prescription de l'article 2277. Nous sommes loin de révoquer en doute la force des raisons que donne cet auteur à l'appui de son opinion; mais nous ne pouvons nous empêcher de céder à l'évidence. M. Proudhon, Traité de l'Usufruit, embrasse un autre sentiment. Il dit que l'article 2277 est une exception à la règle, laquelle règle se trouve écrite dans l'article 2262 qui porte que toute action réelle et personnelle se prescrit par trente ans. Si c'est une exception, elle ne doit porter, comme le dit M. Proudhon, que sur les espèces particulières qui y sont signalées et qu'il ne serait pas permis d'étendre plus loin, parce qu'il est de principe que la règle générale doit conserver tout son empire sur les cas qui n'en sont pas formellement exceptés. Or l'article 2277 n'est établi, comme on l'a déjà dit, que pour le débiteur qui a terme. Aussi M. Proudhon n'applique-t-il pas l'article 2277 au père qui retient indûment la jouissance des biens de son enfant émancipé, etc., etc. Voyez son premier volume, pag. 284 et suivantes. Nous pourrions appliquer à notre espèce tout ce qu'il dit de l'intérêt moratoire. Les raisons qu'il donne conviennent parfaitement au cas qui nous occupe; mais son ouvrage étant dans toutes les mains, nous nous contenterons d'y renvoyer.

Cependant, si le donateur eût pris terme pour le paiement de la dot, et qu'on fût convenu que l'intérêt s'en paierait annuellement ou périodiquement, nous croyons l'article 2277 applicable, quelque raison morale qu'on pût alléguer, parce que l'article 2277 embrasse ce cas comme tout autre, n'ayant pas distingué entre les personnes. Si le donateur n'a fait que prendre terme, sans parler du paiement des arrérages, il y a plus de doute; cependant l'intérêt étant de droit, et quand on n'a pas restreint l'époque du paiement à un autre temps, comme c'est annuellement qu'il est dû, cette convention tacite semble devoir équipoller à une convention expresse. Le donateur a pris 5 ans pour payer; la prestation de l'intérêt doit se faire tous les ans; tous les ans le donataire peut exiger; tous les ans cet intérêt se trouve être une dette distincte du capital; tous les ans cet intérêt forme une dette distincte, même de ce qui est dû pour l'intérêt de l'année précédente et de ce qui sera dû pour l'intérêt de l'année qui doit suivre. Ici, comme lorsque le débiteur a fixé l'époque du paiement des intérêts, le donateur peut faire des offres de l'intérêt qu'il doit, sans être obligé d'offrir le capital: donc cet intérêt forme une dette particulière et distincte; donc on se trouve dans le cas de l'article 2277.

Il est inutile d'après ce qu'on vient de voir que nous avons eu tort de dire dans notre premier volume, pag. 448 *in fine*, qu'aucune raison ne s'oppose à appliquer l'article 2277 au cas de l'article 1473. Au contraire il ne s'y applique pas.

## XVIII.e LEÇON.

*Droits du mari sur les biens dotaux.*

La loi n'eût pas été d'accord avec elle-même, si, après avoir dit que la dot était pour soutenir les charges du mariage, elle n'avait pas donné au mari l'administration des biens qui la composent. C'est dans son article 1549 qu'elle l'en reconnaît administrateur. Elle fait plus; elle dit que seul il a le droit d'en poursuivre les débiteurs et détenteurs. Il n'en fut pas toujours ainsi: dans les pays où le mariage n'émancipait pas, le père, qui avait sous sa puissance son fils marié, avait le droit de poursuivre le paiement de la dot de sa bru. Mais aujourd'hui l'article 476 déclare que le mariage émancipe de plein droit. Le mari, quoique mineur, a donc l'action que l'article 1549 accorde d'une manière générale; mais, s'il a le droit de recevoir la dot, il n'a pas le droit d'en faire remise. C'est ce que nous avons vu plus haut. Doit-il être assisté de son curateur pour recevoir valablement la dot de sa femme? Pour recevoir un capital mobilier qui lui appartient, en considérant comme tel la dot de la femme, ou bien si la somme à recouvrer et qui fait partie de la dot, est considérée comme un capital mobilier, il est de la plus grande prudence de ne payer au mari qu'en présence de son curateur. Car enfin considérera-t-on le mari comme mandataire légal de sa femme? Sans doute. Mais voudra-t-on appliquer à ce cas l'article 1990? Nous ne le pensons pas; car dans le cas de cet article, si le mineur a dissipé la somme qu'il a reçue, c'est tant pis pour le mandant; dans le cas de notre article 1549, le mandataire est garant de ce qu'il reçoit; la femme ne peut ainsi perdre sa dot et son action hypothécaire contre son mari, sous le prétexte qu'il l'a dissipée en minorité. Cela serait absurde. Vainement le débiteur de la dot dirait-il qu'il a payé au mandataire légal. Le mari est plus que mandataire, il est pour ainsi dire propriétaire des deniers dotaux; il est *dominus dotis;* il est *procurator in rem suam;* c'est pour son propre compte, c'est pour lui-même qu'il réclame la dot; le débiteur doit donc observer les mêmes formalités que s'il payait à son propre créancier ; il doit faire assister le mineur. Il faut que celui-ci ait son action de simple lésion que lui donne l'article 1305 ; s'il ne peut l'invoquer contre la femme, il doit pouvoir l'invoquer contre le débiteur. L'article 1241 lui devient applicable.

L'action mobilière et possessoire n'appartient pas seulement au mari ; l'action pétitoire lui appartient également. Cela résulte de ces mots de l'article 1549 : Il a *seul le droit d'en poursuivre les débiteurs.* Il peut exercer cette action, même sans le concours de sa femme, pour ces mêmes biens ; ce qui n'a pas lieu sous le régime de communauté ou d'exclusion de communauté.

Les lois romaines donnaient aussi au mari la revendication des biens dotaux. Si en matière de communauté il faut le concours de la femme pour ces sortes d'actions, c'est que le consentement de celle-ci est nécessaire pour aliéner ses biens, et que la capacité d'agir tient à la capacité d'aliéner ; mais en régime dotal le fonds dotal n'est pas plus aliénable du consentement de la femme que sans son consentement. Comme il faut cependant que l'action pétitoire soit intentée, on a pu sans inconvénient permettre au mari d'y procéder seul. C'est la décision d'un arrêt de la Cour d'Aix, du 9 janvier 1810.

On pourrait cependant, par argument de l'article 1559, soutenir que le mari seul n'a pas cette action, puisque l'immeuble dotal ne peut être échangé sans le consentement de la femme. Mais non-seulement le cas n'est pas le même, mais encore l'article 1549 dit formellement que le mari seul peut poursuivre les *détenteurs* de la dot; ce mot détenteur est mis là par opposition au mot *débiteur* qui se trouve dans le même article, lequel s'applique à ceux qui doivent personnellement; le mot détenteur s'appliquant alors à ceux qui ne doivent qu'à cause de la chose, et ce mot pris dans un sens général, et c'est ainsi qu'il doit l'être dans la circonstance, s'entend de tous ceux qui possèdent des choses qui ne leur appartiennent pas, soit en vertu de quelque titre, soit sans titres, tels que les usurpateurs.

Rien n'empêche cependant qu'on mette la femme en cause, et cela est encore plus régulier. Voyez au surplus un arrêt de la Cour de Nîmes, cité *infrà* à l'article 1554.

Si le mari était mineur, il ne pourrait pas seul intenter l'action pétitoire, il faudrait qu'il fût assisté de son curateur.

D'après l'article 1549, il semble que la femme ne pourrait agir si le mari n'agissait pas, puisqu'il n'accorde l'action qu'au mari seul. Nous savons bien que la femme n'a le droit de réclamer sa dot qu'après la dissolution du mariage ou la séparation de biens; nous savons bien aussi que le mari est responsable de la dot; mais il n'en est responsable qu'après un certain délai. La femme peut avoir intérêt à ce que les débiteurs paient à l'échéance des termes. Pourquoi, si le mari est négligent, la femme ne pourrait-elle pas se faire autoriser de justice? Le fonds dotal peut bien être aliéné avec l'autorisation de justice, et malgré le refus du mari, dans le cas des articles 1555, 1556; pourquoi, pour sauver sa dot, ne pourrait-elle pas, avec l'autorité de justice, poursuivre les débiteurs ou détenteurs de la dot? Remarquez que ce n'est pas ici la restitution de sa dot qu'elle réclame; alors il faut au moins qu'elle soit séparée de biens;

elle ne veut qu'empêcher sa dot de périr entre les mains de ceux qui la doivent. Quand même elle ferait un acte conservatoire, chose qui, selon nous, lui est bien permise, cela pourrait ne pas remplir son but. Un acte conservatoire n'empêche pas toujours le droit de périr.

Il est vrai que la loi ne lui permet point pendant le mariage de revendiquer le fonds dotal qui a été vendu par elle et par son mari; mais ici il n'y a aucun danger pour la femme, l'acquéreur ne peut prescrire, la femme est toujours sûre que son bien se trouvera. Mais, quand un débiteur est sur le point d'une faillite ou d'une déconfiture, la femme n'est pas sûre de recouvrer sa dot; il y aurait injustice à lui refuser le droit de recourir à justice pour conserver sa fortune. Nous pensons même qu'elle n'a pas besoin de demander au préalable une séparation de biens, cela serait par trop rigoureux; le mari pouvant être un bon administrateur, mais arrêté par quelque considération qui l'empêche d'agir contre les débiteurs de la dot. L'article 1549 s'entend en ce sens, que, quoique la dot soit inaliénable, qu'il n'y a point communauté entre les époux, que la femme est propriétaire des choses qui composent sa dot, le mari peut cependant seul agir, et l'action est bien intentée. Il signifie encore que la femme seule et sans autorisation n'a pas le droit d'agir, lors même qu'il s'agirait d'une action mobilière, pas plus que lorsqu'elle est mariée avec séparation de biens; il signifie encore que l'action appartient au mari, quoique mineur, à la différence de ce qui se pratiquait autrefois. Mais il ne signifie pas que la femme ne puisse bien agir avec l'autorisation de justice. L'article 1549 ne peut être en opposition avec l'article 219. Il est vrai qu'avec le consentement de son mari et de justice, elle ne peut même aliéner sa dot, excepté dans les cas prévus par la loi, et que plaider c'est aliéner. La capacité d'agir tient en effet à la capacité d'aliéner; mais cela n'est qu'en thèse générale; car le mari n'a pas le droit d'aliéner la dot de sa femme, et cependant il a bien capacité d'agir.

Le mari a également le droit de percevoir les fruits et intérêts de la dot; il est usufruitier et administrateur tout-à-la-fois. Aussi est-il tenu des obligations d'un usufruitier. Voyez l'article 1562.

L'unique moyen d'ôter au mari le droit exclusif d'administrer les biens dotaux de la femme, est de convenir par le contrat de mariage que la femme touchera sur ses simples quittances une partie de ses revenus, art. 1549. Mais pourrait-on dans le contrat de mariage stipuler que la femme aura l'administration exclusive de tous les biens dotaux et paraphernaux? Nous verrons cette question plus loin.

Si par le contrat de mariage le mari n'a pas été assujetti à donner caution pour la réception de la dot, il n'est pas tenu d'en fournir, art. 1550. Cependant si à l'époque du paiement la fortune du mari était dérangée, le débiteur de la dot pourrait se refuser à payer; mais, pour que ce débiteur puisse se refuser de payer sous le prétexte dont on vient de parler, il faut que ce refus soit accompagné ou suivi immédiatement d'une action en séparation de biens de la part de la femme qui ferait faire une saisie; autrement le refus du débiteur serait mal fondé. Il ne pourrait, comme le pensent les auteurs des Pandectes, se faire autoriser à placer les deniers. Le père même ne le pourrait, à moins que l'insolvabilité du mari fût légalement constatée ; par exemple, s'il était en état de faillite.

Les lois romaines ne permettaient pas à la femme de demander caution au mari ; elles considéraient cette demande comme un injure. Nos mœurs n'étant pas si sévères, cette stipulation serait aujourd'hui valable. Mais, si aucune caution n'est exigée par le contrat de mariage, le mari pendant le mariage peut-il s'y assujettir et en offrir une volontaire? Dans le droit romain, la caution dans cette circonstance ne se trouvait pas engagée ; le cautionnement n'était pas valable.

Deux raisons nous portent à le croire valable : d'abord, c'est que la loi reconnaît tout cautionnement fait sur une obligation valable ; en second lieu, c'est que ce n'est point apporter de changement au contrat de mariage ; la femme ne fait que stipuler une garantie, elle ne fait qu'assurer l'exécution de ce même contrat.

Mais celui qui a promis la dot peut-il se refuser de la payer au mari, s'il n'a pas fourni la caution? Nous pensons qu'il faut distinguer si c'est lui qui stipule le cautionnement, ou bien la femme.

L'article 1550 doit s'appliquer à tous les régimes.

Jusqu'à présent nous avons bien vu que le mari avait un droit de jouissance sur la dot de sa femme; nous allons voir qu'il a parfois quelque chose de plus, qu'il a un droit de propriété. Il faut alors distinguer quelle est la nature des choses qui composent la dot. Si ce sont des corps certains; il faut distinguer aussi s'ils sont mobiliers ou immobiliers, et s'ils ont été estimés par le contrat. S'ils sont mobiliers, l'estimation qui en est faite vaut vente, art. 1551, à moins qu'il n'y ait stipulation contraire; c'est-à-dire que le mari en devient propriétaire par le fait seul de cette estimation; il est seulement débiteur du prix qui y est porté. Si le mari devient propriétaire des choses données en dot, elles sont à ses risques et elles périssent pour lui.

Il nous semble cependant que l'article 1551 ne s'applique qu'aux meubles susceptibles de dépérissement par l'usage qu'on en fait; qu'il ne s'applique point aux droits incorporels mobiliers, tels que les rentes et créances qui portent avec eux-mêmes l'énonciation de leur valeur, c'est-à-dire dans le titre constitutif, et lesquels ne sont pas susceptibles d'être autrement estimés. Ces droits peuvent avoir néanmoins une valeur de cours différente de celle énoncée au titre constitutif, comme les rentes sur l'Etat; mais cela ne fait rien, l'énonciation de cette valeur de cours énoncée au contrat, ou toute autre estimation ne rendrait point le mari propriétaire ; aussi la loi les met-elle aux risques de la femme, tant qu'elles ne sont pas remboursées, art. 1567.

Il importe pour le mari que les effets dotaux ne soient pas toujours estimés; par exemple, si ce sont des animaux donnés à cheptel, tels que bœufs. S'ils viennent à périr, c'est la femme qui en supporte la perte; la perte serait pour le mari, s'il y avait estimation.

Si la dot comprenait des choses mobilières qui se consomment par le premier usage qu'on en fait, comme du blé, du vin, de l'huile, etc., etc., le mari en serait toujours propriétaire, quand même les objets n'auraient pas été estimés; il suffirait que la quantité et la qualité fussent déterminées par le contrat de mariage. Le mari serait débiteur d'autant; il restituerait la même quantité et qualité, ou le prix suivant les mercuriales.

Si les objets dotaux sont des immeubles, l'estimation qu'on en fait dans le contrat de mariage n'est que pour déterminer la valeur de l'objet et le montant des dommages-intérêts, en cas que le mari les détériore. Mais la propriété ne lui en est point transférée, à moins qu'il n'y ait à cet égard une déclaration formelle, art. 1552.

Dans le droit romain, l'estimation donnée à l'immeuble transférait également la propriété du mari, si les parties ne manifestaient pas une intention contraire. Il est donc entendu parmi nous que l'immeuble constitué en dot, quoiqu'estimé, demeure à la femme, qu'elle en reste propriétaire; que, si au contraire l'estimation qu'on en fait en rend le mari propriétaire, il ne sera débiteur envers sa femme, à la dissolution du mariage, que du montant de l'estimation; c'est cette valeur qui forme alors la dot, et non l'immeuble même, le mari en pouvant disposer comme de ses propres choses.

Le mariage célébré, il n'est plus libre aux époux de faire cesser la différence qu'il y a entre les biens dotaux mobiliers et les biens dotaux immobiliers, sous le rapport de leur aliénabilité ou de leur inaliénabilité. La disposition de l'article 1553 est une conséquence de ce principe. Si donc la dot a été constituée en argent, l'immeuble acquis de ces deniers n'est point dotal; à moins cependant, dit le même article, que la condition de l'emploi n'ait été stipulée par le contrat.

Il en est de même de l'immeuble donné en paiement de la dot constituée en argent: dans l'un ni dans l'autre cas, il ne s'opère aucune subrogation, même art. 1553.

Dans ces deux cas, la femme ne peut réclamer que la somme promise ou comptée; les immeubles qui la remplacent ne participent point au privilége de l'inaliénabilité accordée aux immeubles véritablement dotaux. Le mari s'en est trouvé et en reste propriétaire; il a pu en disposer. Quand le mariage se dissout, la femme ni ses héritiers ne peuvent le reprendre en nature. Ils n'ont qu'une créance contre le mari ou les héritiers de celui-ci.

C'est là, comme vous le voyez, une très-grande différence entre le régime dotal et celui de la communauté. Voyez l'article 1406.

Peu importerait même que, dans l'acte d'acquisition ou dans l'acte de dation en paiement, on eût exprimé que l'immeuble acquis ou donné tiendrait lieu de remploi, aurait la qualité de bien dotal; mais, s'il était exprimé au contrat de mariage que le mari fera emploi de la somme constituée en dot, alors ce qui serait acquis avec ces deniers serait dotal. On a coutume dans ce cas de donner un terme au mari pour faire cet emploi. S'il n'exécute la convention dans le temps convenu, il peut être poursuivi pour être forcé de la remplir. Son refus pourrait être une cause de séparation de biens.

Si le mari veut acquitter une pareille obligation, il doit exprimer dans l'acte d'acquisition qu'elle est faite des deniers dotaux. Cela est indispensable pour rendre dotal l'immeuble acquis. Mais, comme en régime de communauté, le consentement de la femme est-il nécessaire? Cela peut souffrir difficulté. On peut dire, d'un côté, que le mari ne peut forcer sa femme d'accepter une propriété qui ne lui convient pas. D'un autre côté, il est dangereux de subordonner le remploi au caprice de la femme; il n'y a peut-être pas tout-à-fait même raison que pour le cas du régime de communauté. D'abord le législateur n'a pas répété dans l'article 1553 ce qu'il a dit dans l'article 1435. Dans ce dernier article le mari agit comme *negotiorum gestor* de la femme; il n'est pas son mandataire, n'ayant aucun ordre, aucun pouvoir pour le faire. Dans le cas au contraire de l'article 1553, il agit comme son mandataire constitué à cet effet par le contrat de mariage; et il est reconnu que ce qui est fait par le mandataire est de plein droit censé fait par le mandant. Tandis que lorsqu'il s'agit d'un remploi d'un propre de la femme vendu pendant la communauté, le mari n'agit seulement que comme chef de communauté, que comme mandataire tacite.

Ce que nous venons de dire ne fait point obstacle à ce qu'on suivît encore les règles de l'article 1435, si le mari ayant vendu le fonds dotal, dans les cas prévus par la loi, voulait faire une acquisition pour tenir lieu de remploi. Il ne serait encore ici qu'un mandataire tacite, un *negotiorum gestor*, n'ayant pas un pouvoir exprès de sa femme dans l'hypothèse que nous avons posée. Au contraire, la femme par son contrat de mariage a donné plein pouvoir, ou est censée l'avoir donné: inutile alors qu'elle accepte; elle ne ferait qu'approuver ce qu'elle a déjà fait. Telle est l'opinion de M. Pailliet sur l'article 1435.

Il n'en était pas ainsi en droit romain: *V.* la loi douze au Code *de Jure dotium.* Il fallait que la femme acceptât le bien acquis des deniers dotaux. Cependant, si le mari était insolvable, elle avait le droit de s'emparer du bien acquis des deniers dotaux; mais par réciprocité, s'il était solvable, elle ne pouvait forcer les héritiers du mari de lui abandonner le bien ainsi acquis. Si la femme avait accepté, elle était propriétaire.

Devons-nous suivre l'opinion de M. Pailliet? Est-il bien vrai que la femme ne doit pas accepter le remploi? Tout cela tient à la question de savoir si le mari est réellement mandataire de sa femme pour faire l'acquisition dont il s'agit; car, de ce que la loi n'a pas dit dans l'article 1553 que la femme devra accepter le remploi, ce n'est pas une raison pour qu'elle ne doive pas

l'accepter. Il est de règle que, lorsqu'on stipule pour nous, nous ne soyons engagés que par notre ratification. Ainsi l'un ou l'autre, ou le mari est constitué de plein droit mandataire, par cela seul que le remploi a été stipulé, ou il ne l'est pas. Voilà ce que dit l'article 1553 : « L'immeuble acquis des de-
» niers dotaux n'est pas dotal, si la condi-
» tion de l'emploi n'a été stipulée par le
» contrat de mariage. » Doit-on bien induire des expressions de cet article que le mari est constitué mandataire pour faire l'emploi? Doit-on induire de ces mêmes expressions un pouvoir tellement large, que le mari ait le droit de faire l'emploi tout seul? En un mot doit-on en induire que le législateur a voulu pour ce cas particulier changer le pouvoir ordinaire du mari? Sans doute que la femme ne peut seule faire cet emploi; mais il en est de même en matière de communauté. De ce que le mari est *dominus dotis*, il ne faut pas cependant aller jusqu'à dire qu'il peut à son gré faire des conditions à sa femme. Il est au contraire dans l'esprit de la loi de ne rien lui permettre qui puisse le rendre l'arbitre de la fortune ou des biens de sa femme;

et certes lui permettre de faire l'emploi sans son consentement, c'est le rendre l'arbitre de la dot ; c'est l'inviter à frauder sa femme, puisqu'elle serait obligée de se contenter de ce qu'il lui aurait plu de substituer à ses deniers dotaux. C'est un inconvénient sans doute de subordonner également l'emploi au caprice de la femme ; mais quel est cet inconvénient en comparaison de l'autre ? Quel est celui qui est le plus sujet à contestation et qui peut entraîner à sa suite le plus de trouble dans la maison conjugale ? Dira-t-on que la femme n'ayant pas le droit d'aliéner n'a pas le droit d'accepter l'emploi ? Mais ce n'est pas non plus l'opinion que manifeste M. Pailliet : l'article 1559 suffit pour arrêter quiconque aurait une pareille prétention. La seule défense qui soit faite à la femme c'est d'aliéner ; mais, malgré cette défense, la loi ne reconnaît pas moins la capacité de la femme, quand il s'agit de ses propres intérêts. La loi n'en reconnaît pas moins qu'à la femme appartient le droit de *décider*, quand il s'agit de questions qui intéressent sa fortune dotale. S'agit-il de changer ou de vendre dans les cas permis l'immeuble dotal ? le mari ne peut rien faire sans le consentement de sa femme. Elle a, comme la femme commune, le droit de s'opposer à la volonté de son mari; il faut nécessairement la consulter: pourquoi n'en serait-il donc pas ainsi dans l'article 1553? C'est, dit-on, parce que le mari est constitué son mandataire à l'effet de l'emploi; la loi ne le dit pas. Les expressions de l'article 1553 sont trop équivoques pour donner au mari un semblable mandat; pour déroger à une règle générale il faut des termes exprès, formels. Par exemple, dans l'article 1449, le mari a bien le droit de poursuivre seul les détenteurs de la dot; mais pense-t-on que si le législateur n'eût pas aussi énergiquement exprimé sa volonté à cet égard, le mari seul pût intenter une action immobilière au nom de sa femme? Est-ce qu'on ne serait pas resté dans les termes du droit commun? Mais, si dans cette circonstance la loi a donné au mari un pouvoir extraordinaire, il faut se garder de l'étendre à un autre cas. Le législateur s'est trouvé conséquent avec lui-même, quand il l'a donné au mari; mais dans le cas de l'article 1553 il n'y a aucune raison pour sortir de la règle générale. L'article 1549 n'offre même aucun inconvénient très-grave; mais l'article 1553, entendu dans le sens que l'entend M. Pailliet, en offrirait de très-grands. L'article 1553 n'a voulu permettre que la stipulation d'emploi des deniers dotaux; dans le cas de cette stipulation, le mari est alors forcé de le faire, il peut y être contraint. Mais la loi n'a pas dit que le mari pourrait seul faire cet emploi: ce mot *seul* n'est pas employé comme dans l'article 1549; par conséquent il a laissé les choses dans les termes du droit commun.

Mais, dira-t-on, ce n'est pas de la loi que naît le mandat du mari, mais du contrat de mariage, de la convention des parties. Hé bien! supposons que le contrat de mariage dise qu'*il sera fait emploi des deniers dans un héritage;* supposons même qu'on ait dit: *Le mari fera emploi des deniers dans un héritage.* Au premier cas on n'aura rien dit de plus que la loi dans l'article 1553: dans le second on ajoute quelque chose de plus; mais faut-il en conclure que le mari reçoit le pouvoir que lui donne M. Pailliet? Faut-il en conclure que telle a été l'intention de la femme ou du donateur? Car enfin, si le pouvoir dont il s'agit n'est pas un pouvoir légal, si le mari ne le tient pas de la loi, il le tient nécessairement des parties. Or peut-on croire que, si on soumettait l'interprétation du contrat aux magistrats, ils décidassent qu'il y a mandat? Il n'est pas exprès, point de doute à cet égard. Est-il tacite? Un mandat est tacite quand les conséquences qu'on tire de la loi ou d'un contrat conduisent nécessairement à cette conclusion, c'est-à-dire quand le fait prévu par la loi ou par le contrat ne laisse pas douter que telle a été l'intention du législateur ou des parties; en un mot quand le sens de la loi ou de la convention ne permet pas de douter qu'il y a mandat, et que le fait exprimé entraîne nécessairement le fait non exprimé; mais il faut que la conséquence soit naturelle, et non forcée. Par exemple, je vous donne pouvoir de vendre mon héritage, je vous donne pouvoir de passer l'acte, je vous donne pouvoir d'hypothéquer; vous pouvez affecter ceux de mes héritages qu'il vous plaira. Je vous donne pouvoir d'acheter un immeuble, une maison pour moi; vous êtes libre de l'acheter comme bon vous semblera; je serai obligé par l'acte que vous passerez, quel qu'il soit, pourvu qu'il ait lieu sans fraude; mais, dans tous ces cas, il y a un pouvoir de donné, c'est une chose qu'on ne peut révoquer en doute; mais dans notre espèce il est dit seulement que le mari fera emploi, c'est-à-dire qu'il ne gardera pas les deniers, c'est-à-dire que ces deniers seront convertis en un héritage; ce qu'on a principalement en vue, c'est cette conversion de deniers en immeubles; c'est l'objet principal, on peut même dire *unique*. Une acquisition doit être faite en conséquence de cette stipulation; mais la conséquence nécessaire n'est pas que le mari fera seul cette acquisition. A cet égard le mandat doit être exprès, ou s'induire de termes non-équivoques. Le législateur a posé pour règle que l'immeuble acquis des deniers dotaux ne serait pas dotal; quand les parties stipulent que le mari fera emploi des deniers dotaux, elles n'ont d'autre intention que celle de déroger à cette règle, dérogation que l'article 1553 permet lui-même. C'est tout ce qu'ont voulu les parties, et l'article 1553 ne dit pas autre chose. Il met l'exception à côté de la règle; mais il est loin de dire que le mari seul peut faire l'emploi. Supposons que les parties ne soient pas soumises au régime dotal mais bien à celui de la communauté : Pierre donne à la future 30,000 fr., à la condition que l'emploi sera fait en immeubles ; est-ce que le mari seul pourra faire l'emploi ? Qu'on ne dise pas que ce cas diffère de celui de l'article 1553 ; car, comme on l'a dit, de ce que la femme est en régime dotal, elle n'en a pas moins le droit de veiller et défendre ses droits. Si elle ne peut vendre, elle peut acquérir ; elle est capable surtout de l'exécution de la convention dont parle l'article 1553. On ne peut vendre sans son consentement ; on ne doit pouvoir acheter pour elle sans sa volonté. C'est la conséquence la plus juste qu'on puisse tirer de l'article 1553. Il ne faut pas voir un mandat où il existe une obligation, chose bien différente ; mais cette obligation ne peut-elle s'acquitter de la part du mari qu'au moyen du mandat tacite dont parle M. Pailliet ? La femme, si c'est elle qui s'est constituée, ne paraît nullement s'être interdit le droit d'accepter ; si c'est un tiers qui a constitué la dot, il ne paraît nullement démontré qu'il ait voulu priver la femme du droit d'accepter ; le contrat pouvant

6.

s'entendre autrement, il faut le laisser soumis à la règle générale.

En supposant que ce soit là la véritable solution, dans quel délai devra-t-elle *faire son acceptation?* Est-elle forclose après le mariage, comme en matière de communauté? Les raisons ne sont pas absolument les mêmes. La communauté est un tiers qui peut faire décider autrement qu'en régime dotal. Nous pensons que la femme mariée sous ce dernier régime peut accepter même après le mariage dissous. Cela est bien long sans doute; d'autant plus que la femme laisse flotter la propriété du bien acquis. En régime de communauté, nous croyons avoir répondu à cette objection: nous y renvoyons. Peut-être le bien périra-t-il. La perte ne peut être pour la femme tant qu'elle n'aura pas accepté. C'est encore là un inconvénient, mais cet inconvénient subsiste en matière de communauté. Si d'un côté il y a injustice à laisser le bien aux risques du mari, il y en a une autre à laisser périr un bien pour une personne qui peut ignorer si elle en a la propriété. En effet, si le mari pouvait faire seul l'emploi, il pourrait le laisser ignorer à sa femme tout le temps de leur mariage et même encore après; et la femme n'est pas en position de pouvoir parer à cet inconvénient, tandis que le mari peut mettre sa femme en demeure d'accépter l'emploi ou de le refuser. D'ailleurs c'est à lui de se concerter avec elle à ce sujet. La femme connaissant l'emploi, pourrait peut-être, par quelques actes conservatoires, empêcher la perte ou la ruine de son fonds; ne le connaissant pas, elle ne peut parer au péril qui la menace; c'est encore là une raison puissante qui peut ranger du côté de l'opinion contraire à celle de M. Pailliet ceux qui voudront se donner la peine d'approfondir la question. Mais cette opinion contraire à celle de M. Pailliet, nous n'osons la donner pour sûre. M. Carrier, Traité du Contrat de Mariage, dit aussi que le mari est constitué mandataire. Il semblerait en effet qu'il suffit que le fonds soit acquis des deniers dotaux, c'est-à-dire qu'il suffit que déclaration en ait été faite dans l'acte; mais l'article ne fait que prêter à cette interprétation; car on peut également croire qu'il entend parler d'une acquisition faite par le mari et la femme. On peut dire aussi que la loi n'ayant pas ici ordonné l'acceptation de la femme, elle n'est pas nécessaire, et que les principes du régime communal ne peuvent être invoqués, parce qu'en régime dotal on est dans les cas extraordinaires, on est dans un régime où le mari est généralement maître des biens de la femme. La question nous paraît donc très-difficile à résoudre. En adoptant l'une ou l'autre opinion, nous tremblons de tomber dans l'erreur. Comme juge, comme magistrat, je serais peut-être de l'opinion de MM. Pailliet et Carrier, parce qu'elle est assez conforme aux principes du régime dotal; mais comme notaire, comme conseil des parties, je dirais qu'il faut faire accepter la femme.

Lorsqu'il a été dit simplement qu'emploi serait fait, sans exprimer qu'il le serait en immeubles, pourra-t-il avoir lieu en droits incorporels, tels des rentes, par exemple? Il n'est pas précisément inutile de stipuler que l'emploi n'aura lieu qu'en immeubles; mais nous ne pensons pas qu'à défaut de cette stipulation on pût faire emploi en rentes. Dans l'intention des parties, l'emploi n'a été convenu que pour que la dot ou les deniers dotaux ne fussent pas abandonnés à la dissipation du mari. On a voulu les y soustraire ; on a voulu qu'à la fin du mariage la femme retrouvât sa dot. Or, si le placement des deniers a lieu en droits incorporels, on peut manquer le but qu'on se proposait, parce que le remboursement peut en être fait au mari.

Nous avons laissée entière la question de savoir si, sous l'empire du régime communal, et lorsque l'emploi de la dot est ordonné par le contrat de mariage, la femme doit l'accepter, ou si le mari seul peut le faire comme ayant pouvoir tacite. En régime dotal le mari a un pouvoir sur la dot qu'il n'a pas en régime de communauté, puisqu'il exerce seul les actions qui y sont relatives. Il y a d'ailleurs plus de nécessité que l'emploi soit fait; car la dot en sera mieux assurée. Ainsi sous le régime communal la femme doit accepter.

## XIX.e LEÇON.

### *De l'Inaliénabilité du Fonds dotal.*

Les immeubles constitués en dot ne peuvent être aliénés ni hypothéqués pendant le mariage, ni par le mari, ni par la femme, ni par les deux conjointement, sauf quelques exceptions, art. 1554.

Si la femme durant le mariage vend ou affecte le fonds dotal, l'acte est nul. Si elle a reçu quelque chose, celui qui a traité avec elle ne peut le répéter qu'en prouvant qu'elle en a profité, art. 1312. Si c'est le mari qui a vendu, eût-il même touché le prix, il a aussi le droit de faire révoquer l'aliénation, art. 1560.

Le principe de l'article 1554 est tellement absolu, dit-on, que les réparations civiles, ainsi que les amendes auxquelles la femme aurait été condamnée, ne peuvent être poursuivies sur sa dot. S'il n'y a pas de paraphernaux, il faut attendre la dissolution du mariage. Ceci n'est pas sans difficulté.

Lorsque des jugemens sont rendus contre elle, pour savoir s'ils emportent hypothèque il semble qu'il faut distinguer entre le cas où ces jugemens procèdent d'une cause antérieure ou postérieure au mariage. Si la cause est postérieure au mariage, le jugement ne peut emporter hypothèque : dans le cas contraire il semble qu'il l'emporte. Le mariage ne peut porter atteinte à l'action des créanciers qui avaient des droits acquis à cette époque. De simples créanciers chirographaires dont les titres auraient date certaine, pourraient même agir sur le fonds dotal ; et cela doit être, car pour arrêter les poursuites de ces créanciers, la fille qui aurait contracté beaucoup de dettes ne manquerait pas de se marier sous le régime dotal et de constituer tous ses biens en dot.

Cependant le mari ne pourrait-il pas s'opposer à leur action, en disant qu'il doit être assimilé à un acquéreur ? En effet la dot est pour soutenir les charges du mariage. Dans tous les cas n'est-il pas usufruitier ? Or l'usufruitier peut au moins empêcher la vente de son usufruit. Soit qu'on le considère comme acquéreur à titre onéreux ou à titre gratuit, il peut empêcher cette vente (celle de son usufruit). L'article 1562 le soumet aux charges d'un usufruitier, donc; etc., etc.

Sous l'empire de l'article 1510, le mari est également usufruitier; cependant il n'empêcherait pas l'expropriation. Sous la dotalité, la femme confère-t-elle un droit plus étendu? Serait-il ridicule de dire qu'on peut être soumis aux charges d'un usufruitier, sans être pour cela un usufruitier ordinaire? Par exemple, s'il est un véritable usufruitier, son droit peut être exproprié par ses propres créanciers. Pense-t-on que cela puisse être? C'est donc qu'il n'a pas un *jus in re*, un droit réel, une partie du fonds dotal. En effet le fonds est pour soutenir les charges du mariage, on ne peut le détourner de sa destination. Tout ce que peuvent les créanciers du mari, c'est de saisir les fruits au fur et mesure qu'ils sont récoltés ou récoltables. Saisir le droit d'usufruit même aurait un bien plus grave inconvénient. La jurisprudence du parlement de Bordeaux et celle de Toulouse permettaient aussi la saisie des fruits, parce qu'il en est le maître. Néanmoins, arrêt du parlement de Bordeaux, 9 décembre 1557, qui a jugé que la saisie des fruits pour une dette du mari ne tiendrait que pour un tiers des fruits, le surplus devant rester à la femme pour sa nourriture et celle de ses enfans, parce que le mari ne fait siens les fruits des biens de sa femme, qu'en l'entretenant et supportant les charges du mariage. Décision pleine de sagesse. Voyez Salviat, Jurisprudence du parlement de Bordeaux, 1.er v., p. 395. La conséquence de ceci est que le mari n'est point un véritable usufruitier, qu'il ne jouit point pour lui-même, mais pour sa femme; or la pleine propriété appartenant à celle-ci, elle est le gage des créanciers. Par exemple encore, si le mari était un véritable usufruitier, il pourrait vendre son droit, le donner; le peut-il? Non. Car il aliénerait une partie de la dot; c'est donc que l'usufruit et la nue propriété résident toujours sur la même tête. S'il n'est pas usufruitier, il en a, à beaucoup de titres, les droits et les prérogatives. On en convient. Il en exerce toutes les actions; il est soumis aux mêmes obligations, du moins à-peu-près; mais c'est moins comme usufruitier qu'il exercē ces droits que comme maître, *dominus dotis.* Mais cette qualité ne le rend que le représentant de sa femme, son mandataire.

Néanmoins nous embrassons aussi l'opinion que le mari est usufruitier, qu'il a un *jus in re* dans le fonds dotal, qu'il est acquéreur à titre onéreux de l'usufruit dont il s'agit, et qu'il peut s'opposer à l'action des créanciers chirographaires de la femme; non-seulement ils ne peuvent le priver de son usufruit; mais, comme il est plus qu'un usufruitier, qu'il est *dominus dotis*, qu'il est un tiers intéressé à la conservation du fonds même de la propriété dotale, il peut empêcher la saisie de ce fonds; le droit qu'il y a est consacré par l'article 1558, puisque le fonds peut être vendu pour le tirer de prison, pour fournir des alimens à sa famille, etc., etc. Du reste ce même article décide la question: en effet, dans son n.° 3 il dit que le fonds peut être vendu pour payer les dettes de la femme antérieures au contrat de mariage. De quelles dettes entend-on parler, si ce n'est des chirographaires? Ce ne sont pas des hypothécaires, cela ne tombe pas sous le sens. Ce ne sont pas celles dont les titres n'ont pas de dates certaines; le juge n'ordonnerait pas la vente; il craindrait la collusion. Ce sont donc celles qui ont des dates certaines et dont les titres étaient exécutoires avant le contrat de mariage; or pour ces dettes l'article 1558 veut que le fonds ne puisse être vendu qu'avec permission du juge. Pourquoi ces créanciers n'ont-ils pas obtenu d'hypothèques ?

On répond que l'article 1558, en permettant la vente pour payer les dettes dont il s'agit, ne dit pas pour cela que les créanciers n'ont pas droit de faire saisir; c'est une faculté qu'il accorde aux époux pour empêcher les intérêts de courir; il ne prohibe nullement l'action des créanciers. La faculté qu'il donne se concilie parfaitement avec cette action, et elle semble même donnée pour en éluder l'effet. Qu'en résulterait-il d'ailleurs, si les créanciers n'avaient pas la voie de la saisie *en ce qui touche le fonds?* Que si les époux ne demandaient pas la vente, la femme serait ruinée par la masse d'intérêts. En effet l'inaliénabilité n'empêche pas ceux-ci de courir; s'ils courent, c'est reconnaître que la femme peut aliéner sa dot, qui diminue peu-à-peu, les créanciers devenant créanciers de plus fortes sommes. Or, si l'on admet cette cumulation de créances, il faut leur permettre de se faire payer: toutes les fois que la loi reconnaît qu'une personne contracte ou peut contracter, elle donne action aux créanciers. S'ils ont action pour les intérêts, ils l'ont pour le principal.

M. Delvincourt pense que les jugemens rendus pour des dettes contractées pendant le mariage emportent hypothèque à compter du jour de la dissolution du mariage. La Cour de Toulouse, Sirey, t. 23, 2 p., p. 8, a également décidé que les sommes dotales sont saisissables après la dissolution du mariage, par les créanciers de la femme, pour dépens prononcés contre elle dans un procès relatif à ses biens paraphernaux. Sans doute que quiconque s'oblige est tenu sur tous ses biens meubles et immeubles, art. 2092. La femme contracte des obligations légitimes; elle emprunte pour réparer ses biens paraphernaux; on obtient un jugement contre elle; si elle oppose que le fonds dotal ne peut être saisi, elle doit être repoussée par la règle générale de l'article

2092. Mais ce qu'il y a de singulier, c'est qu'on renvoie l'action des créanciers après la dissolution du mariage, et lorsque le fonds dotal est devenu libre. Pourquoi donc? Si la femme est réellement obligée sur son fonds dotal, on ne conçoit pas que l'action du créancier doive être ainsi retardée.

L'article 2092 renferme une règle générale. Mais à cette règle générale est-ce que l'article 1554 n'apporte pas une exception? La femme ne peut vendre le fonds dotal, si ce n'est dans les cas spécialement prévus par la loi; un héritage rendu dotal doit se trouver à la dissolution du mariage tel qu'il était lors du mariage, et grévé seulement des dettes existantes alors. Si la femme contracte des dettes, et que les créanciers après la dissolution du mariage puissent saisir les sommes dotales ou faire vendre le fonds dotal, n'est-ce pas permettre à la femme de faire indirectement ce que la loi lui défend directement? Qu'elle aliène en transferant actuellement la propriété, ou qu'elle se dépouille pour un temps plus éloigné, n'est-ce pas toujours aliéner? Qu'elle vende son fonds dotal, ou qu'elle le grève de dettes, n'est-ce pas l'aliéner? Quoi! la loi ne veut pas que la femme autorisée de son mari puisse hypothéquer le fonds dotal, et il lui serait permis de contracter des dettes dont ce fonds serait le gage? Si, au moyen des obligations qu'elle aura contractées, les créanciers obtiennent une hypothèque judiciaire qui produira son effet à partir du jour de la dissolution du mariage, n'est-ce pas comme si la femme eût directement hypothéqué? Si telle est la jurisprudence, la femme ne manquera pas de trouver des emprunteurs, et, son mariage dissous, elle sera ruinée. L'hypothèque existe à compter du jour de la dissolution du mariage, dit M. Delvincourt. Et pourquoi ne daterait-elle pas du jour de l'inscription? Dans quelle disposition de la loi voit-on que l'hypothèque judiciaire ou conventionnelle ait une date différente de celle de l'inscription sur des biens existans entre les mains du débiteur? Cela n'est pas conséquent; car enfin, si un autre créancier obtient aussi un jugement et que son inscription soit prise avant la dissolution du mariage, est-ce qu'ils viendront par concurrence? Les deux hypothèques n'auront-elles que la date du jour de la dissolution du mariage? Personne n'oserait dire une chose si absurde. Cependant, si l'hypothèque a le rang de l'inscription, c'est de la part du créancier à acquérir des droits sur le fonds dotal; c'est de la part de la femme en consentir l'aliénation; c'est se dessaisir d'une portion de l'immeuble. Qu'on ne dise pas que l'aliénation est forcée, parce que le jugement est indépendant de sa volonté. Il n'est pas indépendant de sa volonté; car il est la suite d'une obligation qu'elle a volontairement consentie. Puisque chacun est censé connaître la loi, la femme devait savoir qu'en s'obligeant il faut payer, et que si elle ne le fait son créancier obtiendra un jugement, par suite une hypothèque. Tout cela prouve que la femme n'est point engagée sur ses biens dotaux, soit mobiliers, soit immobiliers, pour cause de dettes contractées durant le mariage. Si la dette avait été contractée pour l'utilité du fonds dotal, par exemple, pour de grosses réparations, ce serait autre chose; comme dans cette circonstance la femme et le mari peuvent vendre le fonds dotal, art. 1558, le créancier pourrait faire ce que les époux peuvent eux-mêmes; non-seulement nous pensons que de tels créanciers peuvent obtenir un jugement qui grève de suite le fonds de l'hypothèque judiciaire, mais encore qu'ils pourraient le faire vendre. Il n'y a pas de doute qu'en se conformant à l'article 2103, n.° 4, et 2110, ils ne puissent obtenir un privilége sur le fonds; à plus forte raison peuvent-ils obtenir un jugement, par suite une hypothèque. Mais, quand c'est un simple prêteur dont la créance a une cause étrangère à la conservation du fonds dotal, il y a une contradiction choquante entre la défense d'aliéner et le droit des créanciers sur le fonds dotal après la dissolution du mariage; car cela revient absolument au même que si le fonds était engagé durant le mariage: par le fait il s'y trouve; seulement l'action est retardée; mais que cela fait-il au créancier, si sur-tout on lui paie l'intérêt, et c'est l'effet d'un jugement. A l'appui de notre opinion nous pourrions citer deux jugemens du tribunal de première instance de la Seine, première et quatrième chambres. Sirey, t. 22, 2 p., p. 344. Mais, page 342, il y a un arrêt de la Cour de Paris qui y est contraire.

Si la femme eût commis un délit, nous

trouvons la question beaucoup plus difficile. Ici les tiers qui ont été victimes du délit n'ont pas traité avec leur débitrice. Ils sont dans une position bien plus favorable que ceux qui, pouvant se faire représenter le contrat de mariage de la femme, ont dû savoir qu'elle ne pouvait engager ses biens dotaux. Comment supporter l'idée qu'une femme qui m'aura volontairement et criminellement causé un dommage considérable, ou soustrait une somme qui fait ma fortune, je ne puisse pas m'en venger sur ses biens, quels qu'ils soient, même sur ses biens dotaux, à défaut de biens paraphernaux? Si la femme avait été mise en prison, on voit bien qu'elle pourrait vendre le fonds dotal pour acquérir sa liberté; on peut donc, par argument de l'article 1558, décider que le créancier dont nous parlons a une action actuelle sur le fonds dotal.

Mais il est possible qu'il n'y ait pas emprisonnement. Il est possible qu'on n'ait pas de contrainte à exercer contre elle. Est-il bien vrai de dire qu'elle ne sera pas tenue sur ses biens dotaux? Cependant, lorsqu'une femme mariée sous le régime dotal est tenue de réparer le préjudice qu'elle cause, soit par son délit ou quasi-délit, si elle n'a que des biens dotaux, le créancier n'en aura pas moins une action contre elle ; car il ne lui a pas été possible d'empêcher le tort qu'on lui a fait ; il n'y a rien à lui reprocher. Si l'on admet que pour les obligations consenties par la femme envers ceux qui ont bien voulu traiter avec elle, les jugemens obtenus par suite de ces obligations emportent hypothèque, et qu'on peut les mettre à exécution sur les biens dotaux et les sommes dotales, il faut bien admettre qu'il en doit être au moins ainsi dans l'espèce que nous posons. Mais nous le demanderons encore, pourquoi retarder ainsi l'action du créancier? Il est donc bien sacré le fonds dotal, si pour les crimes même de la femme on ne peut y toucher! Et quoi! elle s'emparera de la bourse du malheureux, ou bien par son imprudence elle occasionnera la ruine de son voisin, et ce dernier sera forcé d'attendre que le mariage de sa débitrice soit dissous pour être indemnisé du préjudice qu'elle lui a causé, tandis qu'elle possède peut-être des biens immenses? Nous ne croyons pas que ce soit là le vœu de la loi. La loi a dû vouloir excepter de la règle générale les cas semblables à celui qui nous occupe. La loi n'a pu comprendre dans la règle d'inaliénabilité que ce qui a trait aux obligations conventionnelles, aux différens contrats qu'on fait dans la vie civile, et non à ceux qui peuvent résulter de délits et de quasi-délits. On voudrait retarder l'exécution de la condamnation jusqu'à la dissolution du mariage? Mais cela est même contre les intérêts de la femme; en effet le jugement qui aura été rendu contre elle fera produire des intérêts à la somme capitale. A la dissolution du mariage le fonds dotal peut se trouver absorbé. Il vaut donc beaucoup mieux permettre qu'une partie du fonds dotal soit saisie; cela est plus conforme à l'équité et moins désavantageux à la femme; autrement on est obligé de décider que le fonds dotal sera même affranchi après le mariage de l'action du créancier qui a été victime du délit ou quasi-délit; et alors c'est inviter la femme au crime.

A l'appui des différentes opinions que nous venons de manifester, nous pourrions citer un arrêt de la Cour de cassation du 1.er février 1819, Sirey, t. 19, p. 146, qui porte que le paiement des dettes contractées par la femme pendant le mariage, lors même qu'elle est autorisée, ne peut être poursuivi sur le paiement de sa dot même mobilière.

Un autre arrêt, du 27 avril 1813, déclare les biens dotaux insaisissables pour raison de dépens prononcés contre le mari dans un procès concernant ces biens par un jugement non-déclaré commun avec la femme; c'est à ceux qui procèdent avec le mari de mettre la femme en cause. Au moyen de ce jugement on acquiert hypothèque. On voit donc que, lorsqu'il s'agit d'une contestation relative au fonds dotal, la femme est passible sur ce même bien, pourvu qu'elle ait été partie au procès et que la condamnation ait été prononcée contre elle.

Un arrêt bien plus récent, rendu par la Cour de cassation le 20 août 1823, Sirey, t. 24, p. 29, a décidé que, lorsque le fonds dotal est frappé d'une saisie immobilière, la nullité de l'action n'ayant pas été proposée en première instance, elle n'était plus proposable en appel. D'où vient la règle que la femme ne peut ni directement ni indirectement aliéner son fonds dotal. La femme ne peut pas dire à la justice, J'ai vendu mon bien, mon mari m'y a autorisée, je renonce à tous droits sur ce fonds; et cependant par son silence et parce qu'elle serait mal conseillée, cette même femme pourrait aller contre la prohibition de la loi! Une femme emprunte 20,000 fr., elle hypothèque le fonds dotal, le créancier qui sait bien que l'hypothèque n'est pas bien assise, engage sa débitrice par un lien plus fort encore que l'acte qu'il vient de passer. Il fait promettre à la femme ainsi qu'à son mari que, si l'on en vient à une expropriation, elle n'opposera pas l'exception : la promesse est tenue jusqu'en première instance, et voilà le fonds dotal aliéné, et aliéné pendant le mariage. Cette jurisprudence émane de si haut qu'on n'ose la combattre qu'avec défiance; mais nous croyons l'arrêt contraire aux principes sur la matière. Si la femme ne peut par des actes exprès aliéner sa dot, elle le peut encore moins d'une manière implicite. L'article 1554 renferme une disposition absolue. L'exception que peut opposer la femme qui a hypothéqué son fonds dotal, n'est pas une exception ordinaire; elle n'est pas du nombre de celles qu'on doit opposer *in limine litis;* elle peut l'être en tout état de cause: la nullité est pour ainsi dire d'ordre public; si le mari qui a vendu lui-même le fonds dotal peut l'opposer malgré l'action en garantie sous le coup de laquelle il peut se trouver, il nous semble qu'on peut bien décider que le mari et la femme ne peuvent par leur silence approuver l'action en expropriation d'un créancier qui n'a acquis de droits que durant le mariage, et renoncer à une exception aussi péremptoire que celle qui résulte de l'article 1554.

Si la nullité n'avait point été proposée en première instance, qu'il n'y eût pas eu appel du jugement de la part de la femme et du mari, et que les délais de l'appel fussent expirés; point de doute, le jugement ayant acquis force de chose jugée, bien ou mal rendu, il faudrait qu'il fût exécuté: le laps du temps a fait alors ce que l'acquiescement des parties n'aurait pu faire, parce qu'on ne peut par des conventions déroger à ce qui est d'ordre public; mais l'autorité de la chose est aussi d'ordre public; le silence des parties peut donc ici plus que la volonté des parties. Mais comment considérer le silence des parties, tant qu'il n'y a pas force de chose jugée, et tant que cette chose est encore en question? Les juges peuvent suppléer eux-mêmes ce qui est d'ordre public; à plus forte raison peut-on en appel relever la nullité. Dira-t-on que l'inaliénabilité du fonds dotal ne tient pas à l'ordre public? Si elle ne tenait pas à l'ordre public, la femme pourrait y déroger par des conventions; elle ne le peut, donc elle est d'ordre public.

Le cas proposé n'est même pas aussi favorable que celui où après le jugement de première instance il y aurait eu exécution de la part de la femme, comme dans l'espèce d'un arrêt du 30 avril 1810, Cour de Riom. Voyez Dalloz, *v.° Acquiescement*, *p.* 102. Quoique l'acquiescement soit une sorte d'exécution, nous ne sommes pas plus de l'opinion de cet arrêt. L'exécution du jugement n'a pas plus de force que la renonciation à l'appel; or on ne peut renoncer à l'appel dans les cas qui intéressent l'ordre public. L'exécution ne peut avoir ici pour effet de conférer l'autorité de chose jugée, pas plus que la renonciation à l'appel. Le laps de temps, la prescription le peut sans doute; car elle court contre la femme en matière d'appel, puisque la loi ne l'en a pas expressément relevée. L'exécution ne peut avoir plus de force qu'un acquiescement exprès. Voyez l'arrêt de cassation du 18 août 1807, Dalloz, v.° Acquiescement, p. 101, où les principes sur la matière sont parfaitement développés par M. Daniels, avocat général.

Quand il y aurait séparation de biens sous le régime dotal, la femme ne pourrait vendre, hypothéquer ses immeubles dotaux, même avec l'autorisation de la justice, et il est aujourd'hui de jurisprudence que la femme marchande publique ne peut non plus engager ses biens dotaux pour les actes même relatifs à son commerce. Si elle n'est pas comprise d'une manière formelle dans la prohibition d'aliéner, elle y est comprise d'une manière implicite; si elle peut les vendre, c'est comme les autres femmes pour se soustraire à la contrainte par corps exercée contre elle.

S'il était permis à la femme de vendre le fonds dotal quand elle fait un négoce, n'arriverait-il pas en effet que le mari et la femme qui auraient le désir de vendre, simuleraient un commerce afin d'éluder la loi. La question s'était élevée à l'occasion d'une femme normande, mariée sous l'empire du statut normand; cette question si savamment développée par M. Merlin, a reçu la solution suivante par un arrêt de la Cour de cassation, rendu dans l'intérêt de la loi seulement le 19 décembre 1810.

Vu l'article 88 de la loi du 27 vendémiaire an 8; les articles 538, 540, 541, 542, 543 et 544 de la coutume de Normandie; les articles 126, 127 des placités de 1666; les articles 2, 1554, 1555, 1556, 1557 et 1558 du Code civil, et l'article 7 du Code de commerce;

Attendu que, suivant les articles précités en la coutume de Normandie, ainsi que des placités de 1666, le bien dotal de la femme mariée sous cette coutume était inaliénable de sa nature; que, d'après la jurisprudence du pays, ce principe ne souffrait pas d'exception, même en faveur de la femme marchande publique, laquelle ne pouvait affecter son bien dotal aux engagemens contractés à raison de son commerce;

Attendu que, dans l'espèce, la dame Martin, mariée sous l'empire du droit normand et avant l'émission du Code, était nécessairement soumise aux prohibitions de la dernière coutume en ce qui concernait la disposition de ses biens dotaux, puisque c'est sur la foi de ces prohibitions qu'étaient intervenues les stipulations de son mariage; qu'ainsi l'arrêt dénoncé, en lui appliquant au contraire les dispositions du Code civil, a fait une fausse application de ce Code et violé directement l'article 2;

Attendu d'ailleurs que, quand il serait possible d'appliquer à l'espèce la législation du Code, l'application erronée que l'arrêt dénoncé en a faite n'en serait pas moins évidente; qu'en effet l'article 1554 consacre d'une manière non moins formelle que ceux déjà cités de la coutume de Normandie et des placités, le principe de l'inaliénabilité du fonds dotal;

Que, si les articles 1555, 1556, 1557 et 1558 établissent des exceptions à ce principe, on ne trouve pas au nombre de ces exceptions le cas où la femme marchande voudrait affecter son bien dotal aux engagemens résultans de son négoce; que, si l'article 220 *autorise en général la femme marchande à s'obliger pour ce qui concerne son négoce*, cette disposition générale doit être coordonnée avec la restriction de l'article 1554 et entendue en ce sens que la femme marchande peut, à raison de son négoce, obliger sa personne et ses biens, autres que ceux de *nature dotale* ; que cette manière d'entendre et de mettre ainsi en harmonie les divers articles du Code est d'ailleurs confirmée par la disposition précise de l'article 7 du Code de commerce qui, en autorisant les femmes marchandes à engager, hypothéquer, vendre les immeubles, ajoute: Toutefois les biens stipulés dotaux, quand elles sont mariées sous le régime dotal, ne peuvent être hypothéqués, aliénés, que dans les cas déterminés et avec les formes réglées par le Code.

Nous avons posé le principe de l'inaliénabilité; nous allons à présent examiner les diverses exceptions que la loi fait subir à ce principe. La première se trouve dans l'article 1555, qui porte que la femme autorisée de son mari ou de justice peut donner ses biens dotaux pour l'établissement des enfans qu'elle aurait eus d'un mariage antérieur. Néanmoins, si l'autorisation n'émane que de la justice et non du mari, elle doit réserver la jouissance à son mari des biens dont elle fait l'abandon. Mais vous observerez que ce n'est qu'en cas de nécessité que la dot peut être aliénée. Si les enfans avaient par eux-mêmes des biens suffisans pour se procurer un établissement, la justice devrait refuser son autorisation ; le mari pourrait motiver là-dessus son refus et empêcher l'aliénation ; mais, s'il y consent, les enfans eussent-ils une fortune même considérable, nous ne voyons pas qu'on pût faire annuler l'aliénation dont parle l'article 1555.

Si la loi a fait une exception en faveur des enfans d'un précédent mariage de la femme, elle n'eût pas été conséquente avec elle-même, si elle n'en eût pas également fait une en faveur des enfans communs, 1556. Vous remarquerez cependant, avec étonnement peut-être, que l'article se tait sur le cas où le mari refuserait d'autoriser sa femme ; d'où naît la question de savoir si le mari, consentant néanmoins au mariage de son enfant, refusait une dot, la femme, mère de l'enfant, ne pourrait obtenir de justice le droit de lui en fournir une sur ses biens dotaux. Certainement la femme par cette donation ne pourrait priver le mari de la jouissance des biens; mais il semble que le juge, conciliant l'intérêt des enfans avec le respect dû au mari, pourrait autoriser la femme à doter. Ce n'est pas là d'ailleurs aliéner de la part de la femme, c'est donner en avancement d'hoirie. La femme et le mari peuvent bien souffrir de cette aliénation; mais le cas n'est pas le même que celui où ils aliéneraient au profit d'un étranger, serait-ce même à titre onéreux.

Cette opinion n'est cependant pas celle de M. Delvincourt. Cet auteur prétend que, lorsqu'il s'agit de doter un enfant commun, il faut de toute nécessité le consentement du mari; que celui de la justice ne peut le suppléer. Il se fonde sur ce que le père est présumé avoir autant d'affection que sa femme pour les enfans dont il s'agit, et qu'il faut éviter de mettre ceux-ci dans une espèce d'indépendance de la volonté de leur père. On pourrait bien répondre à cela que ces enfans sont déjà parvenus à un âge où ils sont sortis de la dépendance paternelle, ou du moins à un âge où elle a considérablement diminuée. L'objection que fait M.

Delvincourt semble donc laisser quelque chose à désirer. D'ailleurs le refus du père peut être très-injuste; il est possible que les enfans lui aient fait des sommations respectueuses; il est possible que le refus de consentir au mariage, et par conséquent à la donation, ne fût que l'effet d'un pur caprice ou d'un intérêt mal entendu; il devrait donc être permis aux juges de prêter leur secours aux justes réclamations qui leur sont faites. La faveur due au mariage donne un nouveau poids à cette opinion.

Malgré cela nous partageons l'opinion de M. Delvincourt; l'article 1556 renferme une exception à une règle générale. Les raisons que nous venons de donner semblent bien conformes à l'équité; mais il ne faut pas se croire plus équitable que le législateur. La loi d'ailleurs doit être respectée même dans ses erreurs, jusqu'à ce qu'une loi plus sage soit venue la reformer. Non que nous prétendions que l'article 1556 consacre une injustice, même entendue dans le sens de M. Delvincourt. Le législateur a parfois des vues qu'il n'est pas toujours permis d'apercevoir. Enfin, à la manière dont notre article est rédigé, la place qu'il occupe, ce qui précède, ce qui suit, tout nous porte à croire que l'opinion de M. Delvincourt doit être suivie.

Le fonds dotal ne peut être donné à des étrangers. Cependant on décide qu'il peut l'être contractuellement et en faveur du mari pendant le mariage.

L'article 1557 est aussi une disposition exceptionnelle; mais nous allons nous livrer à l'égard de cet article à quelques observations. Il porte que le fonds de la dot peut être aliéné, lorsque l'aliénation en a été permise par le contrat de mariage. L'article ne dit point que le mari pourra vendre seul. Il faut consulter le contrat de mariage et voir ce qu'il en dit. Nous ne pensons pas que l'article 1557 soit une répétition de l'article 1552 *in fine*. Il s'agit dans ce dernier article d'un immeuble dont la propriété est transférée au mari. Il en doit donc user comme de sa propre chose. Il peut vendre sans le consentement de sa femme.

L'article 1557, en disant simplement que le fonds dotal peut être vendu *si l'aliénation en a été permise par le contrat de mariage*, a voulu dire seulement qu'il était permis de stipuler que le fonds dotal pourrait être vendu, qu'il laissait à cet égard les époux dans les termes du droit commun, qu'ils seraient libres de vendre.

S'il était dit que le fonds dotal sera vendu, cela serait bien différent, le mari serait alors un véritable mandataire; il pourrait vendre seul. On a voulu que le fonds fût vendu: ce n'est plus une simple permission de vendre; la vente est de rigueur. La femme, en s'opposant à la vente, empêcherait l'exécution du contrat de mariage; on ne peut donc subordonner la vente au consentement de celle-ci.

Cela n'est-il point en contradiction avec ce que nous avons dit sur l'article 1553, savoir que, s'il était dit dans le contrat de mariage qu'emploi serait fait des deniers dotaux, la femme rigoureusement parlant ne serait point obligée de l'accepter? Ces deux cas ne sont-ils pas semblables? Si dans l'un il y a mandat tacite, dans l'autre le même mandat doit exister. Dans le cas de l'article 1553 on ne veut pas que le mari garde les fonds, on veut qu'emploi soit fait. Dans le cas de l'article 1557 on permet seulement que le fonds soit vendu. D'après la maxime, qui veut la fin veut les moyens, il faut donc donner au mari tout le pouvoir qui lui est nécessaire pour exécuter la clause; et c'est le cas de l'article 1553. Mais dans le cas de l'article 1557 il semble que la maxime n'est plus applicable. L'article 1557 suppose, si c'est la femme qui s'est dotée, une simple réserve de pouvoir vendre. Si c'est un tiers qui a doté, il déroge alors à la règle de l'inaliénabilité, il permet aux époux de vendre.

On dira que dans ce cas, comme dans beaucoup d'autres, le mari est le mandataire légal de sa femme, parce qu'il l'est dans tous les cas où le pouvoir d'aliéner, d'acquérir, de faire en un mot, résulte du contrat de mariage. En effet, lorsqu'il s'agit d'une aliénation permise par la loi seulement, on voit que celle-ci exige presque par-tout le concours de la femme dans l'acte. Quoi qu'il en soit, nous dirons que l'acquéreur fait bien de faire intervenir la femme, sur-tout si l'on fait attention que l'article 1557 est placé au milieu d'articles où la loi exige le consentement de celle-ci. Enfin nous persistons à dire que l'on ne peut voir un mandat qui suppose un ordre ou espèce de commandement auquel un mari doit toujours se conformer, là où il n'y a qu'une simple permission, une simple réserve.

Si le mari avait mandat de vendre, qu'il eût vendu et qu'il y eût lésion, *quid juris?* L'article 1676, combiné avec l'article 1561, ne permet pas de douter que le délai de deux ans ne court contre la femme, sauf son recours, puisque la prescription n'est suspendue qu'à l'égard des immeubles inaliénables. Le pouvoir d'aliéner emporte-t-il celui d'hypothéquer? En général le droit d'hypothéquer tient à la capacité d'aliéner. On dit aussi: Qui peut le plus peût le moins. Mais ce n'est pas le cas d'appliquer cette maxime, qui n'est pas vraie en toute circonstance. D'abord en matière de mandat, art. 1588. Si donc la femme avait donné pouvoir à son mari de vendre le fonds dotal, il ne pourrait l'hypothéquer. Mais supposons que le contrat laisse à la femme et au mari le droit de vendre; il s'agira aussi de savoir s'ils pourront conjointement hypothéquer le fonds. Dans le mot aliéner, celui d'hypothéquer se trouve généralement compris. Malgré cela, comme on l'a dit, il y a toujours une différence, et dans sa véritable acception le mot aliéner ne veut pas dire hypothéquer; car dans plusieurs dispositions du Code on voit le mot hypothéquer à côté de celui aliéner: donc dans l'esprit du législateur ce n'est pas la même chose, le droit n'est pas absolument le même. Nous en avons un exemple frappant dans les articles 859, 860 et 865. Les deux premiers permettent bien au donataire sujet à rapport d'aliéner, c'est-à-dire de vendre, tandis que le dernier lui défend d'hypothéquer. Ici la règle *qui peut le plus peut le moins* est bien certainement inapplicable.

Néanmoins ces deux questions exigent une solution différente: quand la femme et le mari se réservent le droit de vendre conjointement le fonds, le mari n'est plus mandataire; ils peuvent hypothéquer. En effet la maxime, qui peut le plus peut le moins; celle-ci, que le droit de vendre emporte celui d'hypothéquer, doivent s'appliquer en général, quand c'est le propriétaire qui hypothèque; mais, quand c'est un mandataire qui use de son mandat, le droit de vendre n'emporte pas celui d'hypothéquer.

Mais supposons que le fonds immobilier qu'on a déclaré dotal puisse être vendu par le mari et par la femme, le mari devra-t-il nécessairement faire emploi du prix comme dans le cas de l'article 1558? Nous ne le pensons pas. Si le contrat de mariage n'en dit rien, il nous semble que dans l'hypothèse dont il s'agit le mari est plus débiteur du prix de l'immeuble que de l'immeuble même; que le cas est à-peu-près semblable à celui où ce serait une somme d'argent qui aurait été donnée en dot, et que l'article 1553 est applicable. L'article 1558 ne laisse pas de doute en disant dans sa dernière disposition *dans tous ces cas, etc., etc.* Certes le remploi dont il parle ne s'entend que du prix provenant de la vente qu'il permet, laquelle vente est pour ainsi dire forcée, tandis que l'autre est absolument volontaire. Il faudrait donc que dans le contrat de mariage il eût été fait une déclaration d'emploi. Vous voyez, Messieurs, combien il importe que le notaire s'explique clairement et combien il est de cas qu'il doit prévoir. Néanmoins nous ne pensons pas que la question proposée souffre de difficulté. Quand le fonds dotal est aliénable, quoiqu'il consiste en immeubles, nous le mettons sur la ligne de la dot mobilière que le mari peut toujours aliéner.

Lorsque le contrat de mariage permet l'aliénation du fonds dotal à la charge de remploi, l'acquéreur doit lui-même veiller à ce remploi, il en est garant; car c'est une condition de la permission de vendre, condition qu'il a dû nécessairement connaître. Si le mari a acheté un immeuble en remploi, mais que l'objet acquis vaille moins que l'objet vendu, le débiteur du prix de la première vente ne sera point libéré; c'est à lui de s'assurer que les biens achetés en remplacement sont de la valeur du prix dont il est débiteur, en en fesant faire l'estimation par experts. Voyez Salviat, jurisprudence du parlement de Bordeaux. Mais, si, au lieu d'un remploi réel, il y a eu, de la part du mari, concession d'hypothèque pour garantie du prix et *promesse de faire remploi de l'immeuble vendu,* le mari n'est pas recevable à demander la révocation de la vente à raison du défaut d'emploi. Il ne peut se faire un titre de l'inexécution de son obligation personnelle. Sirey, t. 22, 1.re p., p. 270. Dans l'espèce le mari avait consenti hypothèque tant au profit de sa femme qu'au profit de l'acquéreur sur un de ses biens.

L'arrêt dit qu'à la dissolution du mariage la femme pourra attaquer l'acquéreur, si l'emploi n'a pas eu lieu.

Lorsque le mari autorisé à vendre a charge d'emploi, acquiert en remplacement, les frais de mutation doivent-ils être supportés par la femme? Nous pensons qu'ils sont à sa charge. Quand le mari a pouvoir de vendre à charge d'emploi, on ne peut dire que la vente est dans l'intérêt du mari; d'ailleurs un héritage n'est jamais censé valoir que le prix intrinsèque, sans égard aux frais de mutation.

Le législateur ne s'est pas contenté de faire des exceptions dans les trois articles qui précèdent, à la règle de l'inaliénabilité du fonds dotal. Il en établit plusieurs autres dans l'article 1558. Mais il ne faut pas confondre ces exceptions avec celles que nous avons vues jusqu'à présent; il n'est pas de rigueur, il n'est pas besoin même, dans le cas de ces dernières, que la justice donne son autorisation, lorsque le mari et la femme sont d'accord; mais dans l'article 1558 il ne suffit pas du consentement unanime des époux, il faut l'autorité de la justice, il faut que la vente ait eu lieu aux enchères; encore ces enchères doivent être précédées de trois affiches. Sans ces formalités la vente est nulle; les biens peuvent être revendiqués entre les mains des acquéreurs, quoiqu'ils en aient payé le prix. En vain l'acquéreur prouverait-il que les époux se trouvaient dans un des cas de l'article 1558; qu'il y avait nécessité de vendre. Tout ce qu'on peut dire en sa faveur, c'est que la femme ne doit point s'enrichir à ses dépens; que, s'il peut prouver l'emploi qu'elle a fait des deniers, s'il peut prouver qu'ils ont tourné à son profit, il peut les recouvrer; autrement il est en butte à l'action du mari, de la femme et des héritiers de celle-ci. Du moment où des formalités sont prescrites, on ne doit pas pouvoir s'en écarter impunément. Il ne suffit pas qu'il y ait nécessité de vendre; il faut que cette nécessité soit prouvée, et le juge doit lui-même ordonner la vente.

Nous allons parcourir les différentes circonstances où l'article 1558 reçoit son application. La vente peut avoir lieu, selon cet article, 1.° pour tirer le mari ou la femme de prison. La loi ne distingue point la cause de l'emprisonnement; peu importe donc laquelle, pourvu qu'elle soit pécuniaire. Par exemple, en matière de délit, les réparations civiles pouvant être un motif de continuer l'emprisonnement, c'est là une dette qui peut autoriser la vente. Le magistrat d'ailleurs doit examiner le motif qu'on lui présente; voyez du reste ce que nous avons dit *suprà*.

L'article 1558 ne dit pas, comme l'article 1559, qu'il faut le consentement de la femme comme du mari. De là naît la question de savoir si dans tous ces cas le concours du consentement du mari et de la femme est nécessaire. Voilà les diverses positions où l'on peut se trouver. C'est la femme qui est en prison; elle veut vendre, le mari s'y oppose. Nous pensons que l'article 1558 peut être invoqué. Maintenant c'est la femme qui se refuse à vendre, quoique son mari le veuille; le mari usant de la puissance maritale, fesant sentir au juge le besoin qu'il a tant pour les soins du ménage que pour l'intérêt des enfans communs; le mari, disons-nous, peut-il obtenir du juge la permission de vendre? Pour l'affirmative on pourrait se fonder sur ce que rien ne peut balancer l'intérêt de la liberté à laquelle la loi doit toujours être favorable; pour cette même liberté à laquelle il n'est pas permis de renoncer et pour laquelle le magistrat doit toujours pencher dans les cas douteux. D'un autre côté, la loi dit que le fonds dotal *peut être vendu pour tirer le mari ou la femme de prison;* il suffit donc qu'il y ait emprisonnement pour qu'on soit dans le cas de l'article.

Mais supposons que ce soit le mari qui se trouve emprisonné, et que la femme, pour le rendre à la liberté, ne veuille pas consentir à la vente du fonds dotal. Une telle femme est peu digne du titre d'épouse et de mère. L'intérêt des enfans, l'humanité, l'honneur de la famille, la morale, tout commande l'aliénation du bien; mais, d'un autre côté, c'est violer le droit de propriété; ce droit, dans nos mœurs actuelles, est tellement sacré qu'on ne peut l'enfreindre que pour cause d'*utilité publique*. Vous répondrez à cela que dans le cas précédent on viole bien ce droit, et cependant vous dites que le mari peut faire prononcer la vente. Nous n'avons émis là qu'une opinion particulière. Sous l'empire de nos mœurs, elle aurait peine à prévaloir, et nous croyons que le juge n'autoriserait pas la vente : les principes rigoureux du droit s'y opposent: mais, en admettant qu'il peut l'autoriser, en devrait-il être ainsi dans le second cas? Les parties se trouvent placées dans des positions différentes; les cas ne sont pas les mêmes. C'est pour la femme elle-même et dans son intérêt particulier et celui de ses enfans que le mari demande la vente. Quand le mari est emprisonné, il est aussi dans l'intérêt de la femme et des enfans que le mari soit rendu à la liberté; sans doute; mais il y a des raisons qui militent pour lui, qui ne militent pas pour l'autre: quand le mari a retiré sa femme de prison, il peut, en raison de sa puissance, empêcher jusqu'à un certain point qu'elle s'expose désormais à la même peine et à une nouvelle vente du fonds dotal. S'il elle est, par exemple, commerçante, il peut lui ôter son commerce, il peut la mettre dans une position telle qu'il n'y ait plus d'emprisonnement à craindre pour elle. Sous ce rapport il peut, elle peut elle-même, demander son élargissement en fesant vendre. Mais la femme n'a aucune puissance sur son mari. Il peut contracter des dettes, consentir des lettres de change, faire un commerce, et sa femme n'a aucune puissance pour mettre des bornes à tous ses écarts. S'il suffisait qu'il fût en prison pour pouvoir faire vendre à son gré le fonds dotal de sa femme, rien ne serait moins sûr que la dot de celle-ci; elle serait exposée à toute espèce de danger; autant vaudrait qu'il fût toujours permis à un mari de faire vendre les biens de sa femme.

Un arrêt qu'on trouve dans Sirey, t. 5, 2 p., p. 190, renferme une décision qu'on ne peut passer sous silence: il a jugé que l'article 1558 portant que l'immeuble dotal peut être vendu pour tirer le mari de prison, était applicable même au cas où le mari, détenu pour dettes civiles, peut obtenir sa liberté au moyen d'une cession de biens. Les lois romaines ne décidaient pas cette question; *id est* elles ne prévoyaient pas le cas où les biens du mari suffiraient pour obtenir la liberté au moyen de la cession. Le président Faber, en son Code, liv. 4, t. 21, sur le sénatusconsulte velléien, résout négativement la question, en disant que ce serait ouvrir la porte à la collusion; que le mari engagerait ainsi tous les biens de la femme pour ses propres affaires; qu'il se ferait emprisonner de concert avec son créancier, persuadé qu'il déterminerait facilement sa femme, en abusant de son autorité. Voyez aussi Papon, liv. 12, art. 9. Alors que deviendrait donc le principe qui veut que l'aliénation n'ait lieu que pour causes impérieuses, que pour cause de nécessité pour ainsi dire absolue, comme le disait le consul Cambacérès ?

Je crois devoir vous observer que la vente ne peut avoir lieu en aucun cas que lorsqu'il y a eu emprisonnement effectué; la seule crainte de l'être ne suffirait pas.

En permettant la vente du fonds dotal pour tirer le mari ou la femme de prison, l'article 1558 a eu un but autant moral qu'utile aux époux. Le deuxième cas de cet article en a un autre qui n'est pas moins digne de fixer votre attention; il permet la vente pour fournir des alimens à la famille, lorsqu'elle est dans le besoin. L'article ne distingue même pas celle du mari de celle de la femme; mais pour appliquer cette disposition de la loi, il faut qu'il y ait obligation de la part des époux de fournir des alimens; il faut qu'on se trouve dans les cas prévus par les articles 203, 205 et 206.

Nous n'entrerons point dans le développement de ces trois articles, nous sortirions de notre sujet; nous dirons cependant qu'il s'est élevé souvent des contestations sur leur application, et qu'il est intervenu nombre d'arrêts. Nous dirons encore que, si le fonds dotal peut être vendu quand les époux se trouvent atteints par la disposition de l'un de ces articles, il peut l'être également pour fournir des alimens aux époux eux-mêmes; voyez Sirey, t. 22, 2 p., p. 225. Il ne serait cependant pas assez qu'ils se trouvassent dans les différens cas qu'ils prévoient pour vendre le fonds dotal; il faut encore que les revenus de la dot soient insuffisans pour fournir les alimens, car cette obligation est une charge naturelle de ces revenus. Les biens paraphernaux devraient être vendus de préférence. La vente peut avoir lieu malgré le consentement de la femme, dans le cas qui nous occupe.

La disposition que nous examinons permet bien la vente du fonds dotal pour nourrir la famille de l'un des époux; mais l'article se taît pour le cas où quelques membres de cette famille, le père, par exemple, de la femme serait en prison. La loi veut bien qu'on vende pour le nourrir, à plus forte raison pour lui donner la liberté. Elle ne veut pas qu'on le laisse périr de faim; elle ne doit pas vouloir qu'on le laisse périr dans les fers. Ces principes sont trop profondément gravés dans notre cœur pour ne pas décider que la vente doit être permise. Mais nous avouerons que dans la rigueur des principes cela ne doit pas être; car donner extension à une exception, c'est s'exposer à aller au-delà du but du législateur. Nous devons seulement exprimer nos regrets de ne pas trouver dans un si beau Code la disposition dont nous venons de démontrer l'oubli.

Troisième disposition de l'article 1558: *Pour payer les dettes de la femme ou de celui qui a constitué la dot, lorsque ces dettes ont une date antérieure au contrat de mariage*; celles du mari n'y sont pas comprises. A l'égard de celui qui a constitué la dot, il nous semble qu'il faut distinguer. Si le donateur avait consenti des hypothèques antérieurement à la donation, *id est* au contrat de mariage; point de difficulté, la femme étant tenue hypothécairement, le fonds dotal peut être vendu. Si la femme, sans qu'il y ait aucune hypothèque, s'est chargée dans la donation même d'acquitter les dettes du donateur jusqu'à concurrence d'une somme de ...., point de difficulté encore. Si la femme est donataire universel ou à titre universel, c'est la même chose; dans tous ces cas elle est tenue des dettes du donateur. Mais hors ces cas elle n'en est pas tenue; elle n'est que donataire à titre particulier, et le donataire à titre particulier, pas plus que le légataire à titre particulier, ne doit payer les dettes de son auteur. Si donc le donateur ou constituant n'a aucune action contre la femme pour le paiement de ses dettes; si les créanciers de ce constituant eux-mêmes n'ont aucune action contre la femme, nous ne voyons pas trop comment le fonds dotal pourrait être vendu pour acquitter les dettes du donateur.

L'article suppose-t-il que volontairement la femme acquitte ces dettes? Certes elle ne peut y être forcée; elle ne peut être tout au plus forcée qu'à donner des alimens. Mais n'y a-t-il pas encore quelque inconvénient à permettre la vente, quand la femme veut généreusement acquitter les dettes du donateur? Certainement cette action de sa part est très-louable; mais il est à craindre qu'il n'y ait collusion entre les époux et le donateur, et que cette générosité de la femme et du mari ne fût qu'un prétexte pour éluder la prohibition de la loi. Cependant nous pensons que c'est là l'intention du législateur; nous pensons que le fonds dotal peut être vendu dans ce cas, c'est-à-dire quand la femme y consent volontairement; parce que cette vente ne peut encore avoir lieu qu'avec autorisation du tribunal, et que le tribunal ne la donnera qu'en connaissance de cause; qu'il ne la donnera pas par cela seul que la femme veut être reconnaissante. Le juge ne permettra la vente que lorsque le constituant sera incapable d'acquitter ses dettes; que la vente du fonds dotal pourra libérer le débiteur sans porter une atteinte trop sensible à la fortune de la femme; qu'il s'agira, par exemple, d'acquitter une de ces dettes qu'on appelle sacrées. La loi n'a pu faire autrement encore dans cette circonstance, que de s'en rapporter à la prudence du juge. Il doit surtout examiner s'il n'y a point quelque collusion entre les parties. Dans ce cas le consentement de la femme est indispensable; mais *quid* de celui du mari? Egalement.

L'article 1558 permet bien de vendre aussi le fonds dotal pour les dettes de la femme; mais il faut que le titre qui les établit ait une date aussi antérieure au mariage. Nous ferons ici une remarque qui s'applique à tous ces cas, c'est que si la femme avait des paraphernaux, ces biens devraient au préalable être vendus: ce n'est que dans le cas où ils ne suffisent pas, ainsi que les revenus, qu'on a recours aux biens dotaux. Mais ce que la loi ne prévoit pas, c'est le cas où l'obligation de la femme n'ayant pas de date certaine antérieure au contrat de mariage, le créancier voudrait la faire exécuter sur les paraphernaux de la femme. Il me semble qu'ils en auraient le droit et qu'il n'y aurait nullement lieu à appliquer l'article 1410 qui veut que de tels créanciers ne puissent faire vendre que la nue propriété; cet article ne pouvait autrement décider, puisque la jouissance appartient au mari, et que la dette qu'on voudrait lui faire acquitter n'est pas certaine vis-à-vis lui. Mais, quand la jouissance des biens qu'on veut exproprier appartient à la femme, nous ne voyons pas pourquoi les créanciers ne pourraient la saisir. Ce n'est pas à cause d'elle, dans l'article 1410 qu'on ne fait pas vendre la jouissance; c'est à cause de son mari à qui cette jouissance appartient. Dans l'article 1410 on la prive bien de la nue propriété; pourquoi dans le cas qui nous occupe ne pas la priver de la jouissance? Il y a peut-être un inconvénient à cela, c'est que les paraphernaux sont parfois tenus de contribuer aux charges du mariage et quelquefois même pour toutes ces charges. Néanmoins ces revenus sont saisissables, parce qu'ils sont toujours, et même pour le cas qui nous occupe, la propriété de la femme, sauf le cas de collusion et de fraude.

L'article 1558, troisième disposition, parle des dettes de la femme et des constituans, *antérieures au contrat de mariage*. L'article 1410 dit : *avant le mariage*. Si elles étaient contractées depuis le contrat et avant le mariage, est-ce que le fonds dotal ne pourrait pas être vendu quand même ces dettes auraient une date certaine? Nous avons, en traitant du passif de la communauté, agité la question de savoir si la communauté est bien chargée des dettes contractées par la femme dans le temps du contrat à la célébration. Nous avons douté, et l'article 1558 ferait croire qu'on devrait décider que la communauté n'en est pas tenue.

Nous observerons qu'il ne s'agit ici seulement que de dettes que les époux demandent à acquitter, non de dettes que les créanciers veulent exiger. C'est alors qu'il faudrait examiner s'ils sont hypothécaires ou chirographaires.

S'ils sont hypothécaires, nous avons décidé la question plus haut, où nous avons prouvé que la femme avait le droit d'aliéner dans cet intervalle; à plus forte raison a-t-elle celui d'hypothéquer. En vain nous dirait-on que le mari est acquéreur de la dot; du moins de l'usufruit, en vertu d'un titre sacré, d'un titre authentique; nous dirons toujours que les créanciers hypothécaires, ou l'acquéreur, ont dû croire que le mariage n'aurait pas lieu, puisqu'il dépendait de la femme de le rompre; que ce contrat ne peut être opposé que lorsque le mariage a précédé la vente; que cela doit être, parce qu'il serait trop facile de tromper les tiers en fesant des contrats de mariage avec régime dotal.

*Quatrième disposition :* Pour les réparations indispensables à la conservation de l'immeuble dotal. Ces réparations doivent être au préalable constatées. Le juge, avant d'ordonner la vente, doit faire faire une visite. Si ces réparations n'étaient pas de celles qu'on qualifie *grosses,* elles seraient au compte du mari, elles sont charges de la jouissance ; si même les grosses réparations étaient occasionnées par la négligence du mari, elles seraient à sa charge. Si la nécessité et l'urgence fesaient autoriser la vente du fonds dotal pour y subvenir, ce ne serait qu'à la charge par le mari d'en indemniser la femme ou ses héritiers. Le mari peut ici forcer la vente ; car il y va de l'intérêt de la femme et du s[illegible], le bien dotal étant destiné à soutenir les charges du mariage. Il serait bon qu'il fût constaté dès-lors comment ces dégradations ont été commises : le rapport des experts devrait en faire mention. Nous ne pensons pas cependant que ce défaut rendît la femme non-recevable un jour à les faire supporter au mari qui est censé avoir reçu le fonds en bon état ; c'est à lui de faire dresser cet acte, il est dans ses intérêts.

*Cinquième disposition :* Lorsque l'immeuble est indivis avec des tiers et qu'il est reconnu impartageable. Il faut ici encore un rapport d'experts qui donnent leur avis sur la possibilité ou l'impossibilité du partage.

Le mari lui-même peut provoquer cette licitation. Le Code le permet bien au tuteur après s'être fait autoriser du conseil de famille ; *à fortiori*, un mari le peut-il relativement à un fonds dotal, puisque toutes les actions relatives à ce fonds lui appartiennent; du moins en général; d'autant plus qu'ici il a un très-grand intérêt, puisque la jouissance en souffre; la vente pourrait donc être ordonnée encore malgré la femme : mieux vaut toujours avoir le consentement de celle-ci.

Le mari pourrait-il également provoquer le partage, si les biens étaient partageables? En droit romain il ne pouvait que défendre à cette action; voyez la loi 2 au Code *de fundo dotali.* Cette jurisprudence paraît changée ; car la Cour d'Aix, 9 janvier 1810, Sirey, t. 11, 2 p., p. 468, a décidé que le mari seul avait droit de demander le partage des biens dotaux qui proviennent à sa femme; que celle-ci est sans qualité pour intervenir dans une instance en rescision de partage desdits biens. Dans l'espèce, l'autorisation que la femme avait obtenue de justice n'était pas régulière et conforme à l'article 861 du Code de procédure. Cet arrêt établit que le droit de poursuivre seul, sans le concours de sa femme, les détenteurs des biens dotaux embrasse toutes les actions dont ils peuvent être l'objet, soit en demandant, soit en défendant; qu'une demande en partage des biens dotaux n'étant dans le fait qu'une demande contre les détenteurs de ces biens, se trouve conséquemment dans les attributions du mari; que cette action en partage n'est point par le fait une aliénation, puisqu'il est déclaratif de propriété.

Cependant si le mari n'intente l'action, la femme doit pouvoir l'intenter autorisée de justice. Si la prescription ne courait pas contre la femme, il n'y aurait pas grand danger pour elle. Mais si la prescription eût commencé avant le mariage; par exemple, si le partage avait eu lieu avant ce temps, et que le mari ne l'attaquât pas, la femme serait d'autant mieux fondée à intenter l'action qu'il y aurait danger pour elle de perdre. Notez bien que la prescription courrait, parce que l'action de la femme ne refléchirait pas contre son mari. D'ailleurs il suffit que ce soit un acte conservatoire, pour que la femme ait le droit de le faire. Si la succession était échue durant le mariage, qu'il y eût lésion et que le mari n'intentât pas cette action, il y aurait plus de difficulté; car la prescription ne peut courir contre elle, les biens ne pouvant être aliénés. Malgré cela, le silence du mari peut causer une grande perte à la femme; les cohéritiers de celle-ci peuvent laisser périr les biens; ils peuvent les dégrader; d'un autre côté, on perd des jouissances; l'action est donc une acte conservatoire, et la loi serait injuste de ne pas la permettre à la femme; mais l'autorisation de justice est indispensable, et elle doit être donnée dans les règles.

Nous venons de dire que le mari peut seul provoquer la licitation et le partage des biens frappés de dotalité, et que la Cour d'Aix l'a décidé. L'article 818 contrarie singulièrement cette opinion. M. Chabot décide au contraire que le mari ne peut seul provoquer le partage des biens dotaux. Il est vrai que cet auteur ne parle nullement de l'article 1549. Cet article dit que le mari peut poursuivre *tout détenteur;* doit-on considérer comme tels les cohéritiers de la femme? Non. L'article 1549 entend seulement donner au mari, le droit d'agir en revendication et d'intenter toute action immobilière, même celle en pétition d'hérédité contre celui qui se serait emparé de la succession échue à la femme; mais l'article doit se combiner avec ceux qui lui font exception, tel que l'article 818. Un partage, une acceptation de succession sont des actes d'une trop grande importance pour les confier au mari seul.

Si les deux époux ont le droit de provoquer un partage de succession dotale, ont-ils le droit d'annuler ce partage? Non, car c'est aliéner la dot; et cela, lors même que ce partage dût être recommencé, parce qu'il serait survenu un enfant au père qui avait fait le partage par acte entre-vifs; voyez un arrêt de la Cour de Poitiers, 8 décembre 1824, Journal des Arrêts de cette Cour par M. Chauveau.

Ce partage fait, ils ne peuvent faire aucun traité ni transaction qui aurait pour but de le modifier ou de le détruire. Mais, tant qu'il n'est point consommé, la Cour de Toulouse a décidé que le compromis ou transaction est valable, parce que le traité ne porte pas sur les droits dotaux ; il ne porte que sur le partage lui-même; voyez le Journal des Avoués par M. Chauveau, t. 26, 4.e cahier, p. 239.

Si le mari se fait adjuger le fonds dotal, la licitation n'étant, comme vous le savez, qu'un acte de partage, le fonds sera dotal pour le tout. La femme est censée avoir été propriétaire du fonds en entier, et cela *ab initio*, les partages étant déclaratifs de propriété. Le mari a seulement contre la femme une créance pour les sommes qu'il a payées aux autres copropriétaires pour leur part. Il pourra même, à la dissolution du mariage, ou plutôt à la restitution de la dot, retenir l'héritage jusqu'à ce que la somme lui ait été remboursée. D'après la loi 78, § 4, *de jure dotium*, la femme était aussi obligée de reprendre le tout en indemnisant son mari du prix qu'il a payé. Cependant la même loi ne considérait comme dotal que ce qui primitivement constituait la dot. Cela n'est point étonnant en droit romain, où les partages étaient translatifs de propriété.

Néanmoins la question est susceptible de difficulté. On peut opposer à notre opinion la franchise des biens : leur servitude doit être prouvée. D'un autre côté, il serait possible que, malgré que la femme eût été propriétaire *ab initio* de tout le domaine, elle ne se le fût pas entièrement constitué en dot. En matière de communauté, nul doute que tout le domaine sera propre, parce que de plein droit ils le sont, et que le partage étant déclaratif, la femme est censée avoir été propriétaire du tout dès le moment du mariage. Il n'y a pas ici présomption qu'elle en eût mis une portion en communauté. Mais dans notre hypothèse il s'agit du régime dotal où de plein droit les biens qui nous adviennent ne sont pas inaliénables, où la servitude doit résulter d'une convention expresse ou tacite.

Nous tenons aussi fortement que tout autre à la liberté des biens : sans doute ils sont présumés libres. Mais, s'étant soumis au régime dotal, tout ce que la femme se constitue est dotal: elle se constitue le fonds cornélien dont elle a la moitié ou les trois quarts; elle devient propriétaire du tout, tout doit être dotal, parce qu'elle est censée avoir été propriétaire du tout dès le jour du mariage: c'est absolument comme si elle en eût eu la propriété dès ce moment. Ce qu'elle a acheté a la même qualité que ce qu'elle possédait: or que s'est-elle constitué en dot? le fonds cornélien: quelle qualité a-t-elle donnée à ce fonds? celle de dotalité: donc le tout est dotal.

Cependant on peut se faire une objection: elle n'avait que la moitié dans le fonds dotal; elle se constitue cette moitié en dot; elle n'a pas dit: Je me constitue le fonds cornélien, seulement ma moitié dans le fonds cornélien. Rendre dotale la moitié acquise par licitation, c'est augmenter la dot durant le mariage... Dire qu'on se constitue *le fonds cornélien* ou *sa moitié dans le fonds cornélien*, c'est toujours se constituer sa propriété. Cette augmentation n'a pas d'autre qualité, d'autre nature que la portion constituée; elle ne fait qu'une avec elle, elle ne forme qu'un seul tout; car c'est là le point de la difficulté, c'est là la quéstion; ces deux portions réunies ne sont pas deux choses distinctes : la première portion absorbe la seconde, elles sont confondues, elles proviennent de la même source: donc qu'elle ne font qu'une. Cette seconde portion n'est plus une augmentation de dot ; la dot est censée avoir été telle dès le jour du mariage; c'est comme s'il y avait eu une alluvion qui eût augmenté le fonds dotal ; cet accroissement ne formerait qu'un tout avec ce qui existait au jour du mariage : l'article 1559 fournit d'ailleurs un argument irrésistible. Il ne faut pas confondre ce cas avec celui où la femme aurait eu pendant le mariage, à titre de succession, l'autre portion du fonds cornélien; cette seconde portion n'aurait plus la même cause, la même source, partant la même qualité que la première, et ne serait pas dotale.

Si les époux se fussent mariés en communauté, et que la femme eût mis en communauté sa portion dans le fonds cornélien, il en serait de même; si pendant le mariage le fonds était licité, le tout appartiendrait à la communauté, sauf récompense, s'il y avait lieu.

Lorsque le mari seul acquiert tout l'héritage licité, la femme a-t-elle l'option que lui donne l'article 1408? Il semble qu'il y a même raison. Cependant nous ne pensons pas que la femme ait cette option. Nous pensons que le mari fait ici les fonctions de mandataire, qu'il agit réellement comme mari et représentant sa femme. Qu'on ne nous objecte pas que nous avons douté sur l'article 1553 que le mari pût faire emploi sans le consentement de la femme. Dans l'espèce actuelle il ne s'agit pas d'un bien étranger que la femme serait tenue d'accepter et dont elle peut ne pas vouloir; c'est son propre bien qui lui est adjugé. D'un autre côté, c'est en justice que l'acquisition a lieu; la collusion n'est pas à craindre, les droits de la femme sont suffisamment surveillés. Ce que le mari fait est donc présumé fait au nom et pour sa femme; c'est une suite de l'action qui a été intentée, ou de la demande qui a été formée; c'est en quelque sorte un acte nécessaire et forcé; car pour les intérêts de sa femme il a dû porter des enchères, afin, d'un côté, de conserver le bien, et de l'autre, de le faire porter à sa valeur. Ces raisons se présentent aussi dans le cas de l'article 1408, et l'on en pourrait conclure que la femme ne devrait pas avoir l'option, que l'héritage devrait lui appartenir ayant été acquis par son mandataire, c'est-à-dire par elle. Le cas est bien différent. Le mari n'est pas, en matière de communauté, le représentant légal de sa femme dans les actions immobilières de celle-ci, tandis que le mari a cette qualité en régime dotal, aux termes de l'article 1549. Aussi avons-nous sur ledit article 1553 décidé que le mari pouvait seul faire le remploi.

Si c'est un étranger qui devient adjudicataire, la part qui revient à la femme dans le prix est substituée à la portion qu'elle avait dans l'immeuble; elle est dotale comme lui. Le mari ne peut conserver ces deniers, pas plus que ceux qui excèdent les besoins, dans les autres cas prévus par l'article 1558. Il doit en faire emploi au profit de la femme. Il peut même y être forcé tant par sa femme que par les constituans, attendu qu'ils y ont intérêt; la femme n'a pas même besoin dans ce cas d'intenter une séparation de biens contre son mari, quoique ce soit là une cause de séparation.

Si la somme était trop modique, il pourrait se faire autoriser à la placer d'une autre manière. Si l'emploi n'a pas été fait, le mari reste débiteur envers sa femme de la somme qui lui est restée.

Lorsqu'un tribunal permet l'aliénation d'un fonds dotal, il devrait commettre non-seulement un notaire pour y procéder, mais encore prescrire l'emploi des deniers; c'est là la jurisprudence de la Cour de Lyon; voyez un de ses arrêts du 6 mars 1811. Mais nous ne partageons point l'opinion des magistrats de la Cour de Turin, qui ont en pareil cas exigé que l'acquéreur fût garant de l'emploi. L'arrêt est du 21 janvier 1811, Sirey, t. 12, p. 285.

Nous dirons encore un mot sur l'inaliénabilité de la dot; c'est qu'elle dure autant que le mariage, sans avoir égard même à la législation ultérieure et à la séparation qui pourrait être prononcée. En conséquence la femme à qui sont dus des capitaux formant sa dot ne peut les exiger sans assurer l'emploi ou fournir caution pour toute la durée du mariage, et même dans le cas où le débiteur pourrait opposer des compensations. Néanmoins les intérêts de la dot peuvent être exigés par elle, sans emploi ni caution. Voyez à cet égard un arrêt de la Cour de Bordeaux du 2 août 1813, Sirey, t. 15, p. 106. Mais *quid*, si c'est le débiteur qui veut se libérer? Ce ne sera pas entre les mains du mari; le jugement de séparation l'a averti qu'il ne pouvait plus payer au mari, ce jugement ayant été rendu public. Devra-t-il payer à la femme? Il doit bien pouvoir se libérer. Mais, s'il se libère entre les mains de la femme, que deviendra la règle de l'inaliénabilité? La femme dissipera ses sommes dotales; elles ne rempliront plus leur objet, qui était de subvenir aux besoins du ménage.

Il nous semble que le débiteur qui veut se libérer fait bien de se faire autoriser du juge qui ordonne le placement des deniers.

Le législateur avait permis de vendre, en certains cas, le fonds dotal; il y avait encore moins de danger à en permettre l'échange, sur-tout en ne le permettant que sous les conditions qu'impose l'article 1559. Pour cela il faut d'abord l'autorisation de la justice; la demande en doit être faite par le mari et la femme conjointement. Le refus de l'un d'eux rendrait l'échange impossible.

Le tribunal examine ensuite l'utilité de l'échange. S'il la reconnaît, il nomme des experts pour visiter les deux héritages et en constater la valeur. Ces experts ne peuvent même pas être nommés par les parties; ils doivent l'être d'office par le tribunal, afin d'empêcher la collusion. Si la valeur de celui qui est donné en contr'échange se trouve au-dessous des 4/5.<sup>es</sup> du prix du fonds dotal, il doit rejeter la demande. S'il se trouve être au-dessus de la valeur de ce dernier, le tribunal peut l'ordonner; la loi n'a point dans cette hypothèse fixé la valeur, elle s'en rapporte à la prudence du juge, qui peut toujours se dispenser d'ordonner l'échange. L'excédant de cette valeur sera également dotal, c'est-à-dire que tout l'héritage le deviendra. Le mari qui aura fourni ses fonds à ce sujet, aura un recours contre sa femme. Mais n'aura-t-il cette action qu'à la dissolution du mariage? Ou bien la femme ayant des paraphernaux qui sont susceptibles d'être vendus et qui produisent des revenus, pourra-t-il agir pendant le mariage sur ces biens? Contraindra-t-il sa femme par les voies de justice? Tout dépend des circonstances. Si le mari était dans une nécessité absolue, la justice devrait écouter la demande du mari; dans le cas contraire, le mari n'aurait point à se plaindre, parce que fesant siens tous les fruits du fonds dotal, l'intérêt de son argent lui est payé; il n'en souffre pas.

La vente du fonds dotal ne peut être permise, même en justice, que dans les cas d'exceptions que nous venons de voir; c'est ce que porte l'article 1560. Notre jurisprudence est bien opposée à l'ancienne, qui permettait la vente toutes les fois qu'il était justifié qu'elle était avantageuse à la femme, et qui, dans les cas déterminés par l'article 1558, n'exigeait point le recours en justice. L'autorisation de la justice n'était nécessaire que pour les aliénations dont on ne donnait pour motifs que l'utilité alléguée par la femme: aujourd'hui il ne peut y avoir d'aliénation que dans les cas absolument prévus par la loi, 1560.

Une chose qui doit vous frapper dans l'article 1560 dont il s'agit maintenant, c'est la différence qu'il met entre la femme et le mari. La femme ne peut faire révoquer l'aliénation faite par son mari du fonds dotal, que lorsque le mariage est dissous, excepté cependant le cas où elle aurait obtenu une séparation de biens; car alors, pouvant se faire restituer sa dot, elle peut provoquer la résolution de la vente, même art. 1560. Mais le mari pendant le mariage peut la demander; après le mariage au contraire, il ne le peut. L'action n'appartient plus qu'à la femme; le mari est sans intérêt, il ne peut plus arguer de sa propre turpitude: cela ne lui est permis que durant le mariage; tout est ici de rigueur; après même la séparation, il n'a pas l'action en restitution.

Mais la vente en elle-même est nulle, soit qu'elle ait eu lieu par la femme seule, par le mari seul, par les deux conjointement et solidairement.

Mais un cas bien singulier peut se présenter, c'est celui où la vente aurait eu lieu entre le contrat de mariage et la célébration. Le mari seul ne pourrait vendre avec effet; c'est le bien d'autrui; il devra des dommages-intérêts, s'il a trompé, *id est* si l'acquéreur a cru acheter un bien du mari, ou s'il s'est porté fort de faire ratifier. Mais une fois marié pourrait-il revendiquer? On peut dire que non, parce que tant que le mariage n'est pas célébré, ce n'est pas un fonds dotal qui est vendu, et qu'il n'est permis au vendeur du bien d'autrui de revendiquer que lorsque ce vendeur est un époux qui vend un fonds dotal; or, lors de la vente, le fonds n'est pas encore dotal et le vendeur n'est pas encore époux. Cependant le contrat de mariage subsiste; le fonds est resté dotal; or voyez l'article 1549. *Quid* si l'acquéreur avait eu connaissance du contrat de mariage qui rendait le fonds inaliénable, et que le mari ait déclaré se porter fort? Si c'était durant le mariage que la vente aurait eu lieu, l'acquéreur connaissant l'inaliénabilité du fonds, n'aurait droit à aucuns dommages-intérêts. Mais c'est avant le mariage: l'acquéreur dira qu'il a cru ou qu'il avait lieu de croire que le vendeur ne se marierait pas; qu'il n'y a de fonds dotal et par conséquent de fonds inaliénable que lorsqu'il y a mariage; que, tant qu'il n'y a pas de mariage, mais seulement proposition de mariage, on est, respectivement à lui, dans les termes du droit commun; que la question se décide, non par les principes de l'article 1560, puisqu'il n'y a point encore de fonds inaliénable, mais bien par l'article 1120; que le mari ayant formé un engagement, il n'a rien dû faire qui y fût contraire; que, s'il est des cas où cela est permis, ce n'est que par exception à la règle; or nous ne sommes pas ici dans le cas de l'exception, nous sommes dans la règle générale, car le mariage n'a pas été contracté; ce n'est pas le contrat de mariage qui fait le mariage. Le fonds ne sera véritablement inaliénable que lorsque les futurs se seront mariés. L'effet ne peut précéder la cause.

Mais supposons que la femme ait également vendu, soit seule, en la supposant majeure, soit conjointement avec son mari, et toujours dans le temps intermédiaire; à plus forte raison la vente sera-t-elle valable. La femme est libre encore; le concours de son mari est même inutile; mais on a pu croire que l'acquéreur l'a exigé pour plus grande sureté.

Maintenant considérons la vente sous le rapport des époux. Si le mari a concouru au contrat, on a pu croire qu'ils ont tous les deux renoncé à se marier sous le régime dotal. On présume qu'ils ont tacitement voulu révoquer le contrat qu'ils avaient formé; mais la loi reconnaît-elle bien de telles révocations tacites? Ce serait là la question; on ne peut changer, modifier un contrat de mariage que de la manière voulue par la loi; mais on répondra toujours à cela que la vente est valable à l'égard de l'acquéreur; que du moment où il n'y a plus de fonds dotal, il n'y a plus de régime dotal; que, tant que les époux ne sont pas mariés, ils peuvent choisir encore le régime auquel ils veulent se soumettre; qu'on peut appliquer même l'article 1134 qui dit: *Les conventions peuvent être révoquées de la même manière qu'elles ont été contractées, id est* par un commun consentement. Or ce commun consentement existe ici; il est tacite, il est vrai, mais le consentement tacite a le même effet que le consentement exprès et formel. C'est ce qu'on peut dire jusqu'à un certain point; mais l'article 1396 y est contraire.

Mais c'est la femme qui a vendu seule et toujours dans le même délai. Ici il s'agit de savoir si l'acte de vente pourra être opposé au mari. On peut dire: Il existe un acte, un contrat; la femme est libre de son bien, mais en ce sens qu'elle ne peut rien faire de contraire aux engagemens qu'elle a faits; le contrat de mariage est là qui prouve que le mari avait des droits sur le fonds vendu; *probat rem ipsam*, même vis-à-les tiers; la vente que la femme a consentie est par rapport au mari *res inter alios acta*. On répond que le mariage était facultatif de la part de la femme que l'acquéreur a pu croire qu'elle y renonçait; qu'il ne peut jamais dépendre de la volonté de quelqu'un de faire évanouir les droits qu'il a concédés; qu'il était libre à la femme de ne pas se marier; qu'un contrat de mariage ne peut être opposé aux tiers qu'autant que le mariage la suivi avant que ces tiers eussent acquis des droits de ceux qui avaient la faculté de le rendre illusoire, d'y renoncer; qu'il suffit en effet de la volonté de l'un des futurs pour rompre ce contrat; que ce n'est pas ici que l'article 1134 reçoit son application. Cela soit dit, sauf la collusion qui existerait entre la venderesse et l'acquéreur.

Tout ce que nous venons de dire est pour le cas seulement où le fonds dotal aurait appartenu à la femme, c'est-à-dire, non pour le cas où il lui aurait été donné par contrat de mariage; mais, en supposant même que le fonds appartînt à la femme, et que c'est sa propriété qui a été vendue par elle, nous ne nous dissimulerons pas que l'article 1558 contrarie singulièrement cette manière de voir. En effet, il dit que le fonds vendu ne peut être vendu que pour payer les dettes de la femme antérieures au contrat de mariage, non celles postérieures à ce contrat, même avant le mariage, ainsi que nous l'avons dit. L'esprit de la loi est donc qu'une fois le contrat de mariage, les époux ne puissent rien faire qui tende à aliéner le fonds dotal, puisqu'il cesse même d'être dès cette époque le gage des créanciers.

On ne peut répondre à cette objection qu'en disant que l'article 1558 suppose le mariage contracté lorsque l'hypothèque a lieu; car, avant le mariage, les créanciers pourraient frapper le fonds dotal d'une saisie immobilière. Il leur suffit d'avoir un *jus in re* avant le mariage. Les créanciers chirographaires n'ayant pas ce *jus in re*, il est douteux qu'ils eussent le droit de saisir le fonds, même dans le temps intermédiaire.

Enfin, en admettant que la vente que la

femme seule aura consentie soit valable, le fonds dotal n'existant plus, n'y aura-t-il plus de régime dotal; les époux seront-ils sous celui de la communauté, ou bien le mari aura-t-il une action pour faire déclarer dotal quelques-uns des autres biens de la femme qui par le contrat de mariage étaient déclarés paraphernaux?

La femme elle-même, dans le cas où le mari invoquerait le régime de la communauté, pourrait soutenir que son contrat de mariage l'a soumise au régime dotal et que tous ses biens sont paraphernaux: que décider également dans ce cas? La femme ne peut alléguer sa propre turpitude. Le mari a droit de se plaindre. Ils seront toujours, du moins nous le pensons, sous le régime dotal, parce que le contrat de mariage existe toujours en ce qui concerne les époux. Le cas est à-peu-près le même que celui où l'on aurait éprouvé une éviction durant le mariage, du fonds dotal. Voyez alors ce que nous avons dit à cet égard à l'article 1547. Si le mari avait consenti à la vente, ne pourrait-il réclamer les fruits de la dot? Le consentement qu'il donne à un tel contrat est de nulle conséquence par rapport aux époux entre eux.

La question que nous examinons peut se présenter même sous le régime de la communauté; par exemple, la femme ou le mari fait par contrat de mariage donation à son conjoint d'un héritage que le donateur vend dans le temps intermédiaire; par rapport à l'acquéreur, la vente est valable. Il ne peut être permis à ce donateur, en se mariant, d'anéantir cette vente. Vainement dira-t-on que la donation était sous une condition suspensive, et que la condition s'accomplissant, elle doit rétroagir au jour du contrat. L'effet de cette rétroactivité doit s'arrêter au temps du mariage. Auparavant le donateur était libre de faire évanouir la donation. Il n'a pu dépendre de son fait de détruire l'acte auquel l'acquéreur a souscrit en conséquence de cette croyance qu'il a dû avoir qu'il ne voulait plus se marier. Le cas est absolument le même que celui où un donataire se rend coupable d'ingratitude après avoir vendu l'objet de la donation, art. 958.

Mais dans notre espèce, le mariage ayant eu lieu, la donation résultant du contrat de mariage produira ses effets vis-à-vis l'époux donateur.

Bien d'autres cas peuvent encore se présenter, nous allons en parcourir quelques-uns.

Nous supposerons d'abord que le mari devait à sa femme un héritage qui, par exemple, aurait été légué à celle-ci par l'auteur du mari et qu'elle s'est ensuite constitué en dot; puis, dans le temps intermédiaire dont nous avons parlé, le mari le vend. *Quid juris?* La femme, d'après les règles concernant l'inaliénabilité de la dot et celle sur-tout concernant la vente du bien d'autrui, pourrait le revendiquer: la vente est nulle.

En second lieu, c'est une somme d'argent, non un héritage, que le mari devait à sa femme; il lui a donné ou promis de donner (nous supposons le contrat parfait) un domaine en paiement; il y a *datio in solutum.* Tout cela est réglé par le contrat de mariage. Le mari, malgré ce contrat, malgré que la femme se le soit constitué en dot, le vend à un acquéreur de bonne foi; et cela toujours dans le temps intermédiaire. D'après le principe qui dit que la vente est parfaite par le seul consentement des parties, on dira que la femme peut revendiquer, parce que la dation est une espèce de vente. Elle en diffère cependant; car, outre le consentement, elle exige la tradition; c'est plutôt un paiement encore qu'une vente; or le paiement doit être réel. Si donc rien n'atteste que la propriété a été transmise à la femme, elle ne pourra revendiquer. Mais n'y a-t-il point ici quelque chose de particulier? Par son contrat de mariage, le mari donne à sa femme un héritage qu'elle se constitue en dot; le mari conserve l'héritage; ne peut-on pas dire que le mari détient ici pour sa femme, qu'il le possède comme mari, en vertu de la double tradition fictive qui est présumée avoir été faite? En effet le mari devait garder la dot de sa femme; celle-ci, en consentant à la dation, en l'acceptant, est présumée avoir reçu l'héritage; puis, au moyen d'une autre fiction, elle est présumée avoir consenti que son mari le gardât. Les simulacres de traditions ne sont plus dans nos usages; on présume la tradition. Néanmoins, comme l'intérêt des tiers est toujours à prendre en considération, il faudrait qu'il apparût dans le contrat que la propriété en a été incommutablement transférée à la femme; il faudrait que le contrat exprimât que le transport lui en a été fait; mais que, attendu que le mariage doit s'ensuivre, la femme permet à son futur de le conserver; il faut, disons-nous, pour que la femme puisse revendiquer, que le contrat prouve que la femme est propriétaire en vertu d'une tradition, que tout cela résulte de conventions; qu'il soit dit dans le contrat que le mari conserve lui-même en vertu du consentement de la femme.

Troisièmement, le mari doit à sa future deux choses sous l'alternative, comme un fonds ou une somme d'argent: elle se constitue en dot ce qu'il lui doit; pourra-t-elle révoquer l'aliénation qu'il aura faite de ce fonds, soit avant le mariage, soit depuis? Non, parce qu'il avait le choix de payer la chose qu'il voudrait, et qu'en vendant le fonds, il a opté de payer la somme d'argent.

Par suite du même principe, si c'était deux héritages qui fussent dus sous l'alternative, et que la femme se fût constitué en dot ce que son mari lui doit, et que l'un des héritages vînt à périr, celui qui resterait serait dotal. Remarquez cependant que si, dans le premier cas, le choix appartenait à la femme, le mari n'aurait pu vendre valablement sans le consentement de la femme; car celle-ci, en consentant à la vente, fixe son choix à la somme d'argent.

Nous avons dit que la femme pouvait toujours révoquer l'aliénation qu'aurait faite son mari; nous avons eu tort, ou plutôt nous n'avons eu que l'intention de poser une règle générale. Mais cette règle est comme toutes les autres: elle a ses excéptions. Par exemple, la femme dévient héritière de son mari; chose possible, puisque les cousins germains peuvent épouser leurs cousines germaines; que les oncles peuvent épouser leurs nièces; enfin que le mari peut avoir établi sa femme sa légataire universelle. En acceptant la succession de son mari, la femme est alors tenue de toutes ses actions; elle doit la garantie de la chose vendue; car le mari, après la dissolution du mariage, ne peut plus demander la nullité de la vente; la femme devenue sa légataire, se trouvant en son lieu et place, ne peut faire ce qu'il ne pourrait faire lui-même, *quem de evictione tenet actio*, etc., etc., etc.

Nous croyons cependant qu'il y a une différence entre l'homme et la femme ; la femme peut toujours revendiquer son bien, attendu que c'est la vente du bien d'autrui qui a eu lieu, art. 1599 ; mais elle doit les dommages-intérêts qu'il aurait dû lui-même. En se soumettant au paiement de ces dommages-intérêts, elle peut revendiquer son héritage, parce qu'il n'est permis à personne de vendre notre bien, et qu'à titre de propriétaire, on peut toujours revendiquer ce qui nous appartient ; que la loi n'a fait aucune distinction lorsqu'elle a déclaré la vente du bien d'autrui nulle : peu importe qu'on soit héritier du vendeur ; car ce n'est pas comme héritier du vendeur qu'on répète, c'est *jure suo*. La femme ne les devrait même qu'en partie, si elle n'était héritière qu'en partie ; car l'action de garantie n'est pas d'une indivisibilité absolue ; elle se résout ici en dommages-intérêts, chose très-divisible. C'est un principe que nous avons développé à la matière de la divisibilité et indivisibilité des obligations, et qui se trouve rappelé dans les précédens volumes. Il suffit pour cela de combiner ensemble les articles 1220, 1221, 1225.

Remarquez même que n'ayant pas accepté sous bénéfice d'inventaire, la femme pourrait être tenue de ces dommages-intérêts au-delà de ce qu'elle aurait eu dans la succession de son mari.

Remarquez que si l'acquéreur n'eût pas été de bonne foi, elle pourrait revendiquer sans être tenue à aucuns dommages-intérêts. Cela est sensible; que si l'acquéreur est de bonne foi, elle doit restituer le prix, plus les dommages-intérêts.

Si la femme était héritière de son mari, à défaut d'héritiers légitimes, testamentaires et d'enfant naturel, il suffirait qu'elle eût fait faire inventaire pour n'être pas tenue des dommages-intérêts au-delà de ce qu'elle a trouvé dans la succession.

Ce qui ne manquera pas non plus de fixer votre attention, Messieurs, c'est qu'aucune prescription ne peut être opposée de la part de l'acquéreur, soit à la femme qui exerce son action après le mariage, soit au mari qui l'exerce durant le mariage, et cela quelque longue que soit sa possession. Mais, si la prescription ne court pas contre la femme, c'est parce que la femme n'était pas capable d'agir; c'est cette prescription qui s'est opérée pendant le mariage qu'on ne peut lui opposer; car du moment où le mariage est rompu, du moment même où la femme a la liberté d'agir, la prescription court contre elle. Nous n'avons pas non plus besoin de vous dire qu'il ne s'agit dans l'article 1560 que de la prescription de l'acquéreur, et non de cette prescription dont parle l'article 1561.

La nullité de la vente du fonds dotal n'est cependant pas une nullité radicale; elle est relative seulement. D'où il suit que si elle a eu lieu, même par le mari seul, la femme ou ses héritiers ont le choix ou de revendiquer le fonds dotal ou de réclamer le prix. Il ne s'agit pas ici de ces stipulations pour autrui dont parle l'article 1119, et dont toute partie peut demander la nullité; il s'agit de la vente d'un bien qui appartient à autrui, il est vrai, mais laquelle vente est susceptible de produire des effets; c'est un contrat qu'on suppose être exécuté. La femme a le droit d'en demander la révocation; mais c'est un privilége seulement que la loi lui donne, elle est libre d'en faire usage ou d'y renoncer. Plusieurs fois on a décidé qu'on ne pouvait la forcer de revendiquer le fonds: ce n'est pas un cas ordinaire; le mari jusqu'à un certain point peut être considéré comme mandataire, au moins comme un *negotiorum gestor*, et du moment où la femme ratifie à une époque où elle en a le droit, le contrat est parfait. Mais aux termes de l'article 1166, ses créanciers peuvent demander la nullité du chef de leur débitrice.

Ce prix peut être répété non-seulement à l'acquéreur, mais encore au mari ou aux héritiers du mari; elle peut le répéter intégralement, quand même un acte attesterait qu'il a été payé au mari et à la femme, ou à la femme seulement. L'acquéreur du moins devrait prouver que ce prix a été employé au profit de la femme.

Nous vous prions ici de faire une remarque qui est de la plus haute importance: quand nous permettons à la femme de réclamer ou le prix ou la chose, c'est que nous supposons qu'il y a lieu à la restitution de la dot. Nous supposons que le mariage est dissous: s'il ne l'était pas, nous ne pensons pas que la femme eût le choix de demander la nullité ou de se faire colloquer pour le prix sur les biens du mari, dans le cas où il les aurait vendus à un acquéreur qui voudrait purger. La Cour de cassation a cependant décidé que la femme pouvait réclamer cette collocation. Voilà l'espèce. Un nommé Croï-Chanel et sa femme s'étaient mariés avec soumission aux lois du pays de droit écrit. Ils vendirent une partie considérable des biens dotaux. Le mari fut exproprié du domaine de Treux qui lui appartenait, et sa femme se présenta à l'ordre ouvert sur le prix de cet immeuble, demandant à y être colloquée pour plus de 60,000 fr.; les créanciers du mari contestèrent sa prétention.

Motifs de la Cour de cassation : les lois romaines donnent à la femme l'action révocatoire des biens vendus et l'action hypothécaire sur les biens de son mari. La loi française elle-même, art. 2121, accorde à la femme le premier rang entre les hypothèques légales. L'article 2135 fixe la date de l'hypothèque de la dot au jour du mariage, et la dispense de l'inscription. L'article 2195 défend à l'acquéreur des biens du mari de payer aux créanciers qui n'ont pas hypothèques antérieures à celle de la femme : la Cour ajoute que ces articles sont communs aux femmes mariées en régime dotal, comme à celles mariées en régime de communauté; que le Code ne distingue point relativement aux hypothèques qu'il accorde aux femmes sur les biens de leur mari; que la femme qui se présente à un ordre ouvert sur le prix des biens de son mari vendus par expropriation, constate ses droits aussi légalement que celle qui s'inscrit après une vente volontaire, lorsque l'acquéreur voulant purger a instruit la femme de l'acquisition par lui faite; que, dans l'un comme dans l'autre cas, aucun paiement ne peut être fait ni ordonné aux créanciers qui n'ayant pas d'hypothèques antérieures à la femme ne peuvent être colloqués en ordre utile avant elle;

Que si les circonstances sont telles que la femme ne puisse être actuellement autorisée à recevoir, ce n'est pas une raison pour ne pas la colloquer à son rang, et pour distribuer à son préjudice, entre des créanciers postérieurs, les fonds sur lesquels elle doit être préférée; qu'alors c'est aux tribunaux, après avoir colloqué la femme au rang que la loi lui assigne, à pourvoir à ce que les fonds lui soient conservés jusqu'au moment où elle pourra les recevoir et en donner quittance, soit en autorisant l'acquéreur à les retenir dans ses mains, soit en ordonnant tout autre emploi qui mette en sureté la créance de la femme : d'où il résulte que la distribution du prix de l'immeuble vendu par ou sur le mari ne peut avoir lieu entre les créanciers que la femme prime, comme dans l'espèce.

Cet arrêt n'est pas exempt de critique : voilà ce qu'on peut répondre aux principes qui y sont professés : Les lois romaines défendent d'une manière absolue la vente des biens dotaux ; ni le mari, ni la femme ne pourraient au gré de leur caprice les convertir en une somme d'argent que la femme pourrait par la suite réclamer contre son mari : la femme doit conserver ses biens en nature, parce qu'ils sont pour elle et sa famille une ressource bien plus solide qu'une somme d'argent.

C'était là un principe auquel on ne pouvait déroger que par des conventions particulières émanées des familles. En effet il ne faut que consulter la loi unique au Code *de rei ux. actione*, où l'on voit que la défense de vendre et d'hypothéquer le fonds dotal, même du consentement de la femme, est manifeste *Necessarium est in hac parte mulieribus subvenire: hoc tantummodo addito, ut fundum dotalem non solum hypothecæ titulo dare; nec consentiente muliere maritus possit, sed nec alienare, ne fragilitate naturæ suæ in repentinam deducatur inopiam.*

Voilà la loi romaine qu'il faut invoquer dans cette circonstance, attendu que c'est dans elle que toute l'ancienne jurisprudence sur cette matière a été refondue.

En revenant à la loi nouvelle, que porte-t-elle? Certes, si vous consultez l'article 1554, il a une disposition tout-à-fait semblable à la loi romaine.

Les tribunaux, dit l'arrêt, doivent prendre des précautions pour la conservation de la dot; cela n'est que trop juste; mais ces précautions n'empêchent pas le fonds dotal de disparaître; elles n'empêchent pas qu'on ne viole et la loi du contrat de mariage et la loi positive; elles n'empêchent pas que la femme, d'une dot immobilière, ne fasse une dot mobilière. Que dit l'article 1560? Que, hors les cas d'exception déterminés par la loi, la vente du fonds dotal est nulle; or la dérogation au principe de l'inaliénabilité consacrée par l'article en question, n'est nullement dans la loi.

S'il s'agissait de sommes dotales mobilières, que la femme dût toucher, nul doute; mais il s'agit d'immeubles dotaux relativement auxquels la femme ne doit faire aucunes conventions; si on en peut faire, ce n'est que dans les cas que la loi a spécialement prévus; cela doit d'autant plus être, qu'elle pourrait être victime de la collusion de son mari avec un acquéreur qui semblerait avoir acquis à bas prix. Cela serait-il même sans danger pour les tiers, *id est* pour les créanciers du mari? En effet ils savent que la dot de la femme consiste en immeubles; ils prêtent avec sécurité au mari, ils obtiennent des hypothèques. Doivent-ils s'attendre que la femme viendra un jour réclamer une priorité d'hypothèque pour le prix de ses immeubles, pour cette même dot que la loi déclare inaliénable? Il arriverait cependant qu'à la collocation du prix des biens du mari, elle viendrait réclamer des sommes considérables pour lui tenir lieu d'un bien que personne ne devait croire se vendre. N'est-ce pas là aller évidemment contre le but de la loi, contre l'intention du législateur si énergiquement exprimée dans plusieurs articles du Code? Vous remarquerez en effet que cette hypothèque que la femme réclamerait daterait du jour du mariage, parce que c'est sa dot qu'elle réclame.

D'où vient donc cependant que la Cour de cassation accorde ce droit à la femme et ajoute une exception à la loi? C'est parce qu'elle a fait une fausse application des articles 2121, 2135, 2195. Certes ils s'appliquent à la femme mariée sous le régime dotal, comme à la femme mariée en communauté; mais ce n'est qu'en ce qui concerne sa dot mobilière, non sa dot qui consiste en immeubles, à moins qu'ils ne fussent rendus aliénables par le contrat de mariage. Sans cette déclaration, si les biens ne peuvent être vendus, la loi n'a pas dû donner à la femme, en ce qui les concerne, une hypothèque légale; à moins que ce ne soit pour les dégradations que le mari a pu y commettre. Dans les cas de la vente du fonds dotal prévus par l'article 1558, le mari recevant les deniers, la femme encore peut réclamer une hypothèque; mais daterait-elle du jour du mariage? Nous en doutons: elle daterait, comme en régime ordinaire, du jour de la vente: encore faudrait-il peut-être que la femme prît une inscription. Il est vrai qu'il s'agit là de la dot; oui, mais la loi ne donne pas d'hypothèque pour cette sorte de dot; d'ailleurs les créanciers du mari ne pourraient-ils pas demander de son chef la nullité de la vente?

Nous allons plus loin; nous pensons même que la femme séparée de biens judiciairement ne pourrait convertir en une somme d'argent ses immeubles dotaux, parce que la séparation de biens ne rend pas la dot aliénable. Nous finirons cette discussion en répétant que l'article 1554 ne permet point l'aliénation des immeubles dotaux; que l'article 1560 donne à la femme, ainsi qu'à ses héritiers, le droit de demander la résolution de la vente, mais après la dissolution du mariage ou la séparation; mais qu'elle n'a que ce droit; que si la femme pouvait être colloquée sur le prix des biens de son mari, il arriverait qu'elle abandonnerait ses immeubles pour une somme d'argent: quelle que soit la précaution que prennent les tribunaux pour conserver intacte la dot à la femme, c'est toujours une aliénation prohibée qu'elle a faite, c'est une violation de la loi.

Il est vrai cependant que les tribunaux ne doivent pas, *proprio motu*, annuler la vente faite par le mari et priver la femme du droit d'opter entre le bien et le prix qu'en a reçu le mari. Les tribunaux ne doivent pas considérer la vente comme étant légalement faite; ils ne doivent ni l'annuler ni la reconnaître; ils doivent décider qu'elle n'est pas censée avoir été faite, et envisager le fonds dotal comme étant encore entre les mains des époux. Colloquer la femme, c'est ratifier la vente.

Quant aux meubles dotaux, nous nous en sommes expliqués à l'article 1551. Qu'ils aient été estimés ou non, si le mari les vend, la femme ne pourra les revendiquer, parce que les meubles n'ont pas de suite par hypothèque, et qu'en fait de meubles possession vaut titre. On ne peut tirer de l'article 1551 un argument solide contre notre proposition; la disposition de cet article se borne entre le mari et la femme. Tant que les meubles sont en la possession du mari, la femme peut s'opposer à leur enlèvement; c'est-à-dire elle peut empêcher qu'ils ne soient saisis, pourvu toutefois que la propriété ne soit pas transférée au mari; mais elle ne peut les revendiquer, à moins que ce ne soit au mépris de l'opposition quelle aurait faite à la saisie. Quel inconvénient cela n'aurait-il pas, s'il s'était écoulé un long espace de temps depuis la vente? D'un autre côté, la loi défend à la femme d'une manière formelle de revendiquer durant le mariage.

Mais le mari a-t-il bien le droit de vendre les rentes ou créances dotales de son épouse? Elles sont meubles. En fait de meubles possession vaut titre. D'un autre côté, il est bien certain que le débiteur peut prescrire durant le mariage. S'il peut prescrire, donc l'aliénation en est permise. Cependant à quel titre le mari pourra-t-il faire cette vente? Elles ne lui appartiennent pas de plein droit, puisque, si elles viennent à périr sans sa faute, elles périssent pour la femme. Est-ce parce qu'en fait de meubles possession vaut titre? D'abord l'article 2279 s'applique-t-il bien aux droits incorporels? De ce que ce titre serait entre les mains d'un tiers, est-il bien vrai de dire que cette simple possession lui suffirait? S'il faut que transport lui en ait été fait, ce transport doit être régulier et fait par personne capable. Quand la loi dit que possession vaut titre, cela veut dire que le possesseur est dispensé de prouver quel est le titre en vertu duquel il possède; il y a présomption *juris et de jure* qu'il est propriétaire, à moins de prouver qu'il y a eu perte ou vol, art. 2279. Alors, si l'on ne prouve ni la perte ni le vol de la chose, on ne peut être admis à prouver contre la présomption de la loi, parce que la présomption est *juris et de jure*. Cependant si une grosse se trouvait entre les mains du débiteur, la présomption ne serait que *juris tantùm*, art. 1283; si ce débiteur ne se trouvait avoir qu'une simple expédition, cela ne prouverait rien en sa faveur. Pourquoi la possession de pareils titres entre les mains d'un tiers, prouverait-elle un transport, puisqu'ils ne prouvent point la libération pleine et entière du débiteur? L'article 2279 ne peut donc s'appliquer qu'à une possession réelle, et non à une possession fictive. Un tiers ne peut réclamer un droit incorporel appartenant à un autre qu'en prouvant qu'il est à ses droits; or il faut pour cela un acte de transport. La simple possession d'un titre équivaut si peu au titre, que, lors même que le titre de transport existe, le cessionnaire n'est pas dispensé de faire notifier le transport au débiteur, art 1690.

La question est donc réduite à ce seul point: le mari est-il capable de céder les droits incorporels de sa femme? Nous avons déjà dit que les créanciers du mari ne pourraient saisir ces droits. Si le mari avait le droit de les vendre, ils pourraient le faire de son chef, art. 1166; ils ne le peuvent, donc le mari n'a pas droit de vendre. Ce droit de vendre ne peut résulter que d'un titre de propriété ou d'un mandat; or le mari n'est pas propriétaire, puisque la chose ne périt pas pour lui. A-t-il mandat pour cela? Il n'a pas mandat. Le mandat du mari consiste à intenter les actions de sa femme ou à y défendre; ce mandat consiste à administrer, mais non à vendre. De ce que la loi n'a défendu que la vente du fonds dotal, doit-on en conclure qu'il a le droit de vendre les droits incorporels de sa femme? Cependant l'article 1554 ne défend que la vente des immeubles dotaux; donc la vente des droits incorporels est permise:

mais que résulte-t-il de là? Que le mari vendra une action mobilière de sa femme, une créance, une rente, une succession mobilière, car tout cela sont des droits incorporels mobiliers; par le fait, la dot sera aliénée et perdue en partie pour la femme; car ces choses dont nous parlons, les rentes, les créances, les actions mobilières ne seront pas vendues sur le pied de leur valeur numérique ou réelle; le mari fera un contrat aléatoire qui peut devenir très-préjudiciable pour sa femme. Dira-t-on qu'elle aura droit de répéter contre son mari le capital entier de la rente ou de la créance? *Ce ne serait plus alors considérer le mari comme mandataire, puisque ce qui est fait par le mandataire est censé fait par le mandant.* Ainsi le mari sera pressé d'argent, il vendra une créance ou une rente dotale au capital de 40,000 fr., pour une somme de 30,000 fr.; n'est-ce pas comme si l'on avait permis au mari de dissiper la dot de sa femme? Si on lui permet de la vendre, on lui permettra également de l'échanger pour une autre chose; alors le mari est l'arbitre de la fortune de sa femme. Qu'on ne dise pas qu'il a le droit de vendre, parce que la créance ou la rente étant chose meuble et estimée, il en est devenu propriétaire. Il n'en est pas propriétaire, l'article 1567 en est la preuve la plus convaincante. S'il en était propriétaire, il pourrait en faire remise; or le peut-il? Non. Ainsi le mari n'a ni la qualité de propriétaire ni la qualité de mandataire; donc il n'a pas le droit de vendre. Nous disons qu'il n'a pas qualité de mandataire; car, s'il était mandataire, la femme serait tenue d'exécuter l'acte fait par le mari; elle ne pourrait exiger de lui le capital du droit incorporel: or, si le mari a vendu sans fraude ni collusion une créance de 50,000 fr. pour 40,000 fr., peut-on croire qu'il soit dans les principes du Code que la femme souffre de ce préjudice? Si la rente courait des dangers, si le débiteur était voisin d'une faillite, le mari sans doute pourrait faire un arrangement avec le débiteur, accepter, par exemple, quelque chose à la place, c'est ce qu'entend l'article 1567. Il pourrait même faire quelques traités avec les créanciers du débiteur, il pourrait figurer dans une faillite, dans l'ordre qui serait ouvert; en fesant tout cela, le mari remplit un véritable mandat; il fait en même temps un acte conservatoire, chose qui est dans la nature de son mandat. Mais, quand il vend et sur-tout quand il vend hors le cas d'une nécessité absolue pour la femme, il excède son pouvoir; par exemple, lorsqu'il n'y a pas de craintes à concevoir sur la solvabilité du débiteur.

Qu'a donc voulu dire l'article 1554, quand il a dit que les immeubles dotaux ne pourraient être vendus? S'il a voulu dire que les créances dotales pourraient être vendues, il n'est pas conséquent avec les principes qui tous s'opposent à cette vente. Il faut dire plutôt que la loi s'est beaucoup plus occupée des immeubles dotaux que des créances dotales, et qu'il y a lacune à cet égard. Si le mari avait le droit de vendre, il aurait aussi le droit de compromettre: pense-t-on qu'il ait ce droit relativement même à des sommes dotales? Non; les art. 83 et 1004 C. P. s'y opposent, il ne peut rendre les droits de la femme douteux et incertains. Il est vrai qu'il est douteux qu'il eût le droit de demander lui-même la nullité du compromis, ce droit n'appartiendrait qu'à la femme après le mariage. Ainsi jugé du moins par la Cour de Riom, voyez Sirey,

t. 10, p. 2, p. 235. Cet arrêt assimile ici le mari à l'usufruitier. Le compromis est alors dans son seul intérêt. Or, si le mari n'est pas mandataire pour compromettre, comment l'est-il pour vendre?

D'un autre côté, on peut être obligé de vendre. Si le mari ne le peut, parce qu'il n'est pas constitué mandataire à cet effet, comment fera-t-on? Remplira-t-on les formalités de l'article 1558? La loi ne le prescrivant point, on n'y est pas obligé. Si la vente est permise sans formalité, le mari le peut donc seul; car la femme ne peut y donner son consentement. S'il le peut quand il y a nécessité, qui sera juge de cette nécessité? Lui sans doute. S'il s'agissait de droits incorporels réalisés en matière de communauté, il y aurait moins de difficulté à décider que le mari qui n'en est pas propriétaire, ainsi qu'on l'a démontré, n'a pas le droit de les vendre, parce que le consentement de la femme peut toujours s'obtenir; elle est libre de le donner. Mais, en matière de régime dotal où il faut également qu'ils soient vendables, on ne peut s'empêcher de dire qu'en ce cas la prévoyance du législateur a manqué. Si le mari n'est pas forcé de recourir à justice, s'il est, quant à ces droits incorporels, *dominus dotis*, on ne voit pas où peut s'arrêter le pouvoir qui lui est donné. Quant aux rentes et créances qui portent avec elles-mêmes une valeur numérique, passe encore, parce qu'au fait on pourrait bien décider qu'il serait toujours comptable envers son épouse du capital entier, sauf les cas où il eût été obligé, par les circonstances, de faire des sacrifices pour sauver quelque chose; et c'est à lui de prouver cette nécessité, car, s'il est mandataire, il doit rendre compte. Mais il n'y a pas que les rentes et créances qui soient des droits incorporels mobiliers; une action qui tend à revendiquer des meubles; une action dans une compagnie de finance ou de commerce, tout cela appartient à la classe des droits incorporels. Donnerons-nous au mari le droit d'en disposer? On ne voit pas pourquoi on ferait une exception pour ces sortes de droits; une telle distinction serait arbitraire. Et nous l'avouerons dans le silence du Code, on est pour ainsi dire forcé de décider que la loi rend, dans ces circonstances, le mari maître de la dot, *dominus dotis*; que son pouvoir est plus que celui d'un simple usufruitier; *constante matrimonio dos in bonis mariti est:* tel est le sentiment des auteurs qui ont écrit sur la matière. Il est vrai qu'on ne peut guère citer que ceux qui ont écrit avant le Code. A l'appui de cette opinion, on peut même citer un arrêt du 1.er fructidor an 7, Sirey, t. 2, 1.re p., p. 6, qui décide que l'action en paiement de la légitime forme pour la fille qui se la constitue en dot un fonds dotal proprement dit. En conséquence le mari ne peut, en pays de droit écrit, renoncer à cette action moyennant une somme d'argent; mais dans l'espèce le mari avait aliéné une action immobilière aussi bien que mobilière, puisqu'il s'agissait du supplément d'une légitime qui consistait en toute espèce de biens. Aussi dans les considérans de l'arrêt donne-t-on à entendre que, s'il s'agissait d'une action mobilière, le mari aurait pu valablement y renoncer moyennant la somme convenue. Mais, comme on le voit, cet arrêt a été rendu avant le Code. Comment croire en effet que ces actions soient pour ainsi dire hors le commerce? Cette défense pourrait être très-préjudiciable à la femme.

La femme pourrait-elle au moins s'opposer à cette vente de la part du mari? Un arrêt de la Cour de Montpellier a bien décidé que la femme à qui il a été constitué une dot en argent, n'est point créancière des sommes dotales, en ce sens que ce n'est pas à elle, mais au mari seul, qu'il appartient de poursuivre le constituant, et, en cas de vente de ses biens, de requérir la surenchère aux termes de l'article 2185. Cet arrêt semblerait décider que la femme ne peut faire un acte conservatoire, qu'elle ne peut défendre ses intérêts et faire aucun acte quelconque concernant l'intérêt de sa dot. Ce serait pousser trop loin sa nullité. La loi lui défend d'aliéner sa dot, la loi veut que le mari poursuive seul les détenteurs de la dot et exerce seul les actions de sa femme. Mais, comme on l'a déjà observé sur l'article 1549, la femme, en se fesant autoriser de justice, peut faire un acte qui est dans ses intérêts; elle peut même plaider. Si le mari est absent, et qu'il soit nécessaire d'intenter une action, d'arrêter le cours d'une prescription, de prendre une inscription, la femme doit pouvoir agir. Elle n'est pas interdite par cela seul qu'elle est en régime dotal. Les actes conservatoires doivent lui être permis; et l'article 218 lui est applicable tout comme à une autre femme. Maintenant s'opposer à la vente d'une rente qui composerait, par exemple, une partie de la fortune de la femme, n'est-ce pas faire un acte conservatoire? M. Pailliet admet bien qu'elle peut demander la distraction de ses effets mobiliers dotaux, en cas de saisie de la part des créanciers de son mari. Il semble bien qu'elle doit aussi pouvoir s'opposer à une vente volontaire. Il est vrai que c'est ôter au mari une grande partie de ce droit de *maître* que nous lui avons donné touchant la dot; mais enfin l'équité exige que, lorsque le mari fait une acte ruineux pour la femme, elle puisse s'y opposer. Quand est-ce qu'il doit vendre? Quand l'intérêt de la femme l'exige.... Si l'opposition de la femme était suivie d'une demande en séparation, point de doute; elle serait valable, et l'on ne pourrait passer outre. Jusque là le mari est présumé agir dans l'intérêt et pour l'avantage de la femme. On peut croire qu'il a des motifs pour en agir ainsi. D'ailleurs, si l'acte qu'il fait est le fruit de la collusion, de la mauvaise foi, de l'impéritie; si elle a des craintes pour sa dot, qu'elle intente l'action en séparation; à la dissolution du mariage, qu'elle invoque l'article 1567, par argument; car si, par la faute du mari, la dot mobilière de sa femme a diminué, s'il a vendu à bas prix et sans nécessité, nous pensons bien que cet article est applicable; mais par elle-même l'opposition dont nous parlons ne peut être assimilée à la demande en distraction dont parle M. Pailliet. C'est en qualité de maître que le mari vend; mais, comme il n'est pas propriétaire, que son droit sur la dot est inhérent à sa personne, ses créanciers ne peuvent invoquer l'article 1166; voyez d'ailleurs l'article 554 du Code de commerce. Ce ne serait plus un acte conservatoire que ferait la femme. Si on l'admettait à s'opposer, ce serait lui faire partager ou balancer le pouvoir du mari, ce qui ne peut être; elle peut faire, elle peut agir quand il ne le fait pas, soit par négligence, soit parce qu'il n'est pas sur les lieux; mais quand il agit, quand il traite lui-même des intérêts de la femme, elle est incapable. Dans l'intérêt de la morale, de la maison conjugale, il ne doit pas lui être permis d'agir contre son mari et de se mettre avec lui en point de contact. Elle n'a dans ces cas qu'une ressource, c'est la séparation. Cependant, s'il s'agissait de ses biens paraphernaux, elle pourrait, il pourrait lui-même plaider contre elle, autrement qu'en séparation. Mais, quand il s'agit de biens dotaux, permettre à la femme de s'opposer à la vente, c'est refuser au mari le droit de vendre; et cependant il faut bien décider s'il a ce droit ou s'il ne l'a pas. S'il l'a, il faut qu'il puisse librement l'exercer. S'il ne l'a pas, inutile de permettre à la femme de former opposition, puisque l'acheteur ne serait pas à l'abri des poursuites de la femme après le mariage.

Si le contrat de mariage porte qu'emploi sera fait des deniers dotaux et des créances dotales aussitôt le recouvrement, il serait plus douteux que le mari pût vendre ces créances. On peut même douter si les débiteurs ne seraient point garans; mais la question n'en peut faire une, selon nous, qu'autant que le contrat de mariage a été signifié aux débiteurs. Dans ce cas, ils pourraient être garans de l'emploi, mais non de l'utilité de cet emploi, car ce serait rendre leur condition plus onéreuse. Exiger qu'il suive l'emploi, c'est même déjà aggraver leur position. Cependant il semble qu'ils ne peuvent pas plus s'en plaindre que si tout autre créancier eût changé d'état. D'ailleurs, en consignant, ils pourraient toujours se libérer. L'intérêt ne pourrait courir contre eux; mais toujours est-il que c'est rendre la libération plus difficile; que la loi n'a pas prévu ce cas; qu'on ne peut les astreindre à une formalité à laquelle ils ne sont assujettis ni par leur consentement ni par la loi; que le contrat de mariage ne peut leur ravir le droit de se libérer, en payant à la personne indiquée par la loi; qu'on ne peut les assimiler à l'acquéreur du fonds déclaré inaliénable à charge d'emploi, parce que celui-ci doit se conformer aux conditions de l'inaliénabilité, et qu'ils ne doivent se conformer qu'à leur contrat. Seulement, si défense leur est faite de payer, n'étant pas juges de cette défense, ils doivent s'y conformer ou consigner.

Le mari, en recevant des sommes dotales, peut-il donner main-levée des inscriptions hypothécaires? Cette question n'en est pas une. Mais voici une espèce sur laquelle des avocats de Poitiers ont été consultés: Une femme se marie sous le régime dotal, sa dot consiste en une somme que son mari reçoit. Mais une parente de celui-ci donne une hypothèque sur un de ses biens pour garantie de la dot; cela veut dire pour assurer la restitution de la dot; jugement qui sépare les époux de biens; vente du domaine hypothéqué; question de savoir entre les parties si cette hypothèque peut être transportée sur un autre immeuble appartenant à un autre propriétaire et auquel on aurait donné, à titre de prêt, la somme dotale. La solution tient aux principes les plus élémentaires du droit. D'abord la créance n'est pas inaliénable entre les mains du mari; il a le droit de la toucher et de donner main-levée de l'hypothèque qui en est l'accessoire. A la séparation de biens, il doit la restituer à sa femme, et il doit pouvoir s'en libérer à cette époque. Celui qui a garanti cette restitution ne peut être d'une condition pire. Il n'a fait que répondre de la restitution quand le cas y échérait. S'il est obligé de payer pour le débiteur, il doit pouvoir se libérer comme lui. Il le faut même; car cette caution n'en paiera pas les intérêts, et cependant il faut qu'elle en produise; la femme l'a réclamée à cet effet. De ce que l'héritage est grevé d'une hypothèque relative à une somme dotale, le fonds n'est pas pour cela dotal. Cette hypothèque n'est que ce qu'est la créance elle-même; elle est l'accessoire d'une chose mobilière, d'une dette, en un mot qui doit s'éteindre comme elle et au même moment. Les parties conviennent qu'emploi sera fait de cette somme, le mari pour son intérêt privé l'exige; rien ne s'oppose à ce qu'on établisse l'hypothèque ailleurs. Celui qui a hypothéqué ne s'est trouvé obligé que jusqu'à la restitution de la dot; ce moment est arrivé, il faut lui donner main-levée. Auparavant on ne l'aurait pu sans doute. Ce n'est donc pas principalement parce que l'acquéreur du fonds hypothéqué a le droit de purger. S'il n'y avait pas lieu à la restitution de la dot, le cas serait plus embarrassant. Néanmoins l'acquéreur doit pouvoir purger, car enfin tout acquéreur a ce droit; ce fonds n'est pas inaliénable; la femme n'y a jamais qu'une hypothèque, et c'est seulement une hypothèque qui lui est due. Mais je pense que l'acquéreur, dans ce cas, doit suivre l'emploi, ou le faire ordonner par justice.

En parlant du mobilier dotal, il est naturel de dire un mot du remboursement des rentes foncières. La loi du 18 décembre 1790 a une disposition qu'on dit n'être pas abrogée. Elle porte (nous supposons la dot inaliénable) que les maris, même du consentement de leur femme, ne peuvent liquider le rachat des rentes foncières qu'à la charge du remploi; que le redevable ne cesse point d'être garant, à moins qu'il ne consigne le prix du rachat, lequel n'est délivré aux personnes assujetties au remploi qu'en vertu d'ordonnance du juge, sur les conclusions du ministère public, auquel il est justifié du remploi.

Si le prix est en argent, c'est sur le pied du denier vingt; s'il est en denrées, sur le pied du denier vingt-cinq de leur produit annuel. Ce dernier point peut n'être point abrogé; mais le premier n'est plus dans nos principes. La rente foncière étant mobilière, le mari a droit de la recevoir, sans être tenu à faire emploi, si le contrat de mariage ne l'ordonne pas. L'article 1549 dit positivement et sans distinction que le mari peut recevoir le remboursement des capitaux.

Nous avons déjà dit plusieurs fois que le mari lui-même peut revendiquer le fonds dotal quand il l'a vendu. Nous sommes obligés de nous répéter; la matière l'exige. La loi a bien voulu, en faveur du régime dotal, établir une exception au principe; il est en effet exorbitant du droit commun qu'on puisse arguer de sa propre turpitude.

Il y a deux cas prévus dans la dernière disposition de l'article 1560 : 1.° celui où le mari a fait connaître à l'acquéreur la nature du bien; 2.° celui où il l'a cachée. Au dernier le mari doit à l'acquéreur des dommages-intérêts; il y a même stellionat. Si au contraire il a fait connaître à l'acquéreur que le bien était dotal, il n'en doit pas; l'acquéreur a dû s'attendre à la revendication, *volenti non fit injuria.* Mais comment le mari fera-t-il la preuve que l'acquéreur a acheté sciemment? Il nous semble que pour prouver par témoins il faudrait au moins un commencement de preuve par écrit, sur le fondement que le mari pouvait se procurer une preuve écrite de ce fait.

Dans tous les cas, le mari doit restituer le prix à l'acquéreur. Mais *quid* si l'acquéreur a acheté à ses risques et périls? S'il y a stipulation de non-garantie? Si c'est le mari qui revendique, comme il est tenu de ses faits, il devra toujours restituer le prix, art. 1628.

Mais, si c'est la femme ou ses héritiers, la clause recevra-t-elle son effet? Voyez l'article 1628. Cette clause n'est pas trop licite par la collusion qui peut exister entre le mari et la femme, qui s'entendront toujours pour faire perdre à l'acquéreur. Un notaire ne devrait pas l'insérer. Une telle clause ne devrait s'entendre que des dommages-intérêts; la stipulation de non-garantie ne doit pouvoir porter que là-dessus dans ce cas particulier; autrement elle serait illicite et entachée du vice prévu par l'article 1628 lui-même. Car l'éviction résulte d'un fait qui lui est comme personnel, attendu l'union des deux époux, sur-tout si la revendication avait lieu après une séparation. Cependant MM. Delvincourt et Carrier, Traité du contrat de mariage, admettent cette stipulation: dans la rigueur du droit ils ont raison. L'acquéreur ayant bien connu la cause de l'éviction, semble ne devoir pas s'en plaindre. La séparation ayant été prononcée, le mari et la femme ne sont plus une même personne quant à leurs intérêts.

Cependant, si la femme et le mari avaient vendu conjointement, elle serait réellement illicite.

La question de savoir si l'acquéreur peut lui-même demander la résolution peut aussi être faite. On dit qu'elle se décide au moyen d'une distinction: ou il a connu la nature du fonds, ou il ne l'a pas connue. Dans ce dernier cas l'on prétend qu'il a le droit de demander la rescision du contrat. L'article 1643 semble confirmer cette idée; c'est bien là une disposition qui semble régir la matière. L'article 1643 parle des vices redhibitoires; c'est l'action qui naît de ce vice qui appartient à l'acquéreur, lequel peut être à chaque instant troublé par son vendeur; il a été trompé, il y a eu dol de la part du vendeur. En matière de garantie il en est de même cependant; et l'acquéreur ne peut agir que lorsqu'il est troublé; tant qu'il ne l'est pas, il doit se croire propriétaire. Or est-ce l'action redhibitoire qu'a l'acheteur, ou l'action en garantie proprement dite? C'est là la question. Il paraît plus croyable que c'est l'action redhibitoire; l'action en garantie a lieu quand c'est un tiers qui revendique, quand c'est le bien d'autrui qui a été vendu, quand le vendeur n'avait qu'un droit résoluble sur la chose qu'il vend. Mais il ne s'agit pas ici de tout cela; ce n'est point le bien d'autrui qui a été vendu; c'est un bien que l'acquéreur savait appartenir à la femme, laquelle a comparu au contrat comme venderesse. L'acquéreur attaque la vente, non parce qu'il craint la revendication d'un tiers, mais la propre action de ses vendeurs. On peut même dire que l'article 1174 devient applicable; car il y a véritablement une condition dont l'accomplissement est subordonné au caprice de la partie qui s'oblige. Qu'on ne dise pas que l'acquéreur est répréhensible de n'avoir pas demandé la représentation du contrat de mariage; c'est au mari que cette obligation est imposée par l'article 1560. Mais il naît de là une autre question: dans quel délai l'acquéreur devra-t-il intenter son action, en supposant qu'il ait réellement le droit de l'intenter? On dit que c'est dans un bref délai; mais encore quel est ce délai? S'il y a eu dol de la part du mari, c'est-à-dire si l'on considère son silence comme un dol négatif, on doit dire que l'article 1304 détermine la durée de l'action. Mais, si le mari était décédé ; si le mariage était dissous, lorsque l'acquéreur voudrait intenter son action et que la femme ou ses héritiers offrissent de ratifier la vente, *quid juris?* Appliquera-t-on là la maxime, *quod ab initio vitiosum est nullo tractu temporis convalescere non potest?* La première disposition de l'article 1560 ne distingue point s'il y a eu bonne ou mauvaise foi de la part du ou des vendeurs ; à la manière dont parle cet article, on voit que la nullité est seulement relative. Si la femme ne la demande pas, si au contraire elle offre de ratifier la vente, peut-on, sans violer l'article 1560, permettre à l'acquéreur de faire prononcer cette annullation? Il n'y a plus de danger d'éviction ; comment l'acquéreur fera-t-il prononcer la résolution, puisqu'elle ne pourrait être fondée que sur cette même crainte? Un ancien arrêt du parlement de Provence, du 9 décembre 1509, a décidé qu'on ne pouvait offrir même une caution pour garantie de la vente; un autre arrêt de cassation, de rejet, il est vrai, en date du 16 janvier 1810, Sirey, t. 10, 1 p., p. 204, a aussi jugé que, lors même que le vendeur désintéresse le propriétaire et fait cesser le danger de l'éviction, cela n'empêche pas de faire déclarer la vente nulle. Il s'agissait encore là de vente du bien d'autrui. Nous le pensons du moins; car nous n'avons pas l'arrêt en ce moment sous les yeux. Cette jurisprudence est-elle bien irrévocablement fixée? Nous en doutons fort. Nous disons plus; c'est que, malgré tout ce que nous avons dit nous-mêmes tout-à-l'heure, malgré la distinction que nous avons voulu établir entre l'action en garantie et l'action redhibitoire, nous ne pensons pas que l'acquéreur puisse même, vis-à-vis le mari, vendeur avec sa femme, demander la nullité de la vente. En effet l'article 1560, dernière disposition, suppose précisément le cas où le mari a caché à l'acquéreur la qualité du fonds; la loi suppose qu'il s'est rendu coupable de stellionat, et cependant la loi ne donne qu'au mari le droit de demander la nullité. Si cette nullité n'était pas relative, le législateur n'eût-il pas également dit qu'en cas de non-déclaration de la part du mari, l'acquéreur pourrait faire déclarer la vente nulle? Au contraire on voit qu'il laisse seulement au mari la faculté de la faire prononcer, sauf à payer à l'acquéreur les dommages-intérêts qui peuvent lui être dus. Ce sont ces dommages-intérêts auxquels a droit l'acquéreur; la loi ne lui donne pas d'autre action. Mais, dit-on, il y a eu dol: or le dol est une cause de rescision. Cela est vrai; mais qu'est-ce que le dol? Y a-t-il bien véritablement dol dans l'espèce? Le dol est toute sorte de machination, d'artifice, de piége tendu à la bonne foi, et c'est l'intention de tromper qui le caractérise. Or, de ce que le mari tait la qualité du fonds, doit-on pour cela dire qu'il y a machination, artifice? Ces machinations sont des actes qui tendent à faire croire ce qui n'est pas; on cherche à circonvenir la partie; on emploie toute sorte de moyens pour parvenir à son but. Si cela se rencontrait dans la vente dont il s'agit, point de doute, l'acquéreur pourrait invoquer l'action qui naît du dol; mais on ne voit rien de tout cela. Le dol n'est pas positif, mais il est négatif. Le dol négatif est effectivement celui qui tend à cacher quelque chose, afin d'induire une partie en erreur; mais encore faut-il que ce silence soit coupable, il faut que l'intention de tromper soit manifeste: d'ailleurs, dans l'espèce, la vente ne regarde pas seulement le mari, elle regarde la femme qui doit pouvoir ratifier la vente, lorsqu'elle sera libre de le faire. Le mari, qui est *dominus dotis*, peut la priver de ce droit, il est vrai; mais l'acquéreur ne le peut, l'article 1560 ne le lui permet pas du moins. Le mari est coupable sans doute; mais la loi l'en punit par une condamnation en dommages-intérêts. Et l'acquéreur lui-même n'a-t-il rien à se reprocher? Ne s'est-il pas trop confié à la bonne foi des vendeurs? Ne savait-il pas que la femme pouvait être mariée sous le régime dotal? C'était donc à lui de se faire représenter le titre de propriété. Du moment où il pouvait se convaincre par lui-même du vice de la chose, il doit s'imputer de ne l'avoir pas fait. Nous savons bien que la loi ne lui en fait pas une obligation; c'est au vendeur qu'elle l'impose. Mais sous quelle peine? Du moment où la loi a prévu le cas et inflige la peine, on doit se borner à cette peine et ne pas l'étendre. Ce n'est donc pas un véritable dol qui a été commis. Maintenant y a-t-il vice redhibitoire? Non. Le vice redhibitoire est un vice qui rend la chose impropre à l'usage auquel on la destine, et qui est irrémédiable; c'est un vice qui doit entraîner la perte de la chose: or dans notre espèce il ne s'agit pas d'un tel vice, et le vice qui s'y rencontre n'est pas irrémédiable, puisque l'acquéreur a une action en dommages-intérêts, et que la femme peut ratifier la vente. On est donc réduit à la règle commune du droit, qui veut qu'en matière de garantie celle-ci n'ait lieu que lorsque l'acquéreur est évincé. Rien dans l'article 1560 n'annonce que le législateur ait voulu déroger à cette règle.

Un arrêt rendu par la Cour de Riom, le 11 décembre 1815, Sirey, t. 16, 1 p., p. 161, a aussi décidé que le défaut de formalités prescrites pour la vente du fonds dotal, n'était qu'une nullité relative que l'acquéreur ne pouvait invoquer.

Mais nous ne pensons pas que l'on doive suivre celui de la Cour de Rouen, du 21 avril 1809, Sirey, t 9, 2 p., p. 327, qui décide qu'en cas de déclaration du fonds dotal, le recours de la femme pour sa dot ne peut être exercé utilement qu'après avoir justifié que les biens du mari ne suffisent pas pour la remplir.

Nous conviendrons que la plupart des auteurs donnent à l'acquéreur l'action en résolution, quand il a ignoré la dotalité. Voyez Merlin, Répertoire; voyez Salviat; Jurisprudence du parlement de Bordeaux, nouvelle édition, par M. B., t. 1.er, p. 441. MM. Malleville, Portalis, semblent dire aussi que la vente est radicalement nulle, et que la nullité peut être opposée par tout le monde; voyez la discussion sur l'article 1560. Il est vrai qu'il ne s'agit que de savoir si le mari peut demander la nullité de la vente. La généralité des expressions dont ils se servent, semble bien trancher la difficulté; mais, si cela est ainsi, il faut convenir que la rédaction de l'article est bien opposée à son esprit. Si la nullité est aussi absolue qu'on semble le dire, il faudrait aussi décider, comme on l'a déjà dit, qu'après la dissolution du mariage, l'acquéreur pourrait encore la demander, malgré la déclaration de la femme qu'elle entend ratifier; ce qui est contre toute règle et contre tout bon sens; car du moment où il n'y a plus d'éviction à craindre, il n'y a plus de résolution à demander. Personne, je pense, ne contestera que la femme a ce droit. Si elle l'a, c'est donc que la nullité n'est pas absolue. Or voyez l'art. 1560.

Maintenant le mari a-t-il pu se rendre garant de la vente? Quel est l'effet de cette garantie? L'article 1560, d'accord avec ceux qui le précèdent et le suivent, veut que le fonds dotal soit destiné à supporter les charges du mariage. C'est pourquoi il permet même au mari de revendiquer le fonds. Le mari a ce droit, soit que l'acquéreur ait ou non connu la dotalité dont il était grévé. Si le mari a pu se rendre garant; si cette garantie ajoute quelque chose à la déclaration du fait de la dotalité, l'on ne manquera pas de la part de l'acquéreur de la stipuler. Cependant ce n'est que lorsque celui-ci a ignoré la condition d'inaliénabilité que le mari est tenu à des dommages-intérêts. Qu'est-ce que ces dommages-intérêts? C'est le prix de l'espèce de garantie que le mari se trouve devoir; garantie que doit tout vendeur à raison des charges non-apparentes et non-déclarées; c'est la réparation du préjudice éprouvé. Le mari a garanti la vente, nonobstant la connaissance qu'il a donnée à l'acquéreur du fait de la dotalité; l'indemnité prétendue par l'acquéreur sera la même; mais elle aura une autre cause. La loi n'a point prévu cette cause. D'après l'article 1560, le mari est seulement condamné à cause de son dol; dans l'un comme dans l'autre cas, il pourra bien revendiquer; cela ne fait pas le moindre doute. Si d'après l'article il peut intenter une action contraire à la garantie qu'il doit, s'il y a exception à la règle pour ce cas particulier, il en doit être de même pour celui où il a promis la garantie en termes formels, quoiqu'en général une exception ne s'étende point d'un cas à un autre; parce que la règle qui défend d'étendre une exception ne peut détruire cet autre, que le fonds dotal est pour subvenir aux charges du mariage; le mari n'a pu s'interdire la faculté de revendiquer le fonds; cette clause serait nulle. S'il n'a pu s'interdire cette faculté par des termes formels, il n'a pu le faire en promettant une simple garantie; c'est-à-dire qu'il n'a pu faire indirectement ce qui lui était défendu directement. Mais, quoiqu'il n'ait pu s'interdire le droit de revendiquer le fonds, ce n'est pas une raison pour qu'il ne doive rien des dommages-intérêts par suite de la garantie qu'il a promise. S'il en doit lorsqu'il a caché la dotalité, pourquoi n'en devrait-il pas lorsqu'il l'a déclarée avec promesse de garantie? L'action en revendication n'est donc point contraire à l'action en dommages-intérêts de la part de l'acquéreur. S'il y avait une peine de stipulée pour le cas de revendication, l'acquéreur aurait le droit de la réclamer ; à défaut de stipulation d'une peine, le juge semble devoir y suppléer.

Il y a plus, la vente dont il s'agit n'est pas frappée d'une nullité radicale, absolue. Nous l'avons prouvé, quand nous avons établi que la femme avait le droit de répéter le prix aux héritiers du mari et de ratifier la vente, malgré la volonté de l'acquéreur. Si cela est, donc la nullité n'est pas absolue.

D'autre côté, n'y a-t-il pas obligation naturelle de la part de la femme qui vend son fonds dotal? Or, s'il y a obligation naturelle, il n'y a pas de doute qu'elle peut être garantie, ou si l'on veut cautionnée.

Certainement, si la femme a dissipé le prix, sa conscience lui fait un devoir de ne point attaquer l'acquéreur; donc il y a obligation naturelle. Aussitôt la dissolution de son mariage, la femme revendique son fonds; deux ans après elle reconnaît devoir à l'acquéreur une somme de...., pour lui tenir lieu de la valeur du fonds. Cette obligation de la femme sera-t-elle nulle? Non; parce qu'elle est fondée sur une cause légitime; elle a obéi à sa conscience, elle a satisfait à une obligation naturelle. Si donc il y a réellement obligation naturelle, elle peut être cautionnée, garantie par le mari, comme par un tiers. Si même le mari a vendu seul avec promesse et garantie que sa femme ratifiera après la dissolution du mariage, ou s'il promet une somme dans le cas où il revendiquerait lui-même, il en doit être ainsi: l'hypothèque qu'il aurait à cet égard consentie sur ses propriétés serait valable. De cette manière, l'article 1560 reçoit également son application; et, quand même le mari serait sans biens, le fonds dotal subviendra toujours aux besoins du ménage.

De cette manière disparaîtrait une objéction que l'on pourrait faire, savoir que le mari n'ayant pu s'interdire directement le droit de revendiquer le fonds, il n'a pu se l'interdire indirectement en promettant des dommages-intérêts, ou si l'on veut la garantie, puisque l'action en garantie ne peut point arrêter celle en revendication, qu'elle n'est point une exception qu'on puisse opposer. La loi veut que la dot de la femme ne puisse recevoir d'autre destination que celle de soutenir les charges du mariage; en promettant la garantie, le mari ne compromet donc nullement cette destination; il ne fait que contracter une obligation qui lui est toute personnelle.

Il est vrai que l'on ne manquera pas de stipuler cette garantie, ou tout autre cautionnement: que cela fait-il au principe de l'inaliénabilité de la dot? La vente du bien d'autrui est bien nulle; pourquoi produit-elle cependant des effets, lorsque le vendeur s'est porté fort? Le fonds est inaliénable; mais quel est le but de cette inaliénabilité? Le législateur n'a certainement pas eu pour but d'empêcher toute espèce de convention ou stipulation relativement à ce fonds. Il ne l'a pas mis hors du commerce; il ne peut être assimilé aux biens qui appartiennent à l'Etat et dont parlent les articles 538 et 540. S'il en était ainsi, la femme ne pourrait pendant le mariage donner son fonds dotal à son mari sous la condition qu'il lui survivra. Le principe général en cette matière est bien l'inaliénabilité; mais par rapport à qui est-il inaliénable? Par rapport à la femme seulement: celle-ci ne peut rien faire qui compromette sa dot, tant que dure le mariage, sauf certains cas où la raison et la loi font sortir de la règle générale. Il faut que, lorsque le mariage sera dissous, qu'elle retrouve cette dot; il faut que ses héritiers la trouvent également intacte. Mais que font à cette inaliénabilité les stipulations des tiers? Altèrent-elles les droits de la femme et ceux du mari, comme mari et comme usufruitier du fonds dotal? Non.

L'article 1560 veut que le mari soit condamné à des dommages-intérêts, s'il a caché la qualité du fonds: cette condamnation n'altère point ses droits de mari et d'usufruitier; pourquoi en serait-il autrement quand il promet la garantie? Dans cet article le législateur n'a pas voulu que l'acquéreur fût victime du dol pratiqué ou commis à son égard ; mais c'est tout. On ne peut annuler le cautionnement qu'en prouvant que la nullité est radicale ou absolue. Or elle ne l'est pas. Elle ne l'est pas par rapport au mari ; car, si elle l'était, il ne devrait pas de dommages-intérêts dans le cas prévu par l'article 1560 ; il en serait à son égard comme à l'égard de la femme, qui certainement n'en doit pas. Cependant nous pensons que la femme en devrait si elle s'était rendue coupable de quelque délit ; par exemple, si elle eût représenté un faux contrat de mariage. Voyez ce que nous avons dit à l'égard des délits commis par la femme mariée en dotalité. Mais enfin elle ne doit point ces dommages-intérêts par cela seul qu'elle a gardé le silence sur le fait de la dotalité ; et sous ce rapport il y a une différence entre elle et son mari. La vente est-elle nulle par rapport à l'acquéreur ? Non. Car s'il a pris sur lui les risques de l'éviction, il ne peut demander la nullité. Enfin la femme peut ratifier la vente ; donc la nullité n'est pas absolue.

Nous ne pensons pas que la femme pût se rendre garante de l'aliénation sur ses paraphernaux. Cette garantie ne produirait pas d'effet. La nullité est toujours de droit par rapport à la femme. La loi sans distinction aucune a prononcé la nullité. Cette nullité n'est pas que relative à la dot, elle est relative à la femme : celle-ci doit pouvoir l'invoquer en tout cas. La protection que la loi lui accorde, ne doit ni ne peut souffrir d'atteinte en invitant les gens de mauvaise foi à prendre des voies obliques ou détournées.

Mais il en serait autrement si la femme, autorisée de son mari ou de justice, eût accepté une succession sans faire d'inventaire, *id est* purement et simplement. Elle serait tenue des dettes *ultrà vires* sur ses paraphernaux, parce qu'à l'occasion de ces sortes de biens, elle peut s'engager. Or la succession qu'elle accepte est une sorte d'engagement qui peut porter sur ces biens-là; de même que toute obligation personnelle qu'elle contracte quand elle est valablement autorisée, est une charge de ces mêmes biens. Si en cautionnant un tiers, si en empruntant une somme, assistée de son mari ou de justice, elle donne une action contre elle; à plus forte raison lorsqu'elle contracte une obligation en appréhendant une succession à laquelle la loi et la nature l'ont appelée.

Ce cas est en effet bien différent de celui où elle vend son fonds dotal. L'obligation de garantie émanant directement d'un titre nul, ne peut produire d'effet. Ses paraphernaux se trouvent engagés par suite de l'aliénation même de sa dot; l'engagement des paraphernaux est direct à la vente de la dot. La source d'où il résulte est infectée d'un vive. Au contraire l'obligation qui naît de l'acceptation de la succession a une cause licite en elle-même. La garantie qu'on invoque sur les paraphernaux ne découle pas directement de l'aliénation du fonds dotal: il n'est ici nullement aliéné; cette aliénation, en supposant qu'elle pût exister, ne serait elle-même que la conséquence d'un autre acte. L'obligation qui pèse sur les paraphernaux étant absolument étrangère à l'aliénation de la dot, a une cause tout aussi valable que s'il n'y avait pas de dot, puisque l'existence de cette dot n'est point en général incompatible avec l'action sur des biens que la loi n'a pas frappés d'inaliénabilité.

Cette règle, que le mari, la femme et les héritiers de celle-ci ont le droit de demander la nullité, ne reçoit-elle pas une modification, lorsque le mari devient héritier de la femme? La question n'est pas sans difficulté. Comme mari, il n'en a pas le droit après le mariage; comme héritier de la femme, il en a le droit. Si l'acquéreur a connu la nature du bien, il n'a, lors de la revendication, aucune action en garantie contre le mari; dans le cas contraire il en a une. S'il ne l'a pas connue, et que le mari, héritier de la femme, réclame le fonds dotal, il sera repoussé par suite du principe, *quem de evictione, etc., etc.;* sa qualité d'héritier n'efface pas en lui celle de mari, et de mari de mauvaise foi. Dans le cas contraire, il peut répéter; il n'argüe pas alors de sa propre turpitude: ce n'est plus comme mari, c'est comme héritier qu'il agit; l'acquéreur n'a rien à lui dire, il ne lui doit rien; il est alors étranger à la vente, et, comme tout autre héritier de la femme, il est aux droits de celle-ci, de même qu'un légataire universel s'y trouve; aussi nous n'avons pas besoin de chercher à prouver ici que l'action dont il s'agit appartient à ce légataire, comme tout autre qui se trouve au lieu et place de la femme.

Si la femme a le droit de demander la nullité de la vente, elle a aussi le droit de la ratifier, mais seulement après la dissolution du mariage. Ses créanciers peuvent aussi demander la nullité, ils peuvent même ratifier; mais pourraient-ils s'opposer à la ratification de la femme? S'ils avaient acquis des droits sur le fonds, la ratification ne peut leur nuire; c'est là un principe certain; par exemple, s'ils ont déjà fait saisir l'immeuble; dans le cas contraire, ils ne peuvent former opposition à la ratification, le bien n'ayant jamais été leur gage. Cependant, s'il y avait eu collusion, fraude de la part de la femme et de l'acquéreur, les créanciers antérieurs à cette fraude, quels qu'ils fussent, pourraient l'attaquer.

Nul doute que la femme ayant expressément ratifié la vente du fonds dotal après la dissolution du mariage, elle en a eu le droit, et qu'elle ne peut l'attaquer sous le prétexte que le fonds était inaliénable; mais peut-elle faire une ratification tacite? Tout peut dépendre des circonstances. Par exemple, le fonds dotal a été vendu moyennant une rente de...., ou à termes, avec intérêts à 5 p. 0/0. Depuis sa viduité, la femme touche les arrérages ou intérêts sans faire de réserve dans ses quittances. Il semble bien ici qu'il y a ratification, qu'il y a même exécution, exécution même volontaire, que l'article 1338 peut être opposé à la femme. Elle peut néanmoins répondre : Si j'avais touché le remboursement de la rente ou le prix de la vente, j'aurais ratifié sans doute ; mais, en recevant seulement les arrérages ou intérêts, je ne ratifie point la vente faite par mon mari, je ne fais que recueillir les fruits que produit ma chose, et rien ne m'oblige à m'en priver. Ces arrérages sont en effet la compensation du préjudice que me cause la non-jouissance de mon héritage ; ne pouvant jouir du bien, il est juste que je jouisse des fruits dont les intérêts que j'ai perçus me tiennent lieu. Si mon fonds dotal eût été échangé, et que dans ma première année de viduité j'eusse perçu les fruits du fonds que l'on m'a donné en contr'échange pendant mon mariage, aurais-je ratifié? Non. Le cas est le même.

Voyez un arrêt du 25 prairial an 3, qui a jugé conformément à ces principes.

Si dans ses quittances la femme eût dit

qu'elle reconnaissait avoir reçu les intérêts du prix de la vente, on aurait probablement décidé le contraire. Alors il semblerait bien que la femme a eu l'intention de ratifier.

Dans la quittance qu'elle donne, elle fait bien de faire des protestations, de dire qu'elle reçoit les intérêts pour lui tenir lieu des revenus de son fonds et sans préjudicier à l'action qu'elle se réserve d'intenter pour rentrer dans son héritage; car enfin on aura peine à se persuader que la femme qui a vendu elle-même ou conjointement avec son mari, ou qui ne peut ignorer la vente qui a eu lieu, parce qu'elle aurait concouru au contrat, ou qui en aurait eu connaissance de toute autre manière, par exemple, par la notification du titre de vente consentie par son mari seul; on aura peine à croire, disons-nous, que la femme, en recevant ensuite les arrérages ou les intérêts, n'aura pas fait une ratification telle que celle dont parle l'article 1338. Elle agit sciemment, volontairement; elle ne fait aucune réserve; elle connaît ou est présumée connaître la loi: c'est donc là une ratification tacite, une exécution volontaire dans un temps où elle a capacité d'exécuter et de ratifier ; partant elle ne peut plus revendiquer. Si la vente eût été consentie par le mari seul, et que la femme eût reçu dans l'ignorance de ce fait, point de doute; par exemple, si dans la pensée de la femme cet acquéreur qui paie n'était qu'un fermier. Mais quand la femme agit sciemment, nous ne concevons pas comment recevoir les intérêts du prix d'une vente, n'est pas ratifier, exécuter cette même vente; c'est faire exception à un principe pour un cas qui n'est aucunement prévu.

Mais, dit-on, les intérêts ou arrérages sont pour tenir lieu des fruits de l'héritage. Cette raison n'est pas satisfesante. Comment deviner si la femme n'a réellement eu que cette intention, et non celle de ratifier? Enfin la ratification de la femme peut être tacite, comme expresse; elle peut résulter de l'exécution du contrat; hé bien! quelle ratification tacite, quelle exécution peut avoir plus de force que celle qui résulte du fait dont il s'agit? Qu'on imagine une approbation, ratification ou exécution qui manifeste de sa part une intention plus énergique que celle résultant de la percéption des intérêts ou arrérages qui ont été stipulés par le contrat de vente? Je suppose qu'un mineur, un interdit ait vendu un de ses héritages en temps de minorité ou d'interdiction: après sa majorité ou le jugement qui relève de l'interdiction, le mineur ou l'interdit reçoit les arrérages de la rente qui avait été stipulée pour prix de la vente: ce ne sera donc pas là une approbation? Pierre vend mon héritage et se fait fort pour moi; il avait stipulé de l'acquéreur une rente viagère ou foncière, ou bien il avait donné terme; je reçois moi-même et sciemment les arrérages ou intérêts: je ne serai donc pas censé avoir ratifié la vente? Il faut alors décider que la loi ne reconnaît pas d'approbation ou ratification tacite. Mais il y a bien plus qu'approbation ou ratification; il y a exécution. Et, comme on l'a dit, quel autre genre d'exécution peut-on supposer? Un mineur vend son bien; devenu majeur, s'il vient à exécuter, il ne peut revenir par l'action en rescision, on lui opposerait une fin de non-recevoir. Pierre vend mon bien; si j'exécute le contrat, l'acquéreur peut m'opposer une fin de non-recevoir; quel est donc alors cette exécution que je dois éviter? Quels actes peuvent constituer cette exécution? Ce n'est pas par la délivrance; l'acquéreur est en possession, il jouit, on le suppose du moins, depuis un an, dix ans. Sans doute il y a plusieurs genres d'exécution; par exemple, recevoir le prix principal en est un; mais s'il n'est pas exigible ce prix principal, si c'est une rente qui le constitue: si le débiteur a terme, il ne faut plus rechercher l'exécution du contrat dans le paiement du capital; il n'est pas exigible: mais, si je reçois les intérêts et arrérages aux époques où ils sont dus, je me conforme au contrat, partant je l'exécute; vainement dira-t-on que je suis censé avoir reçu mes intérêts et que je n'ai eu d'autre intention, parce que l'acte que j'ai fait en suppose une autre bien moins équivoque. D'ailleurs cet intérêt, ces arrérages ne sont pas les fruits mêmes, ils ne les représentent que fictivement, et rien n'est plus loin de la réalité que la fiction; et ce n'est pas sur-tout à une loi formelle qu'on peut opposer une fiction, un doute, une interprétation arbitraire; or l'article 1338 est cette loi formelle; en le lisant on est pénétré de cette vérité que la femme a exécuté le contrat.

On assimile ce cas à celui où un échange aurait eu lieu. Et pourquoi la femme encore ici n'aurait-elle pas ratifié?

Le législateur, en prohibant l'aliénation du fonds dotal, avertissait déjà que le même fonds ne pouvait être prescrit; prescrire, c'est acquérir; laisser prescrire, c'est aliéner; l'article 1561 est donc une conséquence des dispositions précédentes. Il faut néanmoins distinguer, et ces mêmes distinctions prouvent combien le législateur a été d'accord avec lui-même. Nous distinguons donc si par le contrat de mariage le fonds a été déclaré ou non aliénable. La prescription est une aliénation: le mari qui n'a pu vendre, n'a pu laisser prescrire; le mari qui a pu vendre, a pu laisser prescrire.

Lors même que la loi établit ces distinctions; lors même qu'elle dit que, si le fonds n'est pas aliénable, il ne peut être prescrit; il faut néanmoins encore distinguer si la prescription a commencé durant le mariage, ou si elle a commencé auparavant. Si elle a commencé avant le mariage, elle s'accomplit valablement durant le mariage; différence du cas où il y a minorité, la prescription étant suspendue en ce cas. Nous disons que, lorsque la prescription a commencé avant le mariage, elle peut s'accomplir durant le mariage. Vous n'oublierez cependant pas, Messieurs, qu'il est de principe que la prescription ne peut courir contre celui qui ne peut agir; mais remarquez que c'est ici plutôt contre le mari que contre la femme qu'elle court cette prescription; que le mari est considéré en quelque sorte comme propriétaire des biens dotaux; que lui seul en a les actions; que la femme n'en a aucune; que la prescription au reste est censée avoir couru contre ceux qui ont constitué la dot. Aussi la femme a-t-elle une action contre son mari pour ne l'avoir pas interrompue, 1562. Elle a cette action contre lui, lors même que ce serait elle qui aurait laissé commencer la prescription.

Les Romains, relativement à cette action contre le mari, admettaient une exception, lorsqu'au temps du mariage il n'y avait que peu de jours à courir pour achever la prescription; on ne pouvait l'imputer au mari, qui ne pouvait être soupçonné de faute.

La dernière disposition de l'article 1561 ne laisse point à douter que cette exception ne fût encore admise. A cet égard on pourrait consulter Chabrol, commentaire de la coutume d'Auvergne, art. 5, chap. 17, quéstion 4. Cet auteur indique les cas où le mari est responsable, lorsqu'il lui est resté peu de temps pour interrompre la prescription. Il distingue le cas où la femme se constitue un effet dont elle indique la date, de celui où elle se constitue d'une manière générale ses effets, parmi lesquels il s'en trouve dont la prescription est prochaine. Il est facile de voir les conséquences qu'il tire de cette distinction. Il dit, avec raison, que, dans le cas d'une constitution générale d'effets, dont aucun n'est spécifié ni daté, on doit être plus indulgent pour le mari auquel il a fallu du temps pour visiter et arranger les papiers de la femme.

Nous n'avons parlé que de la première partie de l'article 1561 ; pour la seconde, il est sensible qu'après que la femme a obtenu la séparation de biens, c'est-à-dire la restitution de la dot, elle a recouvré toutes ses actions; si cela est, c'est donc elle qui doit interrompre la prescription, et non son mari, qui n'a pas qualité pour agir.

Peu importe à quelle époque la prescription a commencé, dit l'article 1561. Cet article n'est pas conséquent avec lui-même; car il avait déjà dit que la prescription ne pouvait commencer durant le mariage. La séparation de biens tendrait-elle donc à faire revivre une prescription qui serait impossible sans elle? La loi paraît formelle. Son motif est sans doute que la femme, recouvrant le droit d'agir, peut interrompre la prescription commencée sous son mari: de même qu'on fait une obligation au mari d'interrompre la prescription commencée avant qu'il eût l'administration de la dot; de même on en fait une à la femme d'interrompre celle qui a commencé avant qu'elle reprît l'administration de sa dot. S'il y avait trente ans qu'elle eût couru, elle serait accomplie, et ne pourrait cependant être opposée. S'il n'y a pas trente ans encore, que ces trente ans ne s'accomplissent qu'après la séparation, elle peut être opposée: tout cela est contradictoire. On devrait bien plutôt croire qu'elle ne doit commencer qu'à partir de la séparation; que le temps qui court depuis le mariage jusqu'à la séparation ne compte pas. Pour concilier ces apparentes contradictions, il faut dire : Si les trente ans ne sont pas accomplis, la femme doit connaître ou chercher du moins à connaître l'état de ses affaires et interrompre la prescription. Si les trente ans étaient accomplis, cette prescription ne pourrait compter ; elle ne devrait commencer que du jour de la séparation. Vingt ans, vingt-neuf ans compteraient, trente ans ne devraient pas compter. Pour décider autrement, il faudrait qu'il y eût une disposition législative qui fît à la femme l'obligation d'interrompre la prescription dans un délai moral. Mais la loi n'en parle nulle part.

Si à l'époque de la demande en séparation la prescription était sur le point de s'accomplir, mais qu'elle finît avant que la demande fût jugée, la femme n'étant pas constituée dans l'état légal d'agir dans ce temps intermédiaire, elle aurait seulement une action contre son mari qui ne l'aurait pas interrompue, pourvu qu'il s'agît d'une prescription qui pût s'acquérir. Rien n'empêcherait néanmoins que la femme ne fît cet acte conservatoire ; mais la loi ne la punit pas de ne l'avoir pas fait. Et cela soit dit malgré la rétroactivité dont parle l'art. 1445.

L'article 1561 conduit nécessairement à l'explication de l'article 2256, qui ne veut pas que la prescription coure contre la femme, lorsque l'action de celle-ci refléchit contre son mari. La loi n'a pas voulu placer la femme dans l'alternative de perdre ses droits ou d'intenter une action dont l'effet retomberait sur le mari, ce qui pourrait entraîner la discorde parmi eux. Mais dans quelle circonstance appliquer cette règle? Il faut l'appliquer toutes les fois que le mari aura traité, sans pouvoir, de tous droits appartenans à sa femme, par quelque acte que ce soit, vente, cession, échange, s'il doit être garant du traité; et dans tous les cas où la femme a traité elle-même, sous le cautionnement ou l'obligation de son mari. On ne fait pas ici la distinction de l'article 1561. La prescription est suspendue, alors même qu'elle a commencé avant le mariage. Ainsi il y aurait suspension, si l'obligation de la femme et le cautionnement du mari avaient précédé leur union. Ainsi je suppose qu'une fille de 20 ans et 11 mois emprunte une somme d'argent, et celui qui est sur le point de l'épouser se rend responsable pour elle. Ils se marient six mois après, la prescription de l'action de la femme ne pourra courir tout le temps du mariage, quoiqu'elle ait commencé avant le mariage. L'article 2256 est applicable.

La même femme fait un traité avec son tuteur, mais sans se conformer à l'article 472; son futur se rend caution pour elle; l'article 2256 est encore applicable.

M. Vazeille, auteur du Traité des prescriptions, remarque qu'il est cependant des circonstances propres à rendre sans effet la suspension de la prescription. Si les époux, dit-il, ont pris un engagement dont l'exécution doit avoir lieu, qui devance celui de l'action rescisoire, la femme poursuivie en justice avec son mari dans le temps utile à la rescision, sera bien forcée de la demander par exception ou d'en perdre le bénéfice. Voilà un exemple que nous pouvons donner à l'appui de la règle posée par cet auteur: Une femme mineure de 20 ans hypothèque, sous l'autorité de son mari, un de ses propres, pour une somme payable dans deux ans. Au bout de ce délai, le

créancier fait saisir; la femme n'oppose pas l'exception; le bien est vendu; puis la dissolution du mariage arrive. Si la femme demandait à se faire restituer, et invoquait l'article 2256, on lui répondrait par ces mots de M. Vazeille, n.º 289: « Que l'action ré-
» scisoire fût conservée à la femme après
» le délai ordinaire, si je n'avais pas agi,
» je l'accorde; mais, quand j'ai formé ma
» demande, la rescision doit être réclamée
» par exception, sans autre délai que celui
» qui est accordé pour fournir les moyens
» de défense en général. »

Mais, comme nous l'avons observé plus haut, il ne faudrait pas appliquer ce principe au cas où le bien hypothéqué serait inaliénable. Le silence de la femme ne l'empêcherait point de se faire restituer contre l'engagement qu'elle aurait contracté. Ainsi l'hypothèque qu'elle aurait consentie sur le fonds dotal serait annulable, lors même que la femme ne se serait pas opposée à l'effet de la saisie avant de fournir ses moyens de défense. La nullité ne peut être couverte par elle. Elle emprunte; le créancier obtient un jugement contre elle en premier ressort, et prend inscription sur le fonds dotal;

l'hypothèque est nulle comme la créance; la femme ne peut faire par une approbation tacite ce qui lui est interdit par une approbation expresse. Dans un temps qui ne serait point utile à la rescision, c'est-à-dire dans un temps où elle est encore mineure, elle n'est point forcée d'opposer l'exception. Voyez même l'art. 481, C. P. En vain aurait-elle fourni ses moyens de défense sans opposer le vice de son engagement, ce vice n'est pas purgé, et pourquoi? Parce qu'elle est *incapable*. Hé bien! n'en est-il pas ainsi de la femme mariée sous le régime de la dotalité? Peut-elle faire pendant le mariage une approbation tacite, lorsque l'approbation expresse lui est interdite? Pour que l'exception soit opposable, il faut que la femme soit dans un temps utile à la rescision; or, tant que le mariage dure et qu'il y a dotalité, la femme ne se trouve jamais dans le temps utile à la rescision; elle n'est donc pas forclose lorsqu'elle ne s'est pas opposée. Sauf le cas où le jugement aurait acquis l'autorité de chose jugée; car il paraît que la femme mariée en dotalité n'a pas le droit d'invoquer l'article 481 C. P. Voyez Carré, Analyse, 1619.

M. Vazeille, dont l'ouvrage que nous venons de citer fait concevoir la plus haute opinion, traite, n.° 294, une autre question bien importante et bien difficile. C'est de savoir si, postérieurement à la séparation de biens, la prescription ne court que dans les cas où le mari n'est pas garant de l'action de la femme. Il cite deux arrêts qui ont jugé affirmativement la question: l'un de la Cour de Limoges du 24 mai 1813, l'autre de la Cour de cassation du 24 juin 1817, Sirey, t. 17, p. 505. M. Vazeille combat ces deux décisions, et nous devons le dire, les raisons qu'il donne sont pleines de force et très-propres à convaincre. Cependant nous nous rangeons du côté des arrêts qu'on vient de citer, et nous ne voulons opposer à M. Vazeille que les raisons qu'il donne lui-même à l'appui de ces deux arrêts, et qui sont, par rapport à son opinion particulière, ses raisons de douter. Nous ne pensons pas que l'article 2256 comporte la distinction qu'il lui fait faire. Le principe consacré dans la seconde partie de l'article 1561 est soumis à l'exception du second numéro de l'article 2256, et se trouve régi par lui tout aussi bien que la première partie du même article.

La loi en accordant au mari les droits d'un usufruitier sur les biens dotaux, ses obligations devaient être aussi celles d'un usufruitier; non qu'il faille le considérer absolument comme un usufruitier; il ne l'est pas. Un véritable usufruitier est tenu parfois à des obligations moins fortes que le mari, et quelquefois elles sont plus fortes. Voyez ce que nous avons dit plus haut relativement à l'administration du mari sur les biens de la femme. La Cour de Paris, Sirey, t. 2, 2 p., p. 916, a décidé que la femme était tenue personnellement de payer les améliorations faites par son ordre aux biens dotaux. Cet arrêt est cependant rendu sous l'empire de l'ancien droit; et le sénatusconsulte velléien ne s'étendait pas au cas où la dette était consentie à l'avantage de la femme. Cet arrêt ne ferait pas aujourd'hui jurisprudence.

Il n'est pas ici question des obligations du mari relativement aux paraphernaux; c'est la femme qui les administre; l'excuse du mari doit s'apprécier d'après les circonstances.

Nous n'avons que peu de choses à dire

également sur la disposition de l'article 1563. Dans ce régime comme dans l'autre, la femme peut demander une séparation de biens; et, dans ce régime comme dans l'autre, les créanciers qui ont intérêt à ce que le mari conserve les fruits de la dot, peuvent intervenir et empêcher la collusion. Nous avons déjà dit plusieurs fois que la restitution de la dot ne la rend point aliénable; la femme séparée en reprend seulement l'administration. Nous avons cependant vu à l'article 1449 qu'il était permis à la femme de disposer de son mobilier: la même chose n'est point répétée dans la partie du Code qui traite du régime dotal. Tout est de rigueur en cette matière: la dot est inaliénable; c'est là le grand principe; le juge même serait embarrassé pour ordonner la vente du mobilier dotal, hors les cas expressément prévus par la loi. L'acquéreur de la femme séparée, malgré même la maxime de l'article 2179, ne serait point à l'abri de l'action en nullité. La femme ne peut point donner main-levée de son hypothèque légale, parce que cette hypothèque fait partie de sa dot; c'est-à-dire qu'elle ne peut pas plus disposer de sa dot mobilière que de sa dot immobilière ; la séparation ne rend pas ses biens libres.

Un arrêt très-récent, Sirey, t. 23, 1 p., p. 331, a décidé que les obligations contractées par une femme séparée, ne pouvaient point être exécutées sur ses immeubles et sur ses capitaux mobiliers, seulement sur les revenus de sa dot ; elle a le droit d'aliéner ceux-ci; partant ils peuvent être saisis par ses créanciers de la même manière qu'ils pouvaient l'être par les créanciers du mari, lorsqu'il avait l'administration de la dot.

Comme la femme doit contribuer aux frais du ménage, à ceux d'éducation des enfans; que le mari peut avoir des droits de survie à réclamer un jour, etc., etc., l'ancienne jurisprudence ordonnait des précautions qui seront toujours sages, même sous notre nouvelle législation; elle voulait que les deniers dotaux fussent placés, et que la femme en touchât simplement les revenus. Le mari contre lequel la séparation est prononcée conformément à l'article 1563, devrait requérir cette mesure, et le tribunal ne pourrait guère s'empêcher d'y faire droit. Nous avons déjà dit que la Cour de Riom avait ordonné une semblable mesure par arrêt du 24 août 1821. La Cour de cassation a confirmé cette sage jurisprudence: cette mesure peut même être prise sous le régime de la communauté. Alors le débiteur, à qui on l'aurait fait connaître, devrait faire le remboursement des capitaux de la dot en présence du mari, ou l'y appeler.

Le jugement qui prononce la séparation doit être exécuté comme celui qui prononce la séparation sous l'autre régime. Si la femme laisse la dot à son mari, si le jugement n'est pas exécuté, il est nul.

Les parties sous ce régime peuvent aussi, comme sous l'autre, rétablir les choses dans l'état où elles étaient avant la séparation; elles peuvent revenir à la loi de leur contrat de mariage. Voyez ce que nous avons dit à l'article 1454 sur le rétablissement de la communauté; ces principes reçoivent ici leur application.

# XX.e LEÇON.

## SECTION III.

### *De la restitution de la Dot.*

La restitution de la dot, Messieurs, va être l'objet de cette leçon. Cette matière n'est pas moins importante que la constitution dotale; il n'eût pas été nécessaire de faire tant de dispositions sur la constitution dotale, s'il n'y avait pas lieu à la restitution de la dot; on n'y a pris tant de précautions que précisément à cause qu'il fallait en assurer la restitution.

La première chose à examiner, c'est de savoir à qui elle doit être restituée. Nous dirons un mot seulement du droit ancien à cet égard. Suivant la loi unique, § 6, au Code *de rei uxoriæ actione*, Justinien changea cette disposition de l'ancien droit romain, qui disait que, lorsque la femme s'était dotée elle-même ou avait été dotée par tout autre qu'un ascendant paternel, le mari survivant gagnait la dot, et cela quand même la femme se fût constitué des biens que son père lui avait donnés en l'émancipant, à moins que ce retour au profit du donateur ou de la famille de la femme n'eût été expressément stipulé. Par la loi citée, l'empereur ordonna que le mari ne gagnerait plus la dot, à moins que cet avantage ne lui eût été accordé par l'instrument dotal. La dot constituée par la femme ou par un étranger devait être restituée aux héritiers de la femme, sauf convention contraire.

La dot constituée par un ascendant devait lui être rendue, si la femme était morte durant le mariage, en vertu de la puissance paternelle ; cette dot s'appelait profectice.

Les coutumes variaient à l'infini sur ces questions ; mais toutes ayant été abrogées par le Code, le mari ne peut gagner la dot qu'en vertu d'une stipulation expresse, soit par contrat de mariage, soit par donation ou testament.

La dot, en thèse générale, sera donc restituée à la femme ou ses héritiers. Mais si elle meurt sans enfans, sans avoir disposé des choses comprises dans la donation qui lui a été faite, et que ce soit un ascendant qui l'eût avantagée, il y aura lieu au retour légal. Voyez l'art. 747.

En d'autres termes, on suit en cette matière l'ordre établi pour les successions.

Si la femme existait et qu'elle fût mineure, le mariage l'ayant émancipée, elle pourrait recevoir la restitution dotale, assistée de son curateur. Si elle n'en avait pas, il faudrait lui en faire nommer un.

Il y a lieu à restituer la dot dans deux cas: 1.° lorsque le mariage est dissous; 2.° lorsque les époux sont séparés.

Les règles de cette restitution varient suivant la nature des biens dotaux; le mari est plus ou moins pressé de restituer, suivant les conventions expresses ou tacites qui existent à ce sujet dans le contrat de mariage. Voyez l'art. 1564.

Vous voyez que, d'après cet article, le mari ou ses héritiers peuvent être forcés de restituer aussitôt après la dissolution du mariage ou la séparation, les biens dotaux de sa femme, qui consistent, 1.° en immeubles, estimés ou non; 2.° en meubles qui n'ont pas été estimés par le contrat de mariage, parce que la propriété n'a pas cessé d'en appartenir à la femme; 3.° il en est de même des autres meubles dotaux estimés cependant par le contrat de mariage, mais avec déclaration que l'estimation n'en fesait pas vente et n'en ôtait pas la propriété à la femme.

Mais il n'en serait pas ainsi des autres meubles qui se consomment par le premier usage qu'on en fait; la propriété en est toujours transférée au mari; il n'est jamais tenu de rendre identiquement les mêmes; s'ils ont été estimés, il n'est débiteur que d'une somme; s'ils ne l'ont pas été, il doit restituer la même quantité de choses, de même nature et bonté, ou leur valeur selon les mercuriales qui existent dans le lieu.

Mais vous devez sentir que la femme ne peut réclamer que les meubles dont l'origine est légalement établie; tous les autres sont censés appartenir au mari: nous en avons dit plus haut la raison, et notamment à l'article 1499, les raisons étant les mêmes.

Mais pour le mobilier dotal échu durant le mariage, l'article 1504 est applicable.

Il serait possible que le mari eût aliéné les meubles dont la propriété ne lui a point été transférée par le contrat de mariage : devra-t-il en restituer de suite le montant, ou jouira-t-il du délai qu'accorde l'article 1565? Le mari n'avait pas le droit de vendre, il est vrai; mais le mari peut l'avoir fait dans l'intérêt même de la femme. Il serait donc injuste de le forcer à restituer de suite. Cependant l'article 1564 est formel; car il ne parle pas seulement de meubles en nature, il parle de ceux dont la propriété est restée à la femme, estimés ou non. Que la femme ne puisse pas les revendiquer; que l'acquéreur soit à l'abri de l'action de la femme, cela est beaucoup; mais à l'égard des époux entre eux, il faut considérer la femme comme n'ayant jamais perdu la propriété de ses meubles; le mari se trouve toujours dans son tort d'avoir disposé de choses qui ne lui appartenaient pas. Il ne doit donc pas, en thèse générale du moins, se plaindre de restituer de suite leur valeur; il a dû s'y attendre. Il a dû s'y attendre, lors même qu'il le fesait dans l'intérêt de sa femme, parce que rien ne prouve qu'il y a eu nécessité de vendre; il ne peut donc se prévaloir de sa propre turpitude. Tout ce qu'il peut faire, c'est d'invoquer la disposition de l'article 1244. Ce n'est pas le sentiment des auteurs des Pandectes : ils citent à leur appui des autorités et des lois romaines. La jurisprudence a pu être abrogée en ce point comme en beaucoup d'autres. En s'écartant du texte de la loi, on tombe nécessairement dans l'arbitraire.

Quand le mari restitue les meubles en nature, il ne les restitue pas dans l'état même où ils étaient lorsqu'il les a reçus; il a pu en faire usage, il les remet dans l'état où ils sont, et n'est garant que du dépérissement causé par sa négligence, de même que cela a lieu en régime exclusif de communauté. Voyez un arrêt de la Cour de Paris, du 12 mai 1813, rapporté dans Sirey, t. 14, p. 31.

Lorsque ce sont des sommes d'argent, des rentes, des créances qui composent la dot de la femme, on suit d'autres principes, et c'est l'article 1565 qui est le siége de la matière; la loi met sur la même ligne des sommes dotales, les meubles mis à prix, avec ou sans déclaration que le mari en est propriétaire. Dans tous ces cas, le mari jouit d'un délai d'un an pour la restitution.

Nous disons des rentes et des créances; ce n'est pas que le mari en soit propriétaire, elles ne cessent pas d'appartenir à la femme : nous nous en sommes expliqués. Mais, si le mari en a touché le remboursement, il doit jouir du délai de l'article 1565. S'il ne l'a pas reçu, et qu'il n'y ait aucune négligence à lui imputer, il doit remettre de suite les titres; s'il les a cédées et transportées, nous ne pensons pas qu'il jouisse du délai; voyez ce que nous avons dit pour le cas où il a vendu du mobilier dont la propriété ne lui a pas été transportée. La position du mari dans tous ces cas est différente, selon qu'il use de son droit ou qu'il va au-delà de ce qui lui est permis.

Il pourrait arriver que la dot constituée en une somme d'argent ne fût pas remboursée ou payée sur le pied de sa valeur numérique; par exemple, si elle eût éprouvé une perte, parce que la monnaie en aurait elle-même éprouvé; le mari ne doit dans ce cas restituer que ce qu'il a reçu; il suffit qu'il n'y ait point de négligence à lui reprocher; ce qui est un fait : voyez à cet égard un arrêt de la Cour de cassation, 1.er ventôse an 10; un autre, du 20 janvier 1807.

Si le fonds dotal s'était trouvé indivis; qu'il eût été vendu sur licitation, et que la portion de la femme dans le prix n'eût pas encore été employée lorsqu'il y a lieu à restituer la dot, le mari ne devrait point encore jouir du délai de l'article 1565; le mari est en faute, encore dans ce cas, de n'avoir pas fait emploi. Il n'a pas dû s'attendre, en le dissipant ou en l'employant à son profit, qu'il aurait pour cela un délai. Il ne pourrait même argüer qu'il n'a pas eu le temps de placer les fonds; car il serait censé les avoir encore ou bien les avoir dissipés.

La différence qui existe entre les articles 1564 et 1565 est fondée sur une raison de justice et d'équité: quand le mari a les choses entre les mains, il n'a besoin d'aucun délai pour les restituer; il pourrait au contraire se trouver très-embarrassé s'il était obligé de restituer sur-le-champ des sommes considérables. Car vous remarquerez bien que le délai que la loi accorde au mari dans l'article 1565 n'est pas un avantage que la femme lui fait, en lui permettant de retenir les sommes et d'en jouir; il cesse d'être maître de la dot dès que le mariage est dissous; le délai d'un an est seulement pour lui donner le temps de se procurer les sommes dont il est débiteur. Aussi, quand il est en faute, la faveur de la loi, c'est-à-dire de l'article 1565, ne lui est pas due, comme nous nous en sommes expliqués en beaucoup de cas. Nous le dirons encore relativement à celui où le mari aurait reçu la dot, sans que le mariage s'en soit suivi. L'article 1565 suppose en effet que le mariage a existé, sauf au mari à demander que le juge lui accorde un délai, comme cela est permis par l'article 1244. Le mari seulement ne devrait point d'intérêt dans le dernier cas. Ce qui établit une différence entre ce dernier cas et celui où le mariage ayant eu lieu, le mari a des sommes à restituer. Comme nous l'avons dit tout-à-l'heure, la disposition de l'article 1565 n'étant point une libéralité que la femme est censée exercer envers son mari, il tombe encore sous le sens que si la restitution de la dot était ordonnée à cause du mauvais état des affaires du mari et du péril où elles se trouvent, le mari ne jouirait point du délai de l'article 1565; il ne devrait même pas jouir du délai qui lui serait accordé par le contrat de mariage; ce serait exposer la femme au danger qu'elle veut éviter; ce serait rendre illusoire le bien de la séparation. Mais, s'il y avait séparation de corps, *quid juris?* Comme elle emporte séparation de biens et qu'il y a lieu également à la restitution de la dot, on pourrait croire que le mari ne peut invoquer l'article 1565; mais vous n'êtes pas à remarquer que, quoique la séparation de corps emporte la séparation de biens, que celle-ci se trouve dans celle-là, les effets ne sont pas les mêmes; par exemple, ici la dot n'est pas restituée à cause du mauvais état des affaires du mari; quand il n'y a qu'une simple demande en séparation de biens, c'est que la femme court danger pour sa dot, tandis qu'elle n'en court pas toujours dans le cas d'une demande en séparation de corps. Néanmoins dans la demande en séparation de corps il peut y avoir également péril pour la dot; tout dépend donc des circonstances; c'est aux juges de les peser. S'il n'ordonne pas de suite la restitution, le mari jouit du délai. S'il n'y a qu'une séparation de biens, de plein droit le délai ne lui appartient pas.

Nous n'avons pas parlé de la convention par laquelle les époux auraient stipulé dans le contrat de mariage un délai pour la restitution de la dot; nous n'avons fait que dire que, s'il y avait péril pour la dot, cette convention ne recevrait pas son exécution. Et cela est vrai, quelque respect que l'on attache aux conventions portées en contrat de mariage, sur-tout quand elles ne blessent ni la loi ni les mœurs; mais cela n'empêche pas la convention d'être valable en elle-même; et ce n'est plus alors l'article 1565 qui sert de règle aux époux. Mais il est bien entendu que pendant le mariage cette convention serait sans effet, elle serait nulle; c'est aux époux quand la dissolution du mariage est arrivée, de faire ces conventions; c'est à la femme ou à ses héritiers d'accorder de nouveaux délais, si cela n'est pas contraire à la disposition de l'article 1444. C'est au mari ou aux héritiers du mari de l'abréger en renonçant au bénéfice de l'article 1565. Ils sont libres de leurs volontés.

Mais le juge pourrait-il, indépendamment de l'article 1565, accorder un nouveau délai au mari? Pourrait-il ajouter à cet article la disposition de l'article 1244? Le juge n'est pas toujours libre d'appliquer ce dernier article. Il ne le peut, par exemple, quand il y a un titre paré entre les mains du créancier. Pour appliquer l'article 1244, il faut que les parties se trouvent en instance. Le débiteur ne peut porter l'action aux fins d'obtenir ce délai, quand la femme peut le faire exécuter *de plano*. D'ailleurs le délai que la loi accorde pour la restitution de la dot est déjà un terme de grâce; le mari a eu un délai moral pour prendre ses mesures. Il y aurait excès de faveur pour lui. Mais, dans les cas où il ne jouit pas de la faveur de l'article 1565, si le juge est saisi de la contestation, il peut user de la faculté que lui accorde l'article 1244.

Quand le mari restitue la dot, il restitue également les choses qui en sont les accessoires; ce qui a lieu sur-tout quand la dot est immobilière. Il en est de même de ce qui en a été séparé et de ce qui en reste. Par exemple, le mari coupe un plant d'arbres sur le fonds dotal, pour en faire un nouveau. Le mari étant mort avant d'avoir exécuté son projet, on doit rendre à la femme les arbres abattus. Mais, si le projet avait été exécuté avant sa mort, la femme n'aurait aucun droit à ces arbres, tout serait consommé; sauf l'action en dommages-intérêts, s'il y a lieu, action qui peut même avoir lieu lorsque la femme réclame les arbres abattus.

Le fonds dotal doit être remis en bon état de réparations. Le mari ne doit pas le restituer tel qu'il l'a pris. En se mariant il a contracté l'obligation tacite de faire au fonds dotal tout ce que l'on peut présumer qu'il ferait pour son propre intérêt; chargé d'un mandat légal ou tacite, il doit faire faire toutes les réparations qui sont usufructuaires et celles qu'on dit grosses réparations, sauf à répéter à la dissolution du mariage ce qu'il a pu lui en coûter pour celles-ci. S'il n'a pas fait dresser un état des lieux, il est présumé les avoir reçus en bon état; il est censé les avoir pris avec tout ce qui en est l'accessoire; les propriétés sont présumées s'être trouvées garnies de tous les bestiaux, ustensiles, de tout ce qui est meuble par destination et de tout ce qui sert à l'exploitation de ce fonds.

Si c'est une usine, il est aussi présumé l'avoir reçue munie de tous les approvisionnemens d'usage, quoiqu'à cet égard il ait dû, de la part de la femme, être fait un état estimatif. Lors même que l'usine eût alors manqué d'approvisionnemens, il ne doit pas à la dissolution du mariage la restituer dans cet état, même en offrant à la place une somme d'argent; car alors l'usine se trouverait dans un état de chaumage très-préjudiciable à la femme; elle aurait droit à des dommages-intérêts. Il sera fait raison de la différence des approvisionnemens actuels avec ceux qui existaient lors du mariage.

Les produits de cette usine, toutes les marchandises qui se trouveront manufacturées, appartiendront au mari. S'il y a des objets dont la fabrication ne soit que commencée et qui ne sont pas encore perfectionnés, la femme ou son héritier doit souffrir qu'on en termine le perfectionnement, sauf indemnité pour prix du restant de la main-d'œuvre.

Nous n'examinerons plus sur l'article 1565 qu'une seule question. La voilà : Par le contrat de mariage les immeubles constitués en dot ont été estimés, et l'on a déclaré que l'estimation en ferait vente. Le mari ne les a point vendus ; la femme ou ses héritiers peuvent-ils le forcer à les restituer en nature? Ou bien le mari a-t-il le choix, ou de payer le prix, ou de les rendre en nature? Dans ce dernier cas aurait-il un an pour faire son choix? D'abord, s'il avait ce choix, nous ne pensons pas qu'il eût un an pour le faire. S'il optait pour la restitution des héritages, il devrait restituer de suite.

La femme ou ses héritiers qui prétendraient avoir le droit de faire restituer les immeubles en nature, pourraient argumenter de l'article 1509. Elle dirait que ce n'est point une véritable vente qui a eu lieu, qu'il n'y a point eu une véritable translation de propriété; ce n'est en quelque sorte qu'une permission donnée au mari de vendre; et dans cette hypothèse on a fixé ce dont il serait débiteur.

La question se réduit à savoir si c'est une véritable vente ou non? S'il y a une véritable translation de propriété, est-il dû à cet égard un droit de mutation? Si l'immeuble périt, pour qui périt-il? Si le mari le vend pour un prix supérieur à celui de l'estimation, en doit-il compte à la femme?

Nous pensons que toutes ces questions doivent être décidées dans ce sens qu'il y a eu réellement vente de la part de la femme à son mari; que ce dernier n'est plus débiteur que d'une somme, de la même manière que si la dot consistait en effets mobiliers estimés; la loi n'établit aucune différence entre ces deux cas. Il y aurait d'ailleurs injustice à décider le contraire; si la femme avait le droit de réclamer ou son bien ou le prix porté au contrat, et que le bien eût augmenté ou diminué, elle ne manquerait pas de faire un choix nuisible à son mari; si le même choix appartenait au mari, il y aurait le même inconvénient; ils ne peuvent le faire qu'autant que le contrat de mariage leur en donne le droit; s'il appartenait au mari et qu'il optât pour la restitution du prix, nul doute qu'il ne dût jouir du délai de l'article 1565.

L'argument que la femme voudrait tirer de l'article 1509, pécherait en ce sens que les héritages ameublis n'ont pas cessé d'être communs; que le mari n'en est pas devenu propriétaire incommutable, la femme y a droit à une moitié ; cette communauté existe du moins après la dissolution du mariage, si elle n'existait pas durant le mariage.

Si les meubles dont la propriété reste à la femme ont dépéri par l'usage, et sans la faute du mari, il ne sera tenu de rendre que ceux qui resteront, et dans l'état où ils se trouveront; première disposition de l'article 1566 : nous avions déjà parlé de ce principe. Le mari est ici débiteur de corps certains. Le Code ne fait que répéter le principe qui a lieu en matière d'obligations ordinaires.

Nous en avons dit autant des immeubles dotaux à l'article 1564 : si au contraire ces derniers avaient augmenté de valeur, l'accroissement profiterait à la femme ; mais vous entendez bien que nous parlons ici seulement de biens immeubles déclarés inaliénables, et non de ceux dont la propriété a été transférée au mari.

Malgré cela, si les augmentations provenaient des améliorations faites par le mari, il lui en serait dû indemnité selon des règles que nous avons plusieurs fois établies et qui vous sont maintenant familières.

La seconde disposition de notre article porte : Néanmoins la femme pourra, *dans tous les cas*, retirer les linges et hardes à son usage actuel, sauf à précompter leur valeur, lorsque ces linges et hardes auront été primitivement constitués avec estimation.

Que signifient ces mots, *dans tous les cas?* Les auteurs des Pandectes disent qu'ils signifient que le trousseau ait ou non été estimé. Nous le pensons également.

*Linges et hardes à son usage.* Il faut comprendre sous cette expression tout ce qui sert à couvrir le corps, par exemple, les chemises, les robes et autres vêtemens semblables; mais non les linges de table ni de lits, ni les bijoux, ni tout ce qui est considéré comme ornemens. Nous n'y comprendrons pas non plus les objets qui auraient été achetés pour elle, et non encore mis en œuvre, cela ne fesant point encore partie de sa toilette, cela n'étant point encore à son usage; lors même que le mari eût eu l'intention d'en faire un cadeau à sa femme: à plus forte raison si ce sont des bijoux qu'il lui a achetés.

*Actuel:* ce mot est très-équivoque, les auteurs des Pandectes disent que c'est comme s'il y avait: ceux *qui restent* ou *qui se trouvent,* qui sont à son usage personnel. Cette interprétation peut n'être pas suffisante pour tout le monde. Ces mots, *à son usage actuel,* ne voudraient-ils point dire ce qui lui sert en ce moment, ce qui est encore de mode, ce qui est susceptible d'être porté? Ces mots signifient bien ce que nous avons dit tout-à-l'heure, savoir, qu'elle ne pourrait reprendre ce qui ne serait point encore fait, quoiqu'acheté, parce que cela n'est point à son usage actuel, n'étant pas encore des hardes; mais, quant aux choses dont elle ne se sert plus, le mari ayant été obligé de renouveler souvent la toilette de sa femme, si elle reprenait tout, elle prendrait plus qu'il ne lui est dû. Mais, si les choses dont elle ne se sert plus se trouvaient inventoriées sans que l'estimation valût vente, nous pensons qu'en ce cas-là même la femme n'a droit qu'aux choses qui sont à son usage actuel; autrement ce mot ne recevrait plus toute son application.

Et ceux-ci: *sauf à précompter leur valeur, lorsque ces linges et hardes auront été primi-*

*tivement constitués avec estimation?* Ayant été estimées par le contrat de mariage, fesant partie de la dot de la femme, elle est censée avoir reçu ces choses à compte sur sa dot; elle doit tenir compte à son mari de leur valeur; en les lui donnant il s'acquitte d'une portion de sa dette. Mais ce n'est que lorsqu'ils ont été estimés que la femme précompte leur valeur; en effet le mari est ici propriétaire de ces effets.

S'il n'y avait point eu d'estimation, la femme n'en aurait pas perdu la propriété; en les reprenant, elle reprend sa propre chose, elle n'a point à tenir compte à son mari de leur valeur; il était débiteur envers elle de ces mêmes choses; en les lui restituant, il a satisfait à son obligation; il ne lui devra plus que les autres objets mobiliers constatés par le contrat de mariage ou autrement.

Mais, quand le mari n'en est pas débiteur *in specie*, qu'il ne doit que le montant, sur quel pied les rendra-t-il à sa femme? Est-ce sur le pied de leur estimation au temps de la reprise, ou bien du jour du mariage, *id est* du jour qu'on les a estimés? C'est une dation en paiement que fait le mari; le mari doit à sa femme, non des objets mobiliers, mais des sommes; il les acquitte avec des objets que la femme reçoit sur le pied de leur valeur actuelle; c'est d'après les règles de la dation en paiement que se décide la question.

La femme, comme vous le pressentez bien, ne peut de son autorité privée se mettre en possession de toutes ces choses; elle doit en demander la délivrance à son mari, ou aux héritiers de ce dernier, ou l'obtenir de la justice; mais n'est-ce qu'une simple faculté que la loi lui accorde? Ou bien le mari ou les héritiers de ce dernier pourraient-ils la contraindre de reprendre ces sortes de choses? C'est une faculté accordée seulement à la femme, elle ne peut être contrainte de retirer les linges et hardes à son usage (1566, 2.e p.); de même que son mari n'est point obligé de les lui donner quand elles ont été estimées, à moins qu'elle ne lui tienne compte de leur valeur. La femme sort alors de la maison maritale avec ses seuls habits de deuil; à moins que les linges et hardes ne lui soient restés en propriété, ou qu'elle en ait acheté sur les revenus de ses paraphernaux, ce qui lui sera assez difficile à prouver ; car le mari est censé pourvoir à l'entretien de sa femme.

Nous nous sommes expliqués plusieurs fois sur le cas où la dot constituée à la femme comprendrait des rentes, des créances, des droits incorporels; nous n'y reviendrons plus. Il s'agit dans l'article 1567 seulement du cas où ces droits auraient péri ou souffert des retranchemens: il faut, selon la disposition de cet article, distinguer s'il y a quelque négligence à imputer au mari; s'il n'y en a pas, il est quitte en restituant les contrats. Mais il est obligé de justifier des diligences qu'il a faites dans l'intérêt de la femme; par exemple, s'il a donné des délais aux débiteurs, s'il a laissé prescrire, s'il a suivi la foi du débiteur, soit en acceptant une délégation, soit en novant la dette; mais les débiteurs ne sont point pour cela libérés envers le mari. Si même la femme se trouvait héritière du constituant ou du débiteur, elle ne pourrait poursuivre son mari, l'action serait éteinte; *quem de evictione*, etc., etc.

L'article 1568 prévoit le cas où un usufruit a été constitué en dot. Il dit que le mari ou ses héritiers ne sont obligés, à la dissolution du mariage, que de restituer le droit d'usufruit, et non les fruits échus durant le mariage. La disposition de cet article paraît avoir été puisée dans le droit romain; voyez les lois 57, *de soluto matrimonio*, 66, 78, *de jure dotium*, où l'on trouve du moins des dispositions analogues.

Si la dot consistait dans une emphytéose, il en serait de même. (1)

La dot consistant dans le droit même d'usufruit ou d'emphytéose, les produits ap-

---

(1) Nous avons douté en notre premier volume, si l'emphytéose constituait un *jus in re*, c'est-à-dire s'il tombait ou non dans la communauté. Nous avons cité des opinions pour et contre, sans prendre un parti. D'après l'arrêt de cassation du 26 juin 1822, où M. l'avocat général Joubert a donné les plus savantes conclusions, l'emphytéote a le droit d'intenter l'action possessoire : c'est donc qu'il a le *jus in re*, une portion de la propriété. Alors le domaine utile qui lui appartient suit le même sort que celui de l'usufruitier, et ne doit pas tomber en communauté. Toute la difficulté ne doit donc consister qu'à le distinguer d'un simple bail qui excéderait plus de neuf ans; car il n'y a pas emphytéose toutes les fois qu'il y a bail à longues années.

partiennent au mari pour soutenir les charges du mariage; c'est le droit seul qui est sujet à restitution, et il doit l'être de suite. Vous sentez qu'il en serait autrement des produits, tels que ceux de bois, de mines, etc., etc., qui constitueraient la dot; le mari en devrait la valeur, il n'aurait eu droit que dans les intérêts qu'il aurait retirés ou dû retirer du prix de la vente qu'il en aurait faite; mais il aurait le délai accordé par l'article 1565.

Il est sensible que le mari a droit également de retenir le produit des coupes de bois mis en coupes réglées, et de faire celle des bois qu'on appelle taillis. Mais qu'entend-on par bois taillis? Les bois taillis en général, dans le sens des lois rurales et forestières, sont tous les bois au-dessous de 30 ans, lorsque rien n'annonce qu'ils sont destinés à croître en futaie, sans distinction entre les bois qui n'ont pas été coupés et ceux qui, l'ayant déjà été, renaissent de leur souche et de leurs racines. Les bois taillis sont des fruits naturels d'une forêt, comme des foins sont les fruits naturels des prés. On en dit autant des bois de haute futaie, lorsqu'ils ont été mis en coupes réglées ; il faut alors voir si telle est la destination spéciale qu'on leur a donnée. Car alors ils sont une branche de revenus périodiques qu'il faut assimiler aux autres fruits ; si le mari a trouvé un aménagement établi à ce sujet lors de son mariage.

Le mari devant, comme usufruitier, jouir en bon père de famille, il doit se conformer aux règles prescrites par les lois forestières pour favoriser le repeuplement des forêts.

Du reste nous conseillons de lire sur ce sujet l'excellent traité de M. Proudhon, sur l'Usufruit, t. 3, p. 139 et suivantes ; voyez aussi ce que nous avons dit sur l'article 1403. Nous pensons qu'il faut appliquer au mari ce que cet auteur dit de l'usufruitier, savoir que n'étant pas maître et n'ayant pas le droit *d'user et d'abuser*, étant tenu au contraire de jouir en bon père de famille, il est obligé de se conformer aux réglemens forestiers pour la jouissance qu'il exerce sur les bois ; d'où il faut conclure qu'il doit au moins laisser seize baliveaux par arpent de l'âge de taillis, lorsqu'on ne voit pas, par un aménagement bien connu, que les propriétaires aient été dans l'usage d'en laisser un plus grand nombre.

Nous nous hâtons d'arriver à l'article 1569, quoique nous en ayons parlé déjà assez longuement. Il est un des plus importans et des plus difficiles du Code. Il est applicable, soit que le mariage soit dissous, soit qu'il y ait simplement séparation de biens ou de corps, enfin toutes les fois qu'il y a lieu à la restitution de la dot. Suivant cette disposition, le mari ne peut opposer à sa femme qu'il n'a pas reçu la dot; il est au contraire responsable du défaut de paiement d'icelle, à moins qu'il ne prouve, lui ou ses héritiers, qu'il a fait des poursuites contre les débiteurs. Ces poursuites doivent être faites dans les dix ans; tant qu'ils ne sont pas expirés, il en peut faire et il n'est point encore responsable; c'est quand ils sont expirés sans qu'il en ait fait, qu'il le devient. Mais il ne résulte nullement de l'article que, passé les dix ans, il n'aura plus d'action contre les débiteurs; que la femme elle-même n'en aura pas contre eux; l'action qui naît de la dot dure trente ans.

Dans le droit romain, le père ne pouvait être poursuivi pour le paiement de la dot qu'il avait promise, qu'autant que ses facultés lui permettaient de s'acquitter et sans que cela le mît dans l'indigence; on serait plus rigoureux aujourd'hui.

Vous voudrez bien tenir aussi que le mari n'a pas d'hypothèque sur les biens de son beau-père, en ce qui concerne la dot promise par ce dernier.

Mais la femme peut s'être dotée elle-même; invoquera-t-elle l'article 1569? et pourra-t-elle répéter sa dot sans rapporter la preuve qu'elle l'a payée au mari? D'après les principes ordinaires, la femme s'étant obligée personnellement, doit rapporter la preuve de l'exécution de son engagement. On le soutiendra avec d'autant plus de fondement que ce n'est pas seulement contre son mari qu'elle viendra réclamer sa dot, qu'elle pourra encore le faire vis-à-vis les créanciers de celui-ci dont la cause est toujours si favorable. On présumera facilement que le mari n'aura pas voulu poursuivre sa femme.

A cela on peut néanmoins répondre que le Code ne distingue point par qui la dot a été constituée; que si on ne peut faire un crime au mari de n'avoir pas poursuivi sa femme, on ne peut en faire un à la femme de n'avoir pas exigé de quittance de son mari.

Ces raisons manquent de solidité: autre chose est d'exercer une action contre sa femme, autre chose est d'exiger une quittance contre son mari. Ce n'est point une injure que la femme fait à son mari en lui demandant une quittance. C'est une précaution utile, non-seulement vis-à-vis le mari, mais vis-à-vis les tiers, comme on l'a déjà dit; on ne conçoit pas comment un mari se trouverait offensé d'une pareille demande.

Tandis qu'il y a mille dangers de la part du mari de procéder contre sa femme.

Les auteurs des Pandectes font une distinction entre le cas où il y a séparation de biens ou de corps, de celui ou le mariage est dissous; leur distinction porte sur-tout entre les créanciers du mari et le mari lui-même. Ils disent que vis-à-vis le mari, la femme est dispensée de toute justification, mais non vis-à-vis les créanciers du mari. Nous pensons qu'il n'y a aucune distinction à faire, et que la femme n'est dispensée de la preuve, ni vis-à-vis les créanciers du mari, ni vis-à-vis le mari; que l'article 1569 ne s'applique qu'au cas d'une dot constituée par tout autre que par la femme, qu'il ne détruit point le principe que chacun est obligé de prouver le fait qu'il avance, et que quiconque se dit libéré doit prouver le fait de sa libération, art. 1315; autrement ce serait ouvrir une porte à la mauvaise foi dont plusieurs femmes ne manqueraient pas de faire usage.

On oppose que le mari doit justifier des diligences qu'il a faites pour recevoir le montant de la dot. Il n'a pu faire ces diligences sans diriger d'action contre sa femme; ce qu'on ne peut exiger d'un mari. La loi 33 Dig. *de jure dotium*, ainsi que la jurisprudence du parlement de Toulouse, est conforme à ce principe. Voyez à cet égard Catellan; vous verrez que le mari n'est nullement responsable de la dot constituée par sa femme elle-même, et qu'il n'est point obligé de la poursuivre. Peut-être la prudence exigerait-elle que la femme donnât un écrit qu'elle n'a point acquitté sa dot; cela pourrait concilier les intérêts du mari et le respect qu'il doit à sa femme; mais, si celle-ci refusait la reconnaissance, le mari ne serait pas obligé pour cela de recourir à l'autorité de justice.

Nous n'avons pas encore levé toutes les difficultés que présente l'article 1569. Il dit : *Si le mariage a duré dix ans depuis l'échéance des termes pris pour le paiement de la dot*... On demande si le délai ne commence à courir qu'à l'époque du dernier des termes, si les débiteurs de la dot avaient pris plusieurs termes. En d'autres termes, faut-il qu'il se soit écoulé dix ans depuis le dernier terme, pour que la femme puisse avoir une action contre son mari? Ne peut-elle pas diviser l'article et user du bénéfice qu'il lui donne pour les portions à l'égard desquelles les dix ans sont révolus? Si vous prenez l'article à la lettre, le mari pourra sans danger, attendre que tous les termes soient échus avant de former sa demande contre les constituans; mais nous ne pensons pas que ce soit là son esprit; par exemple, le constituant promet 30,000 fr.; 10.000 payables dans un an, 10,000 payables dans deux ans, 10,000 payables dans trois. Le mari doit agir avant que les dix ans qui suivent l'expiration du premier terme ne soient écoulés, afin d'être payé des dix premiers 10,000 fr. N'est-ce pas d'ailleurs donner au mari un assez long espace de temps pour poursuivre le débiteur, que de lui accorder dix ans pour chaque terme? N'est-ce pas exposer la femme à perdre sa dot entière que de ne le rendre responsable qu'à l'expiration du dernier terme qui peut être éloigné de dix et quinze ans du premier.

Nous pensons donc que l'article s'entend de dix ans à l'expiration de chaque terme: on peut objecter que les termes n'empêchent pas qu'il n'y ait qu'une seule dette, et qu'une dette ne se prescrit pas par partie; que la prescription est indivisible, et que le débiteur qui voudrait l'opposer, ne le pourrait qu'à compter du dernier terme; ces principes eux-mêmes n'ont rien de bien vrai; et en les supposant vrai, ils ne pourraient être appliqués qu'à l'égard du débiteur, mais non à celui qui a mandat de recevoir et qui laisse périr une chose ou une somme exigible. Le mari, de même que tout mandataire qui n'agit pas dans le délai utile et qui laisse, par sa négligence, perdre ce qu'il était obligé de recouvrer, cause un préjudice qu'il doit réparer.

Il faut entendre par poursuites utilement faites, celles qui sont poussées jusqu'à la contrainte. Une demande formée, un jugement même obtenu, ne remplirait pas le vœu de la loi ; il faut mettre à exécution le titre qu'on s'est procuré, il faut pousser les poursuites jusqu'à la vente. Mais en supposant que des poursuites aient été faites, les dix ans ne commenceront-ils que du jour des dernières poursuites? Les poursuites n'ayant point été poussées à fin, c'est comme si elles n'avaient eu lieu. Elles n'empêchent point les dix ans de courir à compter du jour du terme fixé; car les poursuites peuvent n'être qu'en semblant de la part du mari. Néanmoins si les affaires du constituant étaient tellement dérangées qu'il fût inutile de continuer les poursuites, le mari ne serait point obligé de faire des frais: c'est au juge d'apprécier le fait. Quels que soient les termes de l'art. 1569, il ne faut pas croire que la loi dispense le mari de faire des actes conservatoires et de chercher à sauver la créance de la femme, lorsqu'il y a péril pour celle-ci. Il n'est pas toujours impunément négligent, autrement il y aurait contradiction entre cet article et l'art. 1567.

L'article 1569 s'applique-t-il au régime de la communauté, en supposant que la dot soit exclue de la communauté? Sans doute que les dispositions relatives à un régime ne doivent point en général être étendues à l'autre; l'article 1569 consacrant même des exceptions aux règles ordinaires du droit, étant exorbitant, il doit se limiter au régime auquel il appartient. Mais, d'un autre côté, l'on peut dire que toutes les raisons qui l'ont dicté militent aussi en faveur du régime de la communauté. D'un autre côté encore, l'article 1540 dit lui-même que la constitution dotale appartient aux deux régimes.

Il apprend qu'il va parler de la dot; certes il y a bien dans la partie du Code qui parle spécialement du régime dotal des dispositions qui s'appliquent au régime de la communauté; on ne voit donc pas pourquoi l'article 1569 ne s'appliquerait pas à tous les régimes, puisqu'il parle de la dot en général. Le constituant en régime de communauté mérite autant d'égards que celui qui avantage la femme en régime dotal. Si le mari doit des ménagemens à l'un, il en doit à l'autre; et si la femme en doit à son mari dans un cas, elle lui en doit également dans l'autre.

Néanmoins l'article 1569 n'est point applicable au régime de communauté. Il renferme une disposition rigoureuse à laquelle on ne peut donner d'extension. L'article 1569 est plus contre le mari que favorable au mari, puisqu'au bout de dix ans il est responsable. En régime de communauté, il ne le serait pas; sauf à lui faire supporter la perte qu'on ne pourrait attribuer qu'à sa négligence.

Nous terminerons cet article en disant un mot sur le degré de confiance que doit avoir la quittance que le mari donne à ceux qui ont constitué la dot. Autrefois il s'élevait une foule de difficultés sur cette matière. La législation nouvelle en a fait disparaître un grand nombre. Il peut s'en présenter encore cependant. Pour éviter toute contestation, il serait à désirer que cette quittance fût authentique et qu'elle fît mention de la numération des espèces; elle ferait alors pleine foi, elle opérerait la libération du débiteur, et fixerait les prétentions de la femme et des créanciers du mari.

S'il n'y a pas numération d'espèces, et que la femme prétende que le mari a fait remise aux débiteurs, elle en doit faire la preuve de la manière indiquée au titre des obligations : cette preuve est difficile sans doute ; mais les circonstances peuvent la faire admettre ; la femme peut en tout cas déférer le serment.

La quittance n'en serait pas moins valable, quand elle ne serait pas authentique ; seulement elle n'offre pas autant de confiance ; elle peut donner lieu à des contestations. Néanmoins il faut distinguer si elle est relative à une somme constituée en dot par la femme, ou à la femme par contrat de mariage. Dans ce cas, comme on ne peut craindre une donation déguisée, que la constitution rend la quittance vraisemblable et en fait présumer la sincérité, elle est valable. Mais, si le mari prétendait avoir reçu quelque somme pour sa femme, sans qu'il fût prouvé qu'elle lui fût due, sans que rien n'en constatât l'origine, il en serait autrement. Par exemple, si le mari reconnaissait dans un acte qu'il a reçu une somme pour sa femme à titre de don manuel, il faudrait que la femme prouvât le don, et cette preuve se ferait comme celles qui sont indiquées au titre des obligations.

On peut voir sur cette matière un arrêt très-précieux du 3 septembre 1781, qui se trouve dans Roussille, Traité de la Dot, pag. 367, t. 2; voyez aussi un arrêt du 16 juillet 1817.

L'article 1570 nous retiendra moins long-temps que l'article 1569; non qu'il contienne des dispositions moins importantes. Il parle de certaines prérogatives accordées à la femme. Voilà comment nous l'expliquerons. Quand c'est par la mort de la femme que le mariage est dissous, l'intérêt des sommes mobilières et les fruits des héritages constitués en dot courent de plein droit au profit des héritiers de la femme depuis le jour de la dissolution.

Si c'est la mort du mari qui y a donné lieu, la femme a le choix d'exiger les intérêts de la dot pendant l'année du deuil, ou de se faire fournir des alimens pendant ce temps, aux dépens de la succession du mari.

Mais, comme ce n'est que parce que le mari ou ses héritiers retiennent la dot, qu'ils doivent cet intérêt; s'ils venaient à la restituer de suite, la femme n'aurait alors ni alimens ni intérêts à réclamer. Cette disposition est la conséquence de l'article 1565.

L'intérêt diminuera en raison des restitutions qui seront faites. Cela est encore sensible; mais si la femme opte pour les alimens, *quid juris?* D'abord c'est une certaine somme qu'on lui adjuge et qui se règle sur la fortune du mari. Cette somme peut être même supérieure aux intérêts de la dot. Mais, si les héritiers du mari ont déjà restitué des héritages dotaux dont la femme touche les revenus, restitution qui doit avoir lieu aussitôt la dissolution du mariage, on doit y avoir égard. La deuxième disposition semble supposer que toute la dot est restituable en argent. Si elle est restituable, partie en nature d'immeubles et partie en argent, les alimens qui seront donnés devront être en raison de la somme que les héritiers conserveront comparativement aux revenus des héritages qui auront été restitués. S'il n'y a aucunes sommes dotales, seulement des immeubles, la femme n'a pas droit à la pension.

On ferait très-bien de régler par le contrat de mariage quels seraient les droits de la femme relativement à tout cela, dans le cas où elle survivrait à son mari.

Mais, soit que la dot soit restituée de suite ou qu'elle ne le soit pas, soit qu'elle soit mobilière ou non, il est dû à la femme un droit d'habitation pendant l'année de deuil; les habillemens de deuil lui sont également dus: l'on ne peut imputer ni l'un ni l'autre sur les reprises qu'elle a droit de faire.

Les frais de deuil sont des frais de la succession, sous quelque régime que ce soit.

Remarquez que le mari n'a pas droit à ces frais, pas plus qu'à celui d'habitation. Et ce droit d'habitation n'est pas dû à la femme mariée en communauté, ni en régime exclusif de communauté. En régime dotal, il est aussi une dette de la succession. Quand il ne se trouverait point de maison dans la succession du mari, il n'en serait pas moins dû; on paierait alors à la femme une somme pour lui en tenir lieu; et cela quand bien même la femme n'aurait aucuns biens dotaux, qu'ils seraient tous paraphernaux.

Quand même la femme se remarierait

avant l'expiration de l'année, elle pourrait invoquer la disposition de l'article 1570: les héritiers du mari ne pourraient, pour se dispenser de continuer leur obligation, lui opposer qu'elle n'a pas gardé viduité; la loi n'en fait pas à la femme une condition.

Nous avons dit plus haut que le mari était usufruitier du bien dotal; mais nous aurons ici le soin d'observer qu'il y a quelque différence entre cet usufruit et l'usufruit ordinaire. L'article 1571 en est preuve. L'usufruitier, art. 585, prend les lieux dans l'état où ils se trouvent, et le propriétaire, à la fin de l'usufruit, en fait autant. En régime dotal, il n'en est pas ainsi; ils se partagent entre le mari et la femme ou les héritiers de celle-ci, à proportion du temps qu'il a duré pendant la dernière année; c'est à-peu-près comme si l'on disait qu'ils se partagent comme les fruits civils dont parle l'article 586. Si le mariage a duré six mois de la dernière année, ils se partagent par moitié; s'il n'a duré que trois mois, le mari n'a droit qu'à un quart.

Ainsi l'on doit cumuler ensemble la valeur de la récolte des fruits perçus en nature par le mari, cette dernière année et les prix de ferme ou loyer, pour diviser ensuite cette masse entre le mari et les héritiers de la femme, ou entre la femme et les héritiers du mari, dans la proportion du temps que l'usufruit a duré cette année.

Voilà l'exemple tiré de la loi 7, § 1, *ff. solut. matrim., lib.* 24, *tit.* 3. C'est le 1.er octobre que le mariage est célébré, et deux jours après se font les vendanges. Dès le 1.er octobre, le mari a eu droit sur le produit des vignes de sa femme, il en fait donc la récolte. Le 1.er novembre, il les donne à ferme pour une ou plusieurs années. Mais le mari meurt ou divorce le dernier jour de janvier. Il suit que l'usufruit du mari a duré depuis le 1.er octobre jusqu'au dernier de janvier, c'est-à-dire 4 mois ou le tiers de l'année; mais le bail n'a duré que 3 mois pendant le mariage. Maintenant on veut opérer le partage: le jurisconsulte décide qu'on doit cumuler la valeur de la vendange perçue en nature par le mari, avec le quart du prix du bail correspondant aux 3 mois de son existence, et partager ensuite cette masse de manière à en attribuer les deux tiers à la femme et l'autre tiers au mari, parce que son usufruit n'a duré que le tiers de l'année.

*Quid* quant aux fruits pendans encore par racine lors de la dissolution du mariage? L'article 1571 dit d'une manière générale que les fruits des immeubles dotaux se partagent à proportion du temps que le mariage a duré la dernière année. Alors toute espèce de fruits existans est soumise au partage. Le mari en devra donc avoir sa part quand le temps de la récolte viendra; tel était la règle en droit romain. Mais est-ce bien là l'esprit de notre article 1571? Les revenus du fonds dotal sont pour soutenir les charges du mariage. Si, indépendamment des fruits que le mari a déjà récoltés et auxquels il a droit, on lui donne encore ceux qui sont à recueillir et même à naître, on les lui donne pour une cause qui n'existe plus. S'il a droit à toute espèce de fruits que produira le fonds, il faudra alors lui donner sa part même dans les choses qui ne se récoltent pas annuellement, mais tous les 9, 15, 27 ans. Si la propriété se divise en soles, on devra réunir toutes ces soles, en cumuler les revenus qu'on partagera comme des fruits civils. Nous trouvons bien fort que le mari conserve ainsi des droits au fonds dotal, même après le mariage. Cependant il paraît dur également que le mari n'ait aucun droit dans une récolte qui se trouve à sa maturité au moment de la dissolution du mariage, mais qui n'est pas encore faite. Et si nous donnons au mari un droit dans cette récolte, il n'y a pas de raison pour ne pas étendre ce droit à tout ce qui semble en fait de fruits appartenir à l'année ou à la période dans laquelle on se trouve. Il est à remarquer en effet que le législateur n'a pas répété ici ce qu'il a dit au titre de l'usufruit, art. 585; il n'a pas dit que les fruits pendans par branches ou racines appartiendraient à la femme. Restreindre le droit du mari aux seuls fruits récoltés et même récoltables, c'est mal entendre l'article 1571; car il parle indistinctement de fruits, et ceux qui sont par branches et racines sont des fruits; on ne doit donc pas distinguer où la loi ne distingue pas. Il est vrai que le mari a bien perçu les fruits pendans par branches et racines au moment du mariage, et qu'il semblerait que par réciprocité la femme dût percevoir ceux qui se trouveront dans le même état au moment de la restitution de la dot. On répond que le mari y a droit, parce que dès ce moment commence pour lui l'obligation d'entretenir la maison conjugale; et, comme cette obligation se continue jusqu'au moment de la dissolution du mariage, quand ce moment arrive, il a encore droit aux fruits existans, pour l'indemniser des charges auxquelles il a été soumis pendant cette dernière année. Il serait d'ailleurs possible qu'il eût trouvé fort peu de chose lors de son mariage sur le fonds dotal; par exemple, il serait possible qu'il se fût marié après les premières récoltes, et que le mariage finît au moment où les mêmes récoltes sont venues à maturité. S'il n'y avait droit, on ne voit plus où serait son indemnité. Le mari sera donc admis au partage du produit, et lors même qu'une partie des terres n'aurait pas été ensemencée par lui, parce que la récolte de ces semences se trouvera toujours au rang des fruits des fonds dotaux pour la dernière année du mariage, année pendant laquelle le mari a supporté les charges des fonds dotaux. Mais cette règle ne s'appliquerait plus, si les semailles eussent été faites hors l'année du mariage. Il est bien entendu que la femme ou ses héritiers feront subir au mari ou à ses héritiers la déduction que nécessiteront les frais de culture. Le mari n'a droit qu'au produit net.

Nous ne voyons pas un grand inconvénient à appliquer cette règle aux fruits qui se récoltent annuellement; mais étendre cela aux choses qui se récoltent à des époques éloignées, telles qu'aux coupes de bois, nous en voyons beaucoup. Par exemple, le mariage a lieu au moment où la coupe de tel bois est bonne à faire; le mari exploite le bois pour son compte. Onze mois après la coupe terminée, le mariage se dissout; le mariage a duré 10 mois, 11 mois; voilà donc que pour la coupe prochaine le mari aura 11 fois plus de droits que la femme? Cela est ridicule, absurde; il y aurait plus de justice de dire que les droits du mari sont à la coupe ce que 11 mois sont à 9 ans, 18 ans, 27 ans. Ce qui ne semble pas conforme à l'article 1571. Il semble donc que le mari n'aura droit tout au plus à la coupe que dans le cas où elle se ferait dans l'année. On pourrait se fonder sur ce que l'article 1571 n'entend parler que des fruits ordinaires, et non de ceux qui se récoltent périodiquement. Ce qui fait croire qu'il ne s'occupe que des fruits qui se récoltent annuellement, c'est qu'il ne les donne qu'à proportion du temps que le mariage a duré la dernière année. S'il eût étendu le droit aux choses qui se récoltent périodiquement, il n'eût pas dit, en parlant de ceux-ci, qu'ils s'acquéreraient en proportion du temps qu'aurait duré le mariage la dernière année; il eût dit en proportion du temps qu'il aurait duré *la dernière période.*

Néanmoins nous déciderons que l'article 1571 s'applique même à ce cas; que le partage se fera en proportion du temps qu'aura duré le mariage pendant la période, ou si l'on veut jour par jour; parce que quand des fruits ne se perçoivent qu'une seule fois dans plusieurs années, la période ne se compte que pour un an; voyez la loi 7, § 6, 7, *ff. solut. matrim., lib.* 24, *tit.* 3. Ne serait-il pas injuste que le mari, qui peut avoir payé pendant 18, 19 ans, les impôts d'une forêt, n'eût aucun droit aux fruits qu'elle promet?

Mais *quid* quant aux frais de semences

et labours? M. Delvincourt prétend que le mari ne peut les répéter, parce qu'il est censé indemnisé par les fruits qui couvraient la propriété lors du mariage. Pour manifester une opinion contraire, il faudrait s'appuyer sur un texte quelconque, et nous n'en connaissons pas. En cette matière, quand on voit que l'esprit de la loi nous écarte des règles ordinaires de l'usufruit, nous devons nous en écarter; mais, quand rien ne nous avertit de nous en écarter, on ne peut mieux faire que de les suivre.

Cependant nous n'embrassons pas l'opinion de M. Delvincourt. Il n'y a pas de comparaison à faire ici entre le mari et l'usufruitier ordinaire. Ce dernier n'a pas de partage à faire avec le nu-propriétaire. Le mari tient son usufruit à titre tout particulier. Le droit que la loi lui donne sur les fruits de toute l'année, est pour l'indemniser des charges auxquelles il s'est trouvé soumis. Nous pensons donc qu'il a droit de prélever avant partage tous les frais que lui aura occasionnés la culture des fonds, et qu'il pourra faire ce prélévement sur la masse de tous les fruits, sans distinction aucune des productions du fonds. L'article 548 nous semble applicable, au moins par argument.

On ne doit pas se trouver plus embarrassé lorsqu'il s'agit d'usines: on devra, pour connaître la part qui revient à chacun, admettre les parties à jouir ensemble ou à faire exploiter ensemble jusqu'à la fin de l'année.

Pour les approvisionnemens: ceux qui existaient au moment du mariage, lesquels sont dus à la femme, devront lui être restitués en pareille quantité, qualité et bonté, comme choses fongibles; par conséquent on les compensera avec ceux qui se trouveront à la dissolution du mariage, sauf à régler les droits des parties pour ceux qui seront fournis pour terminer l'année.

S'il s'agissait de l'exploitation d'une mine apportée en dot et dont la surface appartiendrait à un tiers, il en serait de même; on attendrait l'expiration de la dernière année du mariage pour faire la répartition du produit entre les parties; par conséquent l'exploitation se fera à frais commun jusqu'à ce moment. Si la mine n'eût été découverte que depuis le mariage, le mari peut en avoir obtenu la concession du Gouvernement: la propriété en resterait au mari, sauf à payer à la femme ou à ses héritiers, la rente ou redevance qui lui appartiendrait en qualité de propriétaire de la surface. Cette surface et cette rente seraient seulement dotales. Voyez la loi du 21 avril 1810, Bulletin des lois, t. 12, p. 355, 4.e série.

Mais si l'exploitation en eût été concédée à la femme, elle la reprendrait à la dissolution du mariage. Le mari ne lui devrait aucuns arrérages de la rente ou redevance pendant le mariage, en la supposant propriétaire de la surface; il aurait dans cette hypothèse réuni la qualité de créancier et de débiteur de la redevance: il y aurait confusion. Le produit des extractions appartiendrait exclusivement au mari, excepté celui de la dernière année, parce que ces produits sont considérés comme des fruits.

S'il s'agit de carrière, tourbière, etc., etc., il faut encore distinguer si elles sont ouvertes avant ou depuis le mariage: dans le dernier cas les produits en appartiendraient à la femme.

Il y a donc une différence entre le cas d'une mine découverte sur un fonds dotal et dont la concession a été faite *au mari*, et le cas où c'est une carrière ou une tourbière qui a été découverte sur le même fonds pendant le mariage. Voir à cet égard les articles 7 et 16 de la loi du 21 avril 1810. La concession n'est donc pas censée faite au mari comme mandataire et représentant de sa femme. Elle est personnelle au mari. Cette loi ne le dit pas expressément; mais elle dit que le concessionnaire devient *propriétaire* de la mine, en par lui payant les droits au propriétaire de la surface. Il en devrait donc être de même en régime de communauté, lorsque la mine étant découverte sur le fonds de la femme, elle est concédée au mari; sauf à payer à sa femme l'indemnité fixée par le Gouvernement, laquelle indemnité a qualité d'immeuble. Si la femme y a plus d'avantage, c'est à elle de tâcher d'obtenir la concession: alors tous les produits de l'extraction lui appartiendront.

Nous fesons une observation sans doute inutile, c'est que le mari n'a droit qu'aux fruits qui se récoltent dans l'année qui suit le mariage, et non à ceux qui se trouvent récoltés, ne serait-ce que de la veille; mais qu'ayant toujours droit à une récolte, si le mariage a duré 12 mois, il doit la faire, lors même qu'à cause des saisons, elle ne peut se faire qu'après ces 12 mois.

On doit également décider que si le mariage a lieu la veille de la récolte, elle appartient au mari, puisqu'il suffit que les fruits soient pendans par branches et racines, sauf le cas où ces fruits se trouveraient aliénés au profit d'un tiers, tel qu'un antichrésiste, d'un créancier saisissant. Mais le mari aurait-il une action en indemnité contre sa femme? Pourrait-il lui dire que les fruits dont il s'agit étant destinés à soutenir les charges du mariage et n'obtenant pas cette destination, elle doit le récompenser d'un autre manière des charges qu'il est obligé de supporter? Nous ne le pensons pas. Elle n'a voulu lui transférer que les droits qu'elle avait: le cas est à-peu-près le même que celui où la récolte serait entièrement mauvaise, le mari n'en devrait pas moins supporter les charges du mariage

Ce que nous venons de dire du régime

dotal doit-il s'appliquer au régime exclusif de communauté ?

La disposition de l'article 1572 a eu pour objet d'effacer les traces qui pouvaient encore exister de la loi *Assiduis*, qui donnait à la femme, non pas une hypothèque, mais un privilége qui primait tous les créanciers antérieurs ou postérieurs au mariage. Cette loi avait un effet rétroactif non moins ridicule qu'injuste, et c'est avec raison que Pothier dans ses Pandectes la signale ainsi: *Sanè iniqua prorsus et à juris principiis absonans hæc lex merito dicitur.*

Le législateur, toujours attentif à l'intérêt des femmes, a encore consacré dans l'article 1573 une disposition extrêmement favorable pour elles. La femme a été dotée, elle a reçu une libéralité ; cette libéralité est, comme toute autre, sujette à rapport, art. 843. L'article 1573 a prévu ce cas : il prévoit que le mari peut avoir dissipé la dot, laquelle ayant été trop légèrement confiée, cesse d'être soumise à la loi du rapport ; non que ce soit dans tous les cas que la femme est dispensée de rapporter la dot, si le mari l'a dissipée ; il faut distinguer.

Si l'insolvabilité est postérieure au mariage, la femme est en faute; elle devait voir si sa dot était en péril; elle pouvait agir, rien ne l'en empêchait. Si l'insolvabilité était antérieure au mariage, la femme cesse alors d'être dans son tort; elle est bien contrainte de rapporter, mais seulement l'action qu'elle a contre son mari. Cependant, s'il avait une profession qui pût faire espérer qu'il serait à même un jour de restituer la dot, la femme doit rapporter la dot même, elle a péri pour la femme; elle supporte l'insolvabilité de son mari.

Cet article n'est pas conçu d'une manière tellement claire qu'il ne laisse encore à désirer. Par exemple, comment savoir si le mari est réellement insolvable à l'époque du mariage? c'est une question de fait assez difficile à juger; d'un autre côté, la profession du mari peut être une faible garantie. Néanmoins on ne peut guère s'écarter du texte de l'article.

Une observation importante, c'est que pour l'appliquer il faut que la dot ait été constituée par le père; car, si la femme était donataire de son père, et qu'en se mariant, elle se fût constitué ce qu'elle avait reçu de son dit père, ce ne serait plus le cas de l'article. Une autre remarque à faire, c'est que, si la dot était constituée par un étranger, *id est* par tout autre que par le père, ce ne serait pas encore le cas de l'article; mais, quoiqu'il n'y soit question que de la dot constituée par le père, si elle eût été constituée par la mère, n'en serait-il pas de même que si elle était constituée par le père? En raisonnant dans l'hypothèse que l'article 1573 est limitatif, nous ne lui donnerons pas plus d'extension à l'égard de la mère qu'à l'égard de tout autre. Il y aurait néanmoins des raisons qui le feraient croire démonstratif; la seule chose qui puisse le faire croire limitatif, c'est qu'il est par exception au principe général des rapports, et que la loi exige de la part du père une plus grande attention qu'à l'égard de toute autre personne. La loi veut que le père ne confie la dot qu'à un gendre raisonnable et rangé; la loi ne veut pas que le père aventure pour ainsi dire la succession que sa fille a à prétendre après sa mort; on en devrait dire autant de la mère. Peut-être la loi n'a-t-elle pas voulu être aussi rigoureuse vis-à-vis la femme que vis-à-vis le mari : elle suppose avec raison plus de discernement dans celui-ci que dans celle-là : elle suppose dans le père beaucoup moins de facilité que dans la mère. C'est une mesure que la loi prend pour conserver la dot de la femme ; telle mesure qui convient à l'égard de telle personne, pourrait ne pas convenir à l'égard de telle autre.

L'article 1573 ne s'applique pas non plus, même à l'égard du mari, en ce qui concerne la dot immobilière ; il ne concerne que la dot mobilière ; quant à l'autre, elle est toujours assurée à la femme, puisqu'elle est inaliénable.

Nous n'appliquerons pas non plus cet article à la femme mariée en communauté. La dot dans ce dernier cas est toujours sujette à rapport ; pourquoi? C'est que le risque de la perte de la dot est balancé par l'expectative de partager une communauté opulente. Quand il y a communauté, la femme qui craint pour sa dot doit provoquer la séparation de biens.

L'article 1573 ne s'applique donc qu'à la femme mariée en régime dotal ; mais nous l'appliquerons à cette femme, quand il y aurait une société d'acquêt établie entre elle et son mari, l'article n'ayant point fait d'exception pour ce cas.

Quand le mari restitue la dot, comme il peut être de son côté créancier de la femme, il peut retenir jusqu'à due concurrence. Il le peut, lors même qu'il aurait avancé les frais funéraires, parce qu'ils sont au compte de la succession de la femme; il est seulement obligé de les avancer, s'il a encore la dot entre ses mains. C'est ce qui est décidé par un arrêt du parlement de Provence, du 16 février 1656, rapporté par Besieux. Cet arrêt est conforme à la loi 13 au Code *de negotiis gestis*, et loi 3 au Code *de religiosis et sumptibus funerum.*

Pour les frais de dernière maladie, il en est autrement; ils sont une charge de la jouissance de la dot. Voyez l'arrêt qu'on vient de citer. Ce sont des charges du mariage et des revenus des biens dotaux; mais, si le mariage avait peu duré, si le mari n'avait presque pas joui de la dot, n'en devrait-il pas? La déduction serait-elle proportionnée à la durée de la jouissance? Cela paraîtrait juste. Mais les principes y sont contraires; car le mari sera toujours indemnisé par les fruits qu'il percevra. Les frais de la maladie ne peuvent être bien considérables quand le mariage a peu duré; il y aura donc toujours compensation.

Un père dote sa fille de 10,000 fr. par exemple; elle donne ces 10,000 fr. à son mari, puis elle meurt. Le don fait au mari est-il valable? On suppose que le père n'a pas donné par préciput et hors part. On dira d'une part que la fille était obligée de rapporter à la succession du père; que ne lui ayant pas donné par préciput, il n'est censé lui avoir donné que la jouissance, que l'usufruit des 10,000 fr. Etant obligée de rapporter, son donataire étant à ses droits, à son lieu et place, il est sujet aux mêmes obligations. Il est vrai qu'elle avait le droit de renoncer à la succession de son père, pour s'en tenir à son don: mais elle n'a pas fait cette renonciation; une renonciation ne se présume pas; on ne renonce pas d'avance à une succession. Rien ne prouve qu'elle eût effectivement renoncé; n'ayant qu'une propriété incertaine dans cette dot, à sa mort tous ses droits s'évanouissent; le mari doit remettre la dot qui n'appartenait point à la femme. C'est la chose d'autrui qui lui a été léguée, il ne peut au moins la retenir que jusqu'à la mort du père.

C'est là la raison de douter peut-être. Voici la raison de décider. La femme ne devait le rapport que dans le cas où elle serait venue à la succession de son père, succession qu'elle n'était même pas tenue d'accepter; succession à laquelle elle ne peut venir, puisqu'elle est décédée avant qu'elle ne s'ouvre; par conséquent il n'y a aucun rapport à faire, la femme ne le doit pas, son donataire ne le doit pas non plus. Le rapport n'est dû que par l'héritier ou cohéritier; or la femme n'est héritière de personne ni cohéritière de personne; son mari, qui est son donataire, n'est pas non plus cohéritier. Le don fait par le père est censé avoir été fait à un étranger; les effets sont les mêmes.

Il ne serait peut-être pas inutile d'entrer ici dans quelques détails sur le rapport de la dot et sur l'influence que ce rapport peut avoir sur les conventions matrimoniales, lorsque le mari est, par exemple, usufruitier des biens de la femme, comme en régime dotal.

Que le bien dotal ait été donné avant le mariage ou par contrat de mariage, si la femme est héritière du donateur, elle ne peut venir à la succession qu'en rapportant. La femme rapportera en nature ou en moins prenant. Le mari ayant des droits sur ce fonds, le rapport ne peut être fait sans qu'il y soit appelé ; mais il ne peut non plus empêcher sa femme d'accepter la succession. La justice l'autorisera valablement à cet effet; la femme, en constituant cet usufruit à son mari, n'a pu s'imposer l'obligation de ne pas rapporter la chose qui en est l'objet: elle n'a pu d'avance renoncer à la succession du donateur. Cela ne peut souffrir de difficulté, sur-tout lorsque le mariage a eu lieu avant la mort du donateur.

Si la femme rapporte en nature le bien qui lui a été donné, que le mari l'autorise à accepter la succession, ou qu'il lui refuse son autorisation, il a droit à une indemnité; car il tient son usufruit à titre onéreux. Sous le régime dotal, point de doute; sous le régime communal et que le mari ait refusé son autorisation, point de doute encore. Mais, s'il la lui accorde, et que les biens tombés au lot de la femme soient moins considérables, devra-t-il lui être fait raison de la différence? C'est demander si, lorsqu'un usufruit est échangé contre un autre usufruit, il y a lieu à indemnité? Non, puisque le conjoint n'en retire pas un profit personnel.

Lorsque le mari a droit à une indemnité dans l'hypothèse posée, en quoi consiste-t-elle? Deux choses y donnent lieu: la non-jouissance, et les réparations ou impenses qu'il peut avoir faites sur le fonds. Pour ces impenses et améliorations, il peut invoquer la loi, que tout donataire qui rapporte peut invoquer lui-même. Or le mari peut invoquer les articles 861 et 862 envers les cohéritiers de celle-ci. Mais *quid* envers sa femme? Aura-t-il recours contre elle pour sa quote-part comme contre les autres? Cela ne fait pas l'ombre d'un doute.

Nous avons dit que la femme venant à la succession du donateur, est obligée de rapporter le fonds dotal qu'elle en a reçu. Mais n'est-ce pas là faire une aliénation prohibée? Si elle n'a pas par l'effet du partage une quotité de biens correspondante à la valeur du fonds, il en sera bien résulté une véritable aliénation dudit fonds. Il a été jugé que la femme, en acceptant une succession, ne peut compromettre sa dot. Voyez Dalloz, Recueil de Jurisprudence, 1825, page 5, 1.er cahier, arrêt de cassation. Si elle ne peut compromettre sa dot quant au paiement des dettes, comment pourrait-elle la compromettre en rapportant? Le cas n'est pas absolument le même. La femme a un moyen de ne pas compromettre sa dot pour le paiement des dettes; c'est d'accepter sous bénéfice d'inventaire: de cette manière la règle qu'on ne peut renoncer à une succession future est maintenue. Mais il y a d'autres moyens de se dispenser du rapport, que celui de renoncer à la succession. Le bénéfice d'inventaire ne serait même pas un remède, puisque l'héritier bénéficiaire est tenu du rapport. Il en résulterait donc que la crainte de compromettre la dot empêcherait toujours d'accepter la succession, et que les cohéritiers de la femme, qui auraient toujours à craindre qu'on attaquât l'acceptation, s'y opposeraient. Ce serait donc pour ainsi dire renoncer d'avance à la succession du donateur, que de se constituer le fonds dotal, puisqu'en l'acceptant on aliénerait évidemment le fonds. Or l'intérêt de la femme répugne à cette idée; et certes on ne peut savoir si la succession est avantageuse qu'en fesant inventaire; et pour faire inventaire il faut accepter.

## XXI.e LEÇON.

### *Des Paraphernaux.*

Nous entendons par biens paraphernaux tous les biens qui ne sont point dotaux, selon le régime dotal. Ce sont des biens qui ne sont ainsi qualifiés qu'en régime dotal; ils sont pour ainsi dire hors mariage. Le mot paraphernal est composé: il signifie, si l'on veut, biens extradotaux, en indiquant les rapports de la femme dans le mariage; c'est là la définition donnée par l'article 1574. Les époux s'étant soumis au régime dotal, tous les biens qui n'ont pas été donnés en dot à la femme, ou qu'elle ne s'est pas elle-même constitués en dot, sont paraphernaux.

Nous avons dit plusieurs fois que la dot était pour soutenir les charges du mariage; la loi elle-même en a des dispositions. Mais la loi prévoit cependant le cas où il n'y a pas de biens dotaux, où il n'y a que des paraphernaux; l'article 1575 décide alors que la femme contribuera pour une portion de ses revenus aux besoins du ménage. Des dispositions semblables se trouvent dans les articles 1537 et 1448.

D'après l'article 1575, tous les biens de la femme mariée en régime dotal peuvent être paraphernaux. Nous avons cependant enseigné que les signes caractéristiques de ce régime étaient la distinction qu'on y fesait des biens dotaux et des biens paraphernaux. Nous n'avons posé cela que comme une règle; nous n'avons pas prétendu que toujours la femme aurait des biens dotaux et des paraphernaux. Il est possible qu'elle ne se trouve avoir que les uns ou les autres. Par exemple, les biens ou les sommes qui composaient la dot ont péri; par exemple encore, elle ne s'est constitué que les biens à venir, et il ne lui en est pas advenu. Dans tous ces cas, la femme n'a que des paraphernaux.

*Vice versâ*, la femme s'est constitué en dot tous ses biens présens, il ne lui en advient pas d'autres; elle n'a que des biens dotaux. L'article 1542 dit que la dot peut frapper tous les biens présens et à venir;

dans ce cas encore elle n'a que des biens dotaux : est-ce une raison pour que les époux ne soient pas en régime dotal? Non; reportez-vous au contrat de mariage, et vous verrez que la distinction des deux espèces de biens peut se faire ; en effet, si la femme se constitue tous ses biens présens et à venir, rien n'empêche qu'on lui fasse une donation, à la condition que le bien sera paraphernal. La distinction existe donc encore même dans ce cas, à plus forte raison dans tous les autres ; mais c'est au temps du mariage qu'il faut se reporter, et l'on voit si le contrat dotal ne laisse pas entrevoir les deux sortes de biens ; car il suffit qu'il les laisse entrevoir, sans pour cela qu'ils existent.

Nous ne supposons point que la femme, s'étant soumise au régime dotal, ait déclaré tous ses biens présens et à venir biens paraphernaux ; un tel contrat ne signifierait rien en régime dotal, V. p. 17 ; à moins que l'inaliénabilité de tous ou de quelques-uns n'eût été stipulée. Alors *quid juris?* Nous avons bien vu sur l'article 1537 que la femme pouvait convenir dans son contrat de mariage qu'elle ne contribuerait point aux charges du mariage et qu'elle toucherait tous ses revenus, sans être tenue d'en fournir la moindre portion à son mari; mais vous voyez que l'article 1537 est sous la rubrique de la séparation de biens, où tous les biens sont libres; mais en régime dotal, cela serait-il permis? Peut-on stipuler l'inaliénabilité des biens de la femme sous quelque régime que ce soit, même lorsque la femme en doit conserver à elle seule tous les revenus?

Cela ne semble pas devoir être en régime de dotalité. Les biens inaliénables doivent produire des revenus dont la destination est pour subvenir aux besoins du mariage; autrement c'est changer la nature de la dot. Aussi, sous l'empire du droit romain, les conventions qui tendaient à changer la nature de la dot étaient nulles. Il n'était pas permis de stipuler que le mari n'aurait pas les fruits de la dot et qu'on en ferait des capitaux pour être restitués à la fin du mariage; qu'autrement la dot serait inutile. Voyez *les lois* 4, 11, 12, § 1.er, *de pactis dotalibus; loi* 21, § 1.er, *de donat. inter virum et uxorem.*

Nous avons bien dit à l'article 1535 qu'on

peut, en établissant une communauté ou une exclusion de communauté, stipuler que la dot de la femme sera inaliénable et régie alors par les principes du régime dotal. Mais ici ces biens inaliénables soutiennent les charges du mariage, c'est le mari qui en perçoit les revenus, et non la femme. On est en *dotalité* quant à ces sortes de biens; c'est un contrat qui participe de deux autres régimes; car vous remarquerez bien qu'on n'est pas en régime dotal proprement dit, puisqu'il n'y a pas de paraphernaux possibles. D'ailleurs il n'est pas autant de rigueur qu'il y ait des paraphernaux en régime dotal que des biens dotaux. Les paraphernaux sont des signes du régime dotal; mais ils ne sont pas de l'essence de ce régime, tandis que les biens dotaux sont de l'essence du régime dotal. Le but de cê régime, c'est moins encore que les biens soient inaliénables, puisqu'on en peut stipuler l'inaliénabilité, que de les destiner à supporter les charges du mariage. Il est vrai que, lors même que le fonds dotal est aliénable par le contrat, cette aliénation n'est permise qu'au mari, et non à la femme, qui ne peut faire aucun acte tendant à perdre la valeur du fonds. Mais toujours est-il qu'en stipulant l'inaliénabilité d'un fonds, on se soumet, quant à ce point, aux règles du régime dotal; or sous ce régime les fruits sont destinés à soutenir les charges du mariage, art. 1540. Nous disons qu'on ne peut faire de stipulation contraire, parce que l'inaliénabilité est contre la règle; c'est une exception qu'on ne peut étendre contrairement aux principes qui l'ont fait admettre. On ne peut aller jamais contre ce qui est de l'essence du contrat.

L'article 1575 suppose bien que la femme n'a que des paraphernaux, partant des biens dont elle a la jouissance et les revenus. Mais il faut remarquer que la loi ne les suppose pas inaliénables. Il suppose néanmoins le régime dotal; mais il ne suppose pas un contrat où tous les biens de la femme sont dits inaliénables, ou seulement quelques-uns, sans que l'administration en appartienne au mari et que les revenus soient destinés à soutenir les charges du mariage. Comme on l'a déjà dit, il n'est pas indispensable que le fonds dotal existe actuellement, il suffit qu'il puisse exister. Mais, en se soumettant au régime dotal, il faut de toute nécessité qu'il puisse y avoir des biens dotaux selon ce régime; autrement point de régime dotal; on va au-delà de l'exception permise par la loi. Par exemple, on pourrait convenir que la femme administrera tous ses biens; que tous les biens présens et à venir seront libres, mais que les revenus seront remis en tout ou en partie au mari, afin que dans les mains de ce dernier ils forment des capitaux qui seront placés immédiatement. Alors ces revenus composent le fonds dotal.

Cela n'est point contraire à la disposition du droit romain qui défendait de stipuler que le mari n'aurait pas les fruits de la dot et qu'on en fît des capitaux pour être restitués à la femme. Dans notre espèce, la femme n'a de bien dotal du régime dotal que les revenus de ses biens libres. Ces revenus sont capitalisés pour produire eux-mêmes des revenus par le placement qui en est fait. Le mari a donc ici véritablement les fruits de la dot; dans l'espèce de la loi romaine, il ne les a pas. Dans la loi romaine, c'est le fonds dotal qui constitue la dot; ce fonds doit donc être administré par le mari et produire des fruits qui soient employés à leur destination ; destination prescrite par l'article 1540.

Doit-on bien néanmoins pousser la rigueur du principe jusqu'à dire que la femme ne pourrait pas se réserver l'administration du fonds dotal?

On ne sent pas trop pourquoi on ne pourrait pas donner cette administration à la femme. Le principal est que la dot soit inaliénable et destinée à soutenir les charges du mariage; la femme serait alors mandataire comptable, mandataire perpétuel et irrévocable; mandat permis par l'article 223, puisqu'il est relatif à l'administration des biens de la femme. Le mari aurait action pour se faire rendre compte, et le mari administrerait alors ces revenus comme bon lui semblerait. Ce qu'on pourrait objecter, c'est que l'article 223 veut que la procuration générale donnée à la femme ne soit valable qu'en ce qui concerne l'administration des biens de la femme, non en ce qui concerne les biens du mari, et que la dot de la femme appartient au mari, non à la femme; que le mari en est le maître pendant le mariage. Ce ne serait là qu'une subtilité. Il n'est pas vrai que le mari soit maître de la dot; il l'est de la dot mobilière, mais non de la dot immobilière. Ce n'est que par des subtilités que l'on peut soutenir que les biens dotaux de la femme cessent de lui appartenir; ils lui appartiennent tellement, qu'on a pris des mesures pour qu'elle n'en puisse pas perdre la propriété; l'article 223 est donc applicable, et le mandat est irrévocable. Le mari n'aurait pas moins également toutes les autres actions de la dot; la femme n'aurait que le simple droit d'administrer.

Quoi qu'il en soit, nous décidons que la femme ne peut avoir le droit d'administrer le fonds dotal, et nous nous fondons sur l'article 1549, qui dit formellement qu'au mari seul appartient cette administration.

Malgré la lettre de l'article 1575, la femme contribue à tous les frais du ménage, si le mari n'a aucuns biens, lors même que le contrat de mariage la dispenserait d'y contribuer. Voyez à cet égard ce que nous avons dit en matière de séparation contractuelle.

Nous n'aurions pas besoin de demander qui a le droit d'administrer les biens paraphernaux; nous nous en sommes souvent expliqués. L'article 1576 dit que c'est la femme. Si l'on se rappelle tout ce que nous avons dit de la femme séparée de biens, nous pouvons le dire de la femme qui a des paraphernaux. A l'égard de ces biens, sa capacité ou son incapacité est la même que celle dont parlent les articles 1449 et 1536. Elle passe des baux, donne des quittances, reçoit les capitaux et dispose de son mobilier. Elle fait en un mot toute espèce d'actes d'administration. En recevant ses capitaux, elle peut non-seulement donner décharge, mais encore consentir à la radiation des inscriptions qui avaient été prises à son profit; l'autorisation maritale n'est pas même nécessaire en ce cas. Ainsi l'a décidé un arrêt de la Cour de Turin, du 19 janvier 1810. Mais la femme pourrait-elle sans autorisation de son mari faire un bail à longues années? Ces sortes de baux sont considérés comme une sorte d'aliénation; ils excèdent les bornes d'une simple administration. Nous ne pensons pas qu'ils soient obligatoires pour la femme au-delà de neuf ans, quoique la femme dont il s'agit ait plus qu'une simple administration.

Elle ne peut non plus plaider seule, l'autorisation de son mari ou celle de la justice lui est indispensable ; et lors même que son mari l'autorise, nous ne pensons pas qu'il soit passible d'aucuns dépens, même sur les revenus des biens dotaux. Ainsi que nous l'avons établi en notre premier volume.

Si la femme a le droit d'administrer, elle n'a pas celui de donner d'hypothèque, de vendre sans l'autorité de son mari ou de justice. Il n'en était pas ainsi sous l'empire des lois romaines. Les femmes pouvaient aliéner leurs biens paraphernaux; elles pouvaient même les donner sans l'autorisation du mari ; elles pouvaient seules exercer toutes sortes d'actions relativement à ces biens. Ces lois étaient suivies dans les pays de droit écrit; elles l'étaient par les coutumes d'Auvergne et de la Marche qui reconnaissaient des paraphernaux.

La loi nouvelle leur a ôté cette faculté; mais elle n'a rien décidé quant aux mariages contractés avant le Code dans les pays où les femmes avaient la disposition de leurs paraphernaux. Jouissent-elles encore du même avantage? Non. Quand il s'agit d'une loi qui règle l'état des personnes, elle s'exécute au moment même de sa promulgation, mais seulement pour l'avenir. Pour tout ce qui a été fait, la loi le respecte; autrement elle aurait un effet rétroactif. Tout ce que ces femmes auront fait jusqu'à l'instant de la promulgation du Code sera valable; mais, dès le moment où il a paru, leur droit a été restreint pour l'avenir.

Le Code établit donc aujourd'hui que le mari doit donner son autorisation à l'aliénation des biens paraphernaux; mais il ne décide pas si le mari est garant du remploi. La Cour de Toulouse, par un arrêt du 29 mars 1809, l'a décidé négativement. Il existe aussi un arrêt de la Cour de Besançon sur la même question; cette dernière a décidé le contraire de celle de Toulouse, c'est-à-dire qu'elle décide affirmativement la question. La Cour de Besançon se fonde sur l'article 1450. Celle de Toulouse prétend que l'article 1450, étant sous le chapitre du régime de communauté et non sous celui du régime dotal, il renferme une disposition pénale; que par cela seul elle ne peut point avoir d'extension. La question nous paraît difficile; mais, s'il nous est permis de donner notre opinion, nous dirons que le Code n'a point, par des dispositions particulières, réglé la capacité de la femme par rapport à ses paraphernaux. Il n'a fait que dire qu'elle en avait l'administration ; le peu de soin qu'il prend à cet égard ne laisse point à douter que son intention a été qu'elle eût la même capacité que celle séparée de biens ; relativement à ses paraphernaux, il la met sur la même ligne. Il n'est pas douteux non plus que si la femme, par rapport à ses paraphernaux, est vis-à-vis de son mari sur la ligne de la femme séparée de biens ; il ne doit pas y avoir de doute que le mari de la femme mariée en régime dotal est aussi vis-à-vis sa femme en ce qui concerne ses paraphernaux, ce qu'il est vis-à-vis sa femme séparée de biens. Nous renvoyons donc à cet égard à l'article 1450 ; mais nous croyons que le mari n'est garant qu'autant qu'il y a présomption qu'il a profité du prix de l'aliénation. Voyez ce que nous avons dit sur cet article. Nous ne pensons point que, lorsque la femme vend, il y ait présomption qu'elle le fait pour l'intérêt seul de son mari ; pour que cette présomption existe, il faut le concours des circonstances dont parle l'article 1450.

Si nous admettons que le mari est garant du remploi lorsqu'il a autorisé sa femme, ou que ne l'ayant pas autorisée il a néanmoins touché le prix de l'aliénation, il nous semble qu'on peut également admettre que la femme a une hypothèque pour sureté de la reprise qu'elle a à faire à cet égard. Plusieurs cours ont en effet décidé que la femme avait une hypothèque pour ses sommes extradotales, qu'elle l'avait sous quelque régime qu'elle se trouvât, ce qui s'applique au cas où elle est séparée de biens; mais que pour ce qui n'est pas dotal l'hypothèque n'existe qu'à la charge d'inscription, et l'hypothèque ne date que de l'inscription.

La Cour de Riom, par un arrêt du 19 août 1818, et un autre du 20 février 1819, a adopté un système contraire. On ne peut cependant se dissimuler que la femme mariée en régime dotal, ainsi que la femme séparée de biens, peuvent avoir des réclamations à faire sur les biens de leurs maris, non-seulement en ce qui concerne l'aliénation de leurs biens libres, mais encore en ce qui concerne l'administration de leurs biens, qu'elles peuvent avoir confié à leurs maris. Il est vrai que rien ne les oblige à leur confier cette administration. L'article 1577 confirme même jusqu'à un certain point cette opinion, en disant que, si la femme donne sa procuration au mari pour administrer ses biens paraphernaux, avec charge de lui rendre compte des fruits, il sera tenu comme tout mandataire. Or le mandant n'a point d'hypothèque sur les biens du mandataire.

D'autres ont prétendu que l'hypothèque existait indépendamment de toute inscription. Cependant la loi reconnaît deux sortes d'hypothèques légales, l'une affranchie d'inscription, l'autre qui ne l'est pas. Les articles 2121, 2134, 2135 n'en laissent pas le moindre doute. L'article 2121 accorde à la femme une hypothèque légale sur les biens de son mari, pour ses droits quelconques.

L'article 2134 pose en principe que toutes les hypothèques légales, judiciaires ou conventionnelles, n'ont de rang que du jour de l'inscription, sauf les exceptions dont parle l'article 2135. Cet article en effet détermine ces exceptions; conçu dans un esprit de limitation, il borne l'affranchissement de l'inscription à la dot et aux conventions matrimoniales. D'où l'on peut conclure que tous les autres droits de la femme, notamment ses extradotaux, sont soumis à la règle générale. Sous quelque régime que ce soit, il n'y a que les sommes dotales d'affranchies de l'hypothèque; par exemple, en régime de communauté, pour toutes espèces de reprises de la femme, parce que tout y est dotal. Au reste voyez un arrêt de la Cour de Riom, du 4 mars 1822.

Rien n'est plus divergent que la jurisprudence sur cette question extrêmement importante. M. Grenier établit avec une très-grande force tous les moyens qu'on peut fournir en faveur de l'opinion que l'on vient d'émettre; opinion que nous n'adoptons point cependant. Et nous adoptons pour raisons celles qui ont motivé l'arrêt de cassation du 11 juin 1822, qu'on trouvera, si l'on veut, dans M. Merlin, t. 16, Rép. de Jurisp., v.° inscription, page 427.

Nous ne nous arrêterons presque point à l'article 1577. Nous dirons cependant que la règle qu'il établit s'applique également à la séparation de biens. Nous avons sur l'article précédent avancé que la femme ayant confié l'administration de ses paraphernaux à son mari, elle aurait ou pourrait avoir des reprises à exercer, et que pour sureté de ce elle avait une hypothèque légale. Nous le pensons sincèrement. Mais nous devons faire observer qu'un arrêt de la Cour d'Aix, du 19 août 1813, a décidé que, si l'administration n'a point été donnée par contrat de mariage, la femme n'a point d'hypothèque ; que, donnée par contrat de mariage, elle formait une convention matrimoniale emportant hypothèque. Nous pensons que l'hypothèque existe dans l'un comme dans l'autre cas.

La femme doit avoir cette hypothèque, c'est une garantie pour elle ; car, quoiqu'elle soit libre d'administrer elle-même ses paraphernaux, elle n'en est pas moins soumise à la puissance maritale. Par des raisons que le législateur a pressenties, la femme peut être forcée de donner sa procuration à son mari ; c'est pourquoi il a été dans l'intention de la loi de venir au secours de sa faiblesse, même dans ce cas particulier.

Dans l'intérêt des tiers, on fait bien de suivre l'opinion de M. Grenier et de prendre inscription. Mais cela n'est pas de rigueur; du moins c'est notre opinion.

L'article 1577 prévoit le cas où le mari gère les biens paraphernaux d'après un mandat. L'article 1578 prévoit celui où le mari en jouit sans pouvoir exprès, en vertu d'un mandat seulement tacite. Si la femme n'a point formé opposition à cette gestion, si elle n'a point d'une manière quelconque révoqué le pouvoir tacite qu'elle avait donné; il ne doit à la dissolution du mariage que les fruits existans encore, et non ceux qui ont été consommés jusqu'alors. Si pendant le mariage il lui plaît de reprendre la gestion qu'elle a ainsi cédée à son mari, il en est de même. Il ne doit que les fruits existans. Une disposition tout-à-fait semblable se trouve dans l'article 1539.

Mais vous remarquerez bien que, quel que soit le pouvoir que la femme donne à son mari concernant l'administration de ses paraphernaux, il n'a pas le droit de les aliéner sans la participation de sa femme. La femme pourrait, en quelque temps que ce fût, les revendiquer. Pour qu'il puisse valablement vendre ces biens, il faut une procuration spéciale. Dans cette procuration on fait bien d'expliquer si le mari a pouvoir de recevoir. Quand même cela ne serait point exprimé, nous pensons néanmoins que le mari aurait le droit de toucher le prix de la vente. Autrefois il était même censé avoir employé ce prix selon les intentions de sa femme, sans que cela fût justifié par écrit. Nous ne croyons pas que ce soit la jurisprudence d'aujourd'hui. Nous avons déjà vu que le mari était garant du remploi, lorsqu'il autorisait sa femme à vendre et qu'il était présent au contrat, ce qui est extrêmement juste; dire que le mari est censé avoir employé ces deniers selon l'intention de la femme; ce n'est plus le rendre responsable. Il ne peut même faire aucun remploi, dans ces différentes circonstances, sans l'aveu et l'acceptation de sa femme.

D'ailleurs le mari est comptable, puisqu'il est chargé de pouvoirs. Il est vrai que l'article 1577 dit que le mari est comptable quand la femme lui a imposé cette obligation; donc, quand elle ne la lui impose pas, il n'a pas de compte à rendre. Mais il faut faire attention qu'il ne s'agit dans l'article 1577 que d'un compte de fruits et d'une procuration tendante à administrer les paraphernaux; mais non d'un pouvoir de vendre. Quand ce dernier pouvoir lui est donné, il doit rendre compte, quand même la femme ne lui imposerait pas cette obligation, parce qu'alors il n'est qu'un mandataire ordinaire. Il serait même comptable, quand même le pouvoir le dispenserait de rendre compte. Une telle clause serait nulle; autrement il n'y aurait aucune raison pour que la femme ne donnât tous ses paraphernaux à son mari; car le dispenser de rendre compte du prix, c'est le lui donner. Mais toujours est-il que le mari, en vertu de son mandat exprès ou tacite, peut toucher les différentes créances paraphernales; et, tant qu'il n'y a pas opposition de la part de la femme, il fait les fruits siens, quels qu'ils soient. Voyez au surplus ce qu'on a dit à l'article 1539.

L'article 1579 statue pour le cas où le mari a joui des paraphernaux, malgré l'opposition constatée de la femme.

Cet article est incomplet en ce sens

qu'il ne dit pas quels sont les moyens que la femme doit employer pour former cette opposition ; cela, il est vrai, regarde la procédure. Nous pensons qu'il lui suffit de faire faire une sommation dans les formes ordinaires : elle fera preuve de l'opposition. La loi ne semble exiger que cela. La femme prouvera ensuite que son mari a joui des paraphernaux ; car il ne sera comptable que des fruits à partir de l'opposition constatée ; ceux qu'il a recueillis antérieurement, il est censé les avoir recueillis en vertu de la permission de sa femme.

Le mari, ayant la jouissance des paraphernaux, est tenu à des obligations, la femme l'eût-elle même dispensé de rendre compte. Ces obligations sont celles d'un usufruitier. C'est la disposition de l'article 1580. Il doit conserver ces biens. Il devient responsable des pertes et dégradations que sa négligence peut leur faire éprouver. Mais une observation qui n'est pas sans intérêt, c'est que, s'il est obligé de rendre compte des fruits à sa femme, il n'est plus usufruitier. Il est tenu à d'autres obligations, celles de mandataire.

Il est tenu des obligations d'un usufruitier, dit la loi. Mais, lorsque le contrat de mariage ou tout autre acte lui donne le droit d'administrer sans lui imposer l'obligation de rendre compte, est-il obligé de donner caution de jouir en bon père de famille? Certes l'obligation de donner caution est bien une de celles de l'usufruitier. Nous ne pensons pas que ce soit là l'esprit du Code; en général les maris sont dispensés à l'égard de leurs femmes de donner caution. La femme a une ressource que n'a point le propriétaire en matière d'usufruit; c'est l'hypothèque légale. D'ailleurs l'article 1580 est fait dans la supposition que le mari jouit sans ordre, ou en vertu d'ordre tacite de sa femme.

Il est facile de conclure des dispositions que nous venons de voir que la femme a une action contre son mari; qu'elle peut agir et plaider contre lui; que, s'il est son débiteur, elle a le droit de le poursuivre, et que ses créanciers ont le même droit, art. 1166; qu'ils peuvent saisir et arrêter entre ses mains. Cela s'applique à la séparation de biens. Mais, lorsqu'il y a communauté entre les époux, l'un d'eux a-t-il une action contre l'autre pour les différentes créances qu'il a contre lui? Nous avons agité cette question dans notre premier volume, p. 507, et dans le second, p. 498, et nous avouerons qu'il y a contradiction entre ces deux décisions. Mais ce qui a occasionné cette contradiction, ce sont les deux arrêts contradictoires que nous avons rapportés; mais, puisqu'il faut prendre un parti, nous adoptons l'arrêt du 10 frimaire an 13, cité au second volume, p. 498. Nous avons voulu dans notre premier volume, p. 508, comparer la femme commune avec celle mariée en dotalité; cette comparaison est vicieuse d'après l'arrêt du 10 frimaire an 13.

La femme ayant des paraphernaux, touchant des revenus, aura nécessairement des sommes à sa disposition. Pourra-t-elle faire des acquisitions? Sans doute; mais lui faudra-t-il le consentement de son mari? Nous le pensons. L'article 217 semble être précis à cet égard. Il est vrai qu'il dit: *la femme, même non commune et séparée de biens*; il n'est point question de la femme mariée en régime dotal et qui a des paraphernaux. Si l'on recherche l'esprit de la loi, l'on verra que cette femme n'est pas plus libre que les autres. Le mari a intérêt à connaître tous les actes que la femme fait; n'y aurait-il pas un intérêt pécuniaire, il en a un autre bien plus majeur encore; c'est celui qui a sa source dans les mœurs. Mais il a l'un et l'autre intérêt; car il doit veiller non-seulement à la personne, mais encore aux biens de sa femme. Quand l'article 217 parle de la femme non commune et même séparée, il veut parler de toutes les femmes, même de celles qui ne sont pas en communauté; ce qui comprend celle mariée en régime dotal, comme les autres qui ont fait exclusion de communauté. La femme mariée en régime dotal a dû bien plus encore fixer son attention que la femme non commune proprement dite; car celle-ci n'a pas les moyens d'acquérir que l'autre se trouve posséder. La défense est bien faite à la femme mariée avec séparation de biens; certes il y a même raison pour la femme mariée sous le régime dotal. Nous avons vu en effet que, relativement à ses paraphernaux, cette dernière était sur la même ligne que la femme mariée avec séparation de biens.

Vous comprenez bien, Messieurs, que

l'article 217 doit être coordonné avec les articles 1449, 1536, 1576, qui, donnant à la femme le droit d'administrer, lui permettent par conséquent des ventes et tous les actes que comporte cette administration. Ce sont les acquisitions d'immeubles qu'elle ne peut faire sans le consentement de son mari. Du reste voyez ce que nous avons dit sur la femme séparée contractuellement.

En général le droit d'acquérir n'est point interdit à la femme; cependant on a demandé si, lorsqu'elle n'a point de paraphernaux, la femme mariée sous le régime dotal pouvait faire des acquisitions. Si la femme n'agit que comme mandataire, caution ou solidaire de son mari, nul doute que l'héritage appartiendra exclusivement au mari.

Mais si elle achète conjointement ou solidairement avec son mari, se serait-elle constitué en dot tous les biens présens et à venir, la jurisprudence admet que le bien appartiendra pour moitié à chacun des époux, sauf à la femme à tenir compte de la moitié du prix, soit au mari lui-même, soit à ses héritiers, soit à ses créanciers ou légataires. Voyez un arrêt de la

Cour de Grenoble, du 22 juillet 1811, Journal du Palais, 1.er vol., pag. 122. Le droit romain est conforme à ce principe; voyez la loi première et la loi 6 au Code *Si quis alteri, vel sibi*; voyez la loi 9 également au Code *Donationibus inter virum et uxorem.*

Mais cela soit dit sans préjudicier à la disposition des lois commerciales, relativement aux femmes des faillis; car dans ces cas les biens, quoiqu'acquis en leur nom, sont censés acquis par les maris, *si elles ne prouvent que les deniers leur appartenaient.*

Nous pourrions en dire autant de la femme du comptable. Quoique la loi du 5 septembre 1807 n'accorde qu'à la femme séparée de biens le droit de prouver que les acquisitions faites au nom de la femme depuis la nomination du comptable ont été acquises des deniers qui lui appartiennent, si la femme de ce comptable est mariée en régime dotal et a des paraphernaux, ne peut-elle pas prouver l'origine des deniers qui ont payé l'acquisition, et de cette manière soustraire le bien au privilége du trésor?

Nous observerons néanmoins que la loi

citée ne donne ce droit qu'à la seule femme mariée avec séparation de biens; mais n'y a-t-il pas même raison? Alors il doit y avoir même décision. Pourquoi admettre la preuve contre la présomption que ces biens acquis l'ont été avec les deniers du trésor? C'est parce que la femme a des biens sur lesquels elle peut faire des économies. Elle a du mobilier qu'elle a pu vendre: n'en est-il pas ainsi en régime dotal? Nous ne nous dissimulons cependant pas qu'il existe ici une différence entre la séparation de biens et le régime dotal. En séparation de biens la femme conserve toujours la propriété de ses meubles et immeubles. En matière de régime dotal, la femme a des paraphernaux, mais pas toujours: quelques-uns de ses immeubles sont dotaux; son mari en a la jouissance; son mobilier est aussi quelquefois dotal; la femme en perd parfois non-seulement la jouissance, mais encore la propriété; les droits de la femme varient bien plus en régime dotal qu'en séparation de biens, où ils sont tous fixés sur la tête de la femme. Ces différences établissent donc des présomptions en faveur de la femme séparée de biens, que la loi ne peut établir en faveur de la femme mariée en régime dotal, à moins d'établir des distinctions qui rendraient l'application de la règle infiniment difficile.

Mais il peut se faire que l'immeuble acquis par une femme qui n'a pas de paraphernaux ait été payé. *Quid juris?* Alors le mari est censé avoir prêté les deniers; mais nous ne pensons pas qu'elle soit censée avoir rempli un mandat tacite de son mari. La Cour de Riom, Sirey, t. 12, 2. p.e, p. 19, a jugé le contraire; l'acquisition avait eu lieu pendant l'absence du mari; peut-être des circonstances particulières ont-elles déterminé cette Cour. Mais nous préférons l'arrêt de la Cour de Grenoble, du 22 juillet 1811, que nous avons cité il y a un instant.

On demande ici si la femme qui s'oblige dans l'intérêt bien prouvé de ses paraphernaux, est tenue sur ses biens dotaux? La Cour de Nîmes, Sirey, t. 4, 2 p.e, p. 538, a décidé que les dépens obtenus contre la femme dans un procès relatif à ses paraphernaux, peuvent être répétés sur ses biens dotaux pendant la vie même de son mari, lorsque celui-ci a autorisé sa femme. L'arrêt est rendu sous l'empire des anciens principes. La loi n'a même pas dit que le fonds dotal pourrait être vendu pour l'intérêt, pour les réparations, par exemple, des biens paraphernaux. Comment croire que la femme puisse par des conventions contracter des engagemens qu'il n'est même pas permis à la justice d'autoriser?

En se soumettant au régime dotal, les époux peuvent néanmoins stipuler une société d'acquêts. Et les effets de cette société sont réglés comme il est dit aux articles 1498 et 1499. Telle est la disposition particulière de l'article 1581.

Cette clause était très-usitée dans les pays que régissaient les lois romaines, notamment dans le ressort du parlement de Bordeaux. Cette société a, comme vous le voyez et comme le dit l'article 1581 lui-même, une très-grande affinité avec la communauté d'acquêts. Elle se compose, comme elle, activement et passivement; elle se dissout de la même manière; elle est soumise aux mêmes prélèvemens; la femme l'accepte ou la répudie de la même manière que l'autre; le partage s'en fait de la même manière, etc., etc.

Le législateur lui a donné cependant un nom différent; il l'appelle société d'acquêts, tandis que l'autre s'appelle communauté d'acquêts. C'est avec raison. Dans la société dont parle l'article 1581, la femme a véritablement le titre d'associé; elle n'est pas seulement en communauté; elle a un droit actif dans cette société, elle est *in actu*; tandis que dans l'autre elle est plutôt *in habitu*; elle n'est pas sociétaire, elle n'a qu'une espérance de l'être. Dans la communauté d'acquêts tous les revenus des propres de la femme y tombent, et c'est le mari lui-même qui les recueille; c'est lui qui administre les biens de la femme. Dans la société d'acquêts les revenus des paraphernaux de la femme, ainsi que les différentes économies de la femme, tombent également dans cette société; mais la femme elle-même administre ses biens paraphernaux, touche les revenus, s'en sert pour son administration.

En effet le mari a pendant la durée du mariage le droit d'administrer la société d'acquêts; il a un pouvoir sur elle absolument semblable à celui qu'il a en régime de communauté; mais le pouvoir qu'il a ne nuit point, ou ne doit point nuire à celui que la loi donne à la femme sur ses paraphernaux, quoique, comme nous l'avons déjà dit, les économies de ces paraphernaux tombent dans la société. Les choses mobilières ou immobilières que la femme achète appartiennent sur-le-champ au mari, du moins il a le droit d'en disposer; mais nous ne pensons pas que les différens fruits qu'elle recueille, les denrées qui lui appartiennent, soient à la disposition du mari: elle doit avoir la faculté de les vendre, cela fesant partie de son administration. Elle n'est pas non plus tenue de lui remettre les différentes sommes qu'elle touche, les fruits civils, les intérêts des créances. Ce serait ôter le nerf de son administration; mais, lorsqu'elle a acheté des choses même mobilières, avec l'idée de les conserver, non avec l'idée d'en faire quelque bénéfice, cela appartient alors à la société.

Les époux ne peuvent du reste trop bien cimenter un contrat de mariage qui porte la clause dont il s'agit. S'ils ont envie de lui faire subir quelques modifications, ils doivent faire en sorte qu'elles ne soient pas prohibées par la loi. Ils doivent prévoir sur-tout les différentes contestations qu'elle peut laisser à sa suite.

Les époux doivent avoir soin de ne pas mêler leurs effets mobiliers avec ceux de la société; ils doivent faire inventaire de tout ce qui leur advient. Cet acte est très-important; car les choses qu'ils recueillent par succession, donation et legs, ne tombent point dans cette espèce de communauté, de société; il n'y a que ce qui provient de leur industrie et de leur économie.

M. Duveyrier a dit dans son rapport au Tribunat qu'on pouvait encore stipuler que les acquêts de la société appartiendront au survivant des époux, ou qu'ils seront réservés aux enfans provenus de leur mariage; clause qui, comme le dit M. de Malleville sur l'article 1581, était ordinaire dans les contrats soumis à l'empire de la jurisprudence du parlement de Bordeaux. Voyez Lapeyrère, p. 3, et Salviat, p. 7 et suivantes.

Cette clause avait l'effet de transporter la propriété des acquêts aux enfans dès l'instant de la dissolution du mariage, et le survivant n'avait que la jouissance de sa part.

Le survivant pouvait aliéner ces acquêts pour le paiement des dettes par lui contractées pendant le mariage, la moitié seulement qui lui revenait pour les dettes antérieures; mais aucune partie ne pouvait l'être pour les dettes postérieures au mariage. Si le survivant les aliénait, les enfans pouvaient évincer l'acquéreur en répudiant l'hérédité pour s'en tenir aux acquêts.

M. Duveyrier ajoute que les acquêts dont il s'agit peuvent encore être réservés aux enfans, pourvu que l'ordre légal des successions soit maintenu et la loi limitative des donations respectée.

Cette sage restriction de M. Duveyrier, jointe à l'opinion de M. de Malleville, est d'autant plus faite pour séduire que ce sont deux législateurs qui parlent. Mais nous devons le dire avec franchise, sauf à nous rétracter si nous sommes dans l'erreur, nous ne pensons pas que cette opinion puisse se concilier avec nos nouveaux principes. Un mot échappé au législateur même qui a fait la loi est souvent un trait de lumière qui nous conduit dans les endroits les plus ténébreux; mais souvent ce mot n'est qu'une opinion particulière échappée à l'orateur, et qu'on ne peut suivre qu'en tombant dans les plus graves erreurs. Sans doute pour bien étudier la loi il faut se pénétrer des motifs qui l'ont dictée; mais on tombera encore bien moins dans l'arbitraire en étudiant la loi dans la loi même. D'ailleurs une conséquence qu'un orateur, législateur il est vrai, a pu tirer d'un article projeté ou adopté, ne peut être un arrêt irréfragable. Il a pu se tromper; quoique l'un des auteurs de la loi, il n'a pu en apprécier dans un instant toutes les conséquences; il a pu se tromper dans l'application qu'il en a voulu faire.

D'abord, et comme nous avons déjà eu occasion de le dire, la règle dans notre nouveau droit, c'est qu'on ne peut disposer par donation qu'en faveur d'une personne conçue, art. 906. D'après l'article 894 il faut qu'il y ait dépouillement actuel de la part du donateur. L'article 943 veut que la donation ne comprenne que les biens présens.

Il est vrai que les articles 1082, 1084, 1086, 1093 permettent des donations de biens à venir. Il est vrai encore de dire que les articles 1048, 1049, 1082, 1084,

1086, 1514 permettent de donner à des enfans qui ne sont pas encore conçus; mais qui ne voit pas que ces articles sont des exceptions à la règle? Les articles 1048 et 1049 font exception à l'article 896 qui prohibe les substitutions. D'après ces deux articles, des enfans peuvent être substitués à leur père ou mère; encore la substitution doit-elle s'étendre à tous les enfans nés et à naître. La clause dont parle M. de Malleville, qui réserve les acquêts aux enfans qui proviendront du mariage, n'est pas une véritable substitution fidéicommissaire; mais c'est toujours une stipulation qui contient une libéralité au profit d'enfans à naître et qui limite le droit à quelques-uns seulement de ces enfans, puisque ceux d'un mariage antérieur ou postérieur en seraient exclus; par conséquent c'est violer non-seulement ces deux articles, mais encore l'article 906.

Les articles 1082, 1084 et 1086 permettent bien de disposer en faveur d'enfans qui naîtront de tel mariage; mais qui ne voit pas que ces articles sont inapplicables à notre espèce, puisqu'ils sont eux-mêmes des exceptions et qu'ils ne disposent que pour le cas où la donation est faite par contrat de mariage en faveur du futur ou de la future? Par conséquent ce sont des étrangers qui donnent. Comme ils veulent favoriser le mariage projeté, il est juste que leur libéralité s'étende jusqu'aux enfans qui en naîtront, dans le cas où le donateur survivrait au donataire; de même qu'il est juste que de tels enfans, plutôt que ceux d'un autre mariage, soient, dans la pensée du disposant, compris dans la donation; règle qui d'ailleurs ne doit s'appliquer qu'avec circonspection.

Mais de quoi s'agit-il dans la stipulation dont parle M. de Malleville? D'une stipulation qui assure aux enfans qui naîtront seulement du mariage actuel, des biens qu'on acquerra et auxquels ils auront droit même en répudiant l'hérédité du père et de la mère; et ce sont précisément les père et mère qui sont les donateurs. Si les père et mère sont les donateurs, ce n'est donc plus un cas qui rentre dans les exceptions posées dans les articles 1082, 1084, 1086. Ces deux cas n'ont de point de ressemblance qu'en ce que dans l'un comme dans l'autre, des biens à venir sont donnés, et que des enfans non encore conçus sont compris spécialement dans la disposition. Mais en combien de points ne diffèrent-ils pas? D'abord dans les articles 1082, 1086, le donateur a le droit de disposer à titre onéreux, tant des biens présens que des biens acquis postérieurement à la donation. Si la donation est de biens présens et à venir (art. 1084), l'aliénation des biens présens se trouvera valable encore, si le donataire n'use pas de la faculté que lui accorde cet article. Au contraire, d'après la stipulation dont parle M. de Malleville, le survivant n'a pas le droit d'aliéner *les acquêts*, même à titre onéreux, et s'il le fesait, les enfans nés du mariage pourraient évincer l'acquéreur. N'est-il pas sensible que ce cas est tout différent et que les articles en question ne fournissent aucun argument en faveur de l'opinion de MM. de Malleville et Duveyrier.

Si les chapitres 7 et 8 du titre des donations sont contraires au sentiment que ces deux hommes célèbres ont manifesté, le chapitre 9 sera-t-il contraire au nôtre? Nous ne le pensons pas. L'article 1091 dit bien que les époux pourront par contrat de mariage se faire réciproquement, ou l'un des deux à l'autre, telle donation qu'ils jugeront à propos; mais il est dit: *sous les modifications ci-après exprimées.* Admettons pour règle générale qu'ils puissent se faire toute espèce de donation; admettons qu'ils puissent stipuler que tous les acquêts appartiendront au survivant d'eux. On admettra également que cet article ne parle que d'avantages faits de l'un des époux à l'autre; il n'est pas là question de dispositions faites en faveur des enfans; on est tout au plus dans la règle générale, où l'on est censé stipuler tant pour soi que pour ses héritiers. L'article 1093 avertit même que la donation de biens présens et à venir, ou de biens à venir seulement faite entre époux, quoique soumise aux règles établies par le chapitre 8, à l'égard de donations pareilles qui leur seront faites par des tiers, n'est cependant point transmissible aux enfans issus du mariage, en cas de décès de l'époux donataire avant le donateur. On ne voit nullement dans ce chapitre 9 que les enfans qui naîtront du mariage puissent être l'objet des libéralités dont il parle: on voit au contraire que l'intention du législateur est de les en écarter, car un jour ils trouveront ces biens dans la succession du donateur. Et d'ailleurs peut-on supposer que de tels donateurs aient voulu s'interdire la faculté de disposer à titre onéreux des biens qui se trouveraient compris dans la donation? En effet, après la mort du prédécédé, celui des époux qui aurait droit à tous les acquêts qui comprendraient nécessairement des biens qui pourraient avoir été acquis par celui-là même qui serait obligé de les conserver à ses enfans, n'en pourrait pas disposer; il aurait perdu sur ces biens toute espèce de droit de propriété, excepté la jouissance durant sa vie; il serait pour ainsi dire dans une position pire que le substitué dont parle les articles 1048 et 1049, qui peut rester propriétaire des biens grévés, si la substitution se trouve caduque par les prédécès des appelés, c'est-à-dire des enfans *au premier degré*; argument de l'article 1051. Ainsi le mari a acquis des biens. Il survit; la propriété des acquêts est transportée à l'instant de la mort de la mère aux enfans nés du mariage; et le père n'a plus que la jouissance de sa part; il ne pourra pas même vendre cette part, ni contracter des dettes qui puissent l'affecter. Cette clause ne peut donc se concilier avec aucun des principes qui régissent les donations entre-vifs proprement dites et les donations contractuelles; encore bien moins les dispositions testamentaires, où le testateur a toujours le droit d'aliéner.

Trouverons-nous au titre du Contrat de Mariage des dispositions de loi plus favorables à l'opinion de MM. de Malleville et Duveyrier? L'article 1514 peut fournir un argument: or de quoi parle cet article? De la faculté de reprendre *l'apport de la femme dans le cas où elle renonce à la communauté;* la faculté peut être étendue à ses enfans, aux enfans mêmes du mariage; voilà tout. Mais nous ne pensons pas qu'elle puisse les dispenser de rapporter aux autres enfans. Dans le cas de cet article, les enfans ne pourraient non plus s'en tenir à la faculté de reprendre, en renonçant à la succession de leur mère. L'article 1514 ne s'applique qu'à la femme; par ce seul aperçu, on voit donc bien qu'il n'est pas d'un argument bien fort pour justifier la clause dont parle M. Malleville. C'est encore là une disposition exorbitante qui n'est pas susceptible de l'extension dont il s'agit.

Invoquera-t-on les articles 1520, 1525? Point de doute qu'on peut stipuler que la communauté entière, en certains cas, appartiendra au survivant; point de doute que l'on peut convenir que tous les acquêts, s'il y a société d'acquêts, appartiendront au survivant.

On peut également stipuler que la communauté entière appartiendra à la femme ou à ses héritiers. Nous le pensons du moins, et c'est l'opinion que nous avons manifestée à la page 302 de notre troisième volume. Nous avons dit même que, lorsque l'on a stipulé que toute la communauté appartiendrait au mari, par exemple, que l'on devait étendre le droit à ses héritiers, cela était de droit; à plus forte raison la convention est-elle valable si on a compris les héritiers expressément dans la clause. Hé bien! en admettant que l'article 1525 permette d'étendre la stipulation aux héritiers, ou que cela est de droit, il semble bien qu'on devrait en conclure qu'il devrait en être de même quand il s'agit d'une société d'acquêts qui est une sorte de communauté; que rien ne devrait empêcher de faire la stipulation dont parle M. de Malleville; qu'il y a identité de raisons.

Nous convenons qu'on peut établir une convention à-peu-près semblable à celle dont parle M. de Malleville; mais elle ne produira pas les effets qu'il lui attribue. Par exemple, on peut stipuler que dans le cas de mort de l'un des époux, la communauté entière ou les acquêts appartiendront aux héritiers du prédécédé; que le survivant n'aura que la jouissance de la moitié; mais ce n'est pas là la stipulation de M. de Malleville. Il veut que les acquêts puissent être conservés aux enfans du mariage à l'occasion duquel a lieu la société d'acquêts.

Certes ce ne serait pas de plein droit que, si on eût dit que les acquêts appartiendraient au survivant ou aux enfans nés du mariage, cette clause aurait l'effet de transporter la propriété des acquêts aux enfans dès l'instant de la dissolution du mariage, et que le survivant *serait réduit à la seule jouissance de sa part*, c'est-à-dire de la moitié; cela devrait au moins être stipulé.

La seule difficulté consiste à savoir s'il serait permis de dire que la société d'acquêts appartiendra aux seuls enfans du matiage. On peut bien dire que la société appartiendra aux héritiers de l'un d'eux; les enfans du prémourant étant les héritiers de celui-ci, on peut bien sous ce rapport dire que la communauté leur appartiendra. On peut, nous le pensons également, dire que les seuls enfans du prémourant auront cette faculté; le survivant ne peut s'en plaindre, puisque les héritiers qu'on appelle seront également ses enfans. S'il peut accorder cette faculté aux héritiers en général de son conjoint, à plus forte raison quand ces héritiers seront ses propres enfans; mais, dans ce cas particulier, il ne pourra réclamer de jouissance qu'autant qu'il l'aura stipulée; bien entendu encore que les enfans n'auront les acquêts qu'en acceptant la succession du prémourant. Alors ils pourraient bien revendiquer les acquêts contre un acquéreur, quoiqu'ils eussent répudié la succession du survivant. Observez encore que si les époux eussent mis une somme ou quelque corps certain dans cette société, le survivant aurait droit de prélever cet apport, à moins qu'on eût dit que la jouissance qu'il se réserve en tiendra lieu, et que les enfans du mariage ne pourraient en profiter au préjudice d'enfans d'un autre lit. Il est certain que les enfans du mariage seraient tenus de rapporter aux enfans d'un premier lit du prémourant; mais devraient-ils rapporter à la succession du survivant? L'un ou l'autre, ou l'effet de la clause, est de faire considérer les enfans comme étant appelés pour remplacer le prémourant dans l'appréhension de la communauté, ou bien pour remplacer le survivant. Au premier cas, ne tenant leur droit que du prémourant, ils ne sont point obligés de rapporter à la succession du survivant, puisque ce qu'ils ont eu a fait partie de la succession seulement du prédécédé. Au second cas, ils devraient rapporter à la succession du survivant; mais auparavant il faudrait demander s'il est supposable qu'ils tiennent leur droit du survivant. Non; car, d'après les principes de notre droit, il faut que le survivant perde toute espèce de propriété sur les biens de la société; car, si on supposait un seul instant que son droit de propriété survit à la dissolution du mariage, la clause serait nulle. Ce serait un père qui aurait, par contrat de mariage, donné des biens à venir à ses enfans, ce qui ne peut avoir lieu aux termes de l'article 1093. Un père ne peut faire une pareille libéralité à ses enfans; il ne peut en général leur donner que par acte entre-vifs ou testamentaire, et lorsqu'ils sont conçus. La clause de l'article 1525 n'est permise qu'en faveur du survivant ou de l'un ou de l'autre des époux, ou des héritiers de l'un ou de l'autre. Dans ce dernier cas même, les héritiers n'en recueilleront le bénéfice qu'autant que son auteur aura prédécédé; il ne pourrait être dit *qu'aussitôt la mort de l'un des époux, les héritiers du survivant seront appelés*; ce serait créer en quelque sorte, ou des héritiers au prémourant, ou appeler les héritiers du survivant avant que sa succession fût ouverte. Ainsi, en supposant une clause qui appelle les enfans du mariage à s'emparer des acquêts ou des biens composant la société d'acquêt, on est forcé d'admettre que ces enfans viennent comme héritiers et représentans du prédécédé, et que c'est en quelque sorte lui qui a été saisi du droit à l'instant de sa mort; qu'il a eu toute la communauté sous une condition qui est celle qu'il mourrait le premier. Si l'on a exprimé que tous les biens de la société appartiendront au survivant, ou qu'ils sont réservés aux enfans du mariage, la clause est donc nulle par rapport aux enfans; car c'est substituer les enfans ou au survivant, chose qui ne peut avoir lieu, puisqu'il y aurait obligation de conserver et de rendre, ou bien ce serait substituer les enfans tout aussi bien à l'un qu'à l'autre des époux; et comme on ne saurait auquel, il y aurait encore nullité. Il faut donc rendre les enfans propriétaires à cause de leur qualité d'héritiers du prémourant, et l'exprimer clairement. Alors on distinguera si c'est le mari ou la femme qui a prédécédé: si c'est la femme, ils pourront répudier la société d'acquêts; si c'est le mari, ils ne le pourront. Les uns seront tenus des dettes *ultrà vires*, les autres ne le seront pas. Voyez du reste ce que nous avons dit sur les articles 1520 et suivans.

M. de Malleville dit que le survivant pouvait aliéner les biens pour acquitter les dettes par lui contractées durant le mariage. Que cela veut-il dire? Que le survivant était sous ce rapport propriétaire des biens de la société. Or, d'après notre nouveau droit, il faut qu'il ne soit qu'usufruitier, ou qu'il soit propriétaire. Si la propriété appartient aux enfans, le survivant ne peut toujours aliéner les acquêts pour acquitter ses propres dettes. Soit la femme, qui, à cause de ses paraphernaux, en ait contracté; par exemple, supposez qu'elle ait acheté un droit de servitude: si elle survit, elle ne pourra acquitter la dette avec les acquêts. Est-ce le mari qui a contracté des dettes? Alors il n'y a pas de doute que les créanciers de cette société, dont il fut le chef, ne puissent saisir ces mêmes acquêts, et ses créanciers, quels qu'ils soient, auront ce droit; car l'article 1581 renvoie aux articles 1498 et 1499, et l'article 1528 renvoie pour la liquidation de la communauté d'acquêt aux règles de la communauté légale. Tout cela démontre évidemment que la stipulation, telle que l'entend M. de Malleville, ne peut avoir lieu dans notre nouveau droit. Supposez que le mari, chef de cette société, contracte des dettes, et qu'elle doive appartenir aux enfans seulement. Est-ce qu'ils ne seront pas tenus des dettes? Est-ce le mari seul qui en sera tenu? Ces enfans ne pourront-ils pas la répudier? Il serait contradictoire que la communauté leur appartînt et qu'ils ne fussent pas tenus des dettes. Ils doivent également pouvoir la répudier. S'ils la répudient, elle restera au mari. Point de doute alors, le mari pourra bien vendre les acquêts pour acquitter les dettes qu'il a contractées avant et durant le mariage. Mais, si les enfans l'acceptent, il ne le peut: les créanciers pourraient seulement saisir. Si l'on a dit que l'époux survivant aura les acquêts ou qu'il les conservera aux enfans, qu'arrivera-t-il si la femme survit? Devra-t-elle faire inventaire? Devra-t-elle répudier dans un certain délai? Ou bien les héritiers du mari, c'est-à-dire les enfans, étant saisis de plein droit de la propriété des acquêts et obligés de payer les dettes, se trouvera-t-elle dispensée de faire l'inventaire dans les trois mois? Certes, dans le cas de l'article 1525, et quoique la communauté appartienne en totalité au mari qui a prédécédé, la femme survivante fera bien de faire cet acte; car l'article 1528 peut l'atteindre, d'autant plus qu'elle ne peut pas dire qu'elle n'est pas commune, car elle est commune; il faut qu'elle liquide la communauté pour reprendre ses apports, etc. Dans le cas de l'article 1525, la femme n'a pas la jouissance de la moitié de la communauté, tandis que, dans la stipulation dont parle M. de Malleville, elle a cette jouissance; à plus forte raison doit-elle faire inventaire. Et *quid* si les enfans la trouvant trop onéreuse, veulent y renoncer? Le pourront-ils sans renoncer à la succession du père? Non, car ses obligations personnelles font partie de sa succession. S'ils ne peuvent répudier la société sans répudier la succession, donc ils n'y ont droit qu'en leur seule qualité d'héritiers. Donc ils n'y viendront pas comme enfans du mariage; donc ils auront été saisis comme remplaçant le premier mourant; ils auront été propriétaires dès l'instant de sa mort; donc le survivant n'est tout au plus qu'un simple usufruitier, et qu'il n'aurait pas le droit de vendre les acquêts d'une telle société pour acquitter les dettes contractées avant et pendant le mariage et qui seraient étrangères à cette société. Donc une telle stipulation n'est plus dans nos mœurs, elle aurait des conséquences contraires à nos lois actuelles; donc enfin la jurisprudence du parlement qui la régissait, ne la régit plus aujourd'hui;

et, lorsqu'on l'établit, on ne peut faire d'autres clauses que celles qui sont permises au chapitre de la communauté conventionnelle.

Si un héritage est donné aux deux époux par contrat de mariage ou pendant le mariage, voyez ce que nous avons dit à l'article 1405.

L'article 1402 devient également applicable à la société d'acquêt. Voyez ce que nous avons dit sur cet article et à la note de la page 375 du second volume.

Ce que nous avons dit sur l'article 1422 reçoit également son application quand il s'agit d'une communauté ou société d'acquêt.

Il en est de même de l'article 1423. Si le mari vient à faire une disposition testamentaire, elle ne s'exécutera que sur sa part dans les acquêts. S'il a donné un effet particulier, le légataire ne pourra le réclamer en nature, qu'autant que l'effet, par l'évènement du partage, tombera au lot des héritiers du mari. Si l'effet n'y tombe point, le légataire a la récompense de la valeur totale de l'effet, sur la part des héritiers du mari dans la communauté et sur les biens personnels de ce dernier.

On peut cependant trouver cette disposition en opposition avec les articles 883, 1021, 1476 combinés.

D'après l'article 883, chaque cohéritier est censé avoir succédé seul et immédiatement à tous les effets compris dans son lot, et n'avoir jamais eu la propriété des autres effets de la succession. D'après l'article 1476, il en est de même du partage d'une communauté. Ce partage produit le même effet; par conséquent, si l'époux a légué un objet de la communauté, et que par l'effet du partage cet effet ne tombe pas dans son lot, il se trouve avoir légué la chose d'autrui; legs qui est nul aux termes de l'article 1021.

Le legs n'est point nul, car ce n'est pas la chose d'autrui qui a été léguée; le testateur a légué sa propre chose. En effet, en matière de succession, l'héritier est saisi de plein droit des biens de l'hérédité. S'il y a plusieurs héritiers, chacun est saisi dès l'instant de la mort du défunt de sa portion héréditaire. Quoique le partage soit déclaratif et non translatif de propriété, l'effet du partage n'est pas d'effacer tous les effets de cette saisine. Il détermine les parts de chacun; et, pour éviter bien des fraudes, on n'a pas voulu que l'héritier fût censé tenir les biens compris dans son lot de son cohéritier, mais directement du défunt. Mais, si l'héritier qui a vendu, donné ou légué un bien de l'hérédité, se trouve par l'effet du partage être censé n'avoir jamais eu la propriété de ce bien, ce n'est là qu'une fiction de la loi; car dans la réalité il en a eu la propriété. Il y a eu du moins un droit quelconque; autrement la saisine légale serait un vain mot, une chimère. Les biens ne pouvant être partagés au moment où cette saisine s'opère, elle s'étend alors sur tous les biens; par conséquent chaque héritier a un *jus* dans chaque objet et sur chaque objet; il est propriétaire du tout. Aussi chez les Romains considérait-on le partage comme translatif de propriété: chaque héritier était censé avoir transporté à son cohéritier les biens compris dans le lot de ce dernier.

Si chaque héritier a été saisi de la propriété de chacun des biens de la succession, il a donc pu transmettre le droit qu'il avait; il a pu le vendre, il a pu en léguer une portion et même un objet particulier. Certes, s'il a vendu ou hypothéqué un objet particulier, on n'a jamais prétendu que la vente ou l'hypothèque fût nulle par elle-même. Elle est seulement subordonnée à une condition qui, si elle ne s'accomplit pas, n'aura pas eu pour effet de transmettre le bien même, mais au moins le droit que le vendeur ou disposant y avait. Effectivement, quant à cet objet particulier, il met l'acquéreur dans tous ses droits: il s'opère une subrogation de personne, et cela est tellement vrai que l'acquéreur peut intervenir dans le partage. Si par l'effet de ce partage le bien tombe à un autre héritier, le vendeur ou disposant se trouve récompensé par un autre héritage, ou un autre objet, ou enfin par une somme d'argent. Son acquéreur, au moyen de la subrogation dont nous avons parlé, vient alors réclamer la chose qui est censée la représentation de celle qu'il avait acquise. Le non-accomplissement de la condition n'est donc pas d'anéantir entièrement le contrat; ce contrat produit tous ou du moins une partie de ses effets. Et pourquoi? Parce que, comme on l'a dit, le disposant a transporté une chose dans laquelle il avait un droit de propriété parfaite; nous disons parfaite en ce sens qu'il en aurait au moins l'équivalent. Hé bien ! c'est cet équivalent qu'il est présumé avoir cédé et dans lequel il a tacitement subrogé son acquéreur ; car le lot qui lui appartient est certainement l'équivalent de celui qui appartient à son cohéritier. Il n'était, si l'on veut, propriétaire que conditionnellement de l'objet transporté ; mais en réalité il était propriétaire de la somme qui en est la valeur représentative.

Il y a d'ailleurs dans l'article 1423 une raison morale qui doit frapper tout le monde ; c'est que, si le légataire ne pouvait pas exiger la valeur de la chose léguée, l'héritier manquerait rarement d'anéantir le legs en fesant précipitamment un partage qui attribuerait la chose léguée à la femme ou aux héritiers de la femme ; et cette raison est en parfaite harmonie avec les principes que nous venons de retracer, principes qui dans l'espèce trouveront d'autant mieux leur application qu'il s'agit d'un legs fait par une personne qui dispose de choses qu'elle tient d'elle-même, et non d'une personne qui la lui a transmise à titre d'hérédité : le mari est effectivement maître de tous les biens de la communauté ; c'est lui qui les a acquis par son industrie. Il est vrai que l'article 1476 donnant au partage d'une communauté les mêmes effets qu'au partage d'une succession, le mari n'aurait pu léguer un objet de la communauté qui serait échu à sa femme, si l'héritier ne pouvait faire un legs semblable.

Il n'y a pas de doute que l'article 1423 est applicable au cas où c'est la femme qui a fait la disposition testamentaire.

Ce que nous avons dit, page 84 et suivantes de notre second volume, sur l'inventaire auquel est tenu le survivant des père et mère pour ne pas perdre l'usufruit légal des biens de ses enfans, reçoit également son application lorsqu'il y a communauté ou société d'acquêts. Nous avons établi et prouvé que cet inventaire devait être fait dans les 3 mois. Nous avons dit également, page 97, qu'il devait être commencé dans les 10 jours, conformément à l'article 451 ; mais nous ne l'avons pas prouvé, et la quéstion nous paraît fort difficile.

L'article 451 veut que le tuteur requière la levée des scellés s'il en a été apposés, et fasse procéder à l'inventaire dans les 10 jours qui suivront sa nomination. Cela s'applique bien au tuteur naturel; par conséquent il y a obligation pour le père ou la mère de faire procéder à l'inventaire dans les 10 jours; mais c'est comme tuteur que cette obligation lui est imposée, et non comme père; tandis que c'est comme père que l'article 1442 la lui impose; or ce n'est pas à la qualité de tuteur qu'est attaché l'usufruit légal, c'est à la qualité de père ou de mère. Il n'est donc pas rigoureusement juste de lui appliquer une loi qui n'est relative qu'au tuteur. Sous quelle peine d'ailleurs la loi impose-t-elle au tuteur l'obligation de faire inventaire? Sous la peine tout au plus prononcée par l'article 421. Or, dans le cas de cet article, la peine n'est encourue que lorsqu'il y a dol ou fraude. De ce que l'inventaire n'a pas été commencé dans les 10 jours, ce n'est pas une raison pour qu'il y ait fraude. Du reste l'article 421 ne dit pas que le survivant perdra son usufruit légal. Cependant il est bien important que le subrogé-tuteur soit nommé dans le plus bref délai; pourquoi, s'il n'y a aucune fraude à imputer au survivant, ne sera-t-il pas destitué, quoique la nomination du subrogé du tuteur n'ait eu lieu qu'un mois après l'ouverture de la tutelle? Si le survivant n'est pas destituable par cela seul qu'il aura retardé à faire nommer le subrogé-tuteur, pourquoi lui ôterait-on son usufruit par cela seul que l'inventaire n'aurait pas été commencé dans les 10 jours? Pourtant il ne peut le commencer qu'en présence du subrogé-tuteur. S'il ne peut le commencer qu'en présence de celui-ci, et qu'il ne soit pas destituable pour avoir été plus de dix jours à faire nommer le subrogé-tuteur, comment le punir par la perte de son usufruit pour n'avoir pas commencé l'inventaire dans les 10 jours? Il y aurait contradiction. Ce n'est donc qu'une recommandation que la loi fait au tuteur de faire l'inventaire dans les 10 jours de sa nomination. Il ne sera pas déchu de la tutelle par le seul fait du retard, puisque la loi ne veut pas qu'il soit destitué pour n'avoir pas de suite fait nommer le subrogé-tuteur, et que l'inventaire ne peut avoir lieu qu'en présence de celui-ci.

On peut répondre : L'article 421 veut que la nomination du subrogé-tuteur ait lieu de suite ; d'un autre côté, elle veut que l'inventaire ait lieu dans les dix jours de la tutelle ; d'où il suit que le subrogé-tuteur doit être nommé avant les 10 jours.

Cela est vrai ; mais toujours est-il que s'il n'y a point de dol de la part du tuteur, la tutelle ne pourra pas lui être retirée; donc le tuteur aura pu impunément gérer la tutelle, sans qu'il ait eu de surveillant nommé; et comme la loi n'a point limité le temps où la présomption de dol serait de droit, et que l'inventaire ne peut être fait qu'en présence du subrogé, la déchéance ne sera encourue, quoique l'inventaire soit tardif, qu'en connaissance de cause, qu'il y aura dol ou fraude, ou une négligence qui soit assimilée au dol.

Si le seul défaut d'inventaire dans les 10 jours n'emporte pas par lui-même une déchéance, s'il faut qu'il soit accompagné de quelques faits ou d'une violente présomption de fraude, comment supposer que le défaut d'inventaire dans le même délai emporte la déchéance de l'usufruit; comment croire que cette déchéance soit prononcée par le juge, tandis que la loi ne la prononce que pour le cas où il n'y a pas eu d'inventaire dans les trois mois?

Sans doute la loi aurait dû fixer un délai dans lequel l'inventaire devrait être commencé; mais elle ne l'a pas fait. Elle l'a bien fixé pour le tuteur; mais ce n'est pas comme tuteur que le père a l'usufruit des biens de ses enfans mineurs; et, lors même que ce serait comme tuteur, la déchéance ne serait pas de plein droit. Il est vrai que l'article 1442 semble bien supposer que le survivant est tuteur, puisqu'elle suppose *un subrogé-tuteur*, et qu'elle rend celui-ci solidaire avec le père, s'il n'a pas exigé l'inventaire; c'est donc bien parce que la loi considère le survivant comme tuteur. D'ailleurs, s'il n'était pas tuteur, c'est le tuteur qui aurait été nommé qui devrait y faire procéder. Bien plus, le survivant est tuteur de plein droit; c'est donc plutôt comme tuteur que comme père ou mère que l'obligation lui est imposée: or le tuteur doit commencer l'inventaire dans les 10 jours. Lors même qu'il ne serait pas tuteur, la loi l'assimile au moins à un tuteur, puisqu'elle le croit tuteur. Elle le croit certainement bien tuteur, puisqu'elle lui suppose un subrogé-tuteur; or, de quelque manière qu'on envisage la chose, l'article 451 lui devient applicable. Telle a dû être l'intention du législateur; car, s'étant expliqué dans cet article du devoir du tuteur, il était inutile qu'il s'en expliquât de nouveau dans l'article 1442; il était inutile qu'il dît dans quel délai l'inventaire devrait être commencé, puisqu'il l'avait déjà dit dans l'article 451. Si l'article 1442 nous ramène naturellement à l'article 451, il suffit donc pour résoudre la question de se pénétrer de cet article. Soit : hé bien ! si l'inventaire n'est pas commencé dans les 10 jours, le tuteur doit-il nécessairement être déchu de la tutelle? Ne faut-il pas que le juge examine d'abord la question, et qu'il se décide par des présomptions de dol et de fraude? Si l'inventaire n'était commencé que le 11.e ou le 12.e jour, et qu'on n'eût rien à lui imputer; si, par exemple, le survivant était absent au moment de la mort qui a donné lieu à tutelle, devrait-on le destituer de sa qualité de tuteur? Non sans doute; il faudrait qu'il y eût eu négligence coupable. Si l'inventaire n'était pas terminé dans les 3 mois, cela serait bien différent; la présomption de dol et de fraude aurait acquis une certaine intensité; alors il aurait encouru la déchéance, à moins qu'il n'eût obtenu de nouveaux délais. Nous en avons déduit les raisons dans notre second volume; raisons que nous avons puisées dans l'excellent ouvrage de M. Proudhon sur l'usufruit. Mais ces raisons ne militent plus lorsqu'il s'agit de l'application de l'article 451. La déchéance n'est plus de droit ; elle dépend de la volonté du juge, et non de la loi. La loi punit toujours quand on ne termine pas l'inventaire dans les 3 mois; elle prononce toujours une peine quelconque, à moins qu'on obtienne des délais; tandis que dans l'article 451 elle ne prononce aucune déchéance: elle ne dit pas enfin, comme dans les dispositions qui fixent le délai de 3 mois pour faire inventaire, *à moins qu'on obtienne un nouveau délai.* Dans le cas de l'article 451 tout dépend donc des circonstances, et c'est pourquoi nous avons dit, page 97 du second volume, que le survivant n'encourait point, pour son usufruit, une déchéance de plein droit; mais ces mots demandaient une explication, explication que nous avons trouvé occasion de donner ici. Le survivant doit d'autant moins être privé de plein droit de son usufruit pour n'avoir pas commencé l'inventaire dans le délai de dix jours, que souvent il peut n'avoir pas eu le temps de faire nommer le subrogé-tuteur. En effet, pour commencer l'inventaire dans les 10 jours, il faut que le subrogé-tuteur soit nommé, et c'est là une opération qui peut exiger un certain temps. Dira-t-on qu'il faut qu'il prouve qu'il n'a pu le faire plutôt, et qu'il doit demander un nouveau délai? Non, car la loi ne l'exige pas. Il faut au contraire, aux termes de l'article 421, qu'on prouve qu'il y a eu de sa part dol et fraude. Et d'ailleurs on doit d'autant plus avoir de l'indulgence pour le survivant des époux, que souvent l'évènement qui a donné lieu à l'inventaire a été pour lui la source de douleurs les plus amères. Dans ces momens pénibles, dans ces premiers jours d'une séparation si cruelle, il est bien permis d'oublier ses intérêts et ceux de ses enfans; la loi ne peut punir quand la nature nous excuse, ou plutôt quand elle-même nous éloigne de certains devoirs pour en remplir d'autres qui sont bien plus grands et plus sacrés.

On peut stipuler dans la société d'acquêts que la femme aura droit de toucher sur ses simples quittances une somme quelconque des mains des fermiers; mais il est sensible que cette convention, qui ne peut avoir lieu que par contrat de mariage, n'aura lieu que lorsque les époux auront apporté des biens pour composer cette société, pour former le fonds social. Si la société n'était composée que des seuls acquêts qui se feront, il faudrait dire quand la femme aurait le droit de mettre la convention à exécution, en déterminant quel serait le revenu que la société devrait avoir pour que la femme pût en recevoir une portion. Cette stipulation aura rarement lieu; mais elle n'est point contraire à la loi.

Si le contrat ne donne point ce droit à la femme, il semble qu'elle ne peut l'exiger, lors même qu'il serait donné des biens à la société, à cet être moral, à la condition que la femme en percevra les revenus en tout ou partie; que, non-seulement le donateur ne peut lui attribuer le droit d'administrer les biens dont il s'agit, mais encore il ne peut lui attribuer celui de recevoir sur ses quittances les revenus desdits biens. Nous avons posé et discuté une semblable question à la page 298 et suivantes de notre premier volume; mais nous nous sommes peut-être trop appesantis sur le point de savoir si le donateur pouvait autoriser la femme à administrer le bien donné, et pas assez sur le point de savoir s'il pouvait l'autoriser à recevoir sur ses quittances une somme de....., chose très-différente. Dans l'un comme dans l'autre cas, nous pensons que ce serait déroger aux conventions matrimoniales; que ce serait modifier le contrat de mariage, chose qui ne peut se faire sous le régime simple de communauté; mais, quand il y a déjà séparation de biens ou régime dotal, ne doit-on point décider autrement?

Nous avons établi quelque part que, si le contrat de mariage rendait tous les biens présens et futurs de la femme dotaux, rien n'empêcherait le donateur de donner à la condition que les biens seraient paraphernaux. Ici cependant il y a dérogation au contrat de mariage, dérogation semblable à celle dont nous venons de parler, puisqu'elle tend à faire perdre au mari des revenus que lui attribue ce même contrat. Si cette dérogation est permise, il n'y a pas de raison pour ne pas permettre l'autre; *ubi eadem ratio ibi et idem jus.*

Quand le contrat de mariage rend tous les immeubles dotaux, et donne par conséquent tous les revenus des biens futurs au mari, le donateur doit pouvoir rendre paraphernaux les biens qu'il donne, parce que d'un côté la franchise des biens l'exige, et qu'il est libre en général d'apposer à sa libéralité les conditions qui lui plaisent; en outre que sous le régime dotal, la femme étant présumée avoir deux sortes de biens, puisque c'est là le caractère distinctif de ce régime, le donateur a eu le droit d'apposer la condition, condition à laquelle il n'était pas permis aux époux eux-mêmes de déroger: en effet il ne peut être permis de stipuler que les donateurs n'auront pas le droit de soustraire à la dotalité les biens qu'ils voudront donner à la femme.

Hé bien! et par analogie, pourquoi lorsqu'il y a régime dotal avec société d'acquêts, et qu'un don est fait en faveur de cette société, le donateur ne pourrait-il pas *paraphernaliser* les revenus des biens qui sont l'objet de la donation? Si les époux étaient sous le régime communal, il est vrai que nous venons de dire que cela n'aurait pas lieu, et que la société d'acquêts est en général soumise aux règles du régime communal; mais qui ne voit pas la différence qui existe entre les deux cas? Sous le régime communal proprement dit, tous les fruits, revenus et mobilier des époux tombent dans la communauté, de plein droit. La loi, art. 1401, permet bien au donateur de déroger à cette règle, du moins en ce qui concerne le mobilier, et rien n'empêche qu'il n'y déroge également en ce qui concerne les revenus que le donateur peut réaliser, en soumettant le mari à l'obligation de les capitaliser et d'en tenir compte à la femme. Mais le donateur ne peut autoriser la femme à les toucher sur ses quittances, parce qu'il est d'ordre public que la femme soit sous la dépendance du mari, et que de mettre des sommes à sa disposition, c'est modifier la règle pour un cas non prévu. En effet la femme se trouve avoir des capitaux dont elle voudrait seule avoir l'administration; et de-là des conséquences sans nombre.

Lorsqu'au contraire les époux se sont mariés sous le régime dotal ou de séparation de biens, la rigueur de la loi se trouve tempérée. Les époux ont dérogé dans un cas ermis par la loi même à cette règle qui eut que la femme, restant sous la puissance aritale, n'ait entre ses mains aucun des oyens qui puissent la soustraire à cette dépendance presque absolue. Mariée de la sorte, il lui est permis, contrairement à la ègle générale, d'avoir des capitaux à sa disosition. Elle administre déjà une sorte de biens; on ne blesse donc pas les conventions matrimoniales en ajoutant quelque chose à ce droit; on augmente seulement les biens soumis à l'administration de la femme, mais on e déroge pas au contrat de mariage; on ne la fait pas pour cela participer à l'administration de la société d'acquêts, cela ne se ut. Seulement on lui permet de réclamer es revenus de tel bien, ce qui n'est pas plus orter atteinte au contrat de mariage que de stipuler une séparation de biens ou réserver des paraphernaux ; le donateur ne fait autre chose que de paraphernaliser des revenus.

Mais le donateur peut-il, dans le cas posé, donner à la femme le droit d'administrer es biens donnés? Il n'y aurait de cette maère que le fonds, *id est* que la nue-propriété, qui appartiendrait à la société d'acquêts, la jouissance se trouvant donnée à la femme. Comme par le contrat de mariage la femme a le droit d'administrer des biens, on ne voit pas pourquoi elle ne pourrait pas administrer ceux-ci; c'est comme si elle en était usufruitière pendant toute la durée du mariage. La jouissance de ce fonds sera absolument confondue avec celle des paraphernaux; elle sera elle-même paraphernale et ne portera aucune atteinte au contrat de mariage qui donne l'administration de la société au mari. Ce ne sera point faire participer la femme à l'administration de celle-ci, puisque l'administration qui lui est donnée est étrangère à la société, qu'elle ne lui a jamais appartenu, qu'elle a été donnée à une femme qui a droit d'administration et qui administre sa propre chose.

## OBSERVATIONS.

Nous avons agité dans ce volume la quéstion de savoir si le mari pouvait empêcher les créanciers chirographaires de la femme d'exproprier l'usufruit du fonds dotal. Nous avons décidé qu'il le pouvait. Mais à la pag. 90 nous avons dit que, s'il y avait simplement séparation de dettes entre les époux mariés sous le régime communal, il en serait autrement; du moins nous l'avons donné à entendre. Si les époux s'étaient soumis au régime exclusif de la communauté, la question serait la même. Néanmoins il ne suffit pas en droit de décider une question, il faut dire sur quelles raisons l'on se fonde.

Quand il y a séparation de dettes ou exclusion de communauté, le mari a l'usufruit des immeubles de la femme, et il a le droit de jouir sans être obligé d'acquitter les dettes de celle-ci. S'il les acquitte, point de doute qu'il n'ait un recours contre elle. Mais il s'agit d'un cas tout particulier; peut-il y être contraint par les créanciers, s'il ne préfère abandonner sa jouissance? S'il est un véritable usufruitier, ayant un *jus in re*, une partie de la propriété, il doit pouvoir opposer son contrat de mariage. Cette question peut rentrer dans celle de savoir si la jouissance du mari est encore ici pour supporter les charges du mariage, comme cela a lieu en régime dotal. Sans doute; car à quel titre ferait-il les fruits siens? Pourquoi a-t-il cette jouissance, si ce n'est pour entretenir la maison conjugale et pourvoir aux besoins de la famille? Alors c'est donc à titre onéreux qu'il est usufruitier.

Cependant il y a une bien grande différence entre le régime d'exclusion de communauté et le régime dotal quant aux droits du mari sur la dot; c'est ce que nous avons suffisamment démontré dans ce volume. D'un autre côté, sous le régime dotal, la femme a des biens paraphernaux sur lesquels le mari n'a aucun droit; il est rare qu'elle n'ait que des biens dotaux. *L'usufruit du mari ne porte ordinairement que sur des objets particuliers.* Sous la séparation de dettes et sous le régime exclusif de communauté, l'usufruit repose sur tous les biens, du moins ordinairement encore. Sous le régime dotal, les biens sont inaliénables : ce n'est qu'avec une infinité d'entraves qu'on peut les aliéner pour se procurer des fonds indispensables; sous ce régime, tout est gêne, tout est charge pour le mari; sa responsabilité est incomparablement plus grande que sous tout autre régime; car, pour conserver la dot de sa femme, il est souvent obligé de prendre sur lui-même; il n'a de ressources qu'en lui; la fortune de sa femme étant pour ainsi dire asservie et frappée de nullité, il est souvent obligé de faire des actes ruineux pour lui. Sous tout autre régime, les époux ont une liberté qui leur permet de parer avec bien plus de facilité aux coups de la fortune et aux différens désagrémens dont la vie est remplie. De là vient que la loi a dû donner au mari sur la dot du régime dotal un droit plus fort que sur la dot constituée sous tout autre régime. Il a sur l'une un droit de propriété qu'il n'est pas nécessaire qu'il ait sur l'autre.

Du reste nous croyons trouver la décision de la question dans l'article 1510. D'après cet article, si le mari a fait inventaire du mobilier appartenant à la femme, il est quitte en l'abandonnant aux créanciers de celle-ci; il peut y être même contraint, à moins qu'il ne leur en paie le montant. S'il n'y a pas d'inventaire, ces créanciers peuvent saisir le mobilier de la communauté ou celui du mari; donc celui-ci n'a pas un droit aussi fort qu'un véritable usufruitier. Et, s'il ne peut empêcher la saisie du mobilier de sa femme, comment décider qu'il puisse opposer sa jouissance sur les immeubles à ces mêmes créanciers? Au besoin l'article 1528 pourrait être invoqué, et par sa combinaison avec les règles du régime simple, on peut voir que le mari ne peut se soustraire qu'à l'action des créanciers dont les titres n'ont pas de date certaine antérieurement au mariage; car, quand il y a séparation de dettes, la communauté est usufruitière de tous les biens, comme lorsque, cette clause n'est pas insérée. Il est vrai que lorsque la communauté n'est pas modifiée, le mari est personnellement tenu d'acquitter les dettes de sa femme. Quand il y a séparation de dettes et inventaire, le mari n'en est pas personnellement tenu; sous ce rapport il y a quelque différence entre ces deux contrats de mariage; mais pour peu qu'on y fasse attention, l'article 1528 rend applicable à la séparation de dettes la règle de l'article 1510, lorsqu'il n'y a point eu d'inventaire de fait, et à l'égard des immeubles, l'inventaire n'étant d'aucune influence, on se trouve nécessairement transporté, en ce qui touche l'action des créanciers, sous le régime simple de la communauté.

Quand il y a exclusion de communauté, le mari ne doit pas non plus, et par argument *à fortiori*, s'empêcher d'abandonner le mobilier de sa femme aux créanciers de celle-ci. S'il ne peut leur opposer son usufruit sur les meubles, comment leur opposerait-il son usufruit sur les immeubles? On doit en dire autant quand il y a communauté réduite aux acquêts. Dans tous ces cas le mari est toujours un usufruitier universel, à titre universel, et il ne peut être convenu entre le donateur et le donataire universel ou à titre universel, que ce dernier sera hors l'action des créanciers du premier. On dira qu'il est censé avoir acquis à titre onéreux. C'est ce que nous nions, quand la jouissance du mari a l'étendue que suppose l'exclusion de communauté, qui est une convention si désavantageuse à la femme.

Maintenant dans le chapitre du régime dotal existe-t-il quelques dispositions desquelles on puisse tirer la conséquence que le mari ne peut opposer son contrat de mariage aux créanciers chirographaires de sa femme? Ira-t-on puiser dans le régime de la communauté des argumens contraires à la solution que nous avons donnée pour le cas où il y a régime dotal? Nous ne le pensons pas; car le régime dotal n'a nullement sa source dans le régime communal. Ces deux régimes ne se ressemblent aucunement.

S'il y avait convention d'apport, ou bien si la femme eût seulement mis en communauté un héritage déterminé et exclu tous ses autres biens immeubles, même pour la jouissance, il serait douteux que le mari ne pût opposer son usufruit sur cet héritage aux créanciers de la femme. Un tel contrat de mariage ressemble à une séparation de biens; cependant il peut n'y avoir pas séparation; par exemple, on peut être convenu que le mari aurait l'administration des biens exclus et qu'il rendrait compte des jouissances à sa femme. Nous disons qu'il n'y aurait pas séparation de biens, car tous les revenus du mari, ainsi que son mobilier, seraient communs avec l'héritage apporté par la femme.

Quel est l'effet d'une pareille clause? C'est de produire une séparation de dettes. La communauté ne peut être tenue de celles de la femme. Alors ce que nous avons dit tout-à-l'heure de l'article 1510 et de l'article 1528, devrait donc s'appliquer à ce cas? Néanmoins il n'y a pas tout-à-fait même raison; car, d'après l'article 1510, le mari a la jouissance de tous les biens de la femme, et dans le cas particulier qui nous occupe, il ne l'a que d'un seul objet. Ce n'est seulement que dans cet objet que la femme aide le mari à supporter les charges du mariage. On ne peut donc invoquer au moyen de l'article 1528 les règles du régime simple, parce qu'on y a implicitement dérogé.

Supposons que la femme eût mis en communauté une somme d'argent ou quelques autres corps certains mobiliers, les créanciers de la femme qui ne trouveraient pas de quoi se remplir sur les autres biens de celle-ci, pourraient-ils en réclamer le montant au mari, comme des autres objets réalisés par la convention d'apport et qui ont été inventoriés? Nous ne le pensons pas, parce que cette somme, ces objets apportés sont réellement destinés à supporter les charges du mariage : ils sont devenus la propriété de la communauté et du mari ; le titre de celui-ci est bien autrement onéreux que dans les cas ordinaires. La femme ne peut même être mise sur la ligne d'un associé proprement dit ; car les obligations que la loi impose au mari ne peuvent être mises en comparaison avec celles d'un associé ordinaire. Ainsi non-seulement il n'est pas tenu de payer les dettes de la femme sur les autres biens de la communauté et sur les siens propres, mais encore il n'en est pas tenu sur les choses même qui constituent l'apport, ni sur leur valeur. On ne pourrait même pas lui offrir de lui en conserver la jouissance, parce que son droit s'étend jusque sur la nue propriété. Si c'est un héritage qui constitue l'apport, le principe est le même ; et *à fortiori*, si la jouissance seulement de cet héritage constitue la mise de la femme, cette jouissance est-elle insaisissable de la part de ses créanciers ?

Supposons que les époux se soient mariés avec séparation de biens ou régime dotal, mais qu'ils aient stipulé une société d'acquêts en y mettant chacun une propriété immobilière, il en faudra dire autant. L'être moral qu'on appelle communauté ou société, est censé avoir acquis à titre particulier les choses que les époux y ont versées, et cette espèce de communauté ne peut être tenue des dettes contractées par la femme et qui sont antérieures au mariage.

Mais ce à quoi nous n'avons pas fait attention, c'est que nous avons tergiversé sur la solution que nous avons donnée sur la question de savoir si les créanciers ayant titres authentiques ou avec date certaine avant le mariage, peuvent saisir la nue propriété du fonds dotal ; voyez pages 92 et suivantes de ce volume. Nous sommes tombés dans une contradiction vraiment choquante. Puisqu'il faut embrasser une opinion, nous nous en tenons à celle-ci, que les créanciers peuvent faire vendre. Nous nous fondons sur les raisons que nous avons données à la page 93, à partir de ces mots : *On répond que l'article* 1558, *etc., etc.* En effet les dettes que la femme a contractées avant de se marier peuvent produire des intérêts; est-ce que le fait de la dotalité empêchera cet intérêt de courir? La femme peut-elle en se mariant sous ce régime briser les engagemens qu'elle a contractés? Non sans doute: les titres conservent toute leur force; s'ils conservent toute leur force, en ce sens que l'intérêt continue, l'action d'agir peut-elle être paralysée? Est-il croyable que la loi suppose un débiteur contre lequel tous les engagemens journaliers qu'il contracte sont valables, sans que le créancier ait le droit d'agir? Est-il possible que la loi reconnaisse la validité d'une obligation, sans permettre de l'exécuter sur les biens qui sont entre les mains du débiteur? Car enfin le fonds dotal n'est pas aliéné au mari, il n'en a que l'usufruit; si le fonds est resté à la femme, ce qui n'est pas douteux, il devient donc le gage de ses créanciers. Dira-t-on qu'il est devenu inaliénable....? Mais peut-on rendre des biens inaliénables pour les soustraire à ses créanciers? D'ailleurs, comme on l'a prouvé pages 94 et suivantes, cette inaliénabilité n'est pas absolue; le bien n'est pas entièrement hors du commerce ; si la femme peut l'engager pour les délits qu'elle commet ; s'il est saisissable en ce cas, il faut en dire autant pour celui où il s'agit d'obligations antérieures au mariage. Sans doute le mari a intérêt à conserver le fonds, puisqu'il peut être vendu pour le tirer de prison, pour fournir des alimens à sa famille ; mais tout cela ne lui donne pas un droit dans le fonds, abstraction faite de son usufruit. Ce n'est qu'une simple permission de vendre que la loi accorde aux époux dans cette circonstance.

Tout ce qu'on pourrait faire, ce serait de contraindre les créanciers à exproprier d'abord les paraphernaux.

Nous allons plus loin ; nous pensons que si la femme a contracté des obligations, qu'elles soient antérieures ou postérieures à son contrat de mariage, le créancier, même chirographaire, peut faire saisir le fonds et la jouissance dans le temps intermédiaire du contrat à la célébration.

Quand nous avons dit que les créanciers de la femme ne pouvaient saisir la jouissance du fonds dotal, nous avons supposé que la dot ne comprenait que des objets particuliers; si elle comprenait la totalité des biens de la femme, si la constitution était universelle, cela souffrirait difficulté. En effet la loi 72 de *jure dotium* porte: Lorsque la femme s'est constitué en dot tous ses biens en général, le mari ne peut être actionné par les créanciers de la femme; mais tous les biens qu'elle s'est constitués se réduisent à ce qui reste, les dettes payées. Il nous serait difficile de combattre la décision de cette loi par des raisons victorieuses. Le titre d'usufruitier universel dont le mari se trouve pouillé, semble lui rendre applicable ce que nous avons dit il y a un instant du mari usufruitier en régime exclusif de communauté. Malgré les différences très-marquées qui existent entre ces deux sortes d'usufruits, l'étendue sans borne de l'un, comme de l'autre, semble, quant à ce cas, les mettre sur la même ligne. L'usufruit est bien toujours pour soutenir les charges du mariage; mais on ne peut s'empêcher de convenir que sa généralité diminue son caractère d'usufruit à titre onéreux, et en fait, en quelque sorte, un usufruit à titre gratuit. L'équité doit ici suppléer au silence de la loi. Si la femme s'était constitué une quotité de ses biens, on serait peut-être forcé d'adopter la même règle. Il est vrai qu'un tel contrat aura lieu bien rarement. En effet quels seraient les biens inaliénables? Aucun ne l'étant déterminément, on devrait décider qu'ils ne le seront aucuns vis-à-vis les tiers. Néanmoins l'article 1554 ne distinguant point, la quotité rendue dotale devra toujours être conservée à la femme.

En examinant sur l'article 1558 les divers cas où la vente du fonds dotal est permise, nous en avons remarqué où le juge peut ordonner la vente, malgré le consentement du mari; mais le juge doit-il au moins en réserver la jouissance, *id est* l'usufruit au mari? Cela serait juste, car il est usufruitier; le fonds est pour soutenir les charges du mariage : on ne doit pas pouvoir priver un propriétaire de son bien sans son consentement. L'article 1555 est une conséquence de ce principe. D'un autre côté, vendre le fonds sans la jouissance, c'est exposer la femme à donner son fonds pour une somme au-dessous de sa valeur; l'intérêt de la dot exigerait donc que la vente de la jouissance eût lieu avec le fonds.

Il est peu de cas où la vente peut avoir lieu sans le consentement du mari. Ces cas sont ceux où la femme est emprisonnée, ou bien lorsqu'elle doit des alimens. Quant aux alimens, ils sont une dette naturelle des revenus des biens. Cependant ces revenus ne sont pas à la femme, ils sont au mari. Ils sont au mari sans doute; mais à quelle charge? De nourrir la femme...... Faut-il ajouter de nourrir la famille? Si le tribunal ordonnait que la femme paiera une pension alimentaire à son père, le mari en serait-il tenu sur les revenus de la dot? N'est-ce point là une obligation personnelle? Les revenus paraphernaux seraient sans doute frappés les premiers de cette obligation. Pourquoi? Parce qu'ils sont plutôt une charge de la femme que du mari. Jusque là tout fait croire que le mari ne peut être tenu sur son usufruit marital. La question suivante décidera peut-être la question. Si les biens dotaux sont vendus pour fournir des alimens à la famille du mari, et qu'il survienne des biens à celui-ci, devra-t-il indemnité à la femme? Cela nous paraît juste; car cette obligation nous semble toute personnelle. Il semble donc qu'il en doit être ainsi quand le mari fournit de ses deniers pour alimenter les parens de la femme. Il acquitte la dette de celle-ci; car il n'en est tenu qu'à son défaut: si elle a des biens, il n'en doit pas. Maintenant l'usufruit de la dot n'est-il pas la propriété du mari? En régime de communauté, ces alimens seraient une dette de la communauté, parce qu'elle serait évidemment une charge des revenus; mais la pension elle-même serait une charge personnelle de l'enfant, avant de devenir celle de son conjoint. Encore une fois, l'obligation est toute personnelle. En séparation de biens l'enfant doit fournir avant son conjoint, *id est* avant le gendre ou la belle-fille. En régime exclusif de communauté, le mari étant usufruitier universel de tous les biens de la femme, et les alimens étant une charge des revenus, le mari en doit être chargé, quoique son usufruit ne soit pas purement gratuit. En régime dotal, il est toujours à titre onéreux. Néanmoins, si la femme s'est constitué tous ses biens en dot, les alimens étant une charge naturelle des revenus, la femme est également censée avoir concédé cet usufruit affecté de l'obligation dont il s'agit. Nous convenons que, si une personne vendait l'usufruit de tous ses biens, l'usufruitier n'en serait pas tenu; or le mari l'a acquis à titre onéreux. Néanmoins doit-il bien dans cette circonstance être assimilé à un véritable usufruitier à titre onéreux? Le lien qui unit les deux conjoints souffre-t-il bien que le mari soit assimilé à un étranger acquéreur d'usufruit, quand il s'agit de fournir des alimens au père de son épouse, sur-tout quand il est usufruitier de la totalité des biens? En s'unissant à la personne que la nature a rendue dès sa naissance débitrice de l'obligation de fournir des alimens à son père, n'est-il pas censé avoir pris sur lui cette obligation si douce à acquitter pour des enfans vertueux? Je dis des enfans! le mari n'est-il pas en effet devenu l'enfant du père de son épouse? N'existe-t-il pas entre eux un lien qu'on ne peut opposer à l'usufruitier étranger? Si le mari est usufruitier à titre onéreux, combien de fois ne se trouve-t-il pas un usufruitier favorisé? Combien de fois ne s'enrichit-il pas des revenus de son conjoint, conjoint auquel il doit la fortune qui fait sa considération dans le monde et des enfans qui sont pour lui la source d'une félicité bien plus douce encore? Possédant son usufruit à un tel titre, peut-il se plaindre d'acquitter une dette aussi sacrée pour son épouse et pour lui-même? En contractant le saint nœud du mariage, n'a-t-il pas pris sur lui cette dette honorable? Eût-il refusé de la souscrire, si on lui en eût fait une condition? Et, sans révolter les mœurs et la nature, était-il permis de l'insérer dans le contrat qui a précédé leur union? Disons donc que cette obligation est une charge naturelle des revenus des biens de l'épouse, quoique l'usufruit en appartienne pendant le mariage au mari; que, lors même qu'un objet seul constituerait le fonds dotal, il suffit que la femme n'ait pas d'autres biens. Peu importe que le mari consente ou non à la pension; peu importe, dans l'espèce qui nous occupe, qu'il ait consenti à la vente; il suffit que le tribunal ait reconnu que des alimens étaient dus; c'est toujours sa dette ou une portion de sa dette qui s'acquitte envers la famille de la femme. Il n'a aucune indemnité à réclamer; car il aura toujours la jouissance, ce qui composera encore la dot; d'ailleurs le tribunal n'ordonnera des alimens que dans la proportion des besoins de la famille, comparés à la fortune des époux; le contrat de mariage ne souffrira donc aucune atteinte sensible. C'est ainsi qu'une pareille question nous semble devoir être décidée, parce qu'à défaut de loi spéciale ou de règles écrites dans la loi, il faut se déterminer par les règles de l'équité.

Si les biens dotaux sont vendus pour fournir des alimens à la famille du mari, nous ne pensons pas non plus que le mari soit tenu à une indemnité; car ce sont toujours des alimens qui sont fournis, lesquels sont une charge de la jouissance des biens, ou, si l'on veut, une charge du mariage, des frais de ménage; on ne doit voir là qu'une simple diminution des revenus, ou, si l'on veut, une augmentation des dépenses. Il n'y a point là de capital, le droit de servir les alimens après le mariage restant à la charge de l'époux qui les doit.

S'il y avait séparation de biens, et que les revenus de l'époux qui doit les alimens ne fussent pas suffisans, comme tous ceux de l'autre doivent être employés au besoin du ménage et de la famille, il n'aurait rien à répéter; car ce ne serait encore que des revenus qui auraient été employés à acquitter une charge de l'union conjugale.

Si la vente du fonds a lieu pour tirer la femme de prison, cette vente pourrait-elle nuire au mari? Quand il s'y oppose, on peut par argument de l'article 1555 décider négativement. S'il y donne son consentement, il semble qu'il ne peut s'en plaindre; cependant voyez l'art. 1424. En régime de communauté, le mari qui aurait acquitté la dette provenant d'une condamnation aurait certainement bien un recours contre sa femme. S'il n'en peut souffrir en régime communal, pourquoi en souffrirait-il en régime dotal? N'est-il pas usufruitier en ce cas comme dans l'autre? Mais, si cela est vrai quant aux condamnations, est-ce une raison pour que cela soit quand le bien est vendu par permission du juge, comme dans le cas de l'article 1558? S'il s'agissait d'une dette qui serait une charge du fonds dotal; par exemple, s'il s'agissait d'acquitter les dettes du donateur, comme dans le cas prévu par l'article 1558, le mari ne devrait avoir aucune indemnité; de même si une partie du fonds est vendu pour faire faire des réparations. Mais, quand la dette est toute personnelle à la femme; qu'elle n'est pas une charge du fonds dotal; par exemple, si la femme fait un commerce, et qu'on ait exercé la contrainte par corps, ou qu'il s'agisse d'acquitter toute autre dette semblable, nous ne voyons pas pourquoi le mari serait privé d'un recours contre elle; car au fait il a acquitté sa dette; les revenus du fonds sont pour subvenir aux besoins de la famille, mais non pour payer les dettes de la femme.

Cependant, si la femme eût donné, autorisée de son mari, aux enfans d'un premier lit, on ne voit pas qu'il soit dans l'esprit de l'article 1556 qu'il puisse demander une indemnité à sa femme pour la perte de son usufruit. Ce cas est bien différent. Ici la femme n'acquitte pas une dette à laquelle elle est civilement tenue; elle ne s'enrichit pas aux dépens de son mari; le consentement qu'il donne à la donation le rend en quelque sorte donateur lui-même.

Nous avons agité dans notre premier volume, pag. 192 et suivantes, plusieurs questions qui naissent de l'article 1595 et qui sont du plus haut intérêt. Nous sommes loin de les avoir prévues toutes. En voici une qu'une séparation de biens a fait naître, et sur laquelle un jurisconsulte de Poitiers a été consulté. Elle est neuve, du moins pour moi; c'est pourquoi je m'empresse de la faire connaître.

Une succession s'ouvre et trois héritiers se la partagent. On fait un lot pour l'un d'eux, et une seule propriété compose les deux autres, qui sont attribués à deux sœurs. Cette propriété est reconnue impartage par l'acte même d'où résultait cette attribution de parts, et à l'instant même, et toujours par le même acte, on convient que l'une des sœurs cédera, moyennant 30,000 fr. sa portion à l'autre. La sœur qui se rendit cessionnaire de l'autre était mariée sous le régime communal; par conséquent les 30,000 fr. devaient sortir de la communauté pour acquitter le prix de la cession. Le mari de la cessionnaire était présent et consentait à la vente, mais il déclara à la fin de cet acte qu'il ne consentait à la cession qu'à la condition *qu'il aurait sur la propriété un remploi de* 13,000 *fr. pour le remplir de pareille somme qui lui est due par la communauté, à cause de la vente qu'il a faite de ses biens et dont le prix est tombé dans icelle.*

Il est certain que le mari avait vendu son propre, et que le prix était entré en communauté.

La femme obtient une séparation de biens. La liquidation de la communauté a lieu; mais le mari déclare qu'il a une portion dans la propriété dont on a parlé : il veut qu'elle soit licitée, afin que le prix se divise entre sa femme et lui, d'après une règle de proportion.

Question de savoir si le remploi est valable. La femme l'attaquait, 1.° sous le rapport que la clause qui la concernait n'avait point été acceptée par elle, que le mari seul y avait parlé; 2.° sous le rapport que la cession qu'elle a faite à son mari n'est pas permise par l'article 1595.

Le premier moyen ne nous semble pas bien puissant; car, lorsqu'un acte est lu aux parties et signé par toutes, les différentes clauses qui s'y trouvent sont censées être leur ouvrage. Du moment où elles ne les ont point contestées, elles sont par cela seul censées les avoir acceptées. Il y a exception à cette règle dans l'article 1544; mais cette exception ne peut s'étendre au cas qui nous occupe.

L'autre moyen a infiniment plus de force. Il a pour lui la lettre de la loi. Le n.° 2 de l'article 1595 peut seul être invoqué par le mari, encore lui est-il contraire.

D'abord on sent bien que l'héritage, par suite de la cession qui a eu lieu, est censé avoir toujours appartenu à la cessionnaire. Du moment où la sœur qui a cédé n'y a eu aucune part déterminée, du moment où l'héritage n'a point été divisé, qu'il a au contraire été licité, la cessionnaire est censée, aux termes de l'article 883, en avoir toujours eu la propriété. Par conséquent les biens sur lesquels l'époux réclame le remploi, sont les biens de l'époux qui le conteste. Si le remploi eût été stipulé au profit de la femme sur des biens appartenans au mari, c'est-à-dire sur ses propres, point de difficulté, il serait valable. C'est le cas prévu par l'article 1595, n.° 2. Maintenant pourquoi, lorsque c'est le mari qui est le créancier de la communauté, attendu qu'il y a laissé entrer des deniers qui lui appartenaient, ne pourrait-il pas employer ces mêmes deniers sur des biens appartenans à sa femme? Quel est le motif qui a dicté l'article 1595? C'est la crainte d'un avantage indirect, c'est pour que l'époux vendeur ou acheteur ne stipule pas avec lui-même, comme nous l'avons démontré à l'endroit précité de notre premier volume. Hé bien! ici le mari ne stipule pas avec lui-même, ce n'est ni pour ni contre la communauté; le contrat est tout entre sa femme et lui. Il n'y a rien qui concerne la communauté; on n'y voit aucune de ces raisons qui nous ont fait décider les questions que nous avons proposées page 192 et suivantes dudit volume.

Y a-t-il avantage indirect? Peut-on le supposer? Cet avantage indirect n'est nullement à craindre dans cette circonstance. Il est démontré que le mari est créancier de la communauté de 30,000 fr.; en les plaçant dans une propriété qui appartient à la femme, il n'y a aucune apparence que ce soit une libéralité qu'elle lui fait. Cela est de la dernière évidence.

Si les raisons qui ont dicté l'article 1595 ne sont pas contrariées par l'espèce d'acte qui a eu lieu, il est donc juste qu'il produise tout son effet.

Nonobstant ces raisons, nous nous décidons contre le remploi. Un arrêt de la Cour de Paris, voyez Sirey, t. 15, p. 16, dit bien que l'article 1595 n'est pas limitatif, et qu'il suffit que la vente ait une cause légitime pour qu'elle soit valable. Il est possible qu'il ne soit pas limitatif; mais, sans entrer dans cette discussion, nous ne pouvons croire que le n.º 2 soit applicable au cas où c'est la femme qui vend à son mari. Le législateur a bien voulu que, lorsque la femme était créancière, soit de son mari, soit de la communauté, il pût lui céder de ses propres biens, lors même qu'il y avait communauté entre eux. Mais, s'il eût voulu que la femme pût faire une pareille cession à son mari, il l'aurait dit dans le même instant, dans le même n.º; du moins il n'aurait pas fait le n.º 3, où il s'explique sur la cession que la femme peut faire à son mari; et certes ce n.º 3 est conçu dans des termes qui ne permettent pas de penser que son intention est de permettre à la femme ce qu'il permet au mari dans le n.º 2.

Maintenant pourquoi cette différence? Quand il est dû à la femme, il faut toujours qu'elle soit payée, et, lors même que la communauté est insuffisante, elle a le droit de s'en venger sur les biens du mari. Très-souvent le mari contraint sa femme de vendre, et pour son unique intérêt; la femme y consent le plus souvent sous la condition d'un remploi; le législateur a donc cru devoir faire la disposition écrite dans le n.° 2 de l'article 1595, pour faciliter ce remploi et ne pas apporter une entrave qui pourrait souvent perpétuer des dissentions domestiques. Ajoutez que la plupart du temps cet acte se fera sans contrainte. Il n'est guère présumable que le mari use de son autorité et de sa puissance pour forcer sa femme à acheter son bien. Il fera au contraire cet acte pour acheter la paix.

Au contraire c'est le mari qui est créancier de la communauté: quand on en viendra à la liquidation des droits de chacun, il n'exercera sa reprise que sur les biens de la communauté. Si sa créance était employée sur un bien de sa femme, elle serait à son tour créancière du prix de ce bien, puisqu'elle n'en aurait pas été payée. Elle agirait donc un jour ou sur la communauté ou contre son mari. On aurait éteint une dette pour en créer une autre. Il arriverait qu'elle serait un jour peut-être obligée de recourir à son privilége de venderesse, ou à son hypothèque légale, pour recouvrer sa créance; inconvénient qui ne se rencontre pas dans le cas du n.o 2. Peut-être le mari aura-t-il vendu l'héritage, alors la femme agira donc contre des tiers? Dans le cas posé, le remploi n'offre donc que des dangers.

Maintenant pourquoi la femme vend-elle son héritage? Est-ce pour avoir des fonds? Mais ces fonds seront toujours à la disposition du mari; c'est lui qui les maniera, ou pour mieux dire il ne les sortira pas de sa poche; ils resteront toujours dans la communauté. En a-t-elle un besoin réel? Faut-il qu'elle acquitte une dette personnelle? Le mari ne court aucun danger en lui fesant des avances: il ne doit pas craindre qu'elle vende, puisqu'elle ne le peut sans son consentement. Encore une fois, pourquoi cette vente a-t-elle eu lieu, puisqu'elle était si peu nécessaire? C'est la plupart du temps, parce que le mari aura usé de contrainte envers sa femme; c'est parce qu'il lui aura tendu quelque piége; c'est parce qu'il aura convoité cette propriété et qu'il l'aura eue pour un prix médiocre. Peut-être même l'aura-t-elle vendue à dessein au-dessous de sa valeur: alors c'est un avantage indirect qu'elle aura fait; comme il n'y a aucune nécessité de faire cette vente, elle ne peut être que le fruit de la collusion ou de la violence.

On dira peut-être que dans l'espèce qui s'est présentée et qui divise les époux en question, la plupart des dangers que nous signalons ne peuvent se rencontrer. On se tromperait; ces dangers existent. Le bien sur lequel porte le remploi appartient à la femme en vertu de l'article 883; car il ne s'agit pas d'un bien acquis d'un étranger par le mari et la femme. La communauté devait 13,000 fr. au mari; c'est une portion du bien de la femme qui est subrogée à ces 13,000 fr.; c'est une portion de son bien qu'elle a vendu moyennant cette somme, et il faut qu'elle soit remplie de ces 13,000 fr. Comme ils étaient la dette de la communauté, c'est la communauté qui les doit. Si la communauté est insuffisante, les biens du mari en répondront; ainsi le mari et la communauté ont éteint une dette pour en contracter une autre.

Il est vrai que la femme, en achetant la part indivise de sa sœur moyennant 30,000 fr., a été obligée d'emprunter de la communauté pour les payer, et qu'elle-même a contracté une dette envers la communauté; on peut dire que le contrat a eu lieu de cette manière, c'est-à-dire le remploi, pour améliorer la condition des uns et des autres; qu'on a voulu faire des compensations. Sans doute la femme ne devra plus à la communauté que 18,000 fr., et la communauté ne devra plus rien au mari.

Mais qui dira comment la femme a pu consentir à une convention aussi bizarre? Qui dira qu'elle n'a pas cédé à la violence morale que son mari a exercée envers elle? Dans cette espèce particulière ne voit-on pas un piége tendu à la bonne foi de la femme? Les parties conviennent que l'héritage est impartageable; le mari lui-même le reconnaît, et cependant, au moyen d'un remploi, il veut obtenir une copropriété dans ce même bien: c'est donc qu'il espère en retirer un avantage personnel; car, s'il est aujourd'hui impartageable, il le sera dans 20 ans; ainsi il y a évidemment mauvaise foi de la part du mari; il y a abus de son autorité. Le remploi ne peut être que le fruit de cette violence morale que le législateur prévoit dans l'article 1595, et que nous avons signalée en expliquant le n.° 2 et le n.° 3 de cet article; violence qui occupait nécessairement la pensée du législateur quand il n'a pas voulu permettre à la femme ce qu'il permet au mari dans le n.° 2.

Nous voulons même qu'à la manière dont les parties on conçu le remploi, la position particulière où elles se sont trouvées n'offre aucun des dangers que nous avons signalés, et que les motifs qui ont dicté la prohibition de la vente entre époux ne se fasse aucunement sentir dans cette circonstance particulière. Serait-ce une raison pour déclarer le remploi valable? Serait-ce une raison pour faire exception à une règle générale? Serait-ce une raison pour créer cette exception? La vente n'est pas permise entre époux; voilà la règle. A côté de cette règle sont les exceptions; du moment où le législateur n'a pas lui-même établi telle ou telle exception, c'est que la règle ne la comporte pas. Autrement chacun en créerait à sa volonté: tout deviendrait arbitraire.

Ainsi il n'est pas permis à la femme de vendre directement au mari, 1.° parce qu'un avantage indirect est à craindre; 2.° parce qu'il est possible que le mari abuse de son autorité; 3.º parce qu'il peut avoir intention de tirer un bénéfice du contrat en tendant quelque piége à la femme, ce que celle-ci ne peut souvent éviter, puisque c'est son protecteur qui les lui tend; 4.º parce que la femme ne peut recevoir, *constante matrimonio*, le prix de son aliénation, que ce droit appartient à son mari même; 5.º le mari ne peut, pour les sommes qui lui sont dues, faire emploi sur un bien appartenant à sa femme, parce que l'emploi a pour fin d'éteindre une dette de la communauté: fin qu'on n'obtient pas à l'aide d'un tel remploi, puisque la communauté contracte une nouvelle dette envers la femme, et que, si la communauté est insuffisante, la femme aura un recours contre le mari; partant un tel remploi n'a rien d'avantageux pour le mari et pour la communauté. Voilà les motifs qui ont dicté la prohibition de l'emploi; nous disons de l'emploi, car il ne peut y avoir dans l'espèce emploi sans qu'il y ait vente, et la règle générale est la prohibition de la vente. Maintenant, qu'il existe ou non des cas où une pareille vente ou emploi puisse avoir lieu sans qu'aucun des motifs de la prohibition se fasse sentir (chose impossible à croire), ces cas particuliers ne peuvent faire cesser l'application d'une règle générale. Ainsi, lors même que la femme aurait vendu à son mari pour éteindre une dette qu'elle aurait contractée envers la communauté ou envers une autre personne, et que cette dette eût réellement été éteinte, la vente faite au mari serait toujours nulle. Seulement elle ne devrait pas s'enrichir aux dépens de son mari.

La question que nous venons d'agiter fait naître celle de savoir si, lorsqu'il y a remploi au profit de l'un ou de l'autre des époux, la créance qui appartenait à l'époux contre la communauté est éteinte.

On peut demander également si toutes les fois que l'un d'eux est créancier et débiteur de la communauté, il s'opère compensation. Il est extrêmement important de savoir si une telle compensation n'entraîne point des conséquences qui ne seraient plus en harmonie avec la loi. C'est sur-tout à l'égard de la femme que la question est importante.

Exemple : La femme est créancière de la communauté d'une somme de 4,000 fr. par suite de la vente de l'un de ses propres.

En conséquence elle a une hypothèque à partir du jour de la vente, qui grève les biens du mari et de la communauté. Elle tire de la communauté une somme de 5,000 fr. pour réparer ses propres, elle redoit 1,000 fr. à la communauté; elle redevient créancière de celle-ci de 5,000 fr., 4,000 fr. lui sont encore dus, et la communauté se dissout. Si les biens de la communauté ou du mari ont été vendus avant qu'elle eût cette dernière créance, ne pourra-t-elle y réclamer son hypothèque, sous le prétexte qu'à l'époque de la vente la première créance de 4,000 fr. s'est trouvée éteinte par la compensation?

Qu'est-ce que la compensation? C'est un mode de paiement. Elle ne peut avoir plus de force que le paiement réel. Or, si durant l'existence de la communauté le mari paie sa femme de ce que celle-ci lui doit, le paiement est-il valable? Pourra-t-elle par suite de ce paiement renoncer à son hypothèque légale? Non; car ce serait liquider ses droits avant le temps; la liquidation serait nulle. Si par un paiement réel l'hypothèque ne peut s'éteindre, comment concevoir qu'elle s'éteigne par un paiement fictif? Les conventions tacites ne doivent pas avoir plus d'effet que les conventions expresses.

Il est vrai que c'est la loi qui opère la compensation ; qu'elle a lieu à l'insu des parties, et malgré même leur volonté. Que si la femme est créancière de la communauté de 4,000 fr., et qu'elle prenne dans cette même communauté pareille somme pour ses besoins personnels, il ne lui est plus rien dû. Or comment supposer qu'elle conserve l'hypothèque attachée à la créance qu'elle avait? D'ailleurs l'article 1289 ne fait aucune distinction.

Nonobstant ces raisons, nous croyons la première opinion préférable, et nous nous fondons sur l'article 1473. Si les sommes dues aux époux par la communauté et celles dues par les époux à la communauté emportent intérêt de plein droit aussitôt que le mariage est dissous; si cet intérêt continue jusqu'à la liquidation de la communauté, c'est donc que jusque là il ne s'est pas opéré de compensation. Au moment même où elle se dissout, la compensation ne s'opère pas; pendant qu'elle dure, et *à fortiori*, elle ne s'opère donc pas.

En effet les époux peuvent avoir l'un contre l'autre, ou contre la communauté, ou la communauté contre eux tant de créances diverses, qu'il serait pour ainsi dire impossible de savoir quand la compensation s'est opérée. Une telle compensation ferait naître souvent des difficultés insurmontables. *

Mais quand il y a eu remploi en est-il de même? La dette de la communauté envers la femme a-t-elle continué d'exister? Dans ce cas particulier nous ne le pensons pas. L'article 1473 ne peut servir d'argument. L'on ne peut ignorer dans cette circonstance quelle est la dette de la communauté qui a été éteinte; car le remploi n'a pu être fait sans en déterminer la cause. Le remploi a eu nécessairement pour but l'extinction de la dette. Le remploi est en quelque sorte un paiement réel; il tient lieu de la chose même qui était due; la chose reçue est subrogée à la chose due; c'est comme si on restituait à la femme les propres deniers qu'elle a versés en communauté.

Nous avons examiné, page 439 et suivantes du premier volume, beaucoup de questions relativement à la perte arrivée, soit à un bien de la communauté, soit à un propre du mari ou de la femme par suite du dol, de la faute ou de la négligence de l'un ou de l'autre des époux. Nous avons même examiné le cas où l'accident est arrivé par la faute des personnes dont le mari est responsable; mais ce n'est, pour ce dernier cas, que par rapport à la perte arrivée dans les biens d'un étranger.

Nous avons omis d'autres questions qui ne sont pas moins importantes.

1.° Nous n'avons pas agité celle de savoir si le mari usufruitier des biens de sa femme peut être atteint par l'application de l'article 1733: c'est-à-dire s'il y a présomption légale que le mari est en faute, par cela seul que la perte est arrivée dans un propre de sa femme;

2.° Si la perte étant arrivée par le fait bien reconnu de l'un de ses domestiques, il en est civilement responsable;

3.° Si l'accident étant arrivé durant la jouissance du preneur, locataire ou fermier, on peut appliquer au mari la disposition de l'article 1735.

Nous ne serons pas bien embarrassés pour résoudre la première et la dernière question.

Nous trouvons la solution dans M. Proudhon, t. 4, p. 5 et suiv. de son Traité de l'Usufruit. Il agite la question seulement pour le cas d'un usufruitier ordinaire, et il décide que les articles 1733 et 1735 ne lui sont point applicables. Il part de ce grand principe que ces deux articles étant des exceptions, ne doivent pas s'étendre à d'autres cas. Il prouve d'ailleurs de la manière la plus évidente que les motifs qui ont dicté ces deux articles ne militent point contre l'usufruitier. Il n'y a pas de doute que ce que M. Proudhon dit pour le cas d'un usufruitier s'applique avec la même force au mari usufruitier des biens de la femme. Nous ne pouvons donc mieux faire que de renvoyer à son livre.

Si l'un des domestiques fait périr le propre de la femme, la question nous paraît plus difficile; ce que M. Proudhon a dit sur les deux autres questions n'a aucun rapport à celle-ci, et l'article 1384 ne distingue pas. Si le maître est responsable du fait de son domestique, le mari étant le chef, le maître de la communauté, le chef de la maison conjugale, il devrait répondre du préjudice que causent ses domestiques;

car on peut toujours lui reprocher de n'avoir pas choisi des domestiques adroits et précautionneux, et d'avoir souffert ceux qui ne l'étaient pas.

Si l'accident a été précédé d'une faute grave de la part du mari, point de doute. Si l'ordre qu'il a donné devait nécessairement faire craindre l'accident, point de doute; d'ailleurs ici le domestique n'est pas responsable, c'est la communauté d'abord, ensuite le mari; voyez au surplus ce que nous avons dit au premier volume. Nous n'agitons donc ici la question que pour le cas où le domestique est seul en faute, comme, par exemple, lorsqu'il y a mauvaise foi ou qu'il a agi *proprio motu*.

Certainement l'article 1384 est bien applicable à l'usufruitier ordinaire; mais, lorsqu'il s'agit de l'usufruit marital, les raisons ne semblent pas les mêmes.

La responsabilité dont parle l'article 1384 est celle du maître envers des étrangers, envers des tiers, qui n'ont pu l'empêcher de choisir des domestiques mal-adroits ou imprévoyans, et qui ne peuvent en aucune manière parer à tous les risques que ces domestiques leur font courir. Mais la femme peut-elle, pour ce cas particulier, être considérée comme un tiers, comme un étranger? Les époux sont communs, il existe une société entre eux. Le mari en est le chef, il est vrai, parce qu'il en faut un; mais sa qualité de chef ne lui ôte pas celle d'associé, d'époux commun. C'est lui qui choisit ou qui est présumé choisir les domestiques et les surveiller; mais combien arrive-t-il que c'est la femme qui fait ce choix et qui exerce cette surveillance? Par exemple, il est d'usage que ce soit la femme qui loue la servante; le mari ne s'en occupe presque jamais; c'est là un soin qu'il dédaigne la plupart du temps. Hé bien! serait-il juste qu'il fût seul responsable des fautes de cette domestique? Il arrive souvent que la femme donne des ordres à un domestique auquel celui-ci ne peut se soustraire; et dans ces ordres la femme représente le mari, où du moins, je le présume; serait-il juste que la femme pût faire supporter à son mari la perte qui est arrivée? Nous croyons donc que les époux doivent ici être assimilés à des associés proprement dits; or, en matière de société, si l'associé garant a fait choix d'un domestique ou commettant qui mette le feu au magasin, sans qu'on pût lui reprocher une faute; *id est* si l'accident n'a pas été précédé d'une faute de sa part, la perte est supportée par tous les associés.

Ce que nous disons des domestiques, s'applique au cas où ce serait un enfant qui aurait causé l'accident, toujours en supposant qu'il n'y eût aucune faute à imputer au mari.

Mais la femme n'aura-t-elle pas un recours contre la communauté? Nous pensons qu'elle peut faire supporter cette perte à la communauté. Le domestique étant employé pour des besoins communs et dans l'intérêt de l'un comme de l'autre des époux, la perte doit être commune; c'est là une dette de communauté qui doit être soumise aux mêmes règles.

Cependant, si on assimile ce cas à celui d'une force majeure, la femme seule supporterait la perte. C'est absolument là qu'est question. Or nous ne croyons pas que ce cas soit assimilé à la force majeure; à celui par exemple où des voleurs, des incendiaires pénètrent dans une maison. Ici personne ne peut être responsable. Lorsque le domestique met par imprudence et en l'absence de son maître, le feu dans une maison voisine, mais en vacant à des occupations dont celui-ci l'a chargé, pourquoi n'est-ce pas là une force majeure, ou du moins pourquoi n'assimile-t-on pas ce cas à une force majeure? C'est parce qu'il y a toujours un reproche à faire au maître: savoir celui d'avoir fait le choix d'un domestique imprudent ou mal-adroit. Comme ce domestique travaille dans l'intérêt de son maître, il est juste que le voisin s'en venge sur ce dernier. Maintenant qui supportera la perte ou du mari ou de la communauté? Point de doute que la dette contractée envers ce voisin ne soit une dette de communauté. Cette communauté représentée par le mari, est un être qui a ses droits séparés; et quand le mari fait quelque chose dans son intérêt, il est censé son mandataire, mais mandataire non-responsable. S'il en est ainsi vis-à-vis des étrangers, pourquoi en serait-il autrement vis-à-vis des époux? Cette communauté n'est-elle pas un être également distinct de ceux-ci, et qui a des droits et intérêts opposés? Le domestique employé dans des travaux qui doivent lui profiter, n'est-elle pas en quelque sorte considérée elle-même comme le maître des domestiques? n'est-ce pas elle qui par l'organe du mari est censée avoir donné des ordres? n'est-ce pas à cause d'elle que l'événement est arrivé? Parce que la perte serait arrivée à l'un des époux, le domestique serait donc considéré comme n'ayant pas de maître; cependant il en a un, et nous avons vu que le mari n'était pas responsable comme maître. Enfin ce domestique est au service de quelqu'un; est-ce au service de l'époux ou de la communauté? C'est au service de celui qui doit en retirer l'avantage; or c'est la communauté. D'où je tire la conséquence que ce cas particulier ne peut être assimilé à une force majeure ou cas fortuit; qu'il est soumis à la règle de l'article 1384, et qu'aucune raison ne peut le placer hors de la règle générale, savoir que le maître répond du fait de ses domestiques.

Si l'événement est arrivé par le fait d'un enfant en bas âge, ou d'un enfant relativement auquel les père et mère sont responsables, il me semble qu'il en doit être de même; car, quant à ces enfans, il existe encore une communauté d'attention, de sentiment et de surveillance; que si c'est le mari que la loi rend d'abord responsable, c'est comme chef de cette communauté paternelle; et, de même que les soins d'éducation, d'entretien, de nourriture des enfans sont à la charge de la communauté, de même on doit y mettre les dommages et intérêts auxquels auront droit tous ceux qui auront été lésés par leur fait.

Que déciderons-nous pour le cas où il y a régime dotal, exclusion de communauté ou séparation de biens?

Lorsqu'il y a régime dotal ou exclusion de communauté, rien n'est commun entre les époux; le mari n'agit que dans son intérêt personnel et privé; ses domestiques ne travaillent que pour lui; le rôle passif que joue la femme permet à peine de croire qu'elle ait la moindre autorité sur eux. Il serait donc juste de la considérer comme un tiers qui, ayant à se plaindre du mauvais choix qu'un maître a fait dans son domestique, peut réclamer contre son mari la responsabilité que prononce la loi contre les maîtres en général.

Il est vrai qu'il n'y a pas de communauté entre les époux; rien après le mariage ne sera à partager entre eux; mais est-il bien vrai que les domestiques du mari ne sont pas les domestiques de la femme? Est-il bien vrai qu'elle n'a aucune autorité sur eux? On se tromperait: elle a le droit de leur commander; il existe toujours entre le mari et la femme une sorte de société qui leur accorde des droits et des prérogatives communs. La société conjugale les unit comme tout autre époux, et dans l'intérieur de la maison la femme partage l'autorité du mari, et tout ce qu'elle ordonne, sur-tout en l'absence de son mari, est tout aussi bien ordonné que si le mari l'eût ordonné lui-même. D'ailleurs les domestiques ne sont-ils pas loués pour adoucir les peines de chacun des époux et pour augmenter leurs jouissances communes?

On peut donc tirer la conséquence que, si les domestiques sont communs entre les époux, la responsabilité doit être commune et le dommage supporté en commun.

Néanmoins ce n'est pas là notre opinion. L'autorité de la femme ne peut être comparée à celle du mari, puisqu'elle-même est sous l'autorité de celui-ci et qu'il est responsable pour elle en plusieurs cas. Sans doute elle a le droit de commander aux domestiques; elle est chef dans la maison conjugale, et dans plusieurs circonstances ce qu'elle a fait est aussi valable que si son mari l'eût fait lui-même. Mais, lors même qu'elle agit dans l'intérêt de la maison conjugale, elle n'est jamais considérée que comme mandataire tacite de son mari, mais non pas *comme la femme commune, mandataire in rem suam;* tout ce qu'elle fait est dans l'unique intérêt de son mari, qui est obligé de pourvoir seul à son entretien et à tout ce qui lui est nécessaire d'après leur position. Ainsi un domestique cause préjudice à quelqu'un; ce dernier n'aura d'action que contre le mari, et non contre sa femme, parce qu'il n'y a entre eux aucune obligation solidaire ni conjointe; elle n'est elle-même qu'une simple préposée, elle ne peut répondre du fait d'un autre préposé. Je suppose même que le préjudice ait été causé par la femme de chambre de madame, ce préjudice regarde toujours le mari; car cette femme de chambre est censée lui avoir été donnée par lui, puisqu'il la lui doit et que c'est lui qui lui paie ses gages. C'est là une charge de la dot.

Il est possible que le dommage ait été

causé par suite des ordres de la femme, point de doute encore que le mari ne soit responsable; mais, comme l'accident a été précédé d'un fait de la femme, on pourrait demander si le créancier n'aurait pas une action directe contre la femme, et si le mari n'aurait pas lui-même un recours contre elle. L'accident étant arrivé par suite d'un fait personnel à la femme, il semble qu'entre le domestique et la maîtresse il y a une espèce de solidarité. Si l'accident est arrivé parce que l'ordre donné au domestique devait nécessairement l'entraîner, il n'y a pas de doute que la femme est responsable de son fait, et que la partie lésée a une action contre elle, aux termes des articles 1381 et 1382. En effet le domestique n'a pu s'empêcher d'obéir; car par rapport à lui sa maîtresse est toujours présumée avoir le droit de le commander, sauf le cas où il s'agirait d'un délit; mais, lorsqu'il s'agit d'un acte d'administration, et que le mari étant absent la femme ordonne, il y a présomption que, le représentant dans sa maison, elle le remplace également dans son administration. Par-conséquent la partie lésée aura action et contre le mari et contre la femme; contre le mari, parce que ce sont ses préposés qui ont causé le dommage, du moins le domestique, lequel ne pouvait se soustraire à l'ordre qui lui était donné comme étant émané d'une personne qui représente toujours le chef; contre la femme, parce qu'il y a faute personnelle à lui imputer. Le mari aura également un recours contre elle, parce qu'elle a outre-passé son mandat, sauf à elle à prouver qu'elle l'avait reçu.

Mais en serait-il ainsi si l'ordre pouvait être exécuté sans que l'accident arrivât, c'est-à-dire si la faute n'était imputable qu'au domestique seul? Si l'ordre qui a été donné était étranger aux devoirs de la femme; si en donnant cet ordre elle n'était pas censée remplir un mandat tacite ou exprès de son mari, la partie lésée a toujours une action contre le mari, parce que c'est le domestique qui a causé le dommage en travaillant pour son maître, lequel est toujours présumé avoir donné pouvoir à sa femme de le faire agir; mais aura-t-elle action contre la femme? Oui; car la femme ayant outre-passé son mandat, le mari lui-même aurait une action récursoire contre elle. D'ailleurs il y a fait et faute personnelle de la part de la femme, ce qui donne à la partie action directe contre elle.

Mais, si l'ordre qu'elle a donné était une suite des obligations et des devoirs que sa qualité d'épouse lui impose; si le mandat a été exécuté tel qu'il devait l'être et sans qu'il fût précédé d'aucune faute de la femme, la responsabilité ne peut peser que sur le mari; c'est comme si c'était le mari qui lui-même eût donné l'ordre.

En revenant à notre première question, qui est celle de savoir si le mari est respon-ble lorsque l'événement est arrivé dans un bien de sa femme, nous dirons: Le mari est administrateur du fonds dotal; si dans cette administration il commet une faute grave, une faute qu'un bon père de famille ne commet pas dans la gestion de ses biens, il est responsable, point de doute. Si le fait d'un domestique a été précédé d'une pareille faute de la part du mari, point de doute encore. Mais, si la perte a eu lieu par la faute ou par l'imprudence du domestique, sans qu'il n'y ait rien à reprocher au mari, nous pensons qu'il sera également responsable et tenu de toute l'indemnité sur ses biens personnels. Nous nous fondons sur ce que la femme n'est point responsable du fait du domestique à l'égard des tiers, lorsque le fait du domestique n'a été précédé d'aucune faute de sa part: si à l'égard des tiers elle n'est pas réputée la maîtresse du domestique, il en doit être de même à l'égard du mari. Le domestique travaillant dans le seul intérêt de celui-ci, elle ne peut en souffrir; elle ne peut partager la perte. Lors même qu'elle commande le domestique et qu'elle le fait dans un cas où elle est censée remplir un mandat exprès ou tacite, il en doit être de même; le mari est responsable du préjudice. Elle n'a rien à supporter dans cette perte, parce qu'il n'y a ici rien de commun entre les époux. Elle est dans la même position que l'étranger à qui le mari aurait donné pouvoir de commander telle ou telle chose à l'un de ses domestiques; si ce dernier, par pure maladresse, par une faute qu'on ne peut imputer qu'à lui, met le feu dans la maison de cet étranger, le mari sera responsable. On dira peut-être que cet étranger et cette femme remplissant un mandat exprès ou tacite, ont dû surveiller le domestique, et partant l'empêcher de commettre la faute.

Nous supposons qu'il n'y a pas l'ombre d'une faute à reprocher au mandataire. Si ce qu'on commandait au domestique exigeait la surveillance et l'attention de celui qui donnait l'ordre, c'est une faute qu'il a commise en ne le fesant pas. Mais, si le fait n'exigeait pas cette surveillance, si la chose était tellement simple que la personne la plus attentive n'eût rien fait de plus que le mandataire dont nous parlons, le mandant doit seul répondre. Nous disons la personne la plus attentive; ce n'est pas que nous croyons que la femme soit tenue d'apporter une vigilance extrême dans tout ce qu'elle fait dans la maison conjugale. La faute qui lui ferait supporter la perte devrait toujours être appréciée par le juge ; et c'est ce qui doit avoir lieu toutes les fois qu'en vacant aux occupations du ménage, elle commet elle-même (sous le régime dotal) un préjudice à son mari. Si elle occasionne la perte sur son propre bien, c'est autre chose. Nous pensons qu'elle ne nuit ici qu'à elle-même et qu'elle ne peut alléguer pour elle sa propre turpitude, c'est-à-dire sa propre faute, sa propre mal-adresse, sa propre imprudence, quelque légère qu'elle soit.

S'il y a séparation de biens entre les époux, et que la femme administrant elle-même ses biens ait des domestiques qui nuisent à des tiers ou à son mari, toute la responsabilité pesera sur elle. Il en sera de même si, étant soumise au régime dotal, elle administre ses paraphernaux.

S'il y a société d'acquêts, il faut y appliquer ce que nous avons dit pour le cas où il y a communauté.

Si le mari reconstruit le fonds qu'il a fait périr par sa faute, il a le droit de répéter la plus-value d'augmentation. Voyez ce que dit à cet égard M. Proudhon pour l'usufruitier ordinaire, n.° 1575, 4.e vol.

Au n.° 1581, le même auteur décide que le nu-propriétaire a le droit de forcer l'usufruitier à la reconstruction, lorsqu'il a causé l'incendie par sa faute. Il en doit donc être de même si c'est le mari qui a causé la perte du fonds dotal de sa femme. Mais voyez le tempérament qu'il apporte à sa décision dans le n.° 1586 et suivans.

Nous avons posé, à la page 132 de ce volume, une question que nous n'avons pas résolue. C'est celle de savoir si dans le troisième paragraphe de l'article 1558 il faut lire: *date certaine avant le contrat de mariage* ou *date certaine avant le mariage;* en d'autres termes, si le juge ne peut autoriser la vente que, lorsque la date certaine est antérieure au contrat de mariage et non lorsqu'elle est donnée dans le temps intermédiaire.

Nous croyons avoir démontré que les dettes contractées par la femme dans le temps intermédiaire, sont valablement contractées; que les créanciers ont action contre la femme, action qu'ils peuvent exercer contre elle, au moins après la dissolution du mariage. Or, si la dette est valablement contractée, pourquoi le juge ne pourrait-il pas autoriser la vente? La lettre de l'article 1558 est certainement bien opposée à cette décision. Mais qui dira qu'il n'y a pas ici faute de rédaction, comme dans l'article 2194? Pourquoi ne pas permettre d'acquitter les dettes contractées *ex intervallo,* comme celles antérieures au contrat? Certes la condition de l'un et l'autre créancier est la même; ils sont tous également présumés de bonne foi, et méritent la même faveur.

Néanmoins, s'il s'agissait des dettes du donateur, il n'est guère présumable que le juge autorisât la vente, si les dettes eussent été contractées *ex intervallo.* Car, par rapport au donateur, les tiers n'ont pas dû compter sur les biens donnés pour être payés; ils n'étaient plus leur gage au moment que la dette était contractée, et l'aliénation de ces biens n'était point subordonnée à une condition dont l'exécution dépendait de sa volonté. L'article 1558 est une disposition en effet autant favorable aux créanciers qu'aux époux eux-mêmes; or dans l'espèce les créanciers du donateur, et intermédiaires entre le contrat et la célébration, ne méritent aucune faveur. Dira-t-on que l'article 1558 n'a eu pour objet que de favoriser le donateur? Sans doute qu'il a eu cela pour objet; mais il se peut que ce ne soit pas là le motif unique, et que l'intérêt des tiers, qui ont pu être trompés et qui ne s'attendaient pas à la donation, en est un non moins puissant. S'il était démontré que l'article 1558 doit être appliqué à la lettre en ce qui concerne les dettes du donateur, il faudrait peut-être faire la même application à l'égard des dettes de la femme, puisque l'article ne fait aucune distinction. Si une erreur de rédaction se présume dans la circonstance, on est forcé de dire qu'elle regarde le donateur comme la femme. Elle existe à l'égard de la femme, nous l'avons démontré; autrement il y aurait contradiction dans la loi. Si dans l'article 2194 une semblable erreur s'est glissée, elle est très-présumable dans l'article 1558.

Nous avons dit à la page..... de ce volume, que le mari n'avait pas le droit d'intenter seul l'action en partage des successions dotales de la femme, et nous avons en cela décidé contrairement à la Cour d'Aix. Nous nous sommes fondés sur ce que l'article 818 fesait exception à l'article 1549: nous avons dit que l'action en partage avait des conséquences trop graves pour que la loi ait pu la donner au mari seul; mais la solution d'une question aussi importante méritait plus de développemens; c'est pourquoi nous allons tâcher de les donner ici.

Quelque grand que soit le pouvoir que la loi donne au mari sous le régime de la dotalité, quelque autorité que lui confère l'article 1549, on ne peut s'empêcher de convenir qu'il est beaucoup de cas où il ne peut agir seul, qu'il en est plusieurs où la nullité de la femme cesse. On commettrait donc les plus graves erreurs, si on appliquait à tous les cas où il est permis de faire un acte concernant la femme, la règle que le mari est son représentant légal, son mandataire tacite. Nous avons rencontré bien des cas où ce mandat tacite existe réellement, ou plutôt qu'on est forcé de le supposer; ce qui a lieu, par exemple, lorsque le contrat de mariage dit que telle chose sera faite, comme un remploi, une vente. Nous avons vu également qu'en ce qui concerne les rentes et créances dotales, le mari avait un pouvoir très-étendu et qu'il semblait avoir le droit de les vendre; des raisons puissantes pouvant le faire décider ainsi, parce que l'intérêt de la femme peut l'exiger et que le consentement qu'elle y donnerait serait superflu, ne pouvant lui être opposé. Voyez ce que nous avons dit à cet égard. L'article 1549 donne certainement au mari des droits qu'on peut assimiler à ceux du propriétaire le plus absolu. Mais toujours est-il que si en plusieurs circonstances on peut le considérer comme *dominus dotis*, en beaucoup d'autres la loi le fait rentrer dans la règle générale; non-seulement elle le dit en termes formels, mais encore, dans le silence de la loi, les conséquences sont telles en plusieurs circonstances, qu'on est forcé de le décider. Par exemple, une succession s'ouvre au profit de la femme ; pense-t-on que le mari ait le droit de l'accepter seul du chef de celle-ci? L'autorisation de la justice ne peut ici être invoquée, car la loi ne l'a pas dit. Il n'est guère à présumer que la justice puisse ainsi disposer de la fortune de la femme, en la rendant acceptante ou renonçante, sans consulter sa volonté. La nullité de la femme ne va pas jusque là; elle ne pouvait y être réduite que par une disposition de la loi, et cette disposition n'existe nulle part. Se trouve-t-elle par hasard dans l'article 1549? Non. A défaut de texte précis, il suffit de consulter la raison. En acceptant la succession, la femme est obligée de rapporter. L'acceptation eût-elle lieu, même sous bénéfice d'inventaire, l'obligation du rapport se ferait également sentir. Le mari ne peut donc, sans le consentement de la femme, nuire si sensiblement aux doits de celle-ci, qui peut trouver un bien plus grand avantage en renonçant à la succession, pour s'en tenir à un don, qu'en l'acceptant; d'ailleurs si le mari avait seul le droit d'accepter la succession, il aurait également celui d'y renoncer; inconvénient plus grave encore. On ne manquerait pas de dire aussi que le mari, mandataire légal de la femme, pourrait accepter les donations qui auraient pour but de la favoriser. Dans tous ces cas le droit est purement personnel : la qualité d'héritier ne peut être prise que par celui que la nature invite à la prendre; à moins qu'il ne s'agisse d'une personne que son âge ou ses infirmités empêchent de manifester sa volonté, tels que les mineurs et les interdits: tout ce que le mari peut faire, c'est d'accepter pour son compte personnel, à ses risques et périls et en sa qualité d'usufruitier des biens dotaux de sa femme.

Mais en doit-il être d'une action en partage, comme d'une acceptation de la succession? Inutile de dire que l'acceptation de la succession et l'action en partage sont des choses fort distinctes: l'action en partage suppose l'acceptation; elle a dû nécessairement la précéder, puisqu'elle en est la suite; au contraire l'acceptation ne suppose pas l'action en partage; l'acceptation faite, le mal est fait, il est irréparable, et comme le partage doit le suivre, pourquoi l'article 1549 ne serait-il pas applicable?

Nous ne pensons pas qu'il le soit, et il y a peut-être plus de danger à permettre au mari d'intenter seul l'action en partage et par conséquent d'y procéder seul, que de lui permettre d'accepter seul la succession, sur-tout d'après la jurisprudence qui semble se former et qui consiste à faire considérer une succession dotale comme essentiellement bénéficiaire. Si la succession ne peut être acceptée que sous bénéfice d'inventaire, la dot ne court pas de très-grands dangers, puisque la femme peut invoquer l'article 802; le seul risque qu'elle court, c'est le rapport de la dot à la succession du donateur.

L'action en partage et l'opération du partage, qui en est la conséquence ou le but, compromettent bien autrement la dot; car qui empêchera que dans ce partage le mari ne favorise les cohéritiers de la femme, qui peuvent être des proches parens du mari, et même ses héritiers présomptifs? L'attaquera-t-elle par la voie de la lésion, de la fraude ou du dol? C'est bien là une ressource; mais elle deviendra très-souvent illusoire pour la femme; à moins que durant le mariage elle ne se fasse autoriser de justice pour intenter l'action. D'abord, et en supposant qu'aucune prescription ne puisse courir contre elle, elle éprouverait toujours un préjudice en laissant subsister le partage tel qu'il a été fait par son mari.

Mais est-il bien vrai que la prescription ne courrait pas dans le cas proposé? Pourrait-on opposer la disposition de l'article 2255? Cet article parle de la prescription à l'égard de *l'aliénation* d'un fonds constitué selon le régime dotal. Le mari a sans doute bien aliéné des biens dotaux; mais le mot *aliénation*, dans l'article 2255, doit-il bien être pris dans une acception si étendue qu'il comprenne celle qui résulte non-seulement d'une vente proprement dite, mais encore de tout autre acte, telle que celle qui résulte d'un partage? Ainsi le mari et la femme ont conjointement procédé au partage de la succession dotale; il y a eu lésion de plus d'un quart, les 10 ans dont parle l'article 1304 ne commenceront à courir qu'à compter de la dissolution du mariage? Il y a eu dol, violence, les 10 ans ne commenceront à courir qu'après la dissolution du mariage?

Nous avons peine à croire que la prescription soit suspendue pendant le mariage dans les cas proposés. Les articles 1560, 1561 et 2255 ne paraissent point applicables aux cas de violence, dol et lésion. Ces deux articles sont relatifs à la prescription de la propriété même, ou à l'action en nullité de la vente du fonds dotal dans les cas non-autorisés par la loi. L'article 2255 suppose une aliénation prohibée, et en cela il est en concordance avec l'article 1560, où il s'agit bien de l'action en nullité de l'aliénation; mais qu'est-ce que cette aliénation? Une aliénation prétendue, une aliénation que les époux ne pouvaient consommer. Qu'est-ce que l'aliénation résultant d'un partage? Une aliénation qu'on suppose permise et qui l'est effectivement, sinon au mari seul, du moins au mari et à la femme. Or on est donc à cet égard dans les termes du droit commun, qui a ses règles écrites par la première partie de l'article 1304, qui dit: *que toutes les fois qu'une action en nullité ou en rescision d'une convention n'a pas été limitée à un moindre délai, elle dure* 10 *ans*; et l'action en rescision d'un partage est de ce nombre. On ne peut opposer la deuxième partie de l'article où il est dit: *ce temps ne court à l'égard des actes passés par les femmes mariées non-autorisées, que du jour de la dissolution du mariage ;* car il ne s'agit pas dans notre espèce d'un acte passé par une femme non-autorisée; on suppose au contraire, ou que cette autorisation a eu lieu, ou qu'elle n'était pas nécessaire, attendu que le mari pouvait procéder seul. Il est visible que cette seconde partie est une modification de la première, et qu'elle ne doit pas souffrir d'extension. Il est encore visible que, si l'article 1560 ne veut pas que la vente du fonds dotal consentie *par le mari et la femme* fournisse une action en nullité qui soit régie par la première disposition de l'article 1304, c'est encore là une exception à la règle qui ne doit pas être étendue. Or de quelle aliénation parle l'article 1560? Il ne peut s'entendre que d'une vente proprement dite, et non d'une aliénation résultant d'un acte de partage, parce qu'il en résulterait que le partage serait nul par lui-même et pour simple cause d'incapacité, sans qu'on fût obligé de prouver la violence, le dol ou la lésion. Or pense-t-on qu'un partage fait par la femme et le mari, où il ne se rencontre ni lésion, ni dol, ni violence, soit irrégulier et nul, et que la femme pourra toujours l'attaquer après la dissolution du mariage, quelque soit le temps qui s'est écoulé depuis qu'il a eu lieu? Si le partage a pu se faire, s'il est régulier sous ce rapport, il faut donc dire que, quand on voudra l'attaquer pour lésion, dol ou violence, il faudra se conformer à l'article 1304. Il faudra donc dire que l'aliénation qui en résulte n'est plus l'aliénation dont il est question dans les articles 1560, 1561, 2255. On en sera bien mieux convaincu encore si l'on se dit que le partage n'est pas translatif de propriété, mais bien déclaratif, comme le dit la Cour d'Aix. S'il n'est pas translatif de propriété, ce n'est donc pas une aliénation qui a été faite; partant l'article 1560, l'article 1561 et l'article 2255 ne sont pas applicables. Alors tout reste donc dans les termes du droit commun; droit auquel aucune exception n'a été faite pour le cas qui nous occupe, tant en ce qui concerne l'aliénabilité, puisque ce n'en est pas une, qu'en ce qui concerne la prescriptibilité.

Il y a d'ailleurs des raisons extrêmement puissantes qui portent à le décider ainsi;

c'est l'intérêt des tiers; c'est l'intérêt de ceux qui auront acquis des droits sur les biens échus aux cohéritiers de la femme, et qui ne peuvent savoir s'il y a eu lésion dans le partage. Il faudrait donc que ces biens fussent en quelque sorte frappés d'inaliénabilité. Certes, si ces tiers sont encore soumis à l'action de la femme, après la dissolution de son mariage, et 10, 20, 25 ou 30 ans après le partage, il faut convenir que le régime de la dotalité a de bien graves inconvéniens et des effets bien funestes.

Au contraire s'agit-il de l'aliénation proprement dite, c'est-à-dire de la vente ou même de l'échange fait sans autorité de la justice (1559), les tiers qui ont acquis des droits de l'acquéreur du fonds dotal ont pu facilement se convaincre du vice de son titre et ne méritent aucune indulgence.

En revenant à notre question principale, qui est celle de savoir si le mari seul peut intenter l'action en partage, on voit donc combien ce partage pourrait être préjudiciable à la femme, puisqu'il est démontré que le cours de l'action en rescision pour cause de lésion de ce partage n'est pas suspendu pendant le mariage. S'il peut en résulter un préjudice aussi sensible pour la femme, il faut donc nécessairement refuser l'action en partage au mari seul, puisque la loi ne la lui a pas donnée d'une manière formelle; que d'ailleurs, si l'article 1549 lui donne en général le droit d'intenter seul les actions immobilières de la femme, on voit d'un autre côté que l'article 818 tempère et modifie ce droit, lequel étant spécial pour le cas d'action en partage, n'a fait aucune exception pour le mari dont la femme a des successions dotales. L'article 1549 ne peut être lui-même une exception à l'article 818, parce qu'une exception à une disposition formelle doit résulter de termes exprès; puisque le législateur avait réglé au chapitre du partage, comment l'action en pouvait être intentée, il était inutile qu'il s'en expliquât au régime de la dotalité; aussi ne l'a-t-il pas fait. La généralité de l'article 1549 ne renferme toujours qu'une disposition exceptionnelle et dérogatoire, et il est évident qu'en ce qui concerne les partages, le législateur a voulu laisser les choses dans les termes du droit commun. Nous voulons même qu'il y ait doute à cet égard; les dangers qu'il y a à laisser au mari le droit de procéder seul au partage, doit faire pencher la balance vers l'application de l'article 818. Nous avons déjà donné un exemple frappant de ce danger, nous allons en donner un autre: Le mari procédant seul au partage et ayant seul droit d'y procéder, étant réputé le mandataire légal ou tacite de la femme, il peut le faire comme bon lui semble; il peut transiger sur des difficultés réelles, plaider contre l'admission de tel ou tel individu qui se prétend héritier, transiger même sur cette prétention, et tout sera valable; le partage étant déclaratif de propriété, et non translatif de propriété, il en résultera aussi que le mari se contentant d'effets mobiliers ou de sommes d'argent pour la part et portion de sa femme, celle-ci n'aura jamais eu droit aux immeubles de la succession. Hé bien! supposons un mari dissipateur qui aura entre ses mains toute la fortune de sa femme, qu'en résultera-t-il? Pense-t-on qu'il ait été réellement dans l'intention du législateur que le mari pût nuire d'une manière aussi sensible aux intérêts de sa femme? Toutes ces raisons portent la conviction dans notre esprit que l'action en partage n'appartient pas au mari seul.

La Cour d'Aix a considéré que le mari avait le droit d'intenter seul l'action en partage, parce que le partage étant déclaratif de propriété, cet acte ne pouvait être une aliénabilité de la dot, et partant tomber dans la prohibition de la loi, seulement comme une action immobilière permise par l'article 1549. Sans doute le partage est déclaratif, et non translatif. Nous avons plus haut exprimé quelle était notre opinion sur le sens de ces mots; nous y renvoyons. Nous considérons au contraire un partage comme un acte bien plus important qu'une simple aliénation d'un fonds; il a des conséquences bien plus graves, et nous l'avons prouvé; ce n'est que par fiction que le partage est déclaratif; car par le fait c'est une véritable aliénation, puisque l'héritier est saisi *de plano* de la succession. Il faut donc faire attention à cette fiction et ne pas l'étendre au-delà de son objet. Que de l'héritier au cohéritier le partage ne soit pas une aliénation, du moins que la loi fesant exception à la règle le décide ainsi; soit. Mais du mari à la femme, c'est toujours une véritable aliénation pour laquelle il n'est pas présumé avoir mandat; tout en fesant déclarer quels sont les biens qui lui appartiennent, il aliène de fait ceux qui lui auraient appartenu si le partage eût été régulier; il compromet les droits de sa femme et même ses droits immobiliers, puisque la succession est immobilière. Or n'est-ce pas là aliéner des immeubles? Chaque héritier a le droit d'exiger sa part en nature des immeubles, dit la loi; l'héritier qui renonce à ce droit ne fait-il pas une véritable aliénation d'immeubles? Le mari qui y consent ne fait-il pas une aliénation immobilière vis-à-vis sa femme? Sans doute que si le mari a le droit de faire le partage, il aura bien le droit de faire cette sorte d'aliénation; nous savons bien que c'est là la question: mais c'est précisément parce que c'est une aliénation de fait que le mari ne peut seul intenter l'action et procéder au partage; c'est parce que c'est une aliénation de fait que nous disons que l'article 1549 n'est pas applicable, et que le partage n'a l'effet déclaratif qu'autant qu'il est fait régulièrement par personnes capables, et c'est précisément la capacité du mari que nous contestons. Nous soutenons qu'il n'est pas capable, parce que l'article 818 lui refuse cette capacité; parce que l'article 1549 ne la lui rend pas d'une manière formelle; parce que l'action du mari aurait les conséquences les plus funestes pour la femme, et qu'elle irait non-seulement jusqu'à lui permettre l'aliénation des biens de la femme, biens dont elle a été saisie à l'ouverture de la succession, mais qu'elle irait encore jusqu'à rendre le mari l'arbitre de la qualité d'héritière de la femme. En effet, s'il a seul le droit d'intenter l'action, il peut arriver que le titre d'héritier de la femme soit contesté; alors le mari plaidant seul, par-conséquent répondant seul à cette attaque, il ne tiendrait qu'à lui de se désister de son action ou de se laisser condamner. Comment concevoir que ce droit ait une pareille étendue?

Il serait peut-être plus raisonnable de dire que le partage ne peut être fait qu'en justice; car il n'y a pas de doute que le partage d'une succession que le contrat de mariage rend *dotale* ne soit une sorte d'aliénation. Malgré cela nous n'hésitons pas à dire qu'il est valablement fait par le mari et la femme, parce que l'article 818 n'exige que ce seul concours. Si on n'avait pour prouver la validité de cet acte que la règle qu'il est déclaratif de propriété, on se trouverait fort embarrassé, car l'action tendant à opérer cette déclaration est une véritable aliénation; aussi, quand il s'agit d'un partage où sont appelés des mineurs même émancipés, faut-il la présence du juge. Si le partage n'était pas une aliénation des biens; si ce n'était qu'une action ordinaire immobilière, la présence et le concours de la justice seraient inutiles, l'assistance du curateur suffirait; le partage n'ayant que le seul effet de faire déclarer qu'on a été propriétaire de tels biens et qu'on ne l'a pas été des autres; si on ne voyait pas dans l'action ou l'acte qui tend à opérer cette *déclaration*, une *véritable aliénation*, toutes les formalités tracées au titre des successions, ne seraient pas communes aux mineurs émancipés, et l'on ne verrait même pas pourquoi le conseil de famille n'autoriserait pas suffisamment le tuteur à faire un pareil acte, comme lorsqu'il s'agit d'accepter une donation ou une succession. Si la loi exige tant de formalités, si le partage pour être définitif doit nécessairement être fait sous les yeux du magistrat, c'est donc qu'on considère le partage en lui-même comme une aliénation de biens, puisque ceux des biens de mineurs doivent être faits en justice. Il opère un effet déclaratif; cela est vrai, mais ce n'est là qu'un de ses effets; effet qui n'est point contraire à ce que l'acte dont il procède ne soit une sorte d'aliénation; d'ailleurs le partage a plus d'un effet. S'il n'avait qu'un effet, celui d'être déclaratif; s'il n'emportait pas aliénation, on n'exigerait pas dans celui qui le fait la capacité d'aliéner; il suffirait, comme on l'a dit, qu'un mineur émancipé fût assisté de son curateur, comme lorsqu'il s'agit d'accepter une donation. On ne verrait dans un partage que *l'action de recevoir*. Cette fixation de parts, cette attribution de lots est donc toujours par rapport à celui qui l'opère une véritable aliénation; seulement quand il est légalement fait, il a l'effet déclaratif.

Nous avons dit que la femme et le mari pouvaient accepter une succession, mais que cette acceptation ne pouvait compromettre la dot et ne pouvait être une manière d'éluder l'article 1554. Un arrêt de cassation a décidé que la loi n'ayant pas fait exception à la règle d'inaliénabilité de la dot pour le cas dont il s'agit, la femme ne pouvait être tenue des dettes de la succession sur ses biens dotaux ; que cette succession devait être acceptée sous bénéfice d'inventaire. Voyez Dalloz, année 1825, 1.er cah., pag. 5.

Dans la discussion de plusieurs questions analogues à celle-ci, nous avons même fait pressentir que telle était aussi notre opinion; et il n'y a qu'un instant nous avons encore préjugé la question, en disant que ce bénéfice d'inventaire n'empêcherait pas le rapport de la dot à la succession du donateur; que c'était là une raison pour laquelle nous croyions que le mari seul ne pouvait accepter la succession échue à la femme.

D'abord il n'y a pas de doute, selon nous, que le mari ne peut seul accepter une pareille succession; l'acte est trop important pour cela: inutile de revenir là-dessus. Mais l'acceptation de la succession, même sous bénéfice d'inventaire, aura-t-elle bien l'effet de contraindre la femme à rapporter? Si elle rapporte, et que l'objet du rapport soit précisément ce qui constitue la dot, il y aura évidemment aliénation de la dot. D'un autre côté, si l'effet de l'acceptation n'est pas d'aliéner de cette manière le fonds dotal, on ne peut assimiler une telle acceptation à celle qui a lieu sous bénéfice d'inventaire, puisque le bénéfice d'inventaire n'empêche pas le rapport, art. 843. Comment concilier des choses aussi contradictoires? La contradiction est manifeste, parce que bénéficiaire, elle doit rapporter; et rapporter, c'est aliéner. Décider que l'acceptation est sous bénéfice d'inventaire, c'est dire qu'elle en a tous les effets, partant que l'aliénation est valable, et qu'il y a exception à l'article 1554. Il faut donc décider que le rapport ne se fera pas, ou qu'au moins il ne compromettra pas la dot, ou bien que l'acceptation ne peut avoir lieu que d'autorité de justice, et non sous bénéfice d'inventaire. En effet, si elle est bénéficiaire, on ne peut en diviser les effets. Les effets du bénéfice d'inventaire sont non-seulement ceux dont parle l'article 802, mais encore celui dont parle l'article 843. La femme ne peut être bénéficiaire pour un cas seulement, elle doit l'être pour tous: elle ne le sera pas seulement vis-à-vis les créanciers, elle le sera également vis-à-vis ses cohéritiers.

Dire que la succession peut être acceptée purement et simplement, c'est dire que la dot peut être aliénée par le mari et la femme; c'est permettre à la femme de contracter une masse de dettes qui anéantiront sa dot; c'est l'exposer à confondre ses actions avec celles du défunt; c'est réellement apporter une exception funeste à l'article 1554. Nous pensons donc que l'acceptation n'aura d'autre effet que celui résultant du bénéfice d'inventaire.

Mais, d'un autre côté, on est forcé de convenir que l'effet de cette acceptation sera d'aliéner la dot en ce sens que la femme la rapportera. Le juge eût-il permis l'accéptation, elle aurait toujours le même effet, parce que cette autorisation ne peut rien ajouter au privilége résultant du bénéfice d'inventaire; que le juge lui-même ne peut autoriser que cette seule manière d'accepter, et sans aucune modification. Nous n'avons que deux manières d'accepter une succession; on ne peut en créer une autre pour le cas d'une femme mariée sous le régime dotal; de quelque manière qu'on envisage la femme qui accepte, que ce soit par la permission du juge ou autrement, l'effet de l'acceptation est toujours de la faire considérer comme héritière; or tout héritier doit rapporter. Le juge violerait évidemment l'article 843, s'il décidait que la femme n'a pu aliéner sa dot par la voie du rapport.

Faut-il au moins que le juge ait autorisé l'acceptation, c'est-à-dire l'aliénation qui en est la conséquence? Le juge ne doit lui-même autoriser l'aliénation que dans les cas spécialement prévus par la loi; or celui-là ne l'est pas. D'ailleurs comment subordonner la validité de l'acceptation à la volonté du juge? Comment pourra-t-il lui-même s'enquérir des forces de la succession? A quel embarras cela n'entraînerait-il pas? Saura-t-il s'il n'y a pas de dettes cachées, des testamens qui un jour viendront diminuer la succession et détruire tout l'effet de sa prudence? Saura-t-il s'il n'y a pas des créances qui un jour se découvriront et qui augmenteront l'actif d'une succession qu'il n'a pas voulu autoriser à accepter; refus qui peut être très-préjudiciable à la femme? Il est donc infiniment plus simple de dire que l'acceptation aura, en tout cas, l'effet d'une acceptation sous bénéfice d'inventaire, et que le juge ne peut empêcher d'accepter ou de répudier la succession, parce qu'ici son autorité peut être plus nuisible qu'avantageuse.

Nous croyons inutile de dire que si la femme *doit nécessairement* accepter la succession sous bénéfice d'inventaire, elle ne peut compromettre sa qualité par le recélé ou le divertissement ; de tels méfaits ne peuvent autoriser contre elle qu'une action en restitution, et la priver de partager dans les objets soustraits. Voyez pag. 284, 2.e vol.

Nous avons dit à la page 145 de ce volume que la séparée ne pourrait exiger les capitaux de sa dot, sans être obligée de fournir caution. La loi ne l'a pas dit ; le cautionnement est une peine qu'on ne peut suppléer quand la loi ne l'a pas prononcée. Cependant il n'est pas douteux que le juge peut l'ordonner quand il le juge à-propos. Si le mari exige le cautionnement, le juge ne manquera pas de l'ordonner; mais en la refusant violerait-il la loi? La loi se taît; cependant comme elle a établi l'inaliénabilité de la dot, il semblerait contraire à cette règle que la femme ne fournît pas une caution. Sous ce rapport la caution serait légale ; cependant cela n'est pas. Le principe de l'inaliénabilité n'est pas absolument incompatible avec le droit de la part de la femme de toucher des deniers dotaux sans caution: la seule détention des deniers dotaux n'est pas une aliénation et n'équivaut pas à une aliénation. Cette aliénation ne peut se trouver que dans les actes que la femme peut faire. Si le seul fait de la détention des deniers caractérisait une aliénation, il en résulterait que la femme ne pourrait pas recevoir les deniers. Néanmoins elle le peut; et si elle les dissipe sans qu'on sache comment, ce sera tant pis pour elle; car le cautionnement n'est point exigé dans l'intérêt de la femme. Cela est tellement vrai que si la caution est forcée par le mari à quelques déboursés, il aura son recours contre la femme; autrement qui voudrait être caution? et, quelle loi pourrait l'exiger?

Nous avons dit également à la page 146 que si le débiteur des deniers dotaux veut payer à la femme, il fera bien de se faire autoriser de justice à faire le paiement. Cela n'est pas indispensable. Il peut payer à la femme...; de même qu'elle peut recevoir sa dot de son mari, de même elle peut recevoir des deniers dotaux de la main d'un étranger. La condition du débiteur ne peut s'aggraver par le fait de la séparation ; il ne peut être garant de la dissipation de la femme. Ce ne serait pas vis-à-vis elle qu'il serait garant, sa condition ne pourrait être pire que celle de la caution de cette femme lorsque le mari l'a exigée. On est forcé de convenir que, si la justice ou le mari n'a pas pris des mesures pour garantir la perte des deniers dotaux, la femme séparée pourra les dissiper sans recours. Voyez aussi la pag. 229.

Puisque nous parlons de la femme séparée ; pourra-t-elle être contrainte par son mari de lui donner des sommes suffisantes pour l'entretien du ménage ? Point de doute ; c'est le mari qui est chargé du soin de ce ménage et non la femme.

Nous avons dit également pages 151 et suivantes, que, si le fonds dotal était vendu dans le temps intermédiaire du contrat à la célébration, la vente serait valable par rapport à l'acquéreur ; mais que par rapport aux époux entre eux, le contrat de mariage subsisterait toujours, n'ayant pas été modifié conformément au prescrit de l'article 1396. Ainsi il y aurait toujours régime dotal ; rien n'annonce même qu'ils ont voulu changer de régime ; la seule aliénation du fonds ne peut être une preuve irréfragable de la volonté de ce changement. Mais si le mari avait consenti à la vente, aurait-il perdu le droit d'exiger durant le mariage, que la femme se constitue sinon un bien inaliénable, du moins qu'elle fournisse des sommes produisant un intérêt égal au revenu du fonds dotal aliéné? Nous le pensons; autrement le contrat de mariage ne produirait pas ses effets entre les époux. Ainsi ce ne serait plus le tiers de ses revenus qu'elle devrait, ce serait le capital ou au moins l'intérêt d'un capital égal à la valeur du bien vendu. Si les articles 1395, 1396 reçoivent exception en faveur des tiers qui ont acquis dans le temps intermédiaire, c'est parce que ces articles ne peuvent détruire une règle qui est plus forte que la disposition qu'ils consacrent, celle qu'on ne peut, par son propre fait, ravir des droits qu'on a valablement conférés, lorsqu'on peut dire qu'il ne tient qu'à nous de les maintenir; mais en ce qui touche les époux, ces deux articles reprennent tout leur empire: un contrat de mariage n'est tacitement révoqué que lorsque le mariage ne s'ensuit pas; il ne peut l'être que d'une manière expresse, encore faut-il observer des règles.

Mais il est possible que l'un des époux fasse une donation à l'autre par contrat de mariage, et que l'époux donateur, du consentement de l'époux donataire, vende le bien donné? *Quid?* la vente est valable, et c'est l'époux donataire qui est censé avoir vendu. Voyez l'article 1179.

Nous ne devons pas oublier de citer un arrêt rendu par la Cour de Toulouse, le 19 mai 1824, Dalloz, 1.er cahier de 1825, pages 14 et suivantes. Cet arrêt décide que l'emploi des deniers dotaux de la femme séparée de biens, ne peut être fait en rentes sur l'état; qu'un tel placement n'offre pas de garantie suffisante; que lorsqu'un jugement (de séparation de biens) qui détermine la nature de l'emploi des deniers dotaux de la femme n'a point été attaqué dans le délai, il acquiert l'autorité de la chose jugée et ne peut être modifié par un jugement postérieur.

Espèce: le 24 février 1816, le tribunal de Toulouse prononce une séparation de biens, liquide les reprises de la femme, condamne le mari à en effectuer le paiement, *à la charge, par la femme, de fournir un emploi sûr et responsable de sa dot et de son augment, et d'employer les intérêts et revenus de sa dot aux charges et entretien du ménage:* elle n'attaque pas le jugement.

Le 28 décembre 1821, elle assigne son mari pour voir ordonner qu'elle sera autorisée à faire remploi de sa dot en achat de rentes sur l'état. Le mari soutient que cet emploi ne serait pas *sûr* et *responsable* dans le sens du jugement de séparation, en ce que les rentes pourraient être aliénées comme meubles; en ce que d'ailleurs la variation du cours des effets publics ne donnerait pas la certitude de retrouver le capital. Le 23 juillet 1823, jugement qui démet la femme de la demande et ordonne que les fonds dotaux seront employés en achat d'immeubles.

Le jugement de séparation ayant indiqué le mode de l'emploi, il fallait s'y conformer. La Cour a décidé que l'emploi fait en rentes sur l'Etat n'offrait pas la garantie qu'exigeait le jugement, rien de mieux; mais si le jugement n'avait pas indiqué la manière de faire cet emploi, le mari pourrait-il l'attaquer? Nous ne le pensons pas. Tant que l'emploi n'est pas fait, le mari peut requérir qu'il soit fait d'une manière solide, et le tribunal décide; mais quand le tribunal et le mari n'ont rien exigé, que la femme a fait elle-même l'emploi, il faut le laisser subsister, ne serait-ce que dans l'intérêt des tiers.

Voici un des considérans de cet arrêt: « Considérant que les précautions indiquées » par la dame Boyer-Fonfréde, pour ga- » rantir la sureté du placement en rentes » qu'elle demande à pouvoir effectuer sont » insuffisantes, pour ne pas dire illusoires; » qu'en effet, lors même que dans les in- » scriptions on énoncerait que les rentes » achetées par ladite dame sont la repré- » sentation de ses reprises dotales, et qu'elles » ne peuvent être aliénées que du consen- » tement de son mari, et avec l'autorisation » des tribunaux, elle ne seraient pas pour » cela hors du commerce; que les tiers qui » les auraient acquises, en se conformant » aux lois qui régissent la matière, ne pour- » raient en être dépouillés sous prétexte » d'énonciations *que ces mêmes lois ne com-* » *portent pas*, et qui par suite seraient sans

» force et sans autorité devant les tribu» naux; qu'ainsi la dame Fonfréde pourrait, » en négociant ces rentes, aliéner ses fonds » dotaux à l'insu de son mari que la loi » et la justice en ont rendu le surveillant, » sans que ce dernier eût aucun moyen » solide pour empêcher ce mal, ni pour » en obtenir la réparation; qu'il est donc » évident que le placement en rentes de» mandé par ladite dame n'offre pas de su» reté pour la conservation de ses reprises » dotales, et qu'il ne remplit pas la pre» mière condition imposée par le jugement » de séparation. »

Cela voudrait-il dire que si la femme a des capitaux, ou des rentes sur des particuliers, elle puisse les vendre sans le consentement de son mari? Cela veut-il dire que si la femme fait un placement autorisé de son mari, à la condition qu'elle n'en pourra disposer sans le même consentement, les tiers seront à l'abri d'une action? Quant au dernier cas, non; car les lois comportent une telle condition. Au premier, quoique la femme ait le droit de pouvoir toucher seule ses deniers dotaux, ses capitaux, cela n'est pas une raison pour qu'elle puisse les vendre ; il y a nécessité que les débiteurs puissent se libérer : comme la dot rentre en ses mains, il faut décider qu'elle est capable de recevoir ; mais elle n'est pas celle de vendre. Le mari pourrait-il même l'y autoriser ? C'est là une bien grande question. Elle se rattache à celle de savoir si le mari lui-même peut, avant la séparation, vendre les droits incorporels de la femme. Question que nous avons très-longuement traitée dans ce volume pages 173 et suivantes. Nous avons fait valoir pour et contre tous les moyens qu'a pu nous suggérer l'importance d'un point aussi délicat ; mais ce que nous avons dit ne doit être envisagé que comme raisons, que comme moyens pour et contre ; nous engageons le lecteur à ne point induire de quelques expressions une décision formelle. C'est ici que nous nous hasarderons de décider.

Après le mot *mariage* qui termine la ligne 15 de la page 185, ajoutez : Mais tout bien considéré, la somme des raisons que nous avons données tendant à prouver que le mari n'a pas le droit de vendre, doit l'emporter sur la somme des raisons qui tendent à faire croire qu'il a ce droit. Il est bien plus dangereux, pour la femme, de donner au mari le droit de vendre, que de lui interdire cette faculté. La femme a intérêt dans une compagnie de finance; le mari a besoin d'une somme d'argent, il lui plaît de vendre cette action; ne peut-il pas lui causer le plus grand préjudice? Si on lui reproche de l'avoir vendue à bas prix, il se tirera toujours d'embarras en disant qu'il a fait un contrat aléatoire, l'action offrant tout aussi bien des chances de pertes que des chances de gains. Une succession s'ouvre au profit de la femme, elle est toute mobilière: la femme l'accepte sous bénéfice d'inventaire; le mari la vend: il répondra encore qu'il a fait un contrat aléatoire. Au moyen de ce faux-fuyant, il fera toujours retomber sur sa femme l'étourderie qu'il aura commise, et l'acquéreur, la mauvaise foi qu'il aura apportée dans ce contrat. Il peut y avoir nécessité de vendre, il est vrai; mais comment rendre le mari juge de cette nécessité? c'est lui permettre de disposer à son gré de la dot de sa femme et de la réduire à rien. Son droit ne peut aller jusque là; il peut poursuivre les débiteurs, recevoir les deniers, paraître dans une faillite ou déconfiture, parce que cela fait partie de son administration; mais le droit d'user et d'abuser ne lui appartient pas. Si sa qualité de *dominus dotis* allait jusqu'à lui permettre d'aliéner les créances dotales de sa femme; s'il était véritablement maître dans ce cas, il ne tiendrait qu'à lui de renoncer à une succession mobilière de sa femme; ce qui n'est pas présumable. La dot de la femme est inaliénable; or elle ne l'est pas moins par le fait du mari que par celui de la femme. Si cette aliénation était permise au mari, il pourrait transiger; pense-t-on qu'il le puisse? Il pourrait compromettre; pense-t-on qu'il le puisse? Si la loi eût permis l'aliénation de la dot mobilière au mari, il eût distingué dans l'article 83 C. P. et n'eût pas exigé que l'affaire fût toujours communicable au ministère public; cependant lors même qu'elle est mobilière, elle est communicable; c'est donc que le mari n'est pas *dominus dotis* dans toute l'acception du mot. La dot est aliénable en ce sens que le mari qui l'a reçue peut la dissiper; mais ses biens sont responsables. Elle l'est en ce sens que la femme qui la reçoit après la séparation de biens ou de corps, peut faire des dépenses ou des pertes; mais non en ce sens qu'elle puisse faire des actes de transport ou consentir des obligations. Et sous quel prétexte le mari vendrait-il une action, une rente appartenant à sa femme? La rente peut être mal assise, c'est un malheur; l'action peut être douteuse, c'est un malheur; mais dans combien de circonstances la rente sera-t-elle bien assise? l'action sera-t-elle certaine? Cependant le mari sera quitte envers sa femme en lui montrant le traité, la vente ou cession qu'il aura faite. Mais la femme pourra lui demander pourquoi il a vendu? Pourquoi il a fait des sacrifices...? Il n'a donc pas alors le droit de vendre; c'est là modifier sa capacité, ce qui ne peut être; ou il est capable ou il ne l'est pas. D'un autre côté, si elle ne peut lui demander pourquoi il a diminué sa dot par des actes de transport, que devient alors l'article 1567? Il faudrait donc décider qu'elle ne peut demander compte à son mari; ce qui n'est pas supposable: en lui représentant des contrats, des titres, il serait toujours quitte envers elle, ou il faudrait qu'elle prouvât qu'il a agi frauduleusement, ce qui serait impossible; tandis que c'est à lui à prouver qu'il n'y a rien à lui imputer. Il serait donc obligé de prouver la nécessité dans laquelle il s'est trouvé de vendre? Comme on vient de le dire, s'il est obligé de prouver cette nécessité, c'est convenir qu'il n'est plus *dominus dotis*, le maître de la dot; ce qui est exclusif de l'idée d'être tenu de rendre compte du motif qui l'a fait agir: l'astreindre à répondre à une pareille interpellation, c'est le rendre responsable de la faute qu'il aurait pu commettre en vendant; et comment supposer qu'il ne se trompe pas quelquefois? C'est un contrat aléatoire que j'ai fait..., cette réponse lui suffira. Quelle que soit l'aliénation qu'il ait consentie d'un droit incorporel, ce sera toujours un contrat aléatoire où il y avait à gagner comme à perdre; il sera difficile de lui prouver le contraire, sur-tout s'il s'agit de la vente d'une succession mobilière; or comment lui appliquer l'article 1567 qui est conçu dans l'idée que la dot ne doit souffrir de diminution qu'autant qu'il n'y aura pas de négligence à opposer au mari? Faites attention à la manière dont l'article 1567 est rédigé. Il dit: « Si la dot » comprend des obligations ou constitution

» de rentes qui ont péri, ou *souffert des* » *retranchemens* qu'on ne puisse imputer à » la négligence du mari, il n'en sera point » tenu, etc., etc. » Qu'est-ce que cette perte ? C'est celle arrivée par force majeure, par prescription, par l'insolvabilité du débiteur. Par retranchement...? Il faut entendre celui qui résulte d'un concordat, d'un traité fait avec un débiteur reconnu insolvable qui ne peut payer la totalité de ce qu'il doit; mais on ne peut entendre par là une perte, un retranchement provenant du transport d'une créance, d'une vente; la vente n'est plus une perte ni un retranchement; il n'y a là rien de retranché ni de perdu. L'article 1567 suppose, comme on l'a dit, une perte ou retranchement forcé; mais la vente ne pouvait être forcée. Le contrat de cession n'est donc pas régulier; il est donc nul; il faut donc au moins remplir la femme de ce qui lui manque, et son mari n'en sera pas seul tenu, le cessionnaire n'ayant pas acquis de bonne foi. Sans doute il est des cas où le mari aura bien fait de vendre; mais ce n'est pas une raison pour lui accorder ce droit, parce qu'en définitive il serait nuisible à l'intérêt de la femme, et que le mari en abuserait. Ce serait favoriser la mauvaise foi des cessionnaires, ce serait réduire la femme à une simple action en indemnité contre son mari, en supposant qu'il fût même obligé de prouver la nécessité qui l'a porté à vendre, ce qui serait douteux. Elle ne pourrait forcer les cessionnaires à faire la même preuve, parce que cela serait ridicule n'étant pas obligé de demander au cédant le motif qui le détermine; très-souvent, s'il leur fesait connaître ce motif, le transport n'aurait pas lieu. Le mari, retenu lui-même par la crainte de commettre une faute, n'oserait la plupart du temps consentir au transport. Cette obligation de prouver la nécessité qui l'a obligé de vendre, deviendrait très-pénible et très-dure, ce serait d'un côté lui donner une capacité et de l'autre la retirer; il serait infiniment plus raisonnable de s'en rapporter à lui, sans lui demander compte. S'il peut vendre quand il y a nécessité, il doit être juge de cette nécessité; mais, comme on le voit, cela est contraire à l'article 1567. Cet article veut que le mari réponde de sa négligence lorsqu'il laisse périr ou diminuer une créance; à plus forte raison lorsqu'il la vend sans nécessité au-dessous de sa valeur. D'un autre côté, l'obliger à prouver cette nécessité, c'est ôter à sa capacité de vendre toute sa force, c'est l'anéantir; c'est d'ailleurs créer une capacité que ne comporte ni l'article 1567 ni aucune autre disposition du Code. Il vaut donc mieux décider qu'il n'a pas le droit d'aliéner les droits incorporels de sa femme. Il n'est qu'un simple mandataire *in rem suam,* constitué pour les toucher, en poursuivre le remboursement et s'en servir comme tout autre usufruitier. Tout ce qu'il peut faire, c'est de donner quittance, sauf à la femme à prouver, dans le cas où il serait insolvable, que c'est une vente déguisée.

Serait-ce parce que la créance est prescriptible qu'on devrait décider qu'elle est aliénable? Cet argument ne ferait pas fortune; car il n'est pas vrai de dire que la faculté de prescrire de la part d'un débiteur, soit subordonnée à la faculté d'aliéner en matière de dotalité. Par exemple, les biens même immobiliers de la femme deviennent prescriptibles après la séparation; a-t-elle pour cela le droit de vendre? S'il y a nécessité de vendre, par exemple, pour acquitter des dettes de la femme, pour réparer le fonds, pourquoi ne pas recourir à justice? Si le juge peut autoriser la vente de l'immeuble dotal, à plus forte raison des créances dotales.

Il ne faut pas cependant se dissimuler que le mari a bien le droit de nover, de compenser, de subroger, de déléguer. Dans l'intérêt de sa femme, point de doute; mais dans le sien il y en a beaucoup. Il n'est guère croyable que le mari puisse acquitter ses propres dettes avec les créances de la femme. S'il avait touché les deniers, cela serait différent; ces deniers sont fongibles, en fait de meubles possession vaut titre; mais nous avons prouvé que cette maxime ne pouvait s'appliquer en matière de droits incorporels. Certainement en matière d'usufruit proprement dit, quoique l'usufruitier ait le droit de recevoir les capitaux des rentes et créances, il n'a pas le droit de nover, de compenser, parce que, pour faire ces actes et autres semblables, il faut être propriétaire; l'usufruitier ne l'est pas, il doit conserver la substance des choses sujettes à usufruitier, ce qu'il ne ferait pas s'il novait ou compensait. Il ne peut disposer à son profit des créances que lorsqu'il en a reçu le montant, parce qu'alors elles sont devenues choses fongibles. Il ne pourrait non plus nover, compenser, déléguer ou subroger dans l'intérêt du propriétaire; mais ce n'est pas une raison pour que le mari ne le puisse dans l'intérêt de sa femme, parce qu'il est administrateur des biens de celle-ci; il est son gérant, qualité que n'a pas l'usufruitier ordinaire. Supposons donc que la femme se soit constitué tous ses biens présens et futurs; dans l'intérêt de celle-ci, le mari pourra faire tous les actes dont nous venons de parler; mais il ne pourra vendre ni transporter, ce droit ayant de trop graves conséquences et sortant évidemment des limites qui sont prescrites au mari. Vous trouverez aux pages 173 et suivantes, d'autre raisons à l'appui de cette décision.

Nous avons demandé à la page 190 de ce volume, comment le mari qui a vendu le fonds dotal devrait prouver que l'acquéreur était de mauvaise foi? Nous avons répondu que nous pensions qu'il ne le pourrait par témoins, sans commencement de preuve par écrit, attendu qu'il avait pu se procurer une preuve écrite de ce fait. La mauvaise foi tient à la matière des délits; elle est soumise aux règles qui régissent le dol dont elle est la source : le dol se prouverait bien par témoin, à plus forte raison, ou du moins par une raison semblable, la mauvaise foi est-elle susceptible de ce genre de preuve.

Nous avons dit à la page 14 que si la femme s'est soumise expressément au régime dotal, sans désigner ses biens dotaux et ses biens paraphernaux, il n'y avait point de régime dotal, qu'on ne pouvait y voir qu'une séparation de biens. Il y a trop d'arbitraire dans cette décision; il serait plus raisonnable de dire qu'un tel contrat de mariage ne peut produire d'effet et que les époux sont soumis au régime de la communauté. A la page 16, nous semblons être revenus à l'opinion que les biens présens de la femme sont dotaux; que le contrat doit produire son effet. En effet les époux s'étant soumis au régime dotal, ils ont voulu qu'il y eût une dot; ils ont cru qu'il y en avait une de constituée. Ce n'est donc point ici le cas d'appliquer la maxime qu'on doit juger les actes plutôt par leur substance que par leur nom; c'est un contrat qui est soumis aux règles de l'interprétation. La femme en se soumettant au régime dotal a voulu rendre des biens inaliénables; maintenant lesquels? Ceux qu'elle avait le plus d'intérêt de soustraire à la dissipation de son mari: ce sont ses biens présens. Elle n'a pas désigné ses biens dotaux, elle a pu croire que la loi les désignait. La dot est une espèce de servitude qui veut être prouvée; cela est vrai, mais elle existe, cette servitude, du moment où il y a soumission au régime dotal, puisqu'elle est une effet de ce régime, qu'il n'est point de dotalité sans dot.

Nous avons vu que dans les provinces on reconnaissait des constitutions de dot tacites, qu'il suffisait que le contrat de mariage laissât présumer même légèrement que cette constitution avait été dans l'intention de la femme: c'était donc abandonner le contrat à la voie de l'interprétation. Notre nouvelle loi ne reconnaît-elle pas elle-même les constitutions tacites? Que veut-elle qui soit explicite? La soumission au régime dotal? les époux l'ont faite. Alors si une dot est constituée par un tiers, cette libéralité est frappée de dotalité et d'inaliénabilité, quoique les époux n'en aient rien dit. La femme n'a pas doté, mais elle déclare qu'elle se constitue tous ses biens; voilà encore des biens qui appartiendront à la dotalité. Ces deux cas qui sont prévus par la loi, ne sont-ils pas des exemples d'une constitution tacite? La servitude est-elle prouvée ici ou bien est-elle implicite? Supposez que la femme ait dit : *J'apporte en mariage* tous mes biens; quoiqu'elle n'ait pas dit: je me *constitue*, pense-t-on qu'il n'y aura pas encore là une constitution dotale? Cependant la servitude n'est pas très-bien prouvée; mais on voit toujours *l'intention* de se constituer une dot. Cette intention n'est pas formelle, mais elle résulte de la soumission qui a été faite au régime de la dotalité; c'est cette soumission qui l'explique. La femme s'est bornée à dire qu'elle se soumettait au régime dotal; elle n'a pas dit qu'elle apportait ses biens en mariage, mais cela est sous-entendu, cela est de droit, parce que c'était indubitablement son intention. On doit dans les contrats rechercher l'intention des parties, dit l'article 1156. Pourquoi ne pas faire ici l'application de cette règle? Le régime dotal n'est plus un régime auquel on est soumis de plein droit;

c'est celui de la communauté? Hé bien! une fois soumis à ce régime, la loi du régime communal devient étrangère. Plutôt que de chercher à s'affranchir de ce régime, on doit au contraire chercher à interpréter les choses de manière à y retenir les parties; tout lui est favorable, jusqu'au silence même des parties. Il faudrait les expressions les plus fortes pour détruire tout l'effet de la soumission qu'on y a faite; une fois qu'un régime est choisi, il faut qu'il résulte des différentes clauses du contrat une preuve évidente que les parties ne voulaient pas se soumettre à ce régime pour les ranger sous une autre. La femme qui est soumise au régime dotal est censée s'être *constituée* toute les fois qu'elle a des biens, à moins qu'une autre dot n'apparaisse qui ôte l'idée que ce sont ses biens qui constituent la dot. Se constitue-t-elle un bien? elle exclut le reste; ne se constitue-t-elle aucun bien spécialement? elle est censée s'être tout constitué. La loi, art. 1541, ne dit rien de contraire; elle prête au contraire à cette idée. Tel paraît être son sens modifié par l'article 1542, 2.e disposition. L'article 1541 est sous la rubrique même dite *du régime dotal*. S'il y a quelque chose d'obscur en lui, c'est la rubrique à laquelle il appartient qui doit lui servir d'interprétation. Hé bien! la femme se soumet au régime dotal, elle veut donc faire une constitution dotale? car enfin, qui veut la fin veut les moyens: elle savait sans doute bien ce que c'était que ce régime dotal; elle est censée connaître la loi; elle est censée savoir qu'il est inutile de se soumettre au régime dotal, si l'on ne veut pas constituer de dot. Supposez qu'elle n'ait pas de biens présens; s'étant soumise au régime dotal, n'est-il pas sensible qu'elle a voulu se constituer ses biens à venir? N'ayant pas limité cette constitution, n'a-t-elle pas voulu soumettre tous les biens qu'elle espérait avoir? S'il faut attacher un sens à ces mots: la femme se soumet *au régime dotal*, n'est-il pas évident que son intention a été de dotaliser ses biens? Pourquoi donc me choisir le régime dotal si je ne veux pas rendre des biens inaliénables en me constituant mes biens à venir, puisqu'il faut qu'il y ait une dot sous ce régime, et qu'il faut nécessairement laisser entrevoir des biens dotaux? La femme n'a que des biens à échoir, elle n'a donc pas besoin de dire qu'elle constitue ses biens à venir, puisqu'elle n'en a pas d'autres; alors elle les constitue tous, puisqu'elle ne limite pas sa constitution.

Nous avons parlé à la page 21 de ce volume, de la reconnaissance que le mari donnerait à sa femme, soit d'une donation manuelle qui aurait été faite à celle-ci, soit du mobilier non-inventorié qu'elle aurait apporté. Nous avons paru dire que ces deux cas étaient soumis aux-mêmes règles; cependant nous nous sommes beaucoup plus occupés de la reconnaissance relative à la donation manuelle que de celle relative aux objets mobiliers. Quant à la donation, nous avons dit, et nous tenons à cette opinion, que la femme est obligée de prouver la réalité de la donation; que la cause énoncée par le mari dans la quittance est insuffisante, attendu qu'on peut considérer la reconnaissance comme une donation déguisée que le mari fait à sa femme.

Mais en doit-il bien être ainsi quand il s'agit du mobilier constitué en dot par la femme et non constaté par un état ou inventaire avant le mariage? Cette reconnaissance ne peut être opposée aux tiers. Quant aux époux entre eux, je pense que ce que nous avons dit en parlant de la communauté réduite aux acquêts, sur la question de savoir si l'état fait entre les époux pendant le mariage, du mobilier qu'ils avaient avant de se marier, devient absolument applicable.

Quant au cas où le mobilier est paraphernal, nous avons posé à la page 20 de ce volume et à la page 368 du troisième, que la femme peut prouver par témoins quelle était sa consistance, et nous en avons dit lés raisons. Aux pages 17 et suivantes de ce volume, nous avons dit au contraire que le mobilier dotal non-inventorié ne pourrait se prouver par témoins. En régime exclusif de communauté (voyez la table, exclusion de communauté) nous avons dit que la consistance du mobilier apporté par la femme ne pouvait se prouver par témoins. Le lecteur est prié de porter la plus grande attention pour tous ces différens cas, autrement il ne nous entendrait pas. Y a-t-il séparation de biens? La femme possède, elle gère son mobilier comme ses immeubles. En régime exclusif, elle est propriétaire de son mobilier, mais elle ne possède pas;

c'est son mari; comment après 30, 40 ans viendrait-elle prouver quelle était la consistance du mobilier qu'elle a apporté en se mariant? Elle est donc reprochable de n'avoir pas fait inventaire? la preuve deviendrait par trop difficile, difficulté qui ne peut se présenter à l'égard de la femme séparée, qui, dès l'instant du mariage jusqu'à la fin, a eu la jouissance et la disposition de son mobilier; un inventaire n'était donc pas indispensable pour établir la distinction des deux mobiliers; tandis que dans l'autre cas il est indispensable. Voyez ce que nous avons dit page 343 du troisième volume. Vainement dirait-on qu'il s'agit là d'un droit de propriété et qu'on peut prouver un semblable droit par témoins, cela ne détruirait point les raisons que nous avons données à la page 343 du troisième volume. Ce cas peut tout au plus être assimilé à celui d'un usufruit, car au fait le mari est usufruitier; hé bien! le nu-propriétaire serait-il reçu à prouver par témoins que les objets mobiliers qu'a possédés l'usufruitier fesaient partie de l'usufruit? Voyez un peu plus bas où nous traitons de nouveau cette question si importante et si difficile.

Y a-t-il régime dotal? Nous pensons qu'il n'y aura de mobilier dotal que celui qui sera constaté, estimé ou non. Pour qu'il puisse constituer une créance ou reprise dotale, ou être l'objet d'une créance ou reprise que la femme ne puisse aliéner, il faut que l'espèce de servitude dans laquelle il se trouve soit prouvée; voilà ce que nous avons voulu dire à la page 19.

S'il s'agit de mobilier paraphernal, ou il sera échu à la femme pendant le mariage, ou elle le possédait à l'époque de son mariage. Au dernier cas, nous avons dit que la femme pouvait en prouver la possession par témoins, parce que tout fait de possession se prouve par témoins; elle est à cet égard dans la même position que son mari; mais si la femme prétend qu'elle avait du mobilier lorsqu'elle s'est mariée, que si elle ne peut prouver qu'il est dotal et caractérise une créance dotale, il est paraphernal et demande à prouver qu'elle en avait tant en se mariant; le cas est plus embarrassant. Les époux étant sous le régime dotal, sont censés ne point avoir confondu leur possession, et par conséquent leur mobilier. Si le mobilier que la femme réclame est toujours resté dans la possession du mari; si la femme en administrait séparément, le mari devra être maintenu dans la propriété de tout celui qu'il possédait; de même que la femme sera maintenue dans la propriété de celui qu'elle possédait. Elle ne pourra prouver que tels effets mobiliers qui ont toujours été possédés par le mari, étaient soit dotaux, soit paraphernaux, sauf le cas où elle opposerait un titre. Cette possession divisée se prouvera par tout fait possible qui tendra à faire croire que c'est le mari ou la femme qui possédait en propre telle ou telle chose. Par exemple, les objets qui se trouveront dans la chambre à coucher de l'un des époux, seront censés lui appartenir comme étant en sa possession journalière; ce qui sera *dans le cabinet du mari*, sera censé lui appartenir : la marque du linge est encore une preuve indicative du droit de propriété, etc., etc.

Ceci servira d'explication à tout ce qui pourrait en cette matière paraître obscur dans les différens endroits où nous en avons parlé.

Nous n'avons pas dit un seul mot, dans le courant de cet ouvrage, du compromis.

Ce contrat est trop important pour ne pas réparer cet oubli.

Pour savoir quel est l'effet du compromis passé par une femme mariée, il faut consulter le régime sous l'empire duquel elle se trouve.

Si elle est mariée sous le régime communal, elle peut compromettre sur tout ce qui intéresse la propriété de ses biens et sur tous ses droits pécuniaires; à moins que la contestation en soit exceptée par une disposition expresse de la loi; par exemple, si elle était sujette à la communication au ministère public. Mais, en général, les affaires concernant les femmes mariées sous le régime communal, ne sont pas communicables: elles ne le sont pas par cela seul que la femme est mariée. Voyez l'art. 83 C. P.

Mais il se présente une difficulté: si le mari refuse d'autoriser sa femme, pourra-t-elle recourir à justice? ou la contestation devra-t-elle être nécessairement portée devant les tribunaux ordinaires? Si le mari refuse d'autoriser sa femme, la cause devient alors sujette à la communication; voyez l'art. 83. Par conséquent le compromis n'est plus possible; il est régis par l'article 1125, par l'article 1004 C. P. Cela est fondé en raison. Lorsque le mari refuse d'autoriser sa femme à passer un acte ordinaire, le juge donne son autorisation en connaissance de cause; il voit quelle est l'étendue de l'engagement de la femme. L'autorisation du juge ne peut donc avoir d'inconvénient. Lorsque le mari refuse d'autoriser sa femme à l'effet de plaider, celle-ci, abandonnée de son appui naturel, de son protecteur né, n'ayant plus son mari pour l'aider de ses conseils et faire les démarches que comportent l'action et l'intérêt de la femme, trouve un autre appui dans le ministère public. Mais quand il s'agit d'un compromis, quand il s'agit de choisir des arbitres, de suivre une procédure devant ceux-ci, on ne peut calculer qu'elles en seront les conséquences. La femme se trouve sans appui, la procédure, l'intérêt de la femme en peuvent souffrir. La dépendance dans laquelle elle se trouve vis-à-vis son mari, est un inconvénient non moins grave. Si l'ordonnance d'exequatur est pour elle une ressource, elle est trop faible en comparaison de celle que lui offre une action en justice. Ces raisons nous portent donc à résoudre négativement la question.

S'il y a exclusion de communauté, la femme pourra encore compromettre, assistée de son mari; et ce que nous venons de dire de la femme mariée sous le régime communal, lui est applicable.

S'il y a séparation de biens, peut-elle compromettre seule sur les choses dont elle a la disposition, tels que capitaux et revenus? Presque tous les auteurs répondent que oui; nous répondons que non; parce que compromettre c'est plaider; qu'une femme ne peut plaider, lors même qu'elle est séparée, sans l'autorisation de son mari; que si défense lui a été faite de plaider sans l'autorisation de son mari *à fortiori* ne peut-elle compromettre? Dans l'un comme dans l'autre cas, elle manque au respect qu'elle doit à son mari; dans l'un comme dans l'autre cas, elle a besoin de l'appui de son mari, et plus encore en matière d'arbitrage que devant les tribunaux ordinaires. L'arbitrage est soumis à une procédure qui exige des soins, des démarches qu'une femme ne peut faire sans l'autorité maritale; voyez du reste ce que nous avons dit sur la capacité de la femme séparée, et qui fait un acte qui n'est point par lui-même acte d'administration. Lors même qu'il y aurait arbitrage par amiables compositeurs, la femme ne pourrait le consentir; car cet arbitrage offre pour elle le même danger et le même inconvénient.

On peut d'ailleurs tirer argument de l'article 83 C. P., il veut que la cause des femmes non-autorisées soient communiquée au ministère public; il faut donc que la femme soit devant les arbitres, ce qu'elle serait devant le tribunal; elle ne peut pas avoir une capacité différente. Si devant le tribunal la femme doit trouver un appui dans le ministère public, lorsque son mari refuse de l'autoriser, ne pouvant trouver cet appui devant le tribunal arbitral, elle ne peut y être jugée. Observez d'un autre côté, que l'article 1004 C. P., défend de compromettre sur toutes les affaires sujettes à la communication au ministère public.

Si la femme est mariée, sous le régime dotal, en ce qui concerne ses paraphernaux, appliquez ce que nous venons de dire pour le cas où elle est séparée.

Mais en ce qui concerne la dot, peut-elle compromettre? Voilà ce qu'un arrêt de la Cour de Riom, 8 juin 1809, Dalloz, Recueil de Jurisprudence, v.° arbitrage, p. 616, Sirey, 1810, p. 235, a décidé: Que le mari peut compromettre sur des biens soumis au régime dotal; mais que le compromis n'a alors d'effet qu'à l'égard des droits du mari, comme administrateur des biens dotaux; qu'il ne préjudicie en aucune manière aux droits de la femme. En conséquence elle et son mari sont également non-recevables à demander la nullité du compromis; la femme n'a d'action qu'à la dissolution du mariage.

Il est à remarquer que le mari seul avait compromis. Il n'y avait pas de doute que le compromis ne pouvait être opposé à la femme. M. Dalloz, par une note mise au bas de l'arrêt qu'il rapporte en son recueil, indique les articles 2253 et 2256 comme appuyant cette décision.

Mais voyons auparavant de quoi il s'agissait: il s'agissait de savoir si un sentier placé entre deux vignes, dont l'une appartenait à la dame Laverie (c'est la dame mariée en dotalité), devrait être fourni en commun ou pris seulement sur l'une des vignes. Les arbitres devaient prononcer en dernier ressort, et leur décision fut défavorable à l'époux de cette dame. Ce n'était point une action possessoire qui était soumise à l'arbitrage, du moins rien ne l'indique; il s'agissait plutôt d'un droit de servitude, les arbitres ayant à décider quel était celui qui devait fournir le passage à l'autre sur son fonds; et c'est ce que les arbitres ont fait, puisqu'ils ont condamné l'époux à donner le passage sur le fonds dotal. Enfin supposons qu'il fût question d'une action immobilière: possessoire ou réelle, le mari seul avait le droit de l'intenter, et quoiqu'il eût paru seul au procès, la condamnation eût pu être opposée à la femme, aux termes de l'article 1549, du moins par argument. La femme, quant aux actions relatives à sa dot, est suffisamment représentée par son mari. Lui seul doit intenter l'action en revendication et lui seul doit y répondre. La présence de la femme au procès n'ajoute rien au droit du mari. Nous ne pensons pas qu'on puisse nous opposer l'article 83 C. P., qui dit que la cause des femmes même autorisées de leur mari, lorsqu'il s'agit de leur dot, en les supposant mariées sous le régime dotal, sont communiquées au ministère public; ce qui semblerait dire qu'elles sont parties et doivent être parties dans les procès qui les concernent, et que le mari seul ne les représente pas. L'article 83 parle d'une manière générale; il suppose que la femme plaide concernant sa dot; il suppose qu'elle est en instance, d'abord, parce qu'elle peut s'y trouver, soit qu'elle y ait été appelée par son adversaire, soit qu'elle ait pris elle-même qualité dans les actes; ensuite parce qu'elle a le droit de se faire autoriser du juge pour intenter une action que son mari négligerait, ainsi que nous l'avons démontré; en troisième lieu, parce qu'elle peut se trouver séparée, et qu'alors le mari a perdu le droit que lui accorde l'article 1549; mais cet article *id est* le 83 C. P. ne dit pas que le mari seul ne peut intenter les actions immobilières, possessoires ou pétitoires relatives au fonds dotal; il ne peut avoir eu pour but non-seulement d'abroger l'article 1549, mais même de le modifier.

Mais de ce que le mari a droit de plaider seul, quand il s'agit, *en thèse générale*, de la dot de la femme, est-ce une raison pour qu'il ait le droit de compromettre? De ce qu'il a seul le droit d'intenter une action immobilière, est-ce une raison pour que le compromis qu'il aurait consenti, même conjointement avec sa femme, soit valable? S'il a eu le droit de compromettre, le jugement arbitral produira des effets tout aussi bien contre elle que contre lui. Mais nous soutenons qu'il n'a pas le droit de compromettre; nous soutenons que la cause est communicable, art. 83 C. P. Or si elle est communicable, le compromis est nul et le mari peut en demander la nullité. La loi ne veut pas que la dot puisse s'aliéner. Elle ne veut pas, lors même que l'aliénation est permise, comme dans les cas de l'article 1558, qu'elle ait lieu sans l'interposition du juge. Dira-t-on que le compromis n'engage que le mari seul? C'est une erreur. S'il s'agissait d'une question d'administration, d'une contestation avec un fermier et autre semblable, point de difficulté; mais lorsqu'il s'agit d'un procès relatif à un droit réel, à une action possessoire, pétitoire, d'un droit de servitude, d'un droit de propriété, le compromis est nul, parce que le mari, dans ces sortes d'actions, ne peut seul représenter la femme qu'en présence du juge. Autrement, c'est-à-dire hors la présence du juge, il faut une aliénation dans toute l'acception du mot, et le jugement arbitral peut être attaqué comme toute autre aliénation; il aura contre ce jugement toutes les voies qui sont permises pour attaquer un compromis nul. S'il avait eu le droit de compromettre pour son compte personnel, il aurait pu compromettre pour celui de la femme, puisqu'il est son représentant légal dans toutes les contestations relatives au fonds dotal.

Mais s'il est démontré qu'il a le droit d'attaquer la sentence arbitrale, doit-il le faire dans un temps déterminé? Peut-elle obtenir l'autorité de la chose jugée? Quels en seront les effets? Plaider, c'est aliéner sans doute; mais cette aliénation diffère de l'aliénation ordinaire; car lorsque le mari vend le fonds dotal de la femme, on ne peut lui opposer de prescription, art. 1560. Lorsqu'au contraire l'aliénation résulte d'une action, le jugement acquiert l'autorité de la chose jugée tout aussi bien contre une femme mariée sous le régime dotal que contre une femme majeure et capable d'aliéner. Il est vrai qu'ici on se trouve dans un cas tout particulier. C'est un compromis qui a eu lieu; le mari seul l'a souscrit, *le ministère public n'a point été entendu;* l'article 480 C. P., n.° 8, peut être invoqué d'après l'article 1026 du même Code, et la requête civile est permise. Mais la requête civile, quoique moyen extraordinaire, n'est pas un remède dont on puisse faire usage en tout temps. L'article 483 le restreint à un délai fort court. S'il vient à s'écouler sans que le remède ait été employé *quid juris?* Il suffirait même que le délai d'appel fût écoulé, si l'affaire en était susceptible, pour que le jugement eût acquis l'autorité de la chose jugée. M. Carré dit qu'on ne peut se pourvoir par requête civile contre un jugement qui, d'abord sujet à l'appel, n'est plus susceptible de ce genre de pourvoi, parce que les délais sont expirés. Il n'est pas douteux que les délais de requête civile courent contre elle. Aura-t-elle la voie de tierce opposition? Cette voie est-elle ouverte à la personne qui a été représentée par son mandataire? Non; nous ne le pensons pas. Il n'était pas indispensable d'appeler la femme; l'action était suffisamment engagée avec le mari; il a eu le droit de plaider pour elle, art. 1549. Il est vrai qu'il est intervenu une sentence arbitrale; que le ministère public n'a pas été entendu; avantage que ne peut remplacer l'ordonnance d'exéquatur; mais c'est précisément parce que *le ministère public n'a pas été entendu, qu'il y a lieu à requête civile; et que sans cela le jugement serait inattaquable.* On ne niera pas que le mari a le droit de poursuivre le détenteur d'un bien dotal, et que dans cette action il est le représentant, le mandataire légal de sa femme; que le jugement obtenu contre lui seul acquerra contre la femme l'autorité de la chose jugée; que le jugement sera censé rendu contre la femme elle-même; autrement que signifieraient ces mots: *Que le mari seul peut intenter l'action dont il s'agit.* Hé bien! supposons que le mari ait mis une semblable question à la décision d'arbitres; le compromis est nul, cela est vrai; mais encore faut-il l'attaquer dans les formes et dans les délais de la loi. La loi veut bien qu'on puisse attaquer une sentence arbitrale; mais elle veut que ce soit suivant les moyens qu'elle indique; quoique sentence arbitrale, elle a la même force qu'un jugement; elle en tient lieu; elle acquiert l'autorité de la chose jugée, comme le jugement lui-même: or si le jugement obtenu contre le mari seul peut obtenir l'autorité de la chose jugée, ce qui n'est pas douteux, puisque la loi permet au mari d'intenter seul l'action, il en doit être de même de la sentence arbitrale. Il arrive nécessairement un temps où elle devient obligatoire, tant pour la femme que pour le mari. Il faut faire attention qu'il ne s'agit pas de la prescription que peut invoquer un usurpateur ou un acquéreur, art. 1560, 1561. Il ne s'agit pas d'aliénation proprement dite, ni de possession; il s'agit d'un jugement et de ses effets, ce qui est bien différent. Tout consiste à savoir si le mari est le représentant légal de la femme dans les jugemens obtenus contre lui seul, et si une sentence arbitrale, qui n'est autre chose qu'un jugement, peut obtenir contre lui l'autorité de la chose jugée. Nous répondons affirmativement en nous fondant sur les articles 1026, 480, n.º 8, 483, 444 C. P., et sur l'article 1549 C. C. Nous allons plus loin; nous pensons que les dépens obtenus contre le mari, seraient exécutoires contre la femme, quoiqu'elle n'ait pas été partie présente dans le jugement, parce qu'elle est censée plaider elle-même quand son mari figure dans un procès relatif au fonds dotal, à la dot qu'elle s'est ou qui lui a été constituée, quoiqu'un arrêt ou des arrêts que nous avons rapportés dans ce volume paraissent avoir décidé le contraire.

Si le fonds dotal était déclaré aliénable par le contrat de mariage, le compromis serait-il valable? Serait-il valable quoique le mari seul l'eût signé? Cette question semble tenir à celle de savoir si le mari seul, peut, dans ce cas, vendre le fonds dotal. Voyez ce que nous avons dit sur l'art. 1557.

Néanmoins, comme le dit M. Carré dans sa 291.e analyse, où il résout négativement la question de savoir si l'affaire est communicable lorsqu'elle concerne les biens paraphernaux de la femme, la loi n'ayant point distingué entre le cas où la dot est inaliénable du cas où elle ne l'est pas, nous ne devons pas distinguer, et nous devons décider que le compromis n'est pas valable. La raison est que le mari peut être très-capable de faire une aliénation et ne l'être pas pour compromettre et faire un bon choix d'arbitres. D'ailleurs le mandat pour vendre n'emporte pas mandat à l'effet de compromettre. Ces deux cas sont bien différens. L'aliénation dont entend parler l'article 1557 n'est pas l'aliénation qui peut résulter d'un compromis: le droit d'intenter l'action relative à la dot, n'est pas non plus une raison pour croire qu'il puisse compromettre; autre chose est de plaider devant des tribunaux établis par la loi ou de plaider devant des tribunaux de son choix. Non que le compromis soit nul *de plano*, et sans jugement; il faut l'attaquer de la manière qui vient d'être indiquée.

Un arrêt de la Cour de Nîmes, du 26 février 1812, voyez Dalloz, v.° arbitrage, p. 616, décide également qu'il ne suffit pas d'avoir la disposition des choses qui sont l'objet du compromis pour pouvoir compromettre. Il décide, en conséquence, qu'on ne peut compromettre, soit sur le fonds dotal immobilier et déclaré aliénable, soit sur les objets mobiliers qui composent la dot. Cependant l'espèce dont il s'agit dans cet arrêt était bien favorable au compromis, car il s'agissait d'une succession échue à la femme, et sur la demande en partage de laquelle il était survenu des difficultés réelles. Le premier considérant de cet arrêt est fondé sur ce que la cause était sujette à communication au ministère public; le second sur ce que le n.° 6 de l'article 83 ne distingue pas entre la dot mobilière et la dot immobilière; que la contestation qui y est relative étant communicable, elle ne peut être aux termes de l'article 1004 C. P. l'objet d'un compromis. Par conséquent il suffit qu'une cause soit sujette à communication, pour être exclue du nombre de celles sur lesquelles on peut compromettre. Peu importe que la partie qui compromet ait la disposition des choses sur lesquelles porte le compromis.

Nous avons dit, pages 139 et suivantes de ce volume, que si le mari se rendait adjudicataire du fonds dotal vendu sur licitation, qu'il était censé avoir rempli un mandat tacite; qu'il était présumé avoir acquis au nom de sa femme, et que tout le fonds était dotal. Nous nous sommes fondés sur l'effet déclaratif du partage. Nous ne nous sommes pas fait toutes les objections que comporte la question. En effet, si le mari a tiré de sa poche le prix donné au cohéritier de la femme, celle-ci devra le lui restituer. Cette restitution se fera, soit pendant, soit après le mariage; nous pensons qu'il a action contre elle, même pendant le mariage, ainsi que nous l'avons dit à la page 147. Nous ne sommes pas ici en régime communal où cette action ne peut avoir lieu, parce que les époux étant en société, ayant des reprises respectives à exercer, on ne peut savoir quel est celui qui est créancier ou débiteur de l'autre. Mais que la femme paie le mari pendant ou après le mariage, il s'élève toujours des raisons contre la décision que nous avons portée; car si la femme paie de suite son mari ou achète elle-même avec des deniers paraphernaux, il en résultera un préjudice pour elle et un bien grand avantage pour le mari, puisque d'un côté elle diminuera ses revenus paraphernaux et de l'autre elle augmentera considérablement les revenus de la dot. Si le mari n'est pas remboursé durant le mariage, il en résultera que si d'un côté il perd l'intérêt de ses déboursés, de l'autre il gagne les fruits de l'augmentation de dot, et qu'il y a compensation; mais c'est pour lui, comme si la portion du cohéritier de la femme n'était pas devenue dotale. Voilà donc encore un cas où il semble bien que le principe de l'article 883 doit subir une modification; c'est-à-dire un cas où l'effet déclaratif du partage ne doit pas être invoqué. Vous devez vous rappeler ce que nous avons dit sur l'article 1423. Supposons que Pierre possède, par indivis avec Jacques, le fonds cornélien, et qu'il en lègue l'usufruit à Paul; nous voulons dire l'usufruit de sa part dans le fonds. Pierre et Jacques font liciter l'héritage, et Pierre s'en rend adjudicataire; pense-t-on que Paul deviendra par ce fait usufruitier du tout? Sera-t-il écouté quand il viendra dire que la licitation étant assimilée au partage, lequel est déclaratif, c'est comme si Pierre eût toujours été propriétaire du fonds entier dès l'ouverture de la succession de celui du chef duquel il provient, par conséquent au moment de la donation? Nous avons peine à croire que l'effet déclaratif s'étende jusque là (art. 1019). Ce dernier cas a une parfaite analogie avec celui qui nous occupe. Si l'un n'est censé avoir voulu concéder que l'usufruit de la moitié, c'est-à-dire l'usufruit de la portion qu'il avait dans l'héritage, il en doit être de même de l'autre. Si l'article 1408 offre un exemple de *l'effet déclaratif*, nous pensons qu'il serait dangereux d'étendre l'application de cet article au cas du régime de la dotalité; peu importe que ce soit le mari ou la femme qui ait acquis; l'inconvénient que nous avons signalé nous semble un empêchement invincible à ce que tout soit dotal; autrement il y aurait bizarrerie, contradiction révoltante dans la loi, les principes seraient boulversés. Voyez l'art. 1543.

Nous avons dit également à la page 142, que, si les époux s'étaient mariés en communauté, et que la femme eût ameubli sa portion dans le fonds cornélien, tout le fonds appartiendrait à la communauté, si le conjoint qui a fait l'ameublissement se rendait sur licitation adjudicataire du tout; cela est vrai; mais nous n'avons pas donné des raisons satisfesantes: l'époux ayant mis en communauté sa portion dans le fonds, il n'y a plus rien; il n'est plus copropriétaire, c'est la communauté à laquelle il a cédé tous ses droits. Si donc l'époux se fait adjuger le fonds en entier, c'est au profit de la communauté, c'est un acquêt qu'elle paiera de ses deniers.

Une question qui se rattache encore à celle que nous venons de traiter, c'est de savoir si le cohéritier ayant hypothéqué sa part indivise dans le fonds, l'hypothèque frappe tout l'héritage, s'il devient par l'effet du partage propriétaire du tout: l'indivisibilité de l'hypothèque bien plus que l'effet déclaratif, décide la question en faveur du créancier; car quelle est la portion, la partie de l'héritage qui n'a pas été frappée de l'hypothèque? L'héritier a tout hypothéqué, puisque sa portion dans le fonds n'était pas distincte de celle de son cohéritier: il n'a pu en affecter une portion sans affecter l'autre. S'il eût affecté tel champs, telle maison dépendant de l'héritage, cela serait différent.

Mais relativement au cas de la dotalité, si le mari s'est rendu seul adjudicataire et en son nom, sans déclaration de command au profit de sa femme, le bien lui appartiendra-t-il pour le tout? S'il a fait sa déclaration de command au profit de sa femme, le tout sera-t-il paraphernal? Nous avons dit à la page 139, que la femme, en droit romain, était tenue d'accepter le tout, lors même que le mari avait acheté seul, voyez la loi 78, § 4, de *jure dotium*, en l'indemnisant de ce qu'il avait payé; cependant qu'il n'y avait de dotal que ce qu'elle s'était primitivement constitué en dot. Le principe que le mari exerce l'action de sa femme en matière de dotalité; la facilité avec laquelle il pourrait l'écarter de l'adjudication et se rendre adjudicataire en son nom; l'intérêt qu'a la femme de conserver son fonds, tout porte à croire qu'il a acquis pour elle et non pour lui. D'ailleurs il serait forcé de faire emploi; il se trouve tout fait, rien n'est changé; cela est bien préférable. Voyez la page 147.

Si la femme se rendait elle-même adjudicataire, il en serait ainsi : la moitié du fonds resterait dotale et l'autre serait paraphernale ; tout cela paraît conforme à l'équité, à la raison.

Nous avons, à la page..., demandé si en matière d'exclusion de communauté, le partage des fruits devait se faire d'après les principes que la loi a établis en matière de dotalité. Nous n'avons pas traité la question, il en est encore temps; mais comment la décider? Les raisons qui ont dicté l'article 1571, ne nous semblent nullement applicable au régime exclusif de communauté; ces deux régimes ont si peu de rapport qu'il devient inutile d'établir ici leur dissemblance; et c'est nécessairement sur leur dissemblance qu'il faut décider autrement dans un cas que dans l'autre.

Les règles de la communauté légale nous semblent plus applicables; encore ne le disons-nous qu'en tremblant. Le mari ne devrait-il point plutôt être considéré comme un usufruitier ordinaire et lui rendre applicable plutôt l'article 585 que l'article 1403 dernière disposition? Lorsqu'une coupe de bois qui pouvait être faite durant le mariage ne l'aura pas été, pourrait-on voir là une donation indirecte et prohibée? Le principal motif de l'article 1403 est que la communauté ne soit pas trompée; mais ici il n'y a pas de communauté. Quant à la donation déguisée, la faveur que mérite une femme qui a fait un contrat de mariage aussi ingrat, doit ôter toute idée d'avantage indirect; dans tous les cas ce serait un dédommagement bien dû, sur-tout si les revenus de la femme avaient constamment enrichi le mari et se trouvaient au-dessus des dépenses de la famille. Nous sommes tentés de croire que les règles de l'usufruit proprement dit doivent être invoquées; que le mari prend les lieux dans l'état où ils sont; et que la femme, à la dissolution du mariage, les reprend de même; du moins quant aux fruits des biens.

Nous avons dit, pages 341 et suivantes du troisième volume, que la femme mariée avec exclusion de communauté était obligée de rapporter inventaire du mobilier qu'elle possédait à l'époque de son mariage. Néanmoins l'article 1532 est ainsi conçu: « Si dans le mobilier apporté en dot par » la femme ou qui lui échoit pendant le » mariage, il y a des choses dont on ne peut » faire usage sans les consommer, il en doit » être joint *un état estimatif* au contrat de » mariage, ou il doit être fait un inventaire » lors de l'échéance et le mari en doit rendre » le prix lors de l'estimation. »

Si l'état estimatif est exigé pour les choses fongibles, donc par argument à *contrario*, il n'est pas exigé pour les choses non-fongibles.

Nous soutenons que si, pour les choses qui se consomment *primo usu*, l'inventaire est exigé, il doit l'être *à fortiori* pour les choses qui se consomment peu-à-peu par l'usage ; attendu qu'en général elles sont d'un plus grand prix. Est-ce parce que les premières se consomment de suite et que les autres restent entre les mains du mari? Cela n'est pas toujours vrai. Il arrive qu'on conserve long-temps son vin, son eau-de-vie, et souvent on vend de suite son vieux mobilier pour en avoir un neuf.

Lors même qu'on aurait conservé son mobilier, pense-t-on qu'au bout de 25 à 30 ans il sera plus facile de se souvenir si la femme avait 100 paires de draps, 1,000 aunes de toiles, que 100 barriques de vin, 30 barriques d'huile, 50 tonneaux d'eau-de-vie ?

Est-ce parce qu'il serait plus difficile de constater la valeur de l'un que celle de l'autre ? Les choses qui se consomment *primo usu* trouvent leur estimation dans les mercuriales qui sont déposées dans les archives de la municipalité ; les choses qui ne se consomment point *primo usu* ne jouissent pas de cet avantage.

Il est vrai qu'un état estimatif n'est pas indispensable ; qu'il suffirait d'un état pur et simple ; mais il en serait de même des choses qui se consomment *primo usu*, et cela *à fortiori*, puisque l'estimation s'en trouvera fixée par les mercuriales.

L'article 1532 est donc loin de trancher la difficulté; et l'on peut dire qu'il est plutôt fait pour jeter de l'obscurité sur la question que pour la décider. On peut demander avec raison pourquoi il ne s'occupe que des choses qui se consomment par le premier usage. Certes il était bien plus important qu'il parlât des choses non-fongibles existantes lors du mariage, que des choses fongibles qui échoient durant le mariage; les articles 1415 et 1504 en avaient dit assez. D'ailleurs tout en prescrivant un état estimatif, dit-il ce qui en résultera s'il n'en a pas été fait? Dit-il que la femme ne sera pas reçue à faire preuve de la consistance des choses qui se consomment *primo usu*, si l'on a omis cette formalité? Le législateur se taît sur cette question qui est de la plus haute importance. Si l'état n'est pas indispensable pour les choses non-fongibles, il ne doit pas l'être non plus pour les choses fongibles; si la femme peut prouver par témoins dans le premier cas, elle doit être admise à prouver dans le second: car si l'on est reçu à prouver qu'on avait

100 aunes de toiles, 100 paires de draps, on doit être reçu à prouver qu'on avait 1,000 quintaux de blés, 100 barriques d'huiles, 100 tonneaux d'eau-de-vie; l'article 1532 ne prouve donc rien; il ne tranche donc pas la difficulté. L'état est-il indispensable pour les choses fongibles, il est également indispensable pour les choses non-fongibles, parce que la preuve sera tout aussi difficile dans un cas que dans l'autre. Si le vin ne se retrouve plus au bout de 30, 40 ans et quelquefois 60, pense-t-on qu'au bout de 30, 40 ans, la toile, les serviettes, les nappes, les draps, la batterie de cuisine seront reconnaissables? Pense-t-on qu'il sera facile de reconnaître un mobilier qui aura changé suivant les goûts et les modes, et été vendu et remplacé suivant le caprice ou les besoins des époux? Si la nécessité de constater les choses non-fongibles se fait autant sentir que lorsqu'il s'agit de choses fongibles, l'article 1532 ne prouve donc encore rien. Tout ce qu'on peut dire, c'est que si la nécessité de constater les choses fongibles résulte de cet article, la nécessité de constater les choses non-fongibles se trouve établie par voie de conséquence.

Cependant si l'on recherche l'esprit de cet article, on trouvera peut-être que ce qu'a principalement voulu le législateur, c'est l'estimation des choses fongibles; cette estimation semble avoir été l'unique objet de l'article 1532, s'en rapportant pour les autres choses aux règles générales du droit. Pourquoi donc cette estimation? C'est qu'elle vaut vente pour le mari et qu'il en est débiteur sur le pied de la valeur au moment de l'estimation; tandis que pour les choses non-fongibles, il n'en devient pas propriétaire *ipso facto*, et qu'en cas de vente il en sera débiteur sur le pied de la valeur au moment de la vente et non au moment de l'inventaire; ce qui doit être, puisque la propriété en reste à la femme, que c'est sa chose qui est vendue, qu'elle augmente ou diminue pour elle.

Envisagé sous un autre point, l'article 1532 peut n'être qu'une sage précaution que la loi indique pour les choses fongibles.

Envisagé sous un autre, il peut être interprété en ce sens qu'il faut un état; mais que pour les choses fongibles, il faut l'estimation.

Envisagé sous un autre, peut-être l'état n'est-il pas plus indispensable pour un cas que pour l'autre, et que dans l'un comme dans l'autre la preuve doit être admise.

Pour nous et en nous résumant, nous dirons que l'article 1532 n'ayant pas positivement prévu le cas dont il s'agit et le mari se trouvant dans la possession du mobilier de la femme, elle ne peut être admise à prouver par témoins, parce qu'il n'a tenu qu'à elle de se procurer une preuve écrite, art. 1341. Qu'on ne dise pas que le mari ne peut prescrire contre sa femme; il ne s'agit point ici de prescription; il s'agit de savoir si une preuve testimoniale peut être admise. Qu'on ne dise pas qu'il s'agit ici de deux personnes qui, habitant la même maison et ayant mêlé et confondu leur mobilier, sont admises à prouver leur propriété par tous les moyens que la loi leur indique, par conséquent par témoins; de même que s'il s'agissait de prouver le mélange de diverses choses appartenant à divers propriétaires. Les cas ne sont plus les mêmes. Dans l'un, il s'agit de deux personnes qui possèdent et qui ont des droits égaux; dans l'autre, il n'y a qu'une personne qui possède.

Dira-t-on qu'il s'agit là d'un véritable droit d'usufruit et que c'est au mari usufruitier de faire faire inventaire? Nous n'ignorons pas que M. Proudhon, Traité de l'Usufruit, t. 2, p. 364 et suiv., dit que le nu-propriétaire pourra prouver par témoins et commune renommée, lors même qu'il a accordé volontairement la possession à l'usufruitier, parce qu'on ne devrait voir dans ce consentement qu'un acte de confiance dans la probité de l'usufruitier. M. Proudhon convient néanmoins que cet inventaire est dans l'intérêt du propriétaire, et cela est par trop sensible. Je conçois que si l'usufruitier entre en jouissance sans demander la délivrance à l'héritier et sans avoir fait au préalable dresser un inventaire, l'héritier sera reçu à prouver par témoins. Il y a mauvaise foi, il y a fraude; l'héritier est donc reçu à la preuve. L'usufruitier était tenu de faire inventaire, il a manqué à cette obligation; il ne doit pas être reçu à s'opposer à une enquête. Mais lorsque le propriétaire consent à la délivrance sans exiger l'inventaire, lorsqu'il vend l'usufruit de son mobilier sans exiger cet acte important, c'est dire qu'il peut être admis en tout temps à prouver par témoins, et c'est admettre une preuve bien dangereuse pour un cas qui n'est point prévu et qui peut avoir de bien graves conséquences. Il faut convenir qu'alors ce n'est plus dans l'intérêt du propriétaire que l'inventaire est exigé, mais bien dans celui de l'usufruitier. Que le défaut d'inventaire puisse être réparé dans ce cas, soit; nous nous bornons à la seule observation que nous venons de faire sans prononcer notre opinion d'une manière affirmative; mais quand cela serait, en faudrait-il tirer la conséquence rigoureuse qu'il en doit être de même en matière d'exclusion de communauté ? En matière d'usufruit proprement dit, l'usufruitier est tenu de faire inventaire, c'est une obligation que la loi lui impose; il est réputé de mauvaise foi s'il ne l'a pas fait. Mais la loi a-t-elle fait une pareille obligation au mari? La loi lui a-t-elle dit qu'il ferait inventaire du mobilier de sa femme? Oui; dans les cas des articles 1415 et 1504; mais ce n'est pas du mobilier dont parlent ces articles qu'il s'agit ici, articles auxquels elle a dérogé par l'article 1499. La loi ayant impérieusement exigé que le mari fît inventaire dans les cas prévus par les articles 1415 et 1504, n'est-il pas tout simple de croire qu'elle l'eût également exigé pour le mobilier apporté en mariage, si telle eût été son intention? Si elle n'eût pas voulu abandonner ce point à la règle générale, elle eût fait une exception pour ce mobilier comme elle en a fait pour celui qui échoit durant le mariage; exception qu'il eût été bien plus essentiel de faire que celle dont il s'agit aux articles 1415 et 1504.

Dira-t-on que la femme a un titre, *id est* son contrat de mariage? Que si en matière d'usufruit proprement dit, le nu-propriétaire est admis à prouver par témoins, malgré la jouissance commencée de l'usufruitier, c'est précisément parce qu'il a un titre qui suppose nécessairement des choses sujettes à usufruit? Cela ne prouverait rien encore. Le don, legs ou vente d'un usufruit, c'est-à-dire l'acte portant constitution d'usufruit, est effectivement une preuve presque irréfragable qu'il y a des choses sujettes à usufruit; s'il est constant que des choses ont été l'objet d'un usufruit, il semble juste que l'on constate d'une manière quelconque qu'elles sont ces choses. Mais en est-il de même d'un contrat de mariage? Ce contrat est-il une preuve bien convaincante que des choses appartenant à la femme ont été données en usufruit à son mari? Un tel contrat de mariage n'attesterait-il pas plutôt qu'une telle femme n'avait rien ou presque rien? Quels sont les cas les plus ordinaires où le mari fait exclusion de communauté? C'est lorsque la femme est sans fortune; lorsque la femme est riche, que le mari le soit ou ne le soit pas, il est bien rare qu'il y ait exclusion de communauté. Le contrat de mariage, le fait du mariage ne prouvent donc pas qu'il y ait eu des choses sujettes à usufruit. Ce cas particulier ne doit donc pas être soumis à la règle ordinaire de l'usufruit, puisqu'il sort des règles ordinaires. Si aucun acte n'atteste le mobilier de la femme, si le contrat de mariage n'en dit rien, où donc l'aura-t-elle pris ce mobilier? D'où lui sera-t-il venu? Est-ce par testament, donation, succession? Hé bien! qu'elle rapporte ces titres, et le mari sera indubitablement convaincu; car enfin on ne voit pas trop comment une femme qui n'a ni testament, ni don, ni partage à représenter puisse posséder du mobilier.

L'a-t-elle eu d'une succession qu'elle a seule recueillie? Cela est possible; mais cela est rare, et encore plus rare qu'un acte quelconque n'atteste pas la consistance de ce mobilier; car devant en conserver la propriété, elle ne doit avoir rien de plus pressé que d'en faire dresser un état ou de le dresser concurremment avec son mari; si elle ne l'a pas fait, il est donc à présumer qu'elle n'en avait pas.

Et cette preuve par témoins, la fera-t-elle également contre les tiers? Cela devrait être, et l'on n'en peut douter si on l'assimile à la femme dont il s'agit dans les articles 1415 et 1504. Maintenant qui oserait le dire? Quelle personne s'exposerait à traiter avec un homme dont toute la fortune peut passer entre les mains de sa femme à l'aide d'un faux témoignage?

Il nous semble que toute la ressource de la femme gît dans l'aveu, le serment du mari, dans un interrogatoire sur *faits et articles*. Voyez pourtant l'art. 1533.

Je n'ai pas voulu dire, page 329, que, dans le ressort du parlement de Bordeaux, le survivant des époux, lorsqu'il y avait société et clause de reversion au profit des enfans, perdait toute espèce de droit sur les acquêts, et que la clause ne pouvait jamais être caduque. Je sais fort bien que la propriété était en suspens tant que le survivant et les enfans existaient en même temps, et que si les enfans mouraient, le survivant reprenait l'entière disposition des acquêts. Mais dans le ressort de ce parlement, s'il n'y avait pas d'enfans au premier dégré, mais seulement au second, la reversabilité en faveur des enfans était-elle éteinte? Au moment *où je suis forcé* de livrer ceci à l'impression, je n'ai point d'autorités qui puissent m'aider à décider la question, je n'ai que Salviat, qui n'en dit rien. Si les enfans du second dégré étaient appelés aussi *jure suo*, j'ai donc eu raison de dire que le père serait d'une condition pire que le substitué dont parle l'article 1051. Du reste cela ne ferait rien quant au fonds de la question, puisque suivant la Jurisprudence du parlement de Bordeaux, les enfans venaient *jure suo* et qu'ils ne le peuvent sous notre nouveau droit.

Lorsqu'il y a société d'acquêts entre les époux mariés sous le régime dotal, les reprises des droits extradotaux de la femme s'exercent sur les biens de la société. Voyez ce que nous avons dit sur la manière de liquider la communauté légale. L'article 1473 et beaucoup d'autres deviennent applicables La dot ayant été versée dans la société, sera également à sa charge ainsi que les intérêts, à moins qu'elle n'ait été employée au profit du mari seul. Voyez Salviat, Jurisprudence du parlement de Bordeaux, v.° acquêt, p. 24, nouvelle édition. Si la femme n'a que des paraphernaux, il lui sera bien libre d'invoquer l'article 1465 en ce qui concerne sa nourriture qu'elle pourra prendre sur la masse commune. Mais *quid* pour son droit d'habitation? L'article 1570 qui lui accorde un droit d'habitation pendant l'année du deuil, ne paraît applicable que pour le cas où la femme a des biens dotaux; ce droit ne semble être qu'une charge de la dot. Voyez la rubrique où se trouve l'article 1570. Il ne s'en est pas trouvé, il n'y a donc pas lieu à appliquer cet article qui suppose toujours qu'une dot a été constituée à la femme. On dira: Le droit d'habitation est dû, quoique la femme n'ait que des paraphernaux, parce qu'il suffit que les époux soient mariés sous le régime dotal; il n'y a pas de dot, il n'y a que des paraphernaux ; cela ne fait rien, parce que le contrat de mariage laissait nécessairement entrevoir des biens dotaux, autrement il n'y aurait pas eu de régime dotal. C'est pourquoi la femme aura toujours droit aux frais de deuil, quoiqu'elle n'ait que des paraphernaux. Il n'y a pas de doute que le deuil et le droit d'habitation sont mis sur la même ligne dans cet article. Si le droit d'habitation n'est pas dû, le deuil ne l'est pas. Si parce que la femme n'a que des paraphernaux elle est assimilée à la femme séparée quant au droit d'habitation, il en doit être de même quant au deuil; or il n'est pas dû en matière de séparation de biens. Vainement dirait-on qu'il est donné pour honorer la mémoire du mari, qu'il lui est dû aux termes de l'article 1570, puisqu'en matière d'exclusion de communauté et de séparation, il ne l'est pas. C'est donc parce qu'il y a régime dotal que l'article 1570 le lui accorde; or il y a régime dotal, quoiqu'il n'y ait pas de biens dotaux. Cet article parle de restitution de dot, des intérêts de dot; c'est parce que ce sont les cas les plus ordinaires. Les habits de deuil sont dus à la veuve, quoiqu'elle n'ait apporté aucune dot. Voyez Salviat, Jurisprudence du parlement de Bordeaux, et les autorités qu'il cite, v.° veuve, p. 434, nouvelle édition. D'ailleurs n'est-il pas possible que la dot ait péri, qu'on l'ait revendiquée? Alors comment ne pas appliquer l'article 1570? Il est vrai que dans ce cas particulier, le mari aura joui de la dot; mais si l'article est applicable à ce cas particulier, à plus forte raison lorsque le contrat de mariage laisse entrevoir une dot qui promet considérablement de revenus au mari; par exemple, si la femme s'est constitué tous ses biens à venir et que son père, négociant fortuné, soit mort insolvable par suite de malheurs qu'il n'était pas possible de prévoir? Mais les frais de deuil et le droit d'habitation seront-ils dus à la femme par la succession du mari, quoiqu'il y ait eu société d'acquêts? Pour les frais de deuil, point de doute. Voyez l'article 1481. Pour celui d'habitation, l'article 1570 semble aussi trancher la difficulté; ce serait distinguer là où la loi ne distingue point.

Mais comment appliquer l'article 1571

s'il y a société d'acquêts? Est-ce le mari seul qui aura droit aux fruits non-encore recueillis ou bien la société? Ces fruits doivent appartenir à la société.

Page 344 de ce volume, ligne 11, après ces mots qui terminent l'alinéa : *qui en est la valeur représentative*, ajoutez à la ligne : Cette proposition paraît hardie, car il s'agit là d'une vente conditionnelle; or si la condition ne s'accomplit pas, il n'y aura point eu vente, et de ce qu'on vient de dire, il résulterait qu'il y aurait eu vente, puisque l'acquéreur aurait droit de réclamer de son vendeur les objets qui seraient censés, dans le partage, tenir la place de l'objet vendu, sinon la valeur estimative de l'objet, laquelle pourrait être au-dessus du prix pour lequel l'acquéreur avait acquis. Pourquoi non? Qu'y a-t-il là de si contraire à la raison? Vous me vendez pour 10,000 fr. la part que vous avez dans tel bien que vous possédez par indivis avec votre frère et qui fait partie de la succession de votre oncle. Si ce bien est licité et qu'il soit vendu 30,000 fr., est-ce que je n'aurai pas droit à 15,000 fr.? Est-ce que la vente sera considérée comme non-avenue, parce que le bien ne vous aura pas été attribué par le partage? N'est-ce pas votre droit dans ce bien que vous m'avez vendu? Ne suis-je pas propriétaire à votre place de ce même droit? Mais ce n'est pas votre moitié seulement dans ce bien que vous m'avez vendue, c'est la totalité. Hé bien! supposez qu'il n'y en ait pas d'autres dans la succession; il est licité et adjugé à un tiers pour 30,000 fr., c'est-à-dire pour 10,000 fr. en sus de ce que vous me l'aviez vendu; qui profitera de ces 10,000 fr.? Est-ce vous ou moi? Ce ne peut pas être vous, parce que vous m'avez transporté tout le droit que vous aviez dans ce bien. Supposons que ce bien soit attribué à votre cohéritier et que votre lot soit composé de mobilier; il faut bien donner une estimation à ce bien. On l'estime 30,000 fr., le mobilier se monte à 20,000 fr., votre héritier paie une soulte de 10,000 fr., est-ce à vous qu'il la paiera ou bien à moi? De quel droit prétendriez-vous une soulte, à raison d'un bien qui ne vous appartient plus et dans lequel vous avez perdu tout droit de propriété? Supposez maintenant que je l'aie acheté 10,000 fr. au-dessus de sa valeur, est-ce que je pourrais forcer les cohéritiers à faire un partage, afin de courir la chance de n'être point acquéreur et de faire défaillir la condition? Est-ce que les cohéritiers ne pourraient pas me dire: monsieur, nous vous abandonnons le bien que notre frère vous a vendu? Certes il faudrait bien que je prisse l'héritage. Allons plus loin: supposons que cet héritier m'ayant vendu le domaine 30,000 fr., ait tu cette vente à ses cohéritiers et que, dans le partage, il n'ait été estimé que 20,000 fr.; il échoit à mon vendeur; n'est-il pas certain qu'il aura gagné 10,000 fr.? Par réciprocité il faut donc que dans le cas opposé je puisse les gagner? Admettons maintenant qu'il m'ait hypothéqué l'héritage; il tombe au lot d'un autre; serait-il bien certain que je n'aurais pas le droit d'exiger de lui une autre hypothèque? Telle est l'opinion de M. Chabot sur l'article 883, p. 669, t. 3, Traité des successions. En quel sens est-ce donc que l'aliénation est conditionnelle? Elle est conditionnelle en ce sens que les cohéritiers du vendeur ne sont pas obligés d'abandonner le bien à l'acquéreur; mais vis-à-vis le vendeur, la vente est parfaite; elle produit ses effets; il perd tous les droits qu'il avait sur l'héritage, parce qu'il les a tous cédés. Il paraît donc évident que l'effet déclaratif n'a lieu que des cohéritiers à l'acquéreur et au cohéritier vendeur, mais non du cohéritier vendeur à son acquéreur. Que dit l'article 883? *Chaque cohéritier est censé avoir succédé seul et immédiatement à tous les effets compris dans son lot, ou à lui adjugé sur licitation, et n'avoir jamais eu la propriété des autres effets de la succession.* On voit bien que cela ne s'applique pas au cohéritier vendeur, car si le bien qu'il a vendu tombe en son lot il ne sera pas censé en avoir toujours été propriétaire; il ne sera pas censé l'avoir été du moins au moment du partage, puisqu'il sera obligé d'en faire la délivrance à son acquéreur dont la possession et le droit de propriété remontent au jour de l'aliénation. S'il ne peut succéder à l'objet même qu'il a aliéné, comment concevoir qu'il puisse succéder à sa valeur estimative et représentative? il y aurait contradiction. En perdant la propriété même de l'objet il a évidemment perdu le prix qui le représente et qui y est naturellement subrogé; qu'il tombe ou non en son lot il n'y peut rien prétendre, et certes, ce serait lui attribuer en quelque sorte l'objet, que de lui en attribuer la valeur représentative. Il vient à partage et comprend dans la masse un bien qui ne lui appartient plus mais qu'il est forcé d'y comprendre, ce qui augmente d'autant sa portion héréditaire; c'est donc à lui d'indemniser celui dont il rapporte ainsi le bien, et de l'indemniser non sur le pied de ce qu'il l'a vendu mais de ce qu'il vaut à l'instant du partage, autrement ce partage se ferait au préjudice des droits de l'acquéreur. Cela ne fait rien à l'héritier vendeur, car ce qu'il donne d'un côté il le reçoit de l'autre; s'il se trouve lésé ce n'est pas par suite d'un rapport à la masse, c'est par suite de la vente même qu'il a faite à trop bas prix.

Cette question ne doit donc pas se décider d'après les règles ordinaires sur l'effet des conditions qui est toujours de faire considérer le contrat comme non-avenu, lorsquelle ne s'accomplit pas dans le sens de la vente. La vente, le dessaisissement de la propriété est, dans les cas ordinaires, subordonné à l'accomplissement de la condition. Sans l'accomplissement de l'événement prévu il n'y a pas eu de vente, et le vendeur reste propriétaire; mais, dans le cas particulier qui nous occupe, le vendeur a transporté irrévocablement tous ses droits dans l'objet qui est la matière du contrat. Du vendeur à l'acquéreur l'aliénation n'est subordonnée à aucun événement ; elle est toujours parfaite entr'eux. Le vendeur est présumé avoir perdu ses droits sur la chose sans aucune exception ; il y a subrogé son acquéreur ; c'est le droit même dans la chose qui est la matière du contrat, et tout ce qui dérive de ce droit appartient à celui qui l'a acquis ; ce droit passe sans réserve à l'acquéreur, auquel il ne peut être disputé que par des tiers et non par son vendeur. Non que ce soit là précisément un contrat aléatoire, il conserve toujours son caractère de contrat conditionnel ; car, si le bien ne tombe pas au lot du vendeur, celui-ci devra restituer la valeur à l'acquéreur. La vente est encore conditionnelle en ce sens, et cela est juste, car autrement le vendeur retiendrait et la chose et le prix, puisque dans le partage il aurait eu l'équivalent de l'objet vendu ; mais elle n'est point conditionnelle en ce sens, que cet équivalent ou valeur lui appartient. Il ne pourrait y avoir droit qu'autant qu'il aurait droit à la chose, et cette chose est perdue sans retour pour lui puisqu'il l'a aliénée.

C'est donc un échange, une vente que ce partage qui se fait avec les cohéritiers du vendeur, puisqu'on reçoit l'équivalent d'une chose, et qu'une chose est subrogée à une autre? C'est une personne qui, dans le partage, quant à un objet particulier, représente l'héritier. Il n'y a pas plus vente ou échange dans ce cas que dans tous ceux où il y a partage, l'acquéreur ne fesant que ce que ferait son vendeur. Ce n'est pas qu'en réalité le partage ne soit une vente ou échange comme nous l'avons dit ailleurs. En effet, l'héritier est saisi d'une copropriété, il n'est tenu de la céder qu'autant qu'on lui accordera une propriété parfaite. Il cédera d'un côté pour avoir de l'autre. C'est donc un échange, une vente, puisqu'il reçoit l'équivalent de ce qu'il donne...? C'est toujours un contrat commutatif, or, peu importe les autres qualifications; l'acquéreur étant au lieu et place du cohéritier, il doit, quant au droit de copropriété qui lui a été cédé, jouir des mêmes prérogatives. En obtenant la cession d'un héritage dépendant de la succession il a obtenu une propriété dans la succession même, il faut qu'il la retrouve sinon en nature au moins en argent.

Nous avons dit sur l'article 1390, 1.er v.o, pag. 19, que la clause qui, pour son exécution, *serait soumise à l'empire de tel article de telle coutume serait valable pourvu qu'elle n'eût rien par elle-même de contraire à l'ordre public et à nos lois actuelles.* Un jugement du tribunal de Loudun vient de décider qu'une telle clause est nulle. Ce tribunal s'est fondé sur ce que l'on ne peut demander l'exécution de la clause sans être forcé de consulter la coutume, et que forcé de consulter une coutume pour l'exécution d'une clause c'est s'y être soumis. Il aurait fallu au moins, dit le jugement, que l'article fut écrit au long dans le contrat de mariage, alors ce serait le contrat et non la coutume qu'on consulterait. Telles sont en somme les raisons qui ont motivé ce jugement dont, je crois, appel a été interjeté à la Cour de Poitiers.

Le tribunal de Loudun n'a pas fait attention à la manière dont l'article 1390 est rédigé. Les époux, dit cet article, ne peuvent plus stipuler *d'une manière générale* que leur association, etc., etc. : cela est sensible puisqu'on voulait abolir les anciennes coutumes. Si ce n'est que la *clause générale* par laquelle on se soumet à une coutume qui est prohibée, on peut donc s'y soumettre pour un cas particulier ? En effet, si dans la coutume du Poitou il se trouve un article dont la disposition n'est pas réprouvée par nos lois nouvelles, et à laquelle les parties peuvent se soumettre en les transcrivant dans le contrat de mariage, pourquoi, en renvoyant à la coutume même pour la lire, ne s'y soumettrait-on pas aussi valablement ? Qu'importe qu'on la lise dans la coutume ou dans le contrat ? Ne sera-ce pas toujours la convention qui s'y réfère qu'il faudra consulter en la combinant avec les lois nouvelles ? Aura-t-on besoin pour cela d'appliquer les règles de la coutume ? Est-ce la loi ancienne qu'on a voulu faire revivre ? Nullement. C'est une convention purement et simplement qu'on a faite, qui était en usage dans le pays, et qu'on veut faire encore, parce que nos nouvelles lois ne s'y opposent pas. On est forcé de lire la coutume ? Oui ; mais on n'est pas forcé de l'appliquer; et quand on l'appliquerait, cette application serait sans inconvénient, puisqu'elle ne pourrait être en opposition avec la loi nouvelle. Tout consisterait à faire le rapprochement des deux lois, pour voir si l'une est contraire à l'autre. La lecture d'un article d'une coutume n'est pas défendue; tous les jours on invoque, on consulte une coutume comme raison écrite; et c'est comme raison écrite que l'on s'y est référé dans le contrat. Supposez que les époux aient dit entr'autres choses: *Nous stipulons une reprise, un préciput tel que celui dont il est fait mention dans tel article du code de tel pays; nous fesons une stipulation telle que celle dont parle tel auteur dans tel chapitre, telle section, tel paragraphe.* Pense-t-on qu'une telle clause serait nulle? Pense-t-on qu'on se serait pour cela soumis à la loi de ce pays étranger? Pense-t-on qu'on se serait soumis au livre de cet auteur? Non certes, parce qu'on n'aurait fait que se reférer à ce qui s'y trouve écrit; c'est absolument comme si on s'était donné la peine de les transcrire dans le contrat. La simple lecture du livre ou du code étranger qui, comme nos anciennes coutumes, n'est qu'un livre pour nous, suppléera à la négligence du notaire, et l'on verra si la clause est prohibée par la loi actuelle. Une telle clause est même toujours conditionnelle ; les parties sont censées ne l'avoir établie que sous la condition qu'elle ne blessera pas la loi nouvelle, loi qu'elles sont censées connaître, parce qu'on est jamais censé ignorer la loi qui nous régit, loi par conséquent à laquelle on n'est pas censé avoir voulu déroger, parce que tout le monde est présumé savoir qu'on ne peut pas se soustraire à la loi vivante. Par le fait les parties ont donc voulu se soumettre à la loi nouvelle et non à la loi ancienne. Tout cela nous paraît aussi clair que le jour.

Enfin ce qu'il ne faut pas perdre de vue, c'est que l'article 1390 ne défend que *la stipulation générale, que la soumission générale* à l'une des anciennes coutumes ; ce qui est exclusif de l'idée qu'une clause particulière soit frappée de la même prohibition, pourvu que, par elle-même, elle ne produise pas des effets contraires à la loi nouvelle. Nous prions donc le lecteur de remarquer que nous supposons ici un contrat de mariage dont les clauses générales soumettent les époux à l'empire de la loi nouvelle, ou qui laisse du moins clairement entrevoir la soumission à cette loi; alors quoique l'article de la coutume soit aboli, la clause particulière n'en produira pas moins ses effets, parce que ce qui se trouve dans cet article est consacré par nos lois nouvelles.

Nous croyons devoir faire connaître un arrêt fort important en matière d'exécution après jugement de séparation. Cet arrêt décide que la vente des meubles et la distribution du prix qui suivent le recolement d'une saisie faite en vertu d'un jugement par défaut, faute de constitution d'avoué, sont, dans le sens de l'article 159, C. P., une exécution de ce jugement, comme si, au lieu du recolement une saisie avait été pratiquée. En conséquence l'opposition à ce jugement, faite plus de trois jours après cette vente et cette distribution, n'est pas recevable.

Que l'appréciation des actes, autres que ceux spécifiés dans l'article 159 et desquels peut résulter que l'exécution d'un jugement par défaut, a été connue nécessairement de la partie défaillante, est laissée au pouvoir discrétionnaire et à la conscience des tribunaux. Cette appréciation ne peut pas donner prise à la cassation. L'arrêt est de la Cour de cassation du 25 mars 1825, affaire du duc de Brancas contre la duchesse de Brancas.

Page 81, après ces phrases: *je vous donne pouvoir d'hypothéquer; je vous donne pouvoir d'acheter;* nous eussions dû dire: *si l'article* 1988 *n'existait pas.*

A l'appui des raisons que nous avons données pour prouver que le mari n'a pas le droit de vendre les droits incorporels de la femme, nous aurions dû insister davantage sur cette idée: si le mari peut vendre, la femme qui a obtenu sa séparation le peut; car le pouvoir du mari sur la dot passe *presque tout* à la femme séparée; cependant elle ne peut vendre; sa dot est toujours inaliénable; elle est toujours hors du commerce, et c'est pourquoi le mari peut la contraindre à faire emploi. Il s'ensuivrait aussi qu'elle pourrait vendre tout son mobilier, ce qui n'est pas croyable; car à quoi lui servirait-il d'être sous le régime dotal? Or si elle ne peut vendre son mobilier proprement dit, à plus forte raison ses droits incorporels. Maintenant le mari pourra-t-il l'autoriser à faire ces ventes? Non; parce que c'est toujours violer la règle de l'inaliénabilité et rendre vaine la dotalité si toute la dot est mobilière. Si le mari ne peut autoriser les ventes dont il s'agit, comment concevoir qu'il ait lui-même le droit de vendre, sur-tout si l'on est forcé d'admettre qu'il n'est pas obligé de rendre compte du motif qui l'a fait agir, enfin s'il est à cet égard *dominus dotis* dans toute la force du mot?

Voilà bien des raisons; peut-être échoueront-elles devant celles-ci: *La loi n'a défendu que la vente des immeubles dotaux; l'intérêt même de la femme peut exiger souvent cette vente.*

Page 34, nous avons semblé dire que le mari ne pourrait opposer la prescription de 10 ou 20 ans au véritable propriétaire, si la femme s'était constitué un bien qui ne lui appartenait pas. Pourquoi ne pourrait-il opposer cette prescription pour son usufruit, si un véritable usufruitier peut l'opposer?

La question que nous avons traitée, pages 3 et suiv., en fait naître une autre: peut-être le mari prétendra-t-il que les biens non-déclarés inaliénables appartiennent également à la dotalité, la femme pouvant sous ce régime avoir des immeubles dotaux aliénables et inaliénables, par conséquent qu'il a le droit de les administrer. C'est de l'article 1541 qu'il appuierait son système.

Cet article suppose une soumission expresse au régime dotal. Dans l'hypothèse que nous nous sommes faite, la dotalité ne résulte que de l'interprétation donnée à la clause; nous avons supposé que c'était le fait de l'inaliénabilité qui devait faire croire que l'intention des parties avait été de se soumettre au régime dotal; si on décide que l'intention de se soumettre à la dotalité résulte du fait de l'inaliénabilité, il est conséquent de dire que le fait de cette inaliénabilité rend supposable l'intention de paraphernaliser les biens restés aliénables.

Pages 401 et suiv. du troisième volume, nous avons dit que si les biens de la femme ont besoin de réparations au moment du mariage, elles sont au compte du mari ou de la communauté. Nous avons dit pages 409 et suiv. du second volume, que la perte des animaux attachés à la culture, ainsi que les ustensiles et agrès, sont des réparations d'entretien. Page 242 du quatrième volume, nous avons dit que s'il manque des bestiaux, ustensiles, etc., etc., à l'époque du mariage, le mari n'est pas tenu de laisser ceux qu'il y a mis. Il est difficile de croire, en effet, qu'il soit tenu de garnir sans indemnité les fonds de sa femme, lorsqu'il les trouve dégarnis. En fait de réparations usufructuaires, il faut distinguer: quand une chose existe, qu'elle vieillit ou périt, il faut la remplacer, la réparer, mais quand une chose manque, quand elle n'existe pas au moment du mariage, le mari n'est pas tenu de la fournir à ses dépens. Il doit réparer et entretenir, mais non donner. Il doit rendre les lieux en bon état, mais il peut enlever tout ce qu'il y a mis, si cela se peut sans dégrader la propriété, à moins qu'on ne lui en paie la valeur. Mais s'il a réparé une digue, une couverture, s'il a remplacé une paire de bœufs, cela est tout différent; dans ce cas on peut dire qu'il entretient, dans l'autre il semble plutôt qu'il améliore.

Nous persistons donc à dire que la femme ne doit point d'indemnité pour les réparations manquantes au moment du mariage; elle n'est tenue que de laisser jouir. L'article 1562 assimile le mari à l'usufruitier. Il est vrai que nous avons dit que le mari est obligé de réparer. Voyez p. 488, 1.er vol.; p. 403 du 3.e vol. C'est que le défaut de réparations entraînerait des pertes, que le fonds en souffrirait; mais, si ce défaut de réparations n'entraînait aucune autre perte, ou si la femme n'était point encore menacée de ces pertes au moment de la cessation de l'usufruit marital, je ne pense pas qu'il les dût, et c'est le tempéramment que je crois devoir apporter à ce que j'ai dit, pag. 489 du premier volume. M. Proudhon lui-même ne dit-il pas que, si le défaut de réparations manquantes au moment de l'usufruit devait entraîner de plus grandes pertes, l'usufruitier serait tenu de les faire à ses dépens? Voyez son Traité, n.o 1658 et suiv. Il en doit donc être ainsi du mari, par argument des articles 1401 n.o 4, 1533 et 1562. Mais, si la femme avait apporté en mariage un usufruit seulement, et qu'elle fût débitrice de pareilles réparations envers le nu-propriétaire, le mari, en les fesant, acquitte une véritable dette de sa femme; il a un recours contre elle. Cependant, s'il y avait communauté entre eux, cela est plus douteux. La dette semble être néanmoins immobilière; aussi nous croyons avoir eu tort de dire, p. 407, qu'elle était au compte de la communauté; mais, lorsque c'est son propre fonds qu'elle s'est constitué, ce n'est plus une dette qu'elle a contractée, car elle ne se doit pas à elle-même, on n'a rien à lui demander, pas plus qu'à tout autre nu-propriétaire; le mari devant les lieux dans l'état où ils se trouvent, art. 600.

FIN DU TOME QUATRIÈME ET DERNIER.

## ERRATA.

Page 43, à la note, à la fin de la ligne 8, lisez *donatrice.*

Pag. 47, ligne 8, au lieu de *une créance*, lisez *ma créance.*

Pag. *id.*, ligne 10, à la fin, lisez *l'hypothèque.*

Pag. 53, ligne 25, au lieu de 1555, lisez 1595.

Pag. 72, ligne 13, lisez *au mari.*

Pag. 59, ligne 12, lisez 1549.

Pag. 81, ligne 26, après le mot *acte*, mettez *point et virgule.*

Pag. *id.*, à la ligne 27, après le mot *hypothéquer*, ne mettez qu'une virgule.

Pag. 86, après le mot *tels*, lisez *que.*

Pag. 94, avant-dernière ligne, après le mot *saisi*, lisez *il semble qu'elle doit être, etc., etc.*

Pag. 116, ligne 10, après le mot *inaliénable*, mettez à la ligne ces mots, *Le pouvoir d'aliéner, etc., etc.*

Pag. 124, ligne 3, lisez *pût*, au lieu de *peut.*

Pag. *id.*, ligne 13, au lieu de *pour lui*, lisez *pour l'un.*

Pag. 154, ligne 6, au lieu de ces mots *fonds vendu*, lisez *fonds dotal.*

Pag. 208, ligne 10, au lieu de *vive*, lisez *vice*.

Pag. 227, ligne 22, lisez 2279.

Pag. 231, ligne 4, lisez *le retour*, au lieu de *ce retour*.

Pag. 242, ligne dernière, lisez *immeuble*, au lieu de *meuble*.

Pag. 257, ligne 7, au lieu de *contre*, lisez *de*.

Pag. 261, ligne 15, au lieu de *qu'en*, lisez *qu'un*.

Pag. 289, ligne 16, lisez *mais il n'y a*.

Pag. 293, ligne 22, au lieu de 17, lisez 13.

Pag. 295, ligne 22, lisez *l'aliénabilité*, au lieu de *l'inaliénabilité*.

Pag. 363, ligne 4, au lieu de 1510, lisez 1410.

Pag. 363, ligne 12, au lieu du mot *doit*, mettez *peut*.

Pag. 375, ligne 25, mettez après le mot *jouissance*, le mot *de*.

Pag. 387, ligne 26, au lieu de *garant*, lisez *gérent*.

Pag. 411, ligne 19, à la fin, lisez *soit*, au lieu de *est*.

Pag. 433, ligne 12, avant le mot *séparée*, lisez *femme*.

Pag. 441, ligne 5, au commencement, au lieu de *n'est*, lisez *n'a*.

Pag. 459, ligne 13, au lieu de *dernier*, lisez *premier*.

# TABLE

# ALPHABÉTIQUE ET GÉNÉRALE

# DES MATIÈRES

## CONTENUES DANS LE TRAITÉ DU CONTRAT DE MARIAGE.

Nota. *Les chiffres romains indiquent les volumes, et les chiffres arabes désignent les pages.*

### A

ABANDON.

Le mari peut-il faire l'abandon d'un conquêt? I, 312.

Abandon que fait la femme pour se décharger des dettes de la communauté. Peut-on la forcer d'abandonner? Peut-elle toujours faire l'abandon? Abandon des meubles, abandon des immeubles, à qui doit-il être fait? II, 522 et suiv.

L'abandon n'efface point dans la femme les effets de l'acceptation; elle est toujours acceptante, et non renonçante. II, 541

Abandon que fait un père pour remplir sa fille de ce qu'il lui doit. V. *Dotalité.*

ABSENS.

Peut-on en l'absence de l'une des parties modifier le contrat de mariage? I, 48 et suiv.

Si sans mandat et sans être autorisée la femme gère les affaires d'un absent *quid?* I, 462

L'absence est une cause de dissolution de la communauté. II, 2.

Cas où c'est la femme qui se trouve en présomption d'absence. II, 3.

Cas où c'est le mari qui se trouve en présomption d'absence. II, 4.

Cas où la femme est déclarée absente. II, 4.

Le mari qui opte pour la continuation de la communauté reste le chef de celle-ci, et prend l'administration des biens de la femme qui se trouvaient exclus de la communauté. II, 6.

Doit-il faire procéder à l'inventaire du mobilier et des titres de la femme, quant à l'administration qu'elle s'était réservée? II, 7.

Doit-il y appeler les héritiers de la femme? II, 7.

*Quid* s'il opte pour la dissolution de la communauté? II, 8.

S'il continue la communauté, est-il obligé de donner caution? II, 8 et suiv.

Le juge peut-il ordonner le bail de caution? II, 9 et suiv.

Ce n'est que l'époux commun en biens qui opte pour la continuation de la communauté, qui peut empêcher l'envoi provisoire. II, 23.

*Quid* cependant si après soumission au régime dotal ou de la séparation de biens, il y avait stipulation de société d'acquêts? II, 23 et suiv.

Cas où le mari est déclaré absent. II, 26 et suiv.

Lorsque la femme opte pour la continuation de la communauté, doit-elle faire inventaire? II, 27.

Pour consommer son option, doit-elle être autorisée de justice? II, 28.

Si elle opte pour le partage de la communauté, pour quelle chose est-elle soumise au bail de caution? II, 29 et suiv.

La femme qui opte pour la continuation de la communauté, a-t-elle le droit de vendre? II, 32.

Envoi définitif: quand il a lieu. II, 33 et suiv.

*Quid* si l'absent reparaît? L'époux présent n'aura-t-il rien gagné à la possession provisoire? L'article 127 est-il applicable à l'époux qui use de la faculté dont parle l'article 124? II, 34 et suiv.

Si l'absent ne reparaît pas, de quel jour la communauté sera-t-elle censée dissoute? II, 37 et suiv., II, 55 et suiv.

*Quid* si l'absent se trouve décédé au moment de l'option? II, 43 et suiv.

Des actes faits dans l'ignorance de ce décès. II, 44 et suiv.

*Quid* si la femme a fait des acquisitions depuis la mort de son mari, mort inconnue d'elle? II, 49 et suiv.

*Quid* si, dans la même supposition, c'est la femme qui est absente? II, 52.

*Quid* des successions mobilières qui échoient à l'époux présent ou de donations de pareilles choses qui lui sont faites dans l'intervalle de la mort de l'absent aux nouvelles de sa mort? II, 53 et suiv.

*Quid* quant aux fruits recueillis sur les biens de l'absent qui n'a pas reparu, soit qu'on connaisse l'époque de sa mort ou qu'on l'ignore? II, 53 et suiv.; II, 570 et suiv.

*Quid* des successions et donations mobilières, si l'absent ne reparaît pas, ne donne pas de ses nouvelles et qu'on ignore l'époque de sa mort? II, 55 et suiv.

## ACCEPTATION.

Acceptation de la communauté. II, 194 et suiv.

Ce qui l'a caractérise. Divers actes qui supposent ou qui ne supposent pas l'intention d'accepter. L'acceptation ne peut être rétractée. II, 197 et suiv.

*Quid* si la femme était mineure? II, 225 et suiv.

*Quid* si elle est la suite d'un dol? II, 231.

*Quid* s'il y a eu lésion? II, 232.

*Quid* si les héritiers de la femme étant divisés, les uns acceptent, les autres renonçent? II, 458 et suiv.

Le mari peut-il seul accepter une succession échue à sa femme? I, 281 et suiv.; IV, 412 et suiv.

Comment doit-on accepter une succession échue à la femme mariée en régime dotal? IV, 288 et suiv.; IV, 429 et suiv.

## ACQUÊTS.

Quels biens sont acquêts? Ils tombent dans la communauté. I, 126.

La femme peut-elle se rendre adjudicataire des biens de son mari, vendus par expropriation? I, 127 et suiv.

L'immeuble ainsi acquis est-il acquêt ou est-il substitué de plein droit aux créances que la femme avait contre son mari? I, 129 et suiv.

Si le bien est vendu sur la femme, le mari non-créancier de sa femme peut-il s'en rendre adjudicataire quoiqu'il soit en cause pour l'assister? I, 133.

Si un usufruit immobilier a été acquis à titre onéreux par l'un des époux durant la communauté, ou s'il a été légué un droit d'usufruit mobilier à l'un d'eux, est-ce un conquêt de communauté, ou n'y a-t-il de commun que la valeur estimative de l'usufruit, en sorte que l'usufruitier ait le droit de conserver l'usufruit en payant aux héritiers de son conjoint la moitié de la valeur estimative? III, 409 et suiv.

En cas de négative, c'est-à-dire si l'autre époux exige sa part en nature de l'usufruit, est-il obligé de donner caution? III, 411.

Tous les biens sont réputés acquêts jusqu'à preuve contraire. Quel genre de preuve peut être admis contre cette présomption? Qu'entend-on par possession légale? I, 134 et suiv.; II, 375 à la note.

Il faut justifier que l'immeuble présumé acquêt a été possédé par la communauté. Remarque importante. I, 136.

Le mari peut-il vendre seul les acquêts de la communauté, si le mariage a été contracté sous une coutume qui ne le permettait pas? I, 313 et suiv.

La femme a-t-elle hypothèque sur les acquêts de communauté? V. *Hypothèque*.

Si la femme s'est réservé de toucher sur ses quittances une portion de ses revenus, et que, de ses économies, elle ait fait une acquisition, le bien acquis sera-t-il acquêt de communauté? III, 348.

V. *Ameublissement*.

ACQUÊTS (société). V. *Société d'acquêts*.

ACTE (Sous seing privé).

Le contrat de mariage peut-il être sous seing privé? V. *Conventions matrimoniales*.

ACTIONS.

Dans les compagnies de finance ou de commerce, sur la banque; si on peut immobiliser ces dernières. I, 124.

Action en partage intentée par le mari relativement à une succession échue à la femme. I, 281 et suiv. V. *Dotalité*.

Action intentée par le mari relativement à un immeuble de la femme. I, 285 et suiv. V. *Dotalité*.

Quand le mari a-t-il action contre sa femme? Par quel temps elle se prescrit. Quand commence la prescription. I, 447, 507 et suiv.; II, 498 et suiv.; IV, 312 et suiv.
Le mari a le droit d'intenter les actions mobilières et possessoires de la femme. I, 484 et suiv. V. *Dotalité.*
*Quid* si les meubles ne tombaient pas dans la communauté? I, 484.
Si l'action est mobilière et immobilière, et que le mari l'eût intentée seul, peut-il la restreindre à ce qui lui est personnel? I, 484.
*Quid* si l'action était intentée avant le mariage? I, 485.
Celui qui interjette appel d'un jugement rendu entre lui et une femme qui s'est mariée pendant le procès, doit-il assigner le mari pour autoriser la femme? I, 486.
Cas où la femme a réalisé son mobilier. I, 486.
Si l'un des conjoints, avant son mariage, est lésé dans la vente d'un bien, et qu'il exerce l'action en rescision durant le mariage, l'immeuble rentré dans ses mains sera-t-il propre? Si l'acquéreur fournit le supplément du juste prix, quelle nature aura-t-il? II, 403, 404; I, 161.
Action résultant du récel. V. *Divertissement.*

ADJUDICATION. V. *Acquêts, Licitation, Dotalité.*

ADMINISTRATION.

Celle de la communauté à qui elle appartient. V. *Communauté.* I, 310.
*Quid* si le mari est interdit? I, 311 et suiv.
Le mari ayant l'administration des biens de la femme, il peut intenter les actions de celle-ci. I, 484.
La veuve peut administrer les biens de la communauté, quoiqu'elle soit mineure. II. 229.
V. *Absens, Dotalité, Paraphernaux, Société d'acquêts.*

AFFIRMATION. V. *Inventaire.*

AGRÈS.

Agrès servant à l'exploitation d'un propre. I, 96.

ALAMBICS. I, 98.

ALCOVES. I, 108.

ALIMENS. V. *Enfans.*

Toute personne peut ameublir, même le mineur. III 131.

Effets de l'ameublissement déterminé; cas où le mari peut vendre seul; cas où il ne le peut sans le concours de sa femme; cas où la femme a ameubli le tiers, la moitié d'un immeuble. III, 132 et suiv.

Cas où la communauté souffre éviction des héritages ameublis. III, 134 et suiv.

*Quid* s'ils viennent à périr? III, 137 et suiv.

Effets de l'ameublissement indéterminé; le mari ne peut vendre seul. III, 139, 140.

*Quid* si des immeubles viennent à périr? III, 140.

*Quid* si tous périssent? III, 141 et suiv.

D'indéterminé, peut-on rendre l'ameublissement déterminé? III, 145, 146.

L'ameublissement caractérise-t-il une aliénation sujette à la transcription? III, 146.

Quand la mise de l'un des conjoints est hors de proportion avec celle de l'autre, l'ameublissement est-il considéré comme un avantage indirect? *Quid* sur-tout à l'égard des enfans du mariage actuel? III, 147 et suiv.

L'article 1509 s'applique-t-il à la femme qui renonce à la communauté? Ne s'applique-t-il que lorsqu'il y a ameublissement déterminé? III, 156, 157.

S'applique-t-il au cas où l'un des époux a ameubli un usufruit? III, 407.

Si une femme ameublit un héritage, et qu'elle en stipule la reprise en cas de renonciation à la communauté, le mari pourra-t-il le vendre seul? V. *Reprise de l'apport franc et quitte.*

Si la femme ameublit sa portion dans un héritage, et que sur licitation il soit adjugé à l'un ou à l'autre des époux, est-il conquêt? IV, 142, 478.

ANIMAUX.

Ceux qui font partie d'un propre. I, 112.

La perte des animaux attachés à une exploitation est-elle pour la communauté? II, 408 et suiv.; IV, 516 et suiv.

APPEL.

Les délais d'appel courent-ils contre la femme mariée en régime dotal? Peut-elle y renoncer? IV, 104 et suiv.

Si les époux séparés de biens ont été condamnés ensemble, la signification faite au mari fait-elle courir les délais d'appel contre elle. III, 394, à la note.

APPORT.

Convention d'apport. III, 47 et suiv.

Sur quoi s'impute la somme promise. V. *Réalisation*; III, 47 et suiv., III, 68 et suiv., III, 73, 77, 94 et suiv.

Effets de la convention d'apport. III, 68 et suiv, III, 94 et suiv., 157.

De quelle manière justifie-t-on de l'apport? Des déclarations faites à cet égard dans le contrat de mariage et de la quittance que le mari donne à sa femme. La quittance que le mari donne à sa femme tient-elle lieu de l'inventaire prescrit par l'article 1499? En est-il de même de la déclaration qu'ils ont fait dans le contrat de mariage? III, 68 et suiv., III, 91 et suiv.

La femme peut-elle prouver par commune renommée la consistance de son mobilier lors du mariage? III, 72, 106.

La communauté est-elle tenue de l'éviction des objets promis ou apportés? III, 75 et suiv.

Est-elle tenue des dettes des époux? III, 77 et suiv.

Quand il y a convention d'apport, n'y a-t-il de réalisé que le mobilier présent? Le futur l'est-il également? III, 78. III, 99 et suiv.

*Quid* si l'inventaire qui est nécessaire en cette matière n'a pas été fait à l'époque du mariage et qu'il soit ancien? III, 78 et suiv.

*Quid* si l'époux qui a réalisé ou fait la promesse d'apport achète un héritage dans l'intervalle du contrat à la célébration du mariage? III, 80 et suiv.

Le mari peut-il disposer des droits incorporels que la femme a réalisés? III, 87 et suiv.

*Quid* si l'immeuble acquis dans le temps intermédiaire du contrat à la célébration a été acquis avec des deniers ou effets non portés dans l'inventaire? III, 90 et suiv.

Le mari peut-il empêcher la saisie de la jouissance des objets qui constituent l'apport des créanciers de la femme? IV, 364.

ARBITRAGE.

Effet du compromis lorsque la femme est mariée en communauté. IV, 461.

Si le mari refuse d'autoriser sa femme à consentir le compromis, peut-elle recourir à justice? IV, 461.

Cas où il y a exclusion de communauté. IV, 463.

Lorsqu'il y a séparation de biens, la femme peut-elle

compromettre seule sur les choses dont elle a la disposition? IV, 463 et suiv.

Cas où, mariée sous le régime dotal, elle compromet relativement à ses paraphernaux. IV, 464.

Cas où le compromis est relatif à la dot. IV, 464 et suiv.

Si le mari a droit d'attaquer le compromis, dans quel délai doit-il le faire? Par quelle voie? IV, 469 et suiv.

Si le fonds était aliénable, *quid?* IV, 473 et suiv.

*Quid* s'il s'agissait du mobilier dotal? IV, 474.

ARBRES.

Ceux qui appartiennent à la communauté. I, 89 et suiv.

ARBUSTES.

Ceux qui appartiennent à la communauté. I, 89 et suiv.

ARRÉRAGES. V. *Fruits civils.*

C'est comme fruits et non comme meubles que les arrérages et intérêts entrent en communauté. Conséquence. I, 234.

ASSIGNAT. I, 515.

ASCENDANS. V. *Retour légal.*

AUTORITÉ DE LA CHOSE JUGÉE. V. *Dotalité.*

AUTORISATION MARITALE.

Il suffit au mari d'assister sa femme dans un acte pour être autorisée à le passer. I, 11, 46.

*Quid* si le mari est mineur ou absent? I, 251, 471 et suiv.

Cas où la femme est elle-même mineure. I, 471 et suiv.

Le mari peut-il retirer l'autorisation qu'il a donnée au négoce de sa femme? I, 251 et suiv.

Comment peut-il retirer son autorisation? I, 252.

Si c'est le mari qui fait le commerce, la femme n'est censée contracter que comme préposée de son mari. I, 253.

*Quid* si le mari marchand est illettré, et que la femme soit dans l'habitude de faire les affaires de celui-ci et de signer pour lui? I, 253.

Pour que la femme puisse s'obliger valablement, il faut

que l'autorisation qui lui est donnée, soit valable elle-même. I, 304.

Le pouvoir donné pour tous les actes d'une même espèce est-il valable? I, 306.

Différence entre l'autorisation et le mandat? I, 306.

Le mari qui consomme sciemment les choses achetées par sa femme approuve le contrat qu'elle a fait sans son consentement. I, 461.

*Quid* si le mari passait pour mort, l'engagement de la femme serait-il obligatoire pour elle? I, 461.

*Quid* du paiement que la femme a fait de sa dette, sans autorisation? I, 462.

*Quid* si la femme sans mandat et sans être autorisée gère les affaires d'un absent? I, 462.

Cas où le mari ou la femme se trouve emprisonné. I, 463.

Le mari qui approuve tacitement l'engagement ne peut plus l'attaquer. I, 465 et suiv.

Lors même qu'il n'aurait pas connu l'engagement de sa femme, s'il en a profité, si, par exemple, il est sorti de prison par suite de cet engagement, il ne peut l'attaquer. *Quid* néanmoins si cet engagement était plus onéreux que le sien? I, 465 et suiv.

Mais la femme peut-elle demander la nullité du sien? I, 465 et suiv.

La femme peut-elle, sans autorisation de son mari, engager la communauté pour l'établissement des enfans communs? I, 467.

*Quid* si la femme non-autorisée tire une lettre de change sur son mari et *vice versà?* I, 468.

*Quid* si une femme éloignée de son mari donne une procuration à celui-ci? I, 469.

Si le mari s'est porté fort de faire ratifier sa femme, celle-ci n'a pas besoin d'être autorisée à faire la ratification. I, 469.

Quand un billet n'est pas écrit de la main de la femme, est-il nécessaire qu'elle mette le bon et approuvé? I, 469, 470.

Effets de l'autorisation maritale à l'effet de contracter, par rapport au mari. I, 300.

Effets de l'autorisation maritale à l'effet de plaider. I, 477 et suiv.

*Quid* si le mari refuse l'autorisation? Peut-il être condamné aux dépens si l'affaire concerne la communauté? I, 479 et suiv.

Cas où la femme plaide en matière criminelle; si le

mari autorise sa femme, prend-il sur lui les risques de la condamnation aux dépens? I, 481 et suiv.

AVANTAGE.

Avantage résultant de l'inégalité des mises en communauté, lorsqu'il y a des enfans d'un premier lit. II, 566 et suiv.

V. *Enfans*, *Quittance*, *Dotalité*.

AUTORISATION DE LA JUSTICE.

Dans quel cas elle est nécessaire. I, 472.

Tribunal auquel la femme doit s'adresser. I, 473.

Lorsque l'autorisation est à l'effet de contracter. I, 473.

Quand sommation est faite au mari d'autoriser sa femme, elle doit lui donner un certain délai. I, 473.

C'est sur le refus du mari que la justice donne son autorisation. I, 474.

Où le jugement doit-il être prononcé? I, 475.

La femme doit également être autorisée à se désister de son action. I, 475.

Cas où le mari est absent. I, 475 et suiv.

Si l'action de la femme est immobilière et que le mari soit mineur, faut-il que la femme l'appelle en la chambre du conseil? I, 477.

B

BAIL.

Baux consentis par le mari des biens de sa femme. I, 492 et suiv.

Bail à longues années. I, 492 et suiv.

Baux faits par anticipation. I, 495 et suiv.

Si la femme qui a des paraphernaux peut faire un bail à longues années. IV, 300.

BALIVEAUX. V. *Arbres*.

BIJOUX. I, 249 et suiv.; II, 560; III, 265 et suiv.; IV, 247.

BOIS.

Coupes de bois faites, ou devant être faites durant la communauté. Différence entre la communauté et l'usufruit. I, 137 et suiv.

Quoiqu'un bois n'ait point été mis en coupe réglée, si l'usage l'y assujettit, les coupes tombent dans la communauté. I, 145.

Lorsqu'une coupe n'a pas été faite durant la communauté, quoiqu'elle dût être faite, se fait-elle à frais communs? I, 153.

Si le mari a vendu, avant la dissolution de la communauté, une coupe bonne à faire, *quid juris?* I, 154.

En est-il de même en matière d'usufruit? I, 155.

*Quid* si la coupe avait été commencée avant la fin de l'usufruit ou du mariage?

Ce qu'on entend par bois taillis. IV, 253.

Coupe de bois en matière de régime dotal. V. *Dotalité.*

Coupe de bois en matière d'exclusion de communauté. V. *Conventions exclusives de communauté.*

C

CARRIÈRES.

A qui appartiennent les produits de la carrière, si elle est ouverte durant le mariage? I, 146 et suiv.

En régime dotal. V. *Dotalité. Fruits.*

CAUTION. V. *Dotalité.*

*Quid* si le mari a cautionné un tiers? V. *Dettes.*

*Quid* si les deux époux ont solidairement cautionné un tiers? I, 505 et suiv.

*Quid* du cautionnement que le mari a fourni à sa femme pendant le mariage pour garantie de la dot? V. *Dotalité.*

CESSIONNAIRE.

Du cessionnaire de la part de la femme dans la communauté. II, 206 et suiv.

Du cessionnaire des créances dotales de la femme. V. *Dotalité.*

CHANGEMENT.

V. *Conventions matrimoniales, Contre-lettre.*

Peut-on changer aujourd'hui le contrat de mariage, si la loi du contrat le permettait? I, 321.

CHARGES. V. *Usufruit. Réparation.*

Celles des enfans d'un premier lit. V. *Enfans.*

CHARRETTE.

Celle d'un brasseur de bierre tombe-t-elle dans la communauté? I, 96.

CHAUDIÈRE. I, 98.

CHEVAUX.

Ceux qui tombent en communauté; I, 96; V. *Animaux.*

CLOISONS.

Font-elles parties des bâtimens? I, 108.
Qui doit réparer les cloisons? I, 269.

COMMUNAUTÉ LEGALE.

Son origine. I, 6 et suiv.
Sa définition. I, 83.
Qui en est le chef? I, 84.
A quelle époque commence-t-elle? I, 85 et 86.
Peut-elle être établie sous condition? V. *L'observation du premier vol.* III, 4 et suiv. 396.
On est soumis à la communauté légale de deux manières. I, 86.
La communauté se compose activement et passivement. I, 86.
De l'actif. I, 87.
Choses qui sont ou non censées faire partie d'un fonds de terre. I, 89 et suiv.
Choses qui sont ou non censées faire partie d'une maison. I, 98 et suiv.
Si les choses attachées à une maison en font partie, lors même qu'elles en sont détachées, dans le cas où elles sont destinées à y être replacées. I, 100 et suiv.
Différence entre le cas où des choses auraient été attachées par le propriétaire de celui où elles l'auraient été par le fermier ou usufruitier. I, 109.
De la communauté de fait. V. *Absence.* II, 45 et suiv.; 570 et suiv.

COMMUNAUTÉ CONVENTIONNELLE.

Elle commence du jour de la célébration du mariage. III, 2.

COMMUNAUTÉ RÉDUITE AUX ACQUÊTS. III, 24 et suiv.

Peut-on la réduire aux seuls acquêts immobiliers? III, 24 et suiv.
Ce qui tombe dans cette communauté. Ce qui en est exclu. III, 25.
*Quid* d'un immeuble acquis dans l'intervalle du contrat à la célébration? III, 25.
Des dettes des époux. III, 26.
Ils doivent faire inventaire. III, 26 et suiv.
S'il n'a pas été fait avant le mariage, la femme peut-elle prouver son apport par témoins et commune renommée? III, 27 et suiv.
Les époux peuvent-ils suppléer à l'inventaire par un état fait pendant le mariage? III, 29 et suiv.
Quel acte peut suppléer cet inventaire? III, 39.
Doit-on dans cet inventaire porter les titres de créances? III, 40.
Les créanciers du mari peuvent-ils saisir les meubles de la femme? Le mari en est-il propriétaire? III, 40 et suiv.
Le mari est usufruitier du mobilier de la femme. III, 42.
Dissolution de cette communauté. III, 42 et suiv.
*Quid* si la veuve n'a pas fait inventaire? Pays où elle en était dispensée. III, 43 et suiv.
V. *Société d'acquêts.*

COMMUNAUTÉ A TITRE UNIVERSEL.

Etendue de cette clause. Comment se paient les dettes? III, 316.
Amendes et réparations civiles auxquelles la femme peut être condamnée. III, 317.
Si les époux stipulent une communauté universelle de tous biens, sans rien dire de plus, quels biens seront compris dans la clause? III, 318.
Si des mineurs peuvent faire cette convention. *Quid* de ceux qui ont des enfans d'un précédent mariage? III, 319.

CONDAMNATION. I, 432 et suiv.

*Quid* lorsque le mari a subi une condamnation aux dommages-intérêts résultante de ses quasi-délits? I, 447.

Condamnation résultante des quasi-délits, tant du mari que de la femme. I, 447 et suiv.
*Quid* quand il y a communauté à titre universel? V. *Communauté à titre universel.*
Condamnation de la femme mariée en dotalité. V. *Dotalité, Jugemens.*

COMPENSATION. V. *Dettes.*

CONMPROMIS. V. *Arbitrages.*

CONCESSION D'UNE MINE. IV, 277 et suiv.

CONDITIONS.

Le donateur peut-il stipuler que la femme touchera les revenus de la chose donnée sur ses simples quittances? I, 298; IV, 352 et suiv.
Peut-on convenir que la femme administrera les biens donnés? I, 298; IV, 352 et suiv.
La communauté peut-elle être établie sous condition? V. *Communauté légale.*

CONFUSION.

Lorsqu'un des époux est créancier d'une rente qu'il s'est réservée propre, s'il devient héritier de son débiteur, et qu'il accepte la succession, la dette est-elle éteinte par la confusion? I, 290.
Question inverse de celle-ci. I, 291.

CONTRAT DE MARIAGE.

Sa définition. Sa division. I, 4 et 5.

CONTRATS ANTÉRIEURS AU CODE.

Quelle loi les régit. I, 20 et suiv.; 313 et suiv.
Peut-il être reçu par un seul notaire? V. *Conventions matrimoniales.*
Si l'un des époux est commerçant. I, 80 et suiv.

CONTRE-LETTRE. V. *Conventions matrimoniales.*

Ce qu'on entend par contre-lettre. I, 57 et suiv.
De son effet à l'égard des tiers. I, 59 et suiv.

CONVENTIONS MATRIMONIALES

Tant que le mariage n'est pas célébré, on peut y faire des changemens. I, 41.

Quelles personnes doivent y être appelées? Faut-il y appeler les père et mère qui ont signé le contrat, mais qui n'y ont point parlé? Distinction. Espèces. I, 42 et suiv.

Si l'une des parties était dans l'impossibilité de donner son consentement aux changemens. I, 48 et suiv.

Si l'une des parties se trouve décédée au moment du changement. I, 50 et suiv.

L'un des futurs était mineur lors du contrat; il est devenu majeur lors du changement; *quid?* I, 52 et suiv.

Suffit-il d'appeler la partie? *Quid*, si elle ne comparaît pas? I, 54 et suiv.

Donation est faite avant le mariage hors la présence de ceux qui ont été parties au contrat; *quid?* I, 56 et suiv.

Pour les contre-lettres à l'égard des tiers. I, 57 et suiv. V. *Contre-lettre.*

## CONVENTIONS EXCLUSIVES DE COMMUNAUTÉ. III, 336.

Ce que c'est que l'exclusion de communauté. Ne pas la confondre avec la séparation de biens. Leur différence. III, 337 et suiv.

Si à la dissolution du mariage la femme doit reprendre son mobilier en nature. Ce qu'elle a droit de réclamer. III, 339.

Le mari a-t-il les actions mobilières et possessoires de sa femme? III, 339 et suiv.

Actes qu'il a le droit de faire. III, 340.

Si la séparation de biens peut être demandée. III, 340.

Si dans le mobilier de la femme il y a des choses qui se consomment par le premier usage qu'on en fait. III, 341.

*Quid*, s'il n'y a pas d'inventaire? III, 341 et suiv.; IV, 482 et suiv. et l'avertissement.

Si la femme s'est réservé de toucher sur ses quittances une portion de ses revenus. III, 348.

L'acquisition que la femme aura faite des deniers qu'elle aura économisés lui appartiendra-t-elle? III, 349.

Les profits que la femme a faits en conséquence des risques qu'elle a pu courir de ses biens personnels appartiendront-ils à son mari? III, 350. V. *Marchande publique.*

La femme peut-elle acquérir sans le consentement de son mari? III, 351.

Où le contrat dont il s'agit prend-il ses règles? Conséquences.

Quand les créances de la femme contre son mari sont-elles exigibles?

Quand portent-t-elles intérêt?

L'article 1465, qui donne à la femme le droit de prendre sa nourriture sur la masse de la communauté et son habitation, etc., etc., pendant 3 mois et 40 jours, est-il applicable en matière d'exclusion de communauté? III, 352 et suiv.

La femme a-t-elle droit au deuil? III, 357 et suiv.

Labours et semences. III, 358.

*Quid*, si en stipulant l'exclusion de communauté on a déclaré certains biens de la femme inaliénables? IV, 294 et suiv.

Le mari usufruitier des biens de sa femme peut-il empêcher les créanciers de celle-ci de saisir son usufruit? IV, 359 et suiv.

Comment se partagent les fruits des biens de la femme? Comment les reprend-elle? IV, 457, 480 et suiv.

COUTUMES.

Peut-on se soumettre à un article d'une coutume, si cet article n'est pas contraire à la loi nouvelle? I, 19; IV, 504.

COUTUMES SOUS LE RAPPORT DE LA RÉTROACTIVITÉ. I, 313 et suiv.

CRÉANCES DE L'UN OU DE L'AUTRE ÉPOUX CONTRE LA COMMUNAUTÉ. V. *Récompense.*

Différences entre celles de la femme et celles du mari. II, 413.

CRÉANCES DE L'UN DES ÉPOUX CONTRE L'AUTRE.

Plusieurs exemples de ces créances; sur quoi elles s'exercent? II, 493 et suiv.

CRÉANCES DOTALES. V. *Dotalité.*

CREANCIERS.

S'ils peuvent assigner la veuve avant l'expiration des délais pour faire inventaire et délibérer. II, 257.
Peuvent-ils attaquer la renonciation faite à la communauté? II, 340.
Peuvent-ils attaquer la renonciation tacite dont parle l'article 1463? II, 342.
Peuvent-ils attaquer l'acceptation qui a été faite de la communauté? II, 342 et suiv.
S'ils font annuler la renonciation, sont-ils tenus des dettes de la communauté au-delà de ce qu'elle aurait eu si elle eût accepté? II, 344.
*Quid* des créanciers postérieurs à la renonciation? II, 345.
La renonciation n'est annulée que vis-à-vis les créanciers II, 345.
Quelle est la durée de l'action des créanciers? II, 346 et suiv.
Les créanciers de la femme ont-ils une action sur les biens dotaux? V. *Dotalité*.

CUVES.

Celles des tanneurs, brasseurs, teinturiers. I, 99.

D

DATION.

L'époux qui doit à la communauté peut-il se libérer en lui abandonnant des propres? V. *Propres*.
Lorsque l'un des époux fait une donation rémunératoire envers une personne qui avait action pour les services qu'elle a rendus à la communauté, c'est une dation qui donne lieu à une reprise. II, 385, 393.

DÉLAIS.

De quel jour commence le délai pour faire inventaire et délibérer? II, 255.
Quand doit être opposée l'exception de délai? II, 262.
Il peut être prorogé. Dans quel cas? II, 268 et suiv.
Si l'inventaire n'a été fait dans les trois mois, le délai de quarante jours n'est plus utile. II, 269, 280.
Le délai peut-il être prorogé, non-seulement pour faire inventaire, mais encore pour délibérer? II, 270 et suiv.
La veuve peut-elle obtenir une seconde prorogation de délai? II, 274 et suiv.

Peut-on, dans le contrat de mariage, stipuler que la femme aura un délai plus long que celui prescrit par la loi pour faire inventaire et délibérer ? II, 277.

DÉLÉGATION. V. *Dettes.*

DÉMOLITION.

Si les matériaux qui en proviennent sont meubles ou immeubles. I, 100 et suiv.

La femme peut-elle forcer le mari à démolir la construction qu'il a faite sur son propre ? I, 538.

DETTES.

Elles appartiennent à trois classes. I, 221.

Celles contractées avant le mariage. I, 222.

Celles contractées dans le temps intermédiaire du contrat à la célébration. I, 222.

Qu'entend-on par dettes mobilières ? I, 226.

Si la dette cesse d'être mobilière, lorsqu'elle est accompagnée d'une hypothèque ; cas où le conjoint étant poursuivi hypothécairement, il a payé la part de ses cohéritiers ; doit-il récompense à la communauté ? I, 225 et suiv.

Les réparations manquantes au moment du mariage sur les propres des époux caractérisent-elles une dette au compte de la communauté ? V. *Réparations.*

Exceptions à la règle que les dettes mobilières de chacun des époux tombent dans la communauté. I, 229 et suiv.

Ces exceptions ne s'appliquent qu'aux dettes passives, et non aux dettes actives. I, 232.

DETTES CONTRACTÉES PENDANT LE MARIAGE. I, 235.

Les dettes contractées par le mari pendant le mariage sont à la charge de la communauté, lors même qu'elles n'ont pas été contractées dans son intérêt ; par exemple, s'il a cautionné un tiers, ou s'il a fait des dépenses pour ses plaisirs. I, 235.

*Quid,* si la dette a été contractée dans l'intérêt personnel du mari ? I, 236.

*Quid,* si la dette a été contractée pour l'intérêt des enfans d'un précédent mariage ? I, 236.

*Quid,* si le mari ayant vendu un propre de sa femme il s'est porté fort ; si la femme ne ratifie pas les dommages-intérêts dus à l'acquéreur, seront-ils une dette de la communauté? I, 237 et suiv.

*Quid*, s'il ne s'est pas porté fort? I, 241.

*Quid*, si la femme a accepté la communauté? Est-elle censée avoir ratifié la vente? V. *Garantie*.

DETTES CONTRACTÉES PAR LA FEMME DURANT LA COMMUNAUTÉ. I, 242 et suiv.

Elle doit être autorisée de son mari. I, 242 et suiv.

Si la dette contractée par la femme sans autorisation a profité à la communauté, celle-ci en est tenue jusqu'à due concurrence. I, 243.

L'autorisation du mari n'a pas besoin d'être toujours expresse. I, 244.

DETTES CONTRACTÉES PAR LA FEMME POUR LES BESOINS DU MENAGE. I, 247; II, 565 et suiv.

La femme ayant profité des choses qu'elle a achetées par suite du mandat tacite de son mari, peut-elle être poursuivie personnellement après la dissolution du mariage? I, 245 et suiv.

DETTES CONTRACTÉES PAR LA FEMME MARCHANDE PUBLIQUE. I, 250 et suiv.

DETTES CONTRACTÉES PAR UNE FEMME QUI EST TITULAIRE D'UN BUREAU DE LOTERIE, ET PAR UNE FEMME QUI TIENT UN HOTEL GARNI. II, 251.

Les dettes contractées par la marchande publique se poursuivent contre la femme même renonçante. Elle oblige aussi son mari. I, 254 et suiv.

*Quid*, s'il y avait exclusion de communauté? I, 256 et suiv.; III, 350.

DETTES DE LA FEMME DONT LES TITRES N'ONT PAS DE DATE CERTAINE. I, 271 et suiv. V. *Paraphernaux*.

Le mari d'une veuve pourrait-il quereller les dettes de la communauté de son premier mariage, sous le prétexte d'incertitude dans la date de ces dettes? II, 273.

Les créanciers d'une femme mariée en communauté, dont les titres n'ont point de date certaine avant le mariage, pourraient-ils saisir sur les revenus de la communauté les sommes que la femme s'est réservé de toucher pour son entretien personnel et sans l'autorisation de son mari? I, 274.

DETTES DES SUCCESSIONS QUI ECHOIENT PENDANT LE MARIAGE. I, 275 et suiv.

DETTES ATTACHÉES A LA SUCCESSION PUREMENT MOBILIÈRE. I, 275 et suiv.

DETTES DE LA SUCCESSION PUREMENT IMMOBILIÈRE. I, 277 et suiv.

Les créanciers d'une telle succession, quand elle est échue à la femme, peuvent-ils poursuivre sur les biens de la communauté? I, 294 et suiv., 302 et suiv.

DETTES DE LA SUCCESSION EN PARTIE MOBILIÈRE ET EN PARTIE IMMOBILIÈRE. I, 288 et suiv.

Si la succession est échue à la femme, les créanciers peuvent-ils agir contre les biens personnels du mari? I, 296.

Le mari est-il tenu des dettes contractées par la femme, s'il l'a autorisée à les contracter? I, 300 et suiv.

*Quid*, s'il n'y avait pas communauté entre les époux? I, 303.

Cas où la femme s'oblige comme commune. I, 499.

Cas où elle s'oblige conjointement. I, 500.

Si la femme en s'obligeant conjointement avec son mari avait vendu ou hypothéqué un bien de celui-ci. I, 503.

Si la femme s'est engagée solidairement avec son mari. I, 503.

Si la femme a vendu solidairement avec son mari, est-elle tenue à la garantie au cas d'éviction? I, 504.

*Quid*, s'ils se sont rendus cautions solidaires pour un tiers. I, 505.

Quand le mari et la femme doivent à la communauté, et *vice versà* quand la communauté leur doit à tous les deux, il y a lieu à compensation. II, 435.

De la contribution aux dettes de la communauté. V. *Passif*. II, 509 et suiv.

Si la femme renonce à la communauté, elle est affranchie de l'obligation de payer les dettes. II, 515.

En acceptant elle n'est tenue que jusqu'à concurrence de son émolument. II, 515.

Elle peut abandonner les biens pour s'affranchir des dettes. V. *Abandon.*

Lors même que la femme accepte la communauté, le mari est tenu de la totalité des dettes qu'il a contractées personnellement, sauf recours. II, 542.

Doit-il la totalité de celles qui sont tombées dans la communauté du chef de la femme? II, 543.

La femme doit la totalité de celles qui lui sont personnelles, quoique tombées dans la communauté. II, 544 et suiv.

*Quid*, de celles qui sont contractées par la femme durant la communauté et conjointement ou solidairement avec son mari II, 546.

*Quid*, si elle ne s'est engagée que comme caution? II, 547.

*Quid*, si la femme paie une dette de la communauté au-delà de son émolument? II, 548.

La femme poursuivie hypothécairement peut abandonner. II, 548, 549.

Que doit faire le mari qui est poursuivi pour une dette de la communauté après la dissolution de celle-ci? II, 556.

Quand l'un des époux doit à la communauté, et que la communauté lui doit, la compensation s'opère-t-elle durant le mariage? IV, 390 et suiv.

Dettes de la femme mariée sous le régime dotal. V. *Dotalité.*

Le mari peut-il nover, déléguer les créances dotales de sa femme? IV, 419 et suiv.

DEUIL.

De celui qui est dû à la femme mariée en communauté. II, 503 et suiv.

Est-il dû seulement à la femme riche? II, 506.

Doit-il être fourni en nature ou en argent? II, 507.

Les frais de deuil sont-ils privilégiés? II, 507.

La femme mariée avec exclusion de communauté a-t-elle droit au deuil? V. *Conventions exclusives de communauté.*

Deuil de la femme séparée. V. *Séparation de biens.*

Deuil de la femme mariée en régime dotal. V. *Dotalité.* II, 2.

## DISSOLUTION DE LA COMMUNAUTÉ.

### V. *Acceptation, Renonciation, Absence.*

### DIVERTISSEMENT.

Ce qu'on entend par divertissement. Effet du divertissement. II, 281 et suiv.

Différence du cas où la femme ou ses héritiers divertissent après avoir renoncé, du cas où ils divertissent avant d'avoir renoncé. II, 282 et suiv.

*Quid*, si la veuve était mineure? II, 284.

Cas où la femme n'agit pas sciemment et de mauvaise foi.

*Quid*, si les choses sont modiques? II, 284, 285.

La veuve perd en outre l'usufruit légal. II, 286.

Si les héritiers du mari, de même que les créanciers, peuvent se borner à demander la restitution des objets divertis. Ont-ils le droit de la maintenir renonçante? Si elle a renoncé postérieurement au recelé, peuvent-ils les uns comme les autres la faire déclarer commune? II, 286 et suiv.

Comment la veuve ou les héritiers de la femme qui ont diverti ou recélé, sont-ils tenus des dettes de la communauté vis-à-vis les héritiers du mari? II, 291 et suiv.

Y a-t-il une différence entre le cas où le divertissement est fait avant ou après l'inventaire? Avant ou après avoir pris qualité? II, 293 et suiv., II, 487 et suiv., II, 516 et suiv., II, 520 et suiv.

Si la veuve a soustrait depuis l'inventaire, est-elle privée de partager dans les objets soustraits? II, 293 à la note. II, 294 et suiv., II, 520 et suiv.

Si les héritiers de la femme peuvent faire annuler leur renonciation à la communauté à cause des recels commis par le mari. II, 482.

Le divertissement et le recel donnent-ils lieu à une action criminelle? II, 482 et suiv.

*Quid*, si la soustraction a eu lieu après la renonciation de la femme? II, 483.

S'il y avait séparation de *fait* entre les deux époux, ceux qui assistent le mari dans l'enlèvement d'un objet mobilier que la femme avait en sa possession et dépendant de la communauté, peuvent-ils être poursuivis comme complices d'un vol? II, 485.

La femme séparée qui a diverti est-elle commune de plein droit? II, 520 et suiv.

revenus sur ses simples quittances? I, 258. V. *Société d'acquêts.*

La donation rémunératoire donne lieu à une reprise. II, 393 et suiv.

Si le mari peut donner les biens de la communauté. I, 415.

S'il peut donner des objets mobiliers à ses enfans d'un premier lit. I, 416; II, 369.

S'il peut donner à ses ascendans. I, 416.

S'il peut donner à ses héritiers en ligne collatérale? I, 416.

S'il peut donner aux enfans communs. I, 417.

Il ne peut donner les immeubles de la communauté, ni des quotités de meubles. Peut-il par des legs particuliers absorber tout le mobilier? I, 417.

S'il peut donner des sommes d'argent. I, 418.

*Quid*, si le mari a éludé la défense de la loi, et que la donation ait reçu son exécution? La femme ou ses héritiers pourront-ils en demander la nullité, ou seulement une indemnité contre le mari? I, 419 et suiv.

Si les donataires sont contraints de rapporter à la masse de la communauté, auront-ils un recours contre le donateur? I, 420 et suiv.

Différence entre la donation et le testament. I, 431.

Les donations de l'un des époux envers l'autre sont des dettes personnelles de cet époux. Conséquences. II, 501.

Donation déguisée sous la forme d'une quittance. IV, 26 et suiv. V. aussi *Communauté d'acquêts*. III, 29 et suiv.

Donation déguisée sous la forme d'un état dressé entre les époux de leur mobilier respectif. III, 29 et suiv.

*Quid*, si l'un des époux, ayant donné à l'autre par contrat de mariage, vend l'objet donné dans le temps du contrat à la célébration? IV, 156.

*Quid*, si l'époux donataire a consenti à la vente? IV, 437.

*Quid*, si la femme a donné à son mari la dot que son père lui avait constituée? V. *Dotalité*.

Si le fonds dotal peut être donné contractuellement ou par testament. V. *Dotalité*.

DOT.

Elle appartient à tous les régimes. Ce qu'on doit entendre par dot. Ce qu'on entend par dot sous le régime communal et dotal. En se soumettant au régime communal, on

la dot constituée en fraude de leurs droits? IV, 29 et suiv. V. *Dotalité.*

Restitution de la dot. V. *Dotalité.*

Si l'article 1569 s'applique au régime de la communauté. V. *Dotalité.*

**DOTALITÉ.** (Régime dotal.)

Ce que c'est que ce régime. IV, 1.

Son origine. Source à laquelle il faut puiser. IV, 2.

Le régime dotal ne tire pas son nom de la dot. Ce qu'on entend par biens dotaux. IV, 2.

Comment on se trouve soumis à ce régime. Caractères distinctifs. IV, 3.

La soumission est expresse ou tacite. IV, 3.

Sans se soumettre expressément au régime dotal, y aura-t-il implicitement soumission à ce régime, si la femme se constitue tous ses biens en dot, en stipulant l'inaliénabilité de tous ou de quelques-uns d'eux? IV, 3 et suiv.

Si dans cette hypothèse les biens déclarés inaliénables sont régis par les principes relatifs au régime dotal, qui régira les autres? IV, 4 et suiv., 510 et suiv.

Différence entre la dot sous le régime dotal et la dot sous le régime de communauté. IV, 8.

Quels sont les biens dotaux et les biens extradotaux. IV, 8.

*Quid*, si une femme se soumet au régime dotal sans dire quels sont ses biens dotaux et extradotaux? IV, 9 et suiv., 451 et suiv.

*Quid*, quand une femme déclare, en se soumettant au régime dotal, que tous ses biens présens et futurs, meubles et immeubles seront paraphernaux? IV, 13. V. *Paraphernaux.*

*Quid*, si la femme dit : Je me soumets au régime dotal, et me constitue tous mes biens en dot? IV, 14.

De la constitution de dot. IV, 16 et suiv.

La clause qui donne aux biens le caractère de biens dotaux peut être expresse ou tacite. Cas où la dot est constituée par un tiers. Cas où elle l'est par la femme. Cas où la dot comprend les biens présens. Cas où elle comprend les biens à venir. IV, 16 et suiv.

Manière de prévenir toute difficulté. IV, 17.

*Quid*, s'il n'a pas été fait inventaire du mobilier que la femme apporte en mariage? IV, 17 et suiv., 437 et suiv. V. aussi l'*avertissement de la table.*

*Quid*, de celui qui lui échoit durant le mariage, si le

mari n'a pas fait inventaire? *Quid*, de son mobilier paraphernal? IV, 20; III, 368 et suiv; IV, 457, 459.

*Quid*, si la dot est augmentée durant le mariage? Cas où c'est une donation manuelle. Quelle preuve peut être faite? IV, 21, 456 et suiv.

*Quid*, s'il n'existe qu'une reconnaissance donnée à la femme par le mari, soit d'une donation manuelle faite à la femme, soit du mobilier de celle-ci et non constaté? IV, 21 et suiv., 456 et suiv.

*Quid*, si le contrat de mariage porte quittance de la dot? IV, 26 et suiv.

*Quid*, quand la dot est constituée par un tiers?

La quittance qui lui est donnée peut-elle être attaquée? IV, 27 et suiv.

Les créanciers du constituant pourraient-ils faire révoquer la dot constituée en fraude de leurs droits? Différentes distinctions. IV, 29 et suiv.

Si la femme eût participé à la fraude, les créanciers pourraient-ils faire vendre la nue-propriété du fonds? IV, 30 et suiv.

Si la femme s'est constitué tous ses biens en dot, cette constitution peut-elle être attaquée par les enfans d'un premier lit? Renvoi au régime exclusif de communauté. IV, 36.

Si la femme n'a pas rendu dotaux ses biens à venir, peut-on lui en donner à la condition qu'ils seront inaliénables? Effet de cette condition. IV, 37 et suiv.

Si les biens à venir sont frappés d'inaliénabilité par le contrat de mariage, peut-on en donner à la femme à la condition qu'ils seront libres? IV, 40.

Sur quel biens s'impute la dot? IV, 40 *in fine* et suiv.

Quand les choses données appartiendraient à l'un des époux, ou à l'un d'eux en plus grande partie qu'à l'autre, la dot serait censée constituée par portion égale. Renvoi. IV, 41.

Si le mari et la femme donnent conjointement un conquêt de communauté ou un propre du mari, la femme est-elle censée avoir renoncé vis-à-vis le donataire à son hypothèque sur ce bien? IV, 41 et suiv. à la note.

Le père ne peut engager la mère sans son consentement exprès; sa comparution au contrat ne la rend point obligée. IV, 42 et suiv.

Mais cette règle est particulière en régime dotal, *id est* à des père et mère mariés en dotalité. IV, 45 et suiv.

*Quid*, s'il y avait société d'acquêts? IV, 48.

Dot constituée par le survivant des père et mère. Sur quoi se prend-elle? IV, 48 et suiv.

*Quid*, si l'enfant, ayant ses père et mère, a des biens? sur quoi se prend la dot? IV, 49.

Si le père ou la mère étant mort, le survivant n'a pas exprimé qu'il dotait pour droits *paternels* et *maternels*, la dot se prend-elle sur les biens appartenans à l'enfant? IV, 49.

*Quid*, du cas où il y a communauté entre les époux? IV, 49.

*Quid*, si le survivant fait le don d'une somme ou l'abandon d'un héritage à la condition que l'enfant gratifié ne lui demandera aucun compte? L'enfant mineur sera-t-il lié par l'acceptation de ce don? Le sera-t-il, si étant majeur le compte de tutelle ne lui a pas été rendu? IV, 49.

Mais cette condition sera-t-elle nulle ou réputée non-écrite? IV, 50.

Si le père n'eût pas été le tuteur de son enfant, mais que l'enfant eût des biens qui lui auraient été donnés, par exemple, à la condition que le père rendrait compte de la jouissance, ne pourrait-il intervenir aucun traité entre l'enfant et le père, sans qu'au préalable on eût rempli les formalités voulues par l'article 472? IV, 51.

La constitution de dot que fait un père à sa fille d'une somme du chef de sa mère, est-elle considérée comme une vente que la fille fait au père de ses droits successifs maternels? Par conséquent est-elle passible du droit d'enregistrement auquel donnerait lieu une pareille vente? Précaution à prendre. IV, 51 *in fine* et suiv.

Garantie de la dot. IV, 53 et suiv. V. *Garantie.*

La femme qui s'est dotée est tenue à la garantie sur ses biens paraphernaux. IV, 53.

Pourrait-elle substituer à l'héritage évincé un autre héritage qui serait également dotal? IV, 53.

Intérêts de la dot. *Quid*, si le mariage ne s'accomplit pas de suite? les intérêts ou fruits de la dot n'appartiennent-ils pas au mari? IV, 54, 55.

Les intérêts de la dot se prescrivent-ils par 5 ans? IV, 55 et suiv.

*Quid* cependant, si le donateur eût pris terme pour le paiement de la dot? IV, 59 et suiv.

Droits du mari sur les biens dotaux. IV, 61 et suiv.

Le mari, quoique mineur, a-t-il l'action que donne l'article 1549? Doit-il être assisté de son curateur pour recevoir la dot? IV, 61 et suiv.

Le mari a-t-il seul l'action pétitoire? IV, 63 et suiv.

S'il était mineur, pourrait-il seul intenter cette acction? IV, 65.

La femme pourrait-elle intenter l'action, si son mari n'agissait pas? IV, 65 et suiv.

Le mari est usufruitier des biens de la dot. IV, 67.

Mais pourrait-on stipuler que la femme aura l'administration exclusive de ses biens dotaux? Renvoi 68; IV, 298 et suiv.

Le mari doit-il donner caution? IV, 298 et suiv.

*Quid*, si le mari a donné caution pendant le mariage pour assurer la restitution de la dot, quoiqu'il n'y fût pas astreint par le contrat de mariage? IV, 69.

Celui qui a promis la dot peut-il se refuser de la payer, si le mari ne fournit pas la caution qu'il avait promise? IV, 69.

L'article 1550 s'applique-t-il à tous les régimes? IV, 70.

Quand le mari est-il propriétaire des choses constituées en dot? L'est-il des créances, des rentes dotales et autres droits incorporels? IV, 70 et suiv.

*Quid*, des bestiaux donnés à cheptel? IV, 71.

Des choses qui se consomment par le premier usage qu'on en fait. IV, 71.

De l'estimation donnée aux immeubles dotaux. IV, 72.

De l'immeuble donné en paiement de la dot, et de l'immeuble acquis des deniers dotaux. IV, 73 et suiv.

Du remploi. Formalité; la femme doit-elle l'accepter? IV, 74 et suiv., 509.

S'il est dit au contrat de mariage que remploi sera fait, pourra-t-il avoir lieu en droits incorporels? IV, 86.

De l'inaliénabilité de la dot. IV, 88 et suiv.

Les réparations civiles et les amendes auxquelles la femme aurait été condamnée peuvent-elles être poursuivies sur la dot? IV, 88 et suiv.

Si les jugemens obtenus contre elles emportent hypothèque? Le mari peut-il s'opposer à l'action des créanciers en disant qu'il doit être assimilé à un acquéreur, qu'il est usufruitier? IV., 89 et suiv.

Si les fruits de la dot peuvent être saisis par les créanciers du mari. IV, 90 et suiv.

Son usufruit peut-il être saisi, soit par ses créanciers, soit par ceux de sa femme? IV, 92 et suiv., 359 et suiv.

Peut-il opposer la prescription de 10 ou 20 ans? IV, 510.

Si le fonds, c'est-à-dire la nue-propriété peut être saisie. IV, 92 et suiv., 359 jusqu'à 371.

par la femme par suite d'une clause insérée au contrat de mariage, le mari doit-il nécessairement faire emploi? IV, 117 et suiv.

Lorsque le contrat de mariage permet l'aliénation du fonds dotal à la charge de remploi, l'acquéreur est-il garant du remploi? IV, 119.

*Quid* néanmoins, si, au lieu d'un remploi réel, le mari eût fourni hypothèque pour garantie du prix, et promesse de faire remploi? IV, 119.

Lorsque le mari autorisé à vendre à charge d'emploi acquiert en remplacement, les frais de mutation doivent-ils être supportés par la femme? IV, 120.

Aliénation qui n'est permise que par le juge. IV, 120 et suiv.

Quand même les époux qui ont vendu se seraient trouvés dans les cas prévus par l'article 1558, la vente serait nulle. IV, 121.

Cas où la vente a lieu pour tirer le mari de prison. IV, 121 et suiv.

Cas où c'est la femme qui est en prison... Le consentement du mari suffit-il? Le refus de la femme est-il un obstacle?

La femme peut-elle empêcher la vente de son fonds, quand il s'agit de tirer le mari de prison? IV, 122 et suiv.

La loi qui permet de vendre le fonds dotal pour tirer le mari de prison est-elle applicable même au cas où le mari détenu pour dettes pourrait obtenir sa liberté au moyen d'une cession de biens? IV, 125.

La seule crainte d'être emprisonné suffit-elle pour autoriser la vente? IV, 126.

Quand le fonds est vendu pour tirer la femme de prison, le mari qui s'y est opposé a-t-il droit à une indemnité pour la jouissance qu'il perd? IV, 377 et suiv.

Pour fournir des alimens à la famille? IV, 126 et suiv.

Mais faut-il qu'il y ait obligation de fournir des alimens? IV, 126 et suiv.

Pour fournir des alimens aux époux eux-mêmes? IV, 127.

Quand des alimens sont fournis aux parens de l'un et de l'autre époux, y a-t-il lieu à indemniser l'autre conjoint? IV, 371 et suiv.

Le fonds peut-il être vendu pour tirer le père ou la mère de prison? IV, 127 et suiv.

Pour payer la dette de la femme ou du constituant? IV, 128 et suiv.

pitaux forment sa dot peut-elle les exiger sans assurer l'emploi ou fournir caution? IV, 145, 433 et suiv.

Le débiteur peut-il payer à la femme? IV, 146, 434.

La femme séparée peut-elle faire emploi en rentes sur l'Etat? IV, 437 et suiv.

De l'échange du fonds dotal. Conditions requises. IV, 146 et suiv.

Si le fonds reçu en contr'échange est plus considérable, l'excédant sera également dotal. IV, 147.

Le mari qui aura fourni ses fonds à ce snjet, aura-t-il action contre sa femme pendant le mariage? IV, 147.

Révocation de l'aliénation, quand elle a eu lieu hors les cas prévus par la loi. Différence entre le mari et la femme. IV, 148 et suiv.

Cas où la vente aurait eu lieu entre le contrat et la célébration du mariage. IV, 149 et suiv.

Cas où c'est le mari qui a vendu; peut-il revendiquer pendant le mariage? *Quid*, s'il s'est porté fort? IV, 149 et suiv.

C'est la femme qui a vendu; *quid?* IV, 151.

Quel effet produira la vente à l'égard des époux entre eux? Ont-ils par là révoqué le contrat de mariage? La femme devra-t-elle fournir une autre dot? IV, 151 et suiv., 435 et suiv.

*Quid*, si le mari étant débiteur envers sa femme d'un héritage qu'elle rend dotal, le mari vient à le vendre dans le temps intermédiaire? IV, 157.

Si c'était une somme qu'il lui dût, et que par le contrat de mariage il lui eût donné en paiement un héritage qu'elle rend dotal et que le mari vienne à le vendre dans le même temps, *quid?* IV, 157 et suiv.

Dans la même hypothèse, *quid*, s'il lui devait deux choses sous une alternative? IV, 159.

Le fonds a été vendu par le mari, la femme devient héritière ou légataire de son mari, *quid?* IV, 160.

Si, à défaut d'héritier du sang, la femme succède aux biens de son mari, est-elle tenue d'accepter sous bénéfice d'inventaire? IV, 162.

Si l'acquéreur peut opposer la prescription. IV, 162.

Si la nullité de la vente est radicale. IV, 163 et suiv.

Les créanciers de la femme peuvent-ils demander la nullité? IV, 164.

A qui la femme doit-elle réclamer le prix du fonds, si elle ne demande pas la nullité de la vente? IV, 164.

Tant que le mariage n'est pas dissous, la femme a-t-elle le choix de demander la nullité de la vente, ou de se faire

colloquer pour le prix sur les biens du mari vendus à un acquéreur qui veut purger? IV, 164 et suiv.
Si le mari peut vendre les meubles dotaux non estimés. IV, 172.
Si la femme peut en empêcher la saisie. IV, 172.
A-t-il le droit de vendre les rentes, créances et autres droits incorporels mobiliers de la femme qu'elle s'est constitués en dot? IV, 173 et suiv., 440 et suiv., 509 et suiv.
Si le contrat de mariage porte qu'emploi sera fait des deniers dotaux et des créances dotales aussitôt ce recouvrement, les débiteurs sont-ils garans de l'emploi? IV, 185 et suiv.
Le mari qui reçoit des sommes dotales peut donner mainlevée des inscriptions hypothécaires. IV, 186.
Une femme se marie sous le régime dotal, sa dot consiste en une somme que son mari reçoit; mais une parente de celui-ci donne une hypothèque pour garantie de la dot; jugement de séparation; vente du domaine hypothéqué; l'hypothèque peut-elle être transportée sur un autre héritage?
En cas de vente du fonds hypothéqué, l'acquéreur peut-il purger? IV, 186 et suiv.
Remboursement des rentes foncières. IV, 189.
Comment le mari prouvera-t-il que l'acquéreur du fonds dotal a acheté sciemment? IV, 190, 450.
Le mari doit-il toujours restituer le prix à l'acquéreur évincé du fonds dotal? *Quid*, si l'acquéreur a acheté à ses risques? IV, 190 et suiv.
L'acquéreur peut-il demander la résolution de la vente du fonds dotal? IV, 192 et suiv.
Si la déclaration a été faite à l'acquéreur que le fonds est dotal, la femme n'aura-t-elle recours contre l'acquéreur qu'après avoir justifié que les biens du mari sont insuffisans pour la remplir? IV, 198 *in fine*.
Le mari peut-il se rendre garant de la vente? Quel est l'effet de cette garantie? IV, 200 et suiv.
La femme peut-elle se rendre garante de l'aliénation sur ses paraphernaux? IV, 206.
*Quid* cependant, si elle eût accepté une succession sans faire d'inventaire? Serait-elle tenue *ultrà vires* sur ses paraphernaux? IV, 207.
D'où vient la différence de ce cas d'avec le précédent? IV, 208.
Si la règle que le mari, la femme et les héritiers de celle-ci ont le droit de demander la nullité, reçoit une modifica-

tion lorsque le mari devient héritier de sa femme. IV, 208 et suiv.

La femme a le droit de ratifier après le mariage seulement : ses créanciers peuvent aussi demander la nullité ; mais peuvent-ils s'opposer à la ratification ? IV, 210.

La femme peut-elle faire une ratification tacite ? Par exemple, recevoir les intérêts du prix ou les arrérages de la rente moyennant laquelle le fonds a été vendu, équivaut-il à une ratification ? IV, 210 et suiv.

*Quid*, si, ayant fait un échange durant le mariage, elle récolte les fruits de l'héritage qu'elle a reçu, après la dissolution du mariage ? IV, 211, 216.

Si des tiers peuvent acquérir par prescription le bien grévé de dotalité. Distinction. IV, 216 et suiv.

La prescription a commencé avant le mariage, le mari sera-t-il responsable lorsqu'au temps du mariage il n'y avait que peu de jours à courir pour achever la prescription ? IV, 217.

Quand la femme a obtenu une séparation, c'est elle qui doit interrompre la prescription. IV, 218.

La prescription a commencé durant le mariage ; la femme obtient séparation ; le temps qui a couru avant la séparation comptera-t-il pour acquérir la prescription ? IV, 219.

*Quid*, si à l'époque de la séparation la prescription était sur le point de s'accomplir, mais qu'elle finît avant que la demande fut jugée ? IV, 220.

La prescription ne court pas lorsque l'action de la femme réfléchit contre son mari. Exemple où cette règle reçoit son application. IV, 221 et suiv.

Est-il des circonstances propres à rendre sans effet la suspension de la prescription ? Par exemple, la femme hypothèque le fonds dotal, le créancier le fait saisir ; faut-il que la nullité soit opposée avant les défenses au fond ? IV, 222 et suiv.

*Quid* cependant, si le jugement avait acquis l'autorité de la chose jugée ? IV, 224.

Question de savoir si, postérieurement à la séparation de biens, la prescription ne court que dans le cas où le mari n'est pas garant de l'aliénation. IV, 225.

Des obligations du mari comme usufruitier des biens dotaux. IV, 226.

La femme est-elle tenue personnellement de payer les améliorations faites par son ordre aux biens dotaux ? *Id.*

Demande en séparation de biens ; effets de cette séparation. La femme peut-elle disposer de son mobilier dotal ?

Que doit-on entendre par poursuites utilement faites? IV, 261.

L'article 1569 s'applique-t-il au régime de la communauté, en supposant que la dot soit exclue de la communauté? IV, 262 et suiv.

Confiance qu'on doit avoir dans la quittance que le mari donne à ceux qui ont constitué la dot. IV, 263 et suiv.

De l'intérêt de la dot qui doit être restituée. Des fruits de la dot. Distinction. IV, 265 et suiv.

Si l'intérêt diminue en raison des restitutions qui sont faites. IV, 165 et suiv.

Droit d'habitation. Frais de deuil. IV, 267.

La femme perdrait-elle ce droit si elle se remariait?

Comment se partagent les fruits de la dot? 268 et suiv.

*Quid*, quant aux fruits pendans par racine lors de la dissolution du mariage?

*Quid*, si la propriété se divise en soles? IV, 270 et suiv.

*Quid*, si les fruits se récoltent périodiquement? IV, 277 et suiv.

*Quid*, quant aux frais de labour et semence? IV, 274 *in fine*.

Si une usine fesait partie de la dot, comment s'en partageront les produits? Jouira-t-on ensemble? IV, 276.

Produits d'une mine. IV, 276 et suiv.

Produits des carrières et tourbières. IV, 277.

Différence d'une mine découverte sur un fonds dotal dont la concession a été faite au mari, du cas où c'est une carrière ou tourbière découverte sur le même fonds pendant le mariage. IV, 278.

Le mari n'a droit qu'aux fruits qui se récoltent dans l'année, non à ceux récoltés. *Quid*, si la récolte (ordinaire) n'eût pu se faire dans l'année à cause des saisons pluvieuses? IV, 278 et suiv.

Si la récolte se fait le lendemain du mariage, elle appartient au mari; mais *quid*, si les fruits se trouvaient aliénés au profit d'un tiers, ou saisis par un créancier de la femme? IV, 279. (1)

Les droits de la femme ne peuvent nuire aux créanciers du mari antérieurs en hypothèque. IV, 280.

Rapport de la dot à la succession du père de la femme. Cas où elle est dispensée. IV, 280 et suiv.

---

(1) Ce cas est différent de celui où les créanciers de la femme se présentent après le mariage.

immobilières ; y a-t-il subrogation de plein droit ? I, 200 et suiv.

ÉCHANGE DU FONDS DOTAL. V. *Dotalité.*

ÉDUCATION.

C'est le mari qui est chargé de l'éducation des enfans lors même qu'il y a séparation. II, 151.

La femme doit-elle y contribuer pour une portion plus forte que le tiers de ses revenus ? II, 151.

EFFET DÉCLARATIF. IV, 340 et suiv., 497 et suiv.

EMPHYTHÉOSE.

Le domaine utile tombe-t-il en communauté ? I, 122; IV, 252 à la note.

EMPLOI. V. *Remploi.*

ENFANS D'UN PREMIER LIT.

V. *Ameublissement, Exclusion de communauté, Communauté d'acquêts, Avantages, Dotalité, Parts inégales, Communauté à titre universel.*

Les enfans d'un premier lit sont-ils à la charge de la communauté ? I, 271.

Explication de l'article 1527. III, 320 et suiv.

*Quid*, si une clause appelait le survivant à tous les bénéfices de la communauté ? III, 321.

Une femme qui a des enfans d'un premier lit peut-elle faire une exclusion de communauté ? III, 321.

La réduction de l'avantage peut-elle être demandée par l'époux donateur lui-même, ou seulement par ses enfans d'un premier lit ? III, 325 et suiv.

Les enfans ont-ils action contre les acquéreurs des biens ? III, 325 et suiv.

EXCLUSIONS DE COMMUNAUTÉ. V. *Conventions exclusives de communauté.*

EXÉCUTEUR TESTAMENTAIRE. V. *Inventaire.*

EXPROPRIATION. V. *Indemnité, Dotalité.*

## F

FACULTATIVES. ( Obligations facultatives.

Différence de l'obligation facultative avec l'obligation alternative. I, 112.

FAILLI. V. *Hypothèque.*

Quand le mari a fait faillite ou est tombé en déconfiture, les créanciers de la femme peuvent exercer les droits de leur débitrice. II, 132 et suiv.

Ils ne peuvent agir sur sa part dans la communauté, à moins qu'elle ne soit dissoute. II, 132 et suiv.

Si les créanciers de la femme n'absorbent pas toutes ses reprises, que deviendra l'excédant? II, 133.

Les reprises de la femme opérées, le reste de la communauté appartient aux créanciers de la faillite du mari. II, 133 et suiv.

Comment la femme du failli exerce-t-elle ses reprises? Que reprend-elle? II, 562 et suiv.

FAUTES.

*Quid*, lorsque le mari et la femme ont fait périr une chose appartenante au mari, ou à la femme, ou à la communauté? I, 439 et suiv.

Quel soin le mari doit apporter dans son administration. I, 440.

Si dans l'intérieur du ménage la femme occasionne quelque perte, le mari a-t-il une action contre elle? I, 442 et suiv.

Fautes qui font déchoir du bénéfice d'inventaire. V. *Divertissement.* II, 540.

Lorqu'une perte est arrivée dans un bien de la femme, y a-t-il présomption légale que le mari est en faute? L'article 1733 est-il applicable?

Si la perte est arrivée par le fait du domestique du mari, celui-ci est-il civilement responsable?

Si l'accident est arrivé durant la jouissance du preneur, peut-on appliquer au mari l'article 1735? Ces questions sont examinées pour quelque régime que ce soit. IV, 393 et suiv.

Cas où la perte est arrivée par le fait des enfans. I, 448 et suiv.; IV, 400 et suiv.

S'il y a séparation de biens, et que la femme administrant elle-même ses biens ait des domestiques qui nuisent au mari ou à des tiers, *quid*? IV, 409.

Si le mari reconstruit les fonds qu'il a fait périr, a-t-il le droit de répéter la plus-value? Peut-il être forcé de reconstruire? IV, 409.

FLEURS.

Si elles sont immeubles. I. 91.

FORFAIT DE COMMUNAUTÉ.

Voyez *Parts inégales dans la communauté*.

FORGES.

Des serruriers, des maréchaux. I, 99.

FOUDRES.

Ceux qui font ou non partie d'un propre. I. 99.

FRAIS DE LABOUR ET SEMENCE. I, 159 et suiv.; IV, 274 et suiv.

Frais faits par l'avoué d'une femme dans une instance en séparation de corps où elle a succombé, sont-ils au compte de la communauté? I, 453; II, 430.

Frais faits par la veuve avant d'avoir accepté ou répudié. II, 278 et suiv.

Frais faits dans une instance; ceux qui sont ou non à la charge de la communauté. I, 527 et suiv.

Frais funéraires. IV, 284.

Frais de dernière maladie. IV, 284.

FRANC ET QUITTE.

Clause de franc et quitte. III, 191.

*Quid*, si la clause de déclaration n'a été faite que par les époux? III, 191.

Quand elle est faite par les auteurs des conjoints, elle produit des effets également contre le déclaré franc. III, 192.

La clause de franc et quitte peut-elle être faite postérieurement au mariage? III, 192.

Emporte-t-elle séparation de dettes? III, 193 et suiv.

La clause emportant séparation de dettes, s'il a été fait inventaire du mobilier de chacun des époux, les créanciers de la femme pourront-ils être forcés de n'agir que sur le mobilier de la femme? III, 198.

Quelles sortes de préjudices les dettes du déclaré peuvent-elles causer à son conjoint? III, 198 *in fine* et suiv.

Préjudice qui a rapport à la dot et aux conventions matrimoniales, dans le cas d'insolvabilité du mari, sur les biens duquel elle n'a pas de quoi se payer pour une somme égale à celle pour laquelle elle eût été colloquée sur les dettes qu'on lui a garanti que son mari n'aurait. III, 199 et suiv.

Si la femme accepte la communauté, aura-t-elle action contre son mari, quant aux capitaux et intérêts qu'ont produits ces dettes jusqu'au paiement qu'on en a fait? III, 201 et suiv.

*Quid*, quant à l'intérêt qu'auraient produit les sommes qu'on a tirées de la communauté pour payer les créanciers? III, 203 et suiv.

Si la femme du déclaré s'est obligée pour son mari, devra-t-elle être indemnisée quant à ce par les auteurs de la déclaration? III, 204 et suiv.

La femme a un recours pour tout ce dont elle aurait stipulé la reprise, même pour son préciput, si elle l'a stipulé en cas de renonciation, et pour les donations qui lui auraient été faites par son contrat de mariage. III, 205 et suiv.

*Quid*, si c'est la femme qui a été déclarée franche et quitte? III, 206 et suiv.

Sur quoi s'étend le recours du mari? III, 206 et suiv.

*Quid*, si les dettes résultent d'actes qui n'ont pas de date certaine? III, 206 et suiv.

*Quid*, si le mari s'est obligé pour l'intérêt personnel de sa femme? *Quid*, s'il a vendu quelques biens à lui appartenans sans faire remploi? III, 207 et suiv.

*Quid*, s'il a doté conjointement avec sa femme? III, 207 et suiv.

*Quid*, s'il a doté conjointement avec sa femme, étant sûr qu'elle avait des dettes qui absorbaient une partie de son patrimoine? III, 208.

Différence du mari et de la femme quant à l'exercice de l'action contre les auteurs de la déclaration. Le mari peut exercer la sienne durant la communauté. III, 208 *in fine*.

La clause de franc et quitte n'a-t-elle lieu qu'en régime de communauté? III, 209 et suiv.

La clause de franc et quitte diffère de celle où les parens s'engagent à payer les dettes du conjoint. III, 209.

Quand les auteurs de la déclaration ont-ils action contre la femme pour les dettes qu'ils ont payées pour elle? Est-elle tenue envers eux, soit qu'elle accepte ou répudie la communauté? III, 210.

Les déclarans ont aussi un recours contre le mari sur tous les biens de celui-ci. III, 210.

Toute personne peut faire la déclaration. *Quid*, si c'est un mineur qui est déclaré? III, 210 *in fine* et suiv.

FRANC. ET QUITTE. (Reprise de l'apport.) III, 212 et suiv.

Quand y a-t-il ouverture à ce droit? III, 213.

Pour que la femme puisse l'exercer, faut-il qu'elle renonce à la communauté? III, 213.

Cette renonciation est-elle apposée à la convention comme une condition qui en doive suspendre l'ouverture? III, 213.

La clause est de droit strict. Cas où il est difficile de savoir si on doit ou non l'étendre. *Quid*, lorsqu'il est dit: La femme survivante, renonçant à la communauté, reprendra tout ce qu'elle justifiera y avoir fait entrer, si la communauté se dissout par une séparation de corps ou de biens? III, 214.

Si la reprise a été exécutée par suite de la séparation, *quid*, si la femme vient ensuite à prédécéder? Ce prédécès apportera-t-il du changement à ce qui a été fait en conséquence de la séparation? III, 214 et suiv.

Quand les héritiers de la femme peuvent-ils exercer la reprise? Faut-il qu'elle étende la faculté jusqu'à eux? III, 215.

Quand elle étend cette faculté à ses héritiers, c'est sa mort qui y donne ouverture. III, 216.

*Quid*, de la clause *advenant le prédécès du mari, la femme et ses héritiers reprendront*, et c'est la femme qui a prédécédé? III, 216.

*Quid*, s'il est dit: *En cas de renonciation à la communauté, reprise sera faite de tout ce que la femme aura mis ou laissé entrer dans ladite communauté?* Cette clause ne désignant pas à quelle personne le droit appartient, s'étend-elle aux héritiers de la femme? III, 217.

Pour que les héritiers de la femme puissent réclamer, il faut qu'ils soient de la qualité de ceux dont il est fait mention dans la stipulation. III, 218.

Sous le nom d'enfans on ne comprend pas les collatéraux, mais comprend-on les petits-enfans? III, 218

*Quid*, si la femme a dit: *elle et les siens* reprendront? Sous le mot *siens*, comprend-on les héritiers quels qu'ils soient? III, 218.

*Quid*, si l'on a dit que la future et *les enfans du présent mariage* reprendraient, *etc.*, *etc.?* S'il n'en existe pas du présent mariage, mais d'un lit précédent, la stipulation est-elle caduque? III, 219.

S'il naît des enfans du mariage actuel, les enfans du premier lit profiteront-ils de la reprise? *Id est* ceux du mariage *actuel* devront-ils rapporter à la succession de leur mère les choses comprises dans la stipulation? III, 219.

La femme peut-elle, en restreignant la faculté aux enfans du mariage actuel, les dispenser du rapport? III, 219 et suiv.

Peut-elle, en étendant la faculté aux enfans d'un précédent mariage, les dispenser du rapport? Faut-il que cette libéralité soit acceptée par les enfans? III, 222.

Il est dit: Reprise sera faite également par les enfans du *présent mariage et même par les collatéraux*; les enfans d'un précédent mariage et les ascendans y sont-ils compris? III, 222 *in fine*.

Si la faculté est stipulée tant au profit des enfans que des père et mère de la femme, les collatéraux y sont-ils compris? III, 223.

Si la reprise est stipulée au profit de la femme et de *ses héritiers*, les collatéraux y sont compris; mais *quid*, si la succession est vacante? III, 223.

Si la femme n'a pas exprimé le mot *enfans*, mais seulement le mot héritiers, *quid*, si elle ne laisse qu'un enfant naturel? III, 224.

Si la reprise est stipulée pour la femme et pour ses héritiers, peut-elle en disposer en faveur de son mari? III, 224 à la note.

L'enfant adoptif, l'héritier contractuel, le légataire universel, sont-ils compris dans la stipulation? III, 225 *in fine*.

Si la femme ou ses héritiers, au lieu de renoncer à la communauté pour exercer la reprise, l'acceptent, les créanciers peut-ils faire annuler l'acceptation? III, 226.

La convention a été stipulée au profit des enfans; le droit s'ouvre, mais la femme laisse un légataire universel; *quid?* III, 227 et suiv.

Quelles sont les choses qui sont comprises dans la stipulation? III, 228 *in fine* et suiv.

Si la femme dit qu'elle reprendra ce qu'elle a apporté,

la convention ne concerne-t-elle que ce qu'elle avait lors du mariage? III, 228.

*Quid*, s'il est dit: La future renonçant à la communauté reprendra la somme par elle apportée en dot et tout ce qu'elle montrera y avoir apporté de plus? III, 229 *in fine* et suiv.

Différence entre la clause *de réalisation* et la faculté de reprendre *franchement et quittement*. III, 231.

La convention de reprendre l'apport de la femme est faite sous la déduction d'une certaine somme que le mari pourra retenir pour l'indemniser de telle ou telle chose; mais la dissolution de la communauté a lieu par le prédécès du mari; les héritiers de celui-ci pourront-ils retenir la somme qu'il aurait pu retenir? III, 232.

Il est dit: La future, en cas de renonciation, reprendra ce qu'elle a apporté; ses héritiers auront le même droit, mais ils ne reprendront que sous telle déduction. Le mari meurt, le droit est ouvert à la femme. Elle meurt elle-même avant d'avoir accepté ou répudié, et ses héritiers renoncent de son chef; peuvent-ils demander aux héritiers du mari la reprise de ce qu'elle a apporté? III, 232 *in fine*.

La future et les enfans qui naîtront du mariage actuel, reprendront ce qu'elle a apporté en communauté. Les enfans qu'elle a du premier mariage feront la même reprise, mais sous la déduction d'une certaine somme. La femme prédécède et laisse un enfant de son dernier et premier mariage. *Quid?* III, 233 et suiv.

Comment s'exerce la reprise? III, 235 et suiv.

Est-ce en nature qu'elle est due? Si les objets se trouvent en nature, la femme ou ses héritiers ont-ils un privilége sur eux au préjudice des autres créanciers du mari? III, 235.

Vis-à-vis les héritiers du mari, la femme ou ses héritiers pourront-ils reprendre les choses en nature, si elles s'y trouvent? III, 236 et suiv.

*Quid*, si elle ameublit un héritage dont elle a stipulé la reprise, et que cet héritage soit vendu par le mari seul? la vente est-elle valable? III, 236, 237, 248, 396 et suiv.

Si l'aliénation est valable, quel est le prix qui doit être restitué à la femme. *Quid?* s'il y a été fait des réparations, améliorations? Doit-on distinguer si elles ont eu lieu ou non du consentement de la femme? III, 238 et suiv.

*Quid*, si l'héritage ou les héritages ameublis déterminément ont été estimés par le contrat de mariage, et qu'ils

FRUITS DES BIENS PARAPHERNAUX.

V. *Paraphernaux.*

FRUITS DES BIENS DE LA FEMME MARIÉE AVEC EXCLUSION DE COMMUNAUTÉ.

V. *Exclusion de communauté.*

G

GARANTIE.

La femme qui vend solidairement avec son mari est-elle tenue à la garantie en cas d'éviction? I, 504 et suiv.
V. *Dettes, Subrogation, Hypothèque.*
Le mari qui vend avec sa femme un bien de celle-ci, est-il tenu à la garantie? I, 508 et suiv.
Si la femme accepte la communauté, est-elle censée avoir ratifié la vente? II, 509 et suiv.

GARANTIE EN MATIÈRE DE REMPLOI.

S'il est fait en droits incorporels. I, 523.

GARANTIE DE LA DOT. I, 568 et suiv. IV, 53 et suiv.

V. *Séparation judiciaire, Remploi, Convention d'apport, Dot, Dotalité.*

H

HABITATION.

Droit d'habitation. Tombe-t-il en communauté? I, 121.
Droit d'habitation appartenant à la veuve; plusieurs questions. II, 349 et suiv., 354 et suiv., 364.
V. *Dotalité, Veuve.*

HARDES.

Hardes de la femme qui renonce à la communauté. II, 560 et suiv.

HYPOTHÈQUE.

La femme a-t-elle hypothèque sur les conquêts de la communauté? I, 322 et suiv.

Est-il nécessaire qu'au moment de la subrogation le mari ait des biens sur lesquels repose l'hypothèque? I, 399.

Si la femme qui renonce à son hypothèque au profit des créanciers de son mari, n'y renonce que pour les créances actuelles. I, 400.

Faut-il que la subrogation soit rendue publique? I, 400.

Renonciation tacite à l'hypothèque légale. I, 401 et suiv.

Différence entre la renonciation tacite et la renonciation expresse. I, 403 et suiv.

La renonciation emporte-t-elle subrogation? I, 405 et suiv.

Cas où la femme vend ou hypothèque les biens de son mari. I, 406 et suiv.

Le mari vend un conquêt; la femme subroge dans son hypothèque sur ce conquêt; puis la communauté se dissout, et la femme l'accepte; *quid?* I, 407.

Les subrogés ont-ils une préférence sur les autres créanciers de la femme? I, 408 et suiv.

Le créancier de la femme ne peut-il toucher le montant de la collocation de sa débitrice qu'après que le mariage est dissous? I, 410.

L'hypothèque judiciaire, pour *dettes personnelles* au mari, frappe-t-elle les biens de la communauté? Pour ces dettes le mari peut-il hypothéquer les conquêts de la communauté? I, 477 et suiv., 549 et suiv.

Si le mari et la femme donnent conjointement un conquêt de communauté ou un propre du mari, la femme est-elle censée avoir renoncé vis-à-vis le donataire à son hypothèque sur le bien? IV, 41 et suiv. à la note.

De l'hypothèque acquise sur les biens dotaux. V. *Dotalité.*

Dans le pouvoir ou la réserve de vendre le fonds dotal, y a-t-il pouvoir d'hypothéquer? V. *Dotalité.*

Si la femme séparée de biens a une hypothèque légale. III, 391. V. *Paraphernaux.*

Si celle mariée en régime dotal a une hypothèque pour ses paraphernaux aliénés. Si elle est exempte d'inscription. V. *Paraphernaux.*

Lorsqu'on hypothèque sa part dans un bien indivis et que le débiteur devient propriétaire du tout, l'hypothèque frappe-t-elle le tout? IV, 479.

# I

## IMPENSES.

En matière de mines et carrières. I, 148, 149.
Combien y a-t-il de sortes d'impenses? Règles qui les concernent. I, 532 et suiv.
En matière de rachat de services fonciers, faut-il distinguer si la plus-value d'augmentation est au-dessous de la somme donnée pour le rachat, ou si elle est moindre? I, 536 et suiv.
*Quid*, si le mari a construit sur le propre de la femme? Peut-elle le forcer à démolir l'édifice? I, 538 et suiv.
*Quid*, si le mari a construit sur son propre? I, 540
Si, durant le mariage, il a été fait des impenses de réparation d'entretien sur un propre et à raison de dégradations déjà existantes à l'époque du mariage, en sera-t-il dû récompense à la communauté? III, 401 et suiv. IV, 512 et suiv.
Est-il nécessaire de distinguer si la femme a consenti ou non aux impenses qui se font sur son propre? III, 404.

IMPOSITION. I, 270.

INALIENABILITÉ.

V. *Dotalité*, *Paraphernaux*, *Conventions exclusives*.

INDEMNITÉS.

Les indemnités accordées à la partie civile sont-elles au compte de la communauté? I, 433.
*Quid*, s'il y a complicité entre les deux époux? La communauté qui a payé a-t-elle droit à une récompense envers chacun des époux? I, 434 et suiv.
*Quid*, quand le mari est civilement responsable? I, 436 et suiv.
Voyez aussi *Récompense*, *Partage*, *Reprise*, *Pot-de-vin*, *sur-tout II, 375 et suiv.*
Si le mari a autorisé la femme à faire un acte et que par suite de son obligation personnelle il ait été exproprié, ou si la communauté l'a été ou a été obligée de payer, y aura-t-il lieu à indemnité en ce qui concerne la perte des jouissances des biens expropriés ou l'intérêt de l'argent délaissé? II, 392.

INTERDICTION. V. *Administration*.

## INTÉRÊTS.

Les intérêts des créances qui sont propres aux époux tombent en communauté. I, 125.

Des intérêts dus par ceux qui ont constitué la dot. I, 571. IV, 54 et suiv.

Intérêt des créances de chacun des époux contre la communauté, et *vice versâ* de la communauté contre les époux. II, 447.

Prescription des intérêts de la dot et des créances des époux contre la communauté. II, 448. IV, 55 et suiv. V. *Dotalité*.

*Quid*, quand la communauté est partagée? L'intérêt des créances de la communauté contre les époux, et des époux contre la communauté, court-il également de plein droit? II, 449.

Intérêt des créances de l'un des époux contre l'autre. II, 500.

Intérêts de la dot à restituer à la veuve. V. *Dotalité*.

## INTERRUPTION DE POURSUITE.

V. *Séparation judiciaire*.

## INVENTAIRE.

Pour que le mari soit à l'abri des poursuites des créanciers d'une succession échue à la femme, il doit faire inventaire. I, 293.

Si ce défaut préjudicie à la femme, *quid?* I, 293.

Il doit faire faire inventaire dans tous les cas où la femme y est intéressée. I, 490.

Le défaut d'inventaire ne donne pas lieu à la continuation de la communauté; mais il fait perdre à l'époux survivant l'usufruit légal. II, 79.

On y peut suppléer par la preuve par commune renommée. II, 80.

Le peut-on par témoins? II, 80 et suiv.

Quand la loi dit que le défaut d'inventaire fait perdre en outre l'usufruit légal, cela ne s'entend-il que du cas où il y a eu communauté entre les père et mère des mineurs? II, 84 et suiv.

Dans quel délai cet inventaire doit-il être fait? II, 91 et suiv.

Quand doit-il être commencé? II, 97, 254. IV, 345 et suiv.

La veuve qui a accepté la communauté peut-elle, *ex post*

Inventaire en matière de communauté réduite aux acquêts. V. *Communauté réduite aux acquêts.*

Inventaire quand il y a séparation de dettes. V. *Séparation de dettes.*

Inventaire en matière de séparation. V. *Séparation judiciaire et Séparation contractuelle.*

Inventaire en matière d'exclusion de communauté. V. *Convention exclusive, et la note à la fin de la table.*

Inventaire en matière de régime dotal. V. *Dotalité.*

La femme qui succède à son mari à défaut d'héritiers du sang ou de légataire est-elle tenue d'accepter sous bénéfice d'inventaire? IV, 62.

J

JUGEMENS.

S'ils obtiennent force de chose jugée contre la femme mariée sous le régime dotal. V. *Dotalité, Appels*

S'ils emportent hypothèque sur le fonds dotal. V. *Dotalité, Hypothèque.*

Est-il laissé à l'arbitraire du juge, si l'exécution d'un jugement par défaut a été connue de la partie défaillante? IV, 508.

L

LAPINS.

S'ils font partie d'un propre. I, 93.

LETTRES DE CHANGE.

*Quid*, si la femme non-autorisée tire une lettre sur son mari et que celui-ci l'accepte? *Vice versâ*, si le mari tire sur sa femme? I, 468.

LÉSION. V. *Acceptation, Dotalité.*

LICITATION.

Lorsqu'un propre est indivis entre l'un des conjoints et des tiers, et qu'étant licité il est adjugé aux époux ou au mari, est-il conquêt de communauté? I, 214 et suiv.

Si la femme a acquis conjointement avec son mari, a-t-elle l'option dont parle l'article 1408 ? I, 217.

L'option dont parle cet article appartient-elle à la femme qui renonce à la communauté ? Quel délai a-t-elle pour faire cette option ? I, 218.

Que veulent dire les mots *ou autrement* qui se trouvent dans l'article 1408 ? I, 219

S'appliquent-ils au cas où l'immeuble aurait été adjugé aux époux ou à l'époux par suite d'une vente par décret ? I, 219.

LICITATION DU FONDS DOTAL. V. *Dotalité.*

LINGE ET HARDES. V. *Dotalité.* II, 560 et suiv.

M

MARCHAND.

Quels actes sont réputés commerciaux ? I, 250.

Comment la femme obtient la permission de faire le négoce ; comment cette permission peut lui être retirée. V. *Autorisation maritale.*

La marchande publique peut faire tous actes relatifs à son négoce, pourvu qu'elle soit autorisée à faire ce négoce. I, 250. V. *Dettes.*

La femme marchande a le droit de vendre et d'hypothéquer. I, 254. IV, 106 et suiv.

Peut-elle seule ester en justice ? I, 261.

MEUBLES.

Leur division. Des corporels. I, 87.

Ceux qui tombent en communauté. I, 88.

Des incorporels. Leur division.

Ils sont mobiliers ou immobiliers, selon qu'ils se rapportent à une chose mobilière ou immobilière. I, 110.

Distinguez si la cause du droit est ou non antérieure au mariage. Exemple d'un héritage vendu avant le mariage. I, 113.

Les rentes sont meubles. I, 113.

Celles acquises sous une loi qui les déclarait immeubles. I, 115, 116.

L'office d'un notaire. I, 116.

Rente viagère. I, 117.

Si un individu d'un pays étranger où les rentes sont

immeubles se marie avec une française, *quid?* III, 2 et suiv.

MAISON. V. *Démolition.*

MENAGE.

En ce qui concerne le ménage, l'intérieur de la maison, la femme a une puissance égale à celle du mari. I, 442.

MINES.

La dernière disposition de l'article 1403 est-elle applicable aux mines et carrières? I, 140.

Loi qui régit les mines. Ce qu'on entend par mines; si elles sont meubles ou immeubles. I, 143.

Raison pour laquelle les produits en tombent dans la communauté.

La communauté dissoute, l'époux propriétaire de la mine l'exploite pour son compte particulier. I, 145. (1)

En matière de régime dotal. IV, 276 et suiv.

MINEUR.

Conventions qu'il peut faire; quelles personnes doivent l'assister. I, 71.

Si la femme mineure qui se soumet au régime dotal peut autoriser son mari à vendre le fonds qu'elle s'est constitué. I, 71.

Peut-elle renoncer par contrat de mariage à son hypothèque légale? I, 72 et suiv. V. *Dotalité.*

MINIÈRES. I, 145. V. *Mines, Carrières.*

MORT CIVILE.

Elle dissout la communauté. Commence-t-elle avec le jour de l'exécution? II, 77, 78.

MOULINS. I, 92.

---

(1) *Ce qui est dit au 1.er vol., pag. 145, est applicable au moins au cas où la concession de la mine a été faite au conjoint propriétaire du fonds. S'il s'agissait d'une carrière ou d'une minière, cela souffrirait encore moins de difficulté.*

MUTATION. V. *Dotalité.*

# N

NICHES. I, 107.

NOTAIRE.

Qui a le droit de choisir le notaire pour procéder à l'inventaire? II, 250, 252 et suiv.

NOUVEAU.

Titre nouveau.

A qui les créanciers de la femme doivent-ils s'adresser pour avoir titre nouveau? I, 229, 266. (1)

---

(1) Le titre nouveau donné par le mari aura bien l'effet d'interrompre la prescription; mais ce titre dispenserait-il bien de la représentation du titre primordial? Il semble qu'une simple reconnaissance de la part du mari ne peut équivaloir au titre récognitif dont parle l'article 1337, et le titre nouvel donné par le mari seul ne semble pas avoir d'autre effet. C'est une simple reconnaissance qui interrompt la prescription; mais dire qu'il dispense de la représentation du titre primordial, c'est aller trop loin, c'est rendre le mari dispensateur de la fortune de sa femme. S'agit-il d'un droit de servitude? le mari aliénerait véritablement le fonds de sa femme, du moins une partie, s'il lui était permis de donner un titre nouvel qui pourrait être imaginaire. S'agit-il d'une rente? ce serait faire contracter une obligation personnelle à la femme; son consentement est donc indispensable. Le titre nouvel appartient nécessairement à la classe des contrats, et pour le consentir il faut être soi-même débiteur et capable. S'il y avait dotalité, le cas serait plus grave. Il faut que le créancier puisse se procurer un titre nouvel, et la femme ne peut contracter d'engagement. De Ferrière, en son Parfait Notaire, 1.er v., p. 534, donne bien au mari le droit de consentir un titre nouvel. Il dit que c'est à lui que le créancier doit s'adresser Denisard, v.º titre nouvel, dit que dans la coutume d'Amiens ce titre nouvel emportait aliénation, en telle sorte que le mineur ne pouvait le consentir valablement, quoiqu'il eût le droit d'administrer ses biens. De Ferrière ne lui attribue pas la même force, il ne le considère que comme la simple reconnaissance d'un droit; car d'après lui, *loco citato,* si l'héritier bénéficiaire fait des protestations, il peut consentir le titre sans compromettre sa qualité.

On ne peut disconvenir que le titre nouvel est la reconnaissance d'un droit préexistant. Il ne dispense de la représentation du titre primordial que lorsque sa substance ou teneur y est spé-

*Quid*, si la veuve consent un titre nouveau à un créancier de la communauté dans les délais pour faire inventaire et délibérer? II, 259 et suiv.

NOVATION. V. *Dettes*, *Dotalité*.

NULLITÉ.

Les parties peuvent-elles par leur silence couvrir la nullité de leur mariage et de leur contrat de mariage? I, 78.

*Quid*, de l'approbation expresse? I, 79.

Pour demander l'exécution du contrat de mariage il faut prouver qu'il existe, si le notaire n'a pas tenu de répertoire. I, 79.

---

cialement relatée. Le notaire établit qu'il a vu cet acte, il en mentionne les clauses substantielles; le mari ne contracte donc pas une obligation, il ne fait donc que reconnaître celle qui existe. C'est un acte que son caractère d'administrateur lui donne le droit de faire.

D'un autre côté, si ce n'est pas une aliénation, comment se fait-il que l'héritier qui le consent sans protestation compromette sa qualité? C'est donc plus qu'un acte d'administration, puisqu'il a le droit d'administrer; or, si cet acte excède les bornes d'une administration, c'est un acte d'aliénation. Quoique l'acte récognitif atteste un acte primitif, il doit toujours émaner d'un individu capable d'aliéner la chose qui en est l'objet. Cet acte a pour effet de remplacer l'ancien et de dispenser de le représenter. Il semble donc qu'il faut la même capacité que pour consentir celui dont il doit tenir lieu. La teneur de celui-ci s'y trouve mentionnée; *mais qui dira que cela s'est fait exactement?* Le notaire, il est vrai, l'atteste; mais l'attestation du notaire ne suffit pas; il faut encore capacité de la part de celui qui le consent; autrement un étranger, un simple *negotiorum gestor* serait apte à le délivrer. Il résulterait également que la femme non-autorisée aurait capacité pour le donner, et cependant la Cour de Paris, Sirey, t. 14, p. 241, a décidé qu'un pareil titre n'avait que l'effet d'interrompre la prescription, qu'il était nul sous d'autres rapports.

Sous le régime dotal, je conseillerai au créancier d'obtenir un jugement de même qu'en cas de minorité; mais le titre donné par le tuteur interrompra toujours la prescription, de même que celui de la veuve administratrice des biens de la communauté.

J'ai cru devoir donner cette explication à ce que j'ai dit pag. 229 et 266 du premier volume et pag. 259 du second.

# P

PAILLE. I, 92.

PARAPHERNAUX. IV, 291 et suiv. V. *Dotalité*.

S'il n'y a que des paraphernaux, comment pourvoit-on aux besoins du ménage? IV, 291 et suiv.

Comment il se fait que la femme n'a que des paraphernaux. IV, 292.

Comment il se fait qu'elle n'a que des biens dotaux. IV, 292.

Si la femme a déclaré tous ses biens présens et à venir biens paraphernaux. IV, 13, 293.

*Dans ce cas, *quid*, si elle a stipulé l'inaliénabilité de quelques-uns de ses biens? Peut-on stipuler cette inaliénabilité sous quelque régime que ce soit, même lorsque la femme doit conserver à elle seule tous les revenus? IV, 293 et suiv.

Si on peut stipuler que la femme administrera tous ses biens, que tous ses biens présens et à venir seront libres, mais que les revenus seront remis au mari, afin que dans les mains de ce dernier ils forment des capitaux pour composer la dot. IV, 297 et suiv.

Capacité de la femme sur ses biens paraphernaux. IV, 299 et suiv., 313 et suiv.

La femme mariée avant le Code peut-elle aliéner ses paraphernaux sans autorisation de son mari, si la coutume qui régissait le contrat de mariage le lui permettait? IV, 301.

Si le mari est garant de l'emploi du prix d'un bien paraphernal vendu par sa femme. IV, 302 et suiv.

S'il est garant, la femme a-t-elle hypothèque sur son mari? Est-elle exempte d'inscription? IV, 304 et suiv.

Les divers cas où le mari a géré les biens paraphernaux de sa femme. IV, 308 et suiv.

Si la femme a donné pouvoir à son mari de vendre ses biens paraphernaux, a-t-il pouvoir de recevoir? IV, 309.

Est-il censé avoir employé le prix selon l'intention de sa femme? Est-il dispensé de lui en rendre compte? Pourrait-elle l'en dispenser? IV, 309 et suiv.

Quels moyens la femme doit-elle employer pour empêcher le mari d'administrer ses paraphernaux? IV, 310 et suiv.

Obligation du mari qui administre les biens paraphernaux. IV, 311 et suiv.

Le partage peut-il tenir lieu d'inventaire? II, 538 et suiv.

PARTS INÉGALES DANS LA COMMUNAUTÉ. III, 278 et suiv.

L'article 1520 n'est que démonstratif; on peut faire un contrat de mariage où il serait dit que la femme survivante aurait les trois quarts de la communauté s'il n'y avait pas d'enfans, et seulement le quart s'il y en avait. III, 279.

Effets de cette clause. *Quid*, si elle meurt la première? Ses enfans pourront-ils invoquer la clause et demander les trois quarts? III, 279.

L'on n'a pas dit: *La femme survivante*; on a dit simplement: *La femme aura droit aux trois quarts de la communauté*, sans étendre la clause aux enfans ou héritiers de la femme; est-elle censée avoir stipulé tant pour eux que pour elle? III, 279 *in fine* et suiv.

Quand il y a au profit de l'un des époux une stipulation qui lui donne une plus forte portion qu'à l'autre, cette convention renferme-t-elle une libéralité sujette à réduction? III, 283 et suiv.

S'il y a des enfans d'un premier lit et qu'ils fassent réduire, rapporteront-ils aux enfans du mariage actuel? III, 283 et suiv.

*Quid*, si le contrat est aléatoire; par exemple, si la femme stipule qu'elle aura droit à un quart si elle n'a pas d'enfans du présent mariage, et aux trois quarts si elle en a? La chance que court la femme empêchera-t-elle les enfans du précédent mariage de demander la réduction? III, 285.

Dans la même hypothèse, si le cas favorable à l'époux qui a des enfans d'un premier lit arrive, les héritiers de l'autre époux pourront-ils s'opposer à l'exécution de la clause, sous le prétexte qu'il n'y a pas réciprocité? III, 285 *in fine* et suiv.

Ce qu'on doit examiner pour savoir s'il y a lieu à réduction. III, 287.

Lorsqu'on stipule que l'un des époux aura plus ou moins que sa moitié, on ne peut stipuler qu'il supportera dans les dettes une part différente. III, 287 *in fine* et suiv.

Clause à forfait. III, 289 et suiv.

Ce qu'on entend par cette clause. III, 289 et suiv.

Cette clause oblige l'autre époux ou ses héritiers à payer la somme convenue, soit que la communauté soit bonne ou mauvaise. III, 289 et suiv.

La clause peut comprendre seulement le conjoint, ou seulement ses héritiers, ou le conjoint et ses héritiers. III, 290.

Si elle comprend le conjoint, s'étend-elle de plein droit à ses héritiers? III, 290.

Si elle ne comprend que les héritiers, sans parler de leur auteur, s'étend-elle à celui-ci? III, 290.

Si c'est le mari qui, moyennant une somme, a droit de retenir toute la communauté, quand la communauté n'aurait rien, la clause devra la même chose être exécutée. III, 291 et suiv.

Modification de ce principe résultant de la convention. III, 292.

Dans la même supposition doit-il payer toutes les dettes? III, 293.

La femme a-t-elle une hypothèque légale pour la somme stipulée? III, 294.

*Quid*, s'il est dit: En cas de prédécès de la femme, ses héritiers collatéraux auront la liberté de demander au survivant une somme, avec défense à ses héritiers d'intenter une action en partage contre le mari? Y a-t-il forfait de communauté? III, 295.

*Quid*, quand c'est le mari qui n'a pour tout droit de communauté qu'une somme de....? III, 295 et suiv.

La femme qui retient toute la communauté en payant la somme, peut-elle, pour se dispenser de la payer, renoncer à la communauté? III, 296.

Alors les héritiers du mari sont-ils tenus des dettes de la communauté? III, 297.

Quand la femme ou ses héritiers usent du droit de retenir toute la communauté en payant la somme stipulée, sont-ils tenus des dettes même au-delà de leur émolument? III, 297 *in fine*.

Le mari à qui il revient une somme de..., pour tout droit de communauté, a-t-il une hypothèque sur les biens de sa femme? III, 298 *in fine*.

Peut-il pour cette somme venir par contribution avec les créanciers de la communauté? III, 299.

La convention de l'article 1525 est un gain de survie dont l'exécution ne peut avoir lieu qu'en cas de mort naturelle ou civile de l'un des conjoints. Conséquence. III, 300.

Le mari est-il tenu de donner caution dans le cas de l'article 1525? III, 301.

Si l'on peut stipuler que toute la communauté appartiendra à tel ou tel des époux, ou s'il faut stipuler qu'elle appartiendra au survivant seulement. III, 301 *in fine* et suiv.

Si l'on a dit simplement que la communauté appartiendra au mari ou à la femme, cela est-il censé sous la condition que cet époux survivra? III, 301 *in fine* et suiv.

La clause peut-elle être étendue aux héritiers *seulement* du premier mourant, ou des héritiers de l'un ou de l'autre? III, 302 *in fine*.

Si l'un des époux retient toute la communauté, l'autre doit faire la reprise de ses apports. Etendue de ce droit. III, 303 et suiv.

Cependant, s'il y avait clause de réalisation des meubles existans lors du mariage, ceux qui adviendraient par la suite appartiendraient-ils de droit à la communauté? La reprise ne s'étendrait-elle pas jusqu'à eux? III, 303 et suiv.

Peut-on stipuler que toute la communauté appartiendra à l'un des époux, sans que l'autre ait droit de faire aucun prélèvement? III, 306.

Peut-on néanmoins la restreindre aux choses que cet époux possédait lors du mariage? Enfant d'un premier lit. III, 306.

Explication de ces mots: *Cette stipulation n'est point réputée un avantage, sujette aux règles relatives aux donations, soit quant au fond, quant à la forme, etc., etc.* III, 307 et suiv.

Cette règle s'applique-t-elle au cas où l'époux stipule la reprise d'une certaine somme? III, 308 et suiv.

*Quid*, s'il est dit au contrat de mariage que le survivant aura la propriété des effets mobiliers délaissés par le prédécédé? Est-ce là un avantage sujet à réduction? III, 311.

La loi permet au conjoint qui n'a pas droit à la communauté de retirer ses capitaux; mais *quid*, si la communauté n'a rien? III, 312.

Si l'on a stipulé que le survivant aurait la totalité en usufruit des biens de la communauté, par qui les dettes devront-elles être payées? III, 313 et suiv.

Dans ce cas est-il bien permis aux héritiers du prémourant de retirer ses rapports et capitaux? III, 314.

Espèce d'un arrêt. III, 314.

L'inventaire est-il nécessaire dans le cas où les époux ont fait la clause dont parle l'article 1525? III, 314.

La femme a-t-elle une hypothèque légale? III, 323.

Quand un époux a stipulé qu'il aurait une somme pour

tout droit de communauté, peut-il réclamer les linges et hardes à son usage? III, 315.

*Quid*, si l'un des époux a fait un ouvrage d'esprit? III, 315.

PASSIF DE LA COMMUNAUTÉ. V. *Dettes*. I, 221. II, 509 et suiv.

PÉAGE.

Le droit de péage est-il immoblier? I, 125.

PÊCHE D'UN ÉTANG. I, 94.

*Quid*, si la pêche n'a pas été faite durant la communauté? I, 141.

PENSION. V. *Rentes*, *Alimens*.

PERTE DE LA CHOSE. V. *Faute*.

PÉPINIÈRE. I, 89.

PLANTATIONS.

Donnent-elles lieu à une indemnité? I, 90 et suiv.

PIGEONS. I, 93.

POISSONS.

S'ils font partie d'un propre. I, 93.

POT-DE-VIN. V. *Bail*. II, 376, 414 et suiv.

POUVOIR que le mari peut donner par contrat de mariage. I, 11 et suiv.

Pouvoir de vendre emporte-t-il celui de recevoir? V. *Paraphernaux*.

PRÉCIPUT CONVENTIONNEL. III, 256 et suiv.

Ce qu'on entend par préciput, quand il a lieu. Préciput légal abrogé. III, 256.

Peut-il être stipulé au profit des héritiers du prémourant des époux? III, 257.

Peut-il être stipulé au profit d'*un seul* des héritiers du

prémourant ? Effets de cette stipulation. III, 258 et suiv.

Pour que la femme exerce le préciput, il faut qu'elle accepte la communauté, à moins que le contrat de mariage ne lui donne ce droit même en renonçant. Effets de cette dernière clause. Si elle vient à accepter la communauté, sera-t-elle créancière de la succession de son mari de ce qui se trouvera manquer dans la communauté pour la remplir de son préciput ? III, 260 et suiv.

Comment l'époux prélève-t-il son préciput ? Est-il, quant à ce préciput, tenu des dettes ? Droit des créanciers de la communauté sur le préciput. Les reprises des époux passent-elles avant le préciput ? III, 262 et suiv.

L'époux ne prend le préciput que pour moitié sur la part du prédécédé, sauf convention contraire. III, 263 et suiv.

Dans le silence des parties, et si elles ont dit que le préciput appartiendrait à l'un d'eux seulement, ne sera-t-il dû qu'en cas de survie ? III, 264.

Choses en quoi on stipule le préciput. Etendue et limite de ce droit. III, 264 et suiv.

Le préciput n'est point un avantage sujet aux formalités des donations. Conséquence de ce principe. III, 267.

*Quid* cependant, s'il est stipulé en cas de renonciation à la communauté ? III, 267 et suiv.

La femme a-t-elle hypothèque légale quant au préciput ? Distinction. III, 268.

Ce qui donne ouverture au préciput. III, 269 et suiv.

*Quid*, si les époux périssent dans le même évenement ? III, 269 et suiv.

*Quid*, quand la dissolution de la communauté arrive du vivant des époux ? Celui contre lequel la séparation de corps a été obtenue, conserve-t-il ses droits au préciput en cas de survie ? III, 271 et suiv. V. *Séparation de corps.*

Comment interpréter ces mots de l'article 1518 : *Si c'est la femme qui a obtenu la séparation, la somme ou la chose qui constitue le préciput reste provisoirement au mari, à la charge de donner caution ?* III, 272 et suiv.

Si la femme a stipulé le préciput, même en cas de renonciation, et qu'elle renonce en effet, elle a droit à tout le préciput. III, 274.

Si l'on a stipulé le préciput en cas *de dissolution de la communauté*, doit-il être délivré dès le moment de la dissolution arrivée par séparation ? III, 274.

*Quid*, si le mari ne trouve pas de caution ? III, 274.

Si la femme a stipulé le préciput, même en cas de renonciation, et qu'il consiste à reprendre telle ou telle

germe du droit de propriété existe avant le mariage. Plusieurs espèces. I, 159 et suiv.

Avant son mariage l'un des époux a vendu un héritage; il se marie, et il intente l'action en rescision pour cause de lésion; le supplément du juste prix que lui donnera l'acquéreur tombera-t-il en communauté? L'action du vendeur est-elle mobilière ou immobilière? I, 161; II, 403, 404.

Exception à la règle que tous les biens appartenans aux époux au moment de la célébration du mariage sont des propres. I, 168.

*Quid*, si c'est une acquisition qui est faite dans l'intervalle du contrat à la célébration? I, 170 et suiv.

Les immeubles abandonnés ou cédés au conjoint par père, mère, ou autres ascendans, pour le remplir de ce qu'il lui doit, ou pour payer ses dettes, restent propres. I, 189.

Si l'immeuble ainsi abandonné ne tombe pas de plein droit dans la communauté, peut-il y tomber par suite de la volonté des parties? I, 191.

Quand l'un des conjoints doit à la communauté, peut-il durant le mariage se liquider en abandonnant des propres? I, 192 et suiv.

Si c'est la communauté qui doit à l'un des conjoints, la dation dont il s'agit est-elle permise? I, 195.

Un ascendant vend un héritage moyennant une rente viagère, ou avec réserve d'usufruit; l'héritage est-il propre ou conquêt? I, 197 et suiv.

Dans quel état les propres sont-ils censés être au moment du mariage? II, 408 et suiv.

PUISSANCE.

*Quid*, lorsque le mari a pu empêcher la femme de commettre un délit ou une faute? II, 437 et suiv., 458.

Puissance maternelle. II, 459.

Q

QUASI-DÉLITS. I, 447.

QUITTANCE.

*Quid*, si le mari a donné quittance ou fait remise de la dot? I, 66 et suiv.

## R.

Sur quoi s'impute la somme promise à la communauté? III, 48.

Les deux conjoints peuvent réaliser. III, 49.

Y a-t-il réalisation ou convention d'apport, si je promets à mon héritier une certaine somme par contrat de mariage pour lui acquérir un héritage? III, 49.

*Quid*, si les époux ont dit qu'ils seraient communs en tous les biens meubles et immeubles qu'ils acquerraient, ou s'ils ont dit qu'ils seraient communs en tous les biens qu'ils acquerraient? Y aura-t-il clause de réalisation? III, 50 et suiv.

On peut réaliser son mobilier présent ou futur. La clause est de droit étroit. Conséquence de cette règle. Plusieurs exemples. III, 51 et suiv.

*Quid*, si, après la clause par laquelle on dit qu'on exclut de la communauté tout le mobilier qui adviendra par succession, donation ou legs, on a ajouté les mots ou autrement? III, 61 et suiv.

La clause de réalisation ne comprend pas les fruits des propres. Mais que doit-on entendre par ces fruits? *Quid*, des bénéfices provenant d'une société ou entreprise? III, 65 et suiv. Voyez aussi *Apport, et sur-tout III, pag. 250 et suiv.*

*Quid*, si dans l'intervalle du contrat à la célébration le conjoint acquiert un héritage? III, 80 et suiv.

Le mari peut-il disposer des créances et rentes réalisées par sa femme? III, 87 et suiv.

Effets de la clause de réalisation. III, 101 et suiv.

Différence entre les propres réels et les propres fictifs. La communauté devient propriétaire de ceux-ci; l'époux qui a réalisé est seulement créancier de leur montant. III, 101 et suiv., 109 et suiv.

La femme a-t-elle un privilége sur les objets réalisés? I, 203 et suiv. III, 102 et suiv.

*Quid*, si la femme n'avait point fait d'inventaire? Pourrait-elle prouver par témoins et commune renommée la consistance de son mobilier? III, 72, 106.

Lorsque la femme est autorisée à faire la preuve par témoins et commune renommée, ne peut-elle la faire qu'après la dissolution de la communauté? Ne peut-elle la faire durant le mariage? III, 108.

Quand il y a clause de réalisation, le mari est-il débiteur *in specie* envers les créanciers de la femme du mobilier de celle-ci, ou doit-il en payer le montant? V. *Séparation de dettes.*

Lorsque la femme a exclu la dot qui lui a été constituée par un tiers, l'article 1569 devient-il applicable? V. *Dotalité.*

RECEL. V. *Divertissement.*

*Quid*, si le recéleur recèle sans profit pour lui? II, 486.

RÉCOMPENSE. V. *Indemnité.*

Quelle est la récompense qui est due lorsqu'un propre a été vendu? I, 525 et suiv.

Différens exemples où il y a lieu à récompense. I, 526 et suiv.

Récompense qui est due à l'égard d'un procès qu'on a soutenu pour conserver un propre. I, 527.

Cas où une dette de l'un des époux est acquittée. Quelle récompense est due? Distinguer si la dette est échue. Distinguer entre le mari et la femme. I, 530 et suiv.

Récompenses en matière d'impenses. V. *Impenses.*

Un conjoint possède un propre qu'il avait acquis avant de se marier, moyennant une rente viagère qui a été servie des deniers de la communauté; doit-il, à la dissolution de celle-ci, une récompense? I, 234 et 541 et suiv.

Récompense est due de ce qui a été tiré de la communauté pour doter les enfans d'un premier lit. V. *Donation, Partage.*

*Quid*, si c'est un enfant commun? V. *Dot, Donation.*

Plusieurs cas où il y a lieu à récompense. II, 375 et suiv. I, 526 et suiv.

*Quid*, si l'un des conjoints vend une rente viagère qui lui est propre? Quelle est la reprise qu'il aura le droit de faire? II, 380 et suiv. III, 412 et suiv

Si un propre est donné, quelle récompense peut être due, soit au donateur, soit à la communauté? Divers cas. II, 385 et suiv.

Un époux est forcé de délaisser un héritage; il reçoit une somme pour les améliorations qu'il y a faites; cette somme est-elle propre à cet époux? II, 598 et suiv.

RÉGIME.

Combien il en existe. I, 22.

Arrêt qui statue sur un contrat où l'on ne savait sous quel régime les époux étaient mariés. I, 23.

Quel régime a la prépondérance. I, 25.

**RÉMÉRÉ.**

Si un réméré est exercé durant la communauté, *quid?* II, 395.

**REMPLOI.** I, 511 et suiv.

Ce qu'on entend par remploi. Il n'a pas lieu seulement quand on a vendu un propre. I, 512 et suiv.

Remploi concernant la femme. I, 514 et suiv.

En régime dotal la femme doit-elle l'accepter? I, 515. V. *Dotalité*.

Quand le remploi doit-il être accepté en matière de communauté? I, 518.

Quand le remploi a lieu après le contrat, faut-il établir l'origine des deniers? I, 518.

Si le mari n'a pas déclaré dans l'acte d'acquisition qu'elle est faite pour tenir lieu de remploi, mais que lors du paiement il déclare que les deniers sont à sa femme, celle-ci a-t-elle au moins un privilége sur le bien acquis? I, 519 et suiv.

La femme aura-t-elle ce privilége si elle vend un de ses propres pour acquitter le prix que son mari doit d'un bien qui lui appartient privativement? Dans la même supposition, le mari, créancier de sa femme, aurait-il ce privilége? II, 495 et suiv.

Peut-on affecter un bien en remploi avant l'aliénation d'un propre? I, 521.

*Quid*, si l'un des époux vendant un propre, il est convenu que le premier bien qu'on acquerra tiendra lieu de remploi? I, 522.

Il n'y a pas que les immeubles qui puissent être l'objet d'un remploi. I, 523.

Le mari peut-il disposer des droits incorporels acquis en remploi pour sa femme? I, 524.

Remploi concernant la femme séparée. V. *Séparation judiciaire*.

Si le contrat de mariage porte qu'emploi sera fait, la femme doit-elle l'accepter? IV, 87.

Un bien est reconnu impartageable. L'une des cohéritières prend tout le bien, moyennant une somme pour la

RENONCIATION.



RENTES.



RENTES SUR L'ÉTAT.

On peut les immobiliser. I, 124.
Les rentes passives tombent toutes en communauté, même les pensions alimentaires. I, 233.
Si une rente propre à l'un des époux est rachetée durant la communauté, devient-elle un acquêt? I, 528. III, 419.
Si l'un des époux possède une rente viagère ou un droit d'usufruit qu'il se réserve propre, et que ce droit soit vendu durant la communauté, comment devra-t-il être pourvu à l'indemnité du propriétaire? II, 380 et suiv. III, 412 et suiv.

RENTES DOTALES. V. *Dotalité*.

RÉPARATIONS.

Celles auxquelles le mari est tenu. I, 268 et suiv., 488 et suiv.
Est-il nécessaire qu'un état constatant les biens des époux lors du mariage, soit dressé entre les futurs? II, 408 et suiv.

RÉPARATIONS EN MATIÈRE D'USINES.

Sont-elles au compte de la communauté? II, 408 et suiv.
Faut-il distinguer si la femme a consenti aux réparations? III, 238 et suiv., 404 et suiv.
S'il est fait des réparations d'entretien sur les propres de l'un des époux à raison de dégradations existantes à l'époque du mariage, sera-t-il dû récompense à la communauté? III, 401. V. *Impenses*. IV, 511 et suiv.

RÉPARATIONS EN MATIÈRE DE DOTALITÉ. V. *Dotalité*.

*Quid*, si la femme s'est constitué un usufruit en dot à raison duquel elle était débitrice de réparations d'entretien? V. *Dotalité*
*Quid*, si dans la même hypothèse c'est son propre fonds qu'elle s'est constitué?
*Quid*, si dans la même hypothèse il y a communauté entre les époux? III, 407. IV, 511 et suiv.

REPRISES.

V. *Récompense*, *Partage*, *Rentes viagères*, *Usufruit*, *Vente*, *Échange*, *Dation*.

Quels sont les biens qui sont prélevés sur la communauté? II, 375 et suiv.

Les reprises de la femme s'exercent avant celles du mari. II, 435.

Comment s'exercent-elles? II, 435 et suiv.

La femme exerce ses reprises même sur les biens du mari. II, 446.

Le mari n'a pas ce droit. Cependant, s'il eût chargé sa femme de toucher une somme à lui appartenant et qu'elle l'eût dissipée, *quid juris?* II, 446.

*Quid*, si les époux n'avaient pas exercé leurs reprises avant de partager la communauté? II, 449 et suiv.

Reprises relatives aux créances de l'un des époux envers l'autre. II, 493 et suiv.

REQUÊTE CIVILE.

A l'égard des jugemens arbitraux rendus contre la femme mariée sous le régime dotal. V. *Arbitrage*.

RESTITUTION DE LA DOT.

V. *Dotalité*, *Intérêt*, *Quittance*, *Habitation*, *Deuil*, *Dot*, *Réalisation*, *Exclusion de communauté*, *Fruits*.

RETENTION.

Du droit de retention connu dans le parlement de Bordeaux. III, 45 et suiv.

RETOUR DE PARTAGE.

S'il tombe en communauté. I, 113.

Si l'un des époux ayant échangé son propre pour un autre il a donné une soulte, la valeur de l'immeuble reçu en contr'échange forme-t-elle un conquêt? I, 212.

Mais *quid*, si l'héritage reçu en contr'échange était de beaucoup au-dessus de la valeur de celui donné en échange? I, 213.

Si une soulte ou retour due par l'un des conjoints est acquittée par la communauté, récompense est due à celle-ci. II, 404.

Mais il faut que les deniers aient été tirés de la communauté; si le retour s'opérait en prenant moins dans les meubles, *quid?* II, 405.

RETOUR LEGAL.

Des ascendans donnent conjointement un bien de la communauté; le donataire meurt sans enfans; il y a lieu au retour: que deviendront les biens donnés? Seront-ils propres à chacun des donateurs, ou reprendront-ils leur qualité de conquêts qu'il avaient avant la donation? I, 162.

*Quid*, si le mari a donné seul un conquêt à son descendant? I, 164 et suiv.

Si ce qui est dit en matière de retour légal convient au retour conventionnel. I, 167.

Comment s'exerce le retour légal, sur-tout lorsque les biens donnés ont été aliénés? Plusieurs hypothèses. II, 437 et suiv.

RETRAIT SUCCESSORAL. V. *Retour légal.*

Si l'un des époux vend sa part dans la communauté à un tiers, y a-t-il lieu au retrait? II, 480 et suiv.

RÉTROACTIVITÉ.

V. *Coutume*, *Partage*, *Adjudication*, *Dotalité*.

S

SEL.

Sel trouvé dans un étang, s'il appartient à la communauté? I, 152.

Mine de sel. I, 153.

SEMENCES JETÉES DANS LA TERRE. I, 89.

SEPARATION DE BIENS JUDICIAIRE.

Elle dissout la communauté.

Par quels motifs la femme peut-elle l'obtenir? II, 97 et suiv.

Elle peut la demander, quoique tout ce qu'elle a apporté soit tombé en communauté. II, 99.

*Quid*, si elle avait une ressource dans son hypothèque légale? II, 100.

Si elle n'avait rien apporté, et qu'elle n'eût ni art ni profession, pourrait-elle demander la séparation? II, 101.

Elle peut être prononcée contre le mari qui se met hors d'état de pourvoir actuellement aux besoins de sa femme et de ses enfans, encore que des espérances d'une fortune considérable semblent garantir la dot de tout péril. II, 102.

Comment s'intente l'action en séparation.

La femme doit être autorisée. II, 103 et suiv.

La femme qui a succombé en première instance a-t-elle besoin d'une nouvelle autorisation pour appeler? II, 105.

*Quid*, si la femme est mineure? II, 106.

La demande en séparation doit être inscrite et rendue publique. II, 107 et suiv.

Si la publicité voulue par les articles 867 et 868 du Code de procédure est applicable à la séparation de corps. II, 109.

Comment se constate la publicité. II, 109.

Si la publicité exigée par le Code de commerce, quant aux séparations de biens, s'applique aux séparations judiciaires. II, 110.

Il ne peut être prononcé sur la demande en séparation aucun jugement qu'un mois après l'observation de ces formalités. II, 110.

Néanmoins la femme peut faire des actes conservatoires. II, 110.

Qu'entend-on par actes conservatoires? II, 111.

Les créanciers du mari peuvent intervenir. II, 112 et suiv.

Dans quel délai le jugement de séparation doit être exécuté. Comment se fait cette exécution. Suite du défaut d'exécution. II, 113 et suiv.

Si le mari fait défaut, la vente des meubles et la distribution du prix qui suivent le recolement d'une saisie sont-elles une exécution dans le sens de la loi? IV, 508.

Y a-t-il contradiction entre l'article 174 du Code de procédure et l'article 1444 du Code civil? II, 117.

*Quid*, s'il y a interruption de poursuites? II, 119.

La femme séparée peut-elle accepter la communauté? II, 147.

Comment sont supportées les charges du ménage, quand il y a séparation de biens? II, 148 et suiv.

Le mari peut-il exiger que la femme lui remette de mois en mois la somme fixée pour sa part dans les charges du mariage? II, 149 et 150. IV, 435.

La femme peut-elle elle-même faire usage de sa portion contributoire? II, 150.

Le mari peut-il exiger une caution de sa femme? II, 151.

*Quid*, en ce qui concerne l'éducation des enfans? V. *Éducation*.

La femme séparée administre ses biens. Sa capacité. II, 153 et suiv.

*Quid*, des obligations souscrites par elle sans autorisation? II, 153 et suiv. V. aussi *Séparation contractuelle*.

Peut-elle faire un partage mobilier? II, 154.

Les époux séparés judiciairement peuvent-ils stipuler une société? Comment cette société est régie. II, 155.

Si la femme séparée vend un bien, le mari est-il garant de remploi? II, 156 et suiv.

Les époux peuvent rétablir leur communauté. Sous quelles conditions? II, 169 et suiv.

La femme séparée de biens peut-elle renoncer à la communauté, quoiqu'elle n'ait pas fait inventaire? II, 311 et suiv., 325, 337.

Est-elle tenue de faire inventaire vis-à-vis son mari? II, 338 et suiv.

La femme séparée est-elle obligée d'intenter l'action en nullité des actes qu'elle a faits avant sa séparation, sans être autorisée dans les dix ans qui suivent la séparation? I, 245.

SÉPARATION CONTRACTUELLE.

Ce que c'est que ce contrat. Sa différence avec l'exclusion de communauté. Ses effets. III, 359 et suiv.

Capacité de la femme. Si elle peut s'engager par voie d'emprunt et autrement. III, 361 et suiv., 372 et suiv. Voyez aussi *Séparation judiciaire*.

Comment elle doit contribuer aux frais du ménage. II, 148 et suiv.

Peut-elle en être dispensée par le contrat de mariage? III, 361 et suiv. V. *Education*.

Qui sera chargé de faire les dépenses. Abus que le mari

peut faire des sommes qui lui seront données à cet effet. *Quid*, s'il ne dépense pas tous les deniers que la femme lui a remis pour l'entretien de la maison ? III, 362 et suiv.

Education des enfans. III, 362 et suiv. V. *Education*.

*Quid*, si par leur contrat les époux se sont obligés de supporter par égales portions les charges du mariage, et qu'ils ne soient pas ensuite d'accord sur les dépenses à faire ? III, 364.

La femme peut faire des acquisitions. Précaution. III, 365.

Mais elle ne peut aliéner ni acquérir sans le consentement de son mari. III, 366, 387.

S'il y a exception pour son mobilier : peut-elle l'aliéner ? III, 366 et suiv.

Comment justifier que la femme est propriétaire du mobilier qu'elle vend. Comment elle en fait la reprise. S'il faut un inventaire. III, 369 et suiv., 389 et suiv. IV *in fine*.

Des choses qui se consomment par le premier usage. III, 390 et suiv.

La femme est toujours censée nantie de son mobilier, quoique le mari ait reconnu dans le contrat de mariage les avoir en sa possession. Elle ne peut les répéter contre la succession de son mari. III, 371.

Si le mari est garant de l'emploi. III, 387. V. *Séparation judiciaire*.

Cas où le mari touche les revenus de sa femme. Ses obligations. III, 387 et suiv.

Les époux séparés contractuellement peuvent-ils stipuler une société d'acquêt ? Renvoi. III, 391.

La femme séparée a-t-elle une hypothèque légale sur les biens de son mari ? III, 391 et suiv. Renvoi.

L'article 1465 est-il applicable à la femme séparée ? A-t-elle droit au deuil ? III, 392.

La femme séparée peut-elle surenchérir dans la vente d'un bien de son mari, sans le consentement de celui-ci ? III, 393 et suiv.

Où est le domicile de la femme séparée ? III, 394.

Lorsqu'un jugement porte condamnation contre des époux séparés, la signification faite au mari fait-elle courir les délais contre la femme ? III, 394 à la note.

Nécessité d'établir leur qualité d'époux séparés, lorsqu'ils s'engagent conjointement et solidairement ; car s'ils vendent le surenchérisseur n'est pas tenu de signifier à chacun d'eux copie de l'acte de surenchère. III, 394 à la note.

SÉPARATION DE CORPS. II, 173.

*Quid*, si la femme séparée de corps meurt dans le délai des trois mois? II, 340.

Lorsque le mari succombe dans l'action en séparation, les dépens obtenus contre lui ne peuvent-ils être répétés contre lui que par forme de prélèvement dans le partage de la communauté? II, 430 et suiv.

Où est le domicile de la femme séparée de corps? III, 394 à la note.

De la femme séparée sous le régime dotal. V. *Dotalité*.

SÉPARATION DES PATRIMOINES.

Si les héritiers de la femme prédécédée acceptent la communauté, les créanciers de la communauté pourront-ils demander que les biens de la communauté soient séparés, non-seulement des biens personnels des héritiers, mais encore des biens de la succession de sa femme? II, 460 et suiv.

Les créanciers de la succession peuvent-ils la demander contre les créanciers de la communauté? II, 462 et suiv.

Si la femme a survécu au mari, les créanciers de la communauté peuvent-ils demander que les biens de la communauté soient séparés de ceux qui lui sont propres? II, 467 et suiv.

Les créanciers de la communauté pourront-ils la demander contre les créanciers personnels du mari? II, 476.

SÉPARATION DE DETTES.

Ce qu'on entend par cette clause? Comment-on la distingue? III, 157. V. *Convention d'apport*.

Différentes clauses d'où résulte la séparation de dettes. III, 158 *in fine*.

Quelles dettes sont comprises dans la convention de séparation de dettes? III, 159 et suiv., 164.

La clause empêche-t-elle que le mobilier et les créances de chaque conjoint tombent dans la communauté? Cas où l'un des époux est créancier de l'autre. III, 159 et suiv.

Pour que la dette soit exclue de la communauté, faut-il qu'elle soit devenue exigible avant le mariage? III, 161.

*Quid*, si l'un des époux a été condamné à des frais ou à quelque indemnité durant le mariage, et que la cause de la condamnation fût antérieure au mariage? III, 161 et suiv.

*Quid*, du cas où le mari aurait été chargé d'un compte de tutelle ou de toute autre administration qui aurait continué durant le mariage? III, 163.

*Quid*, pour les intérêts des dettes dues par chaque conjoint? Quels sont ceux qui sont au compte de la communauté? III, 163.

Effet de la séparation de dettes. III, 165 et suiv.

Vis-à-vis des tiers il faut un inventaire. Distinction entre les créanciers du mari et ceux de la femme. Ceux du mari, quand il y a inventaire, ne peuvent-ils agir que sur les seuls biens qui lui appartiennent? III, 166 et suiv.

L'inventaire doit-il être authentique? Un état suffit-il? Faut-il que les effets soient estimés? III, 171 et suiv.

Ce que le mari peut et doit faire quand les créanciers de la femme agissent. III, 172 et suiv.

L'inventaire doit-il précéder le mariage? III, 173.

Le mari est-il débiteur *in specie* envers les créanciers de la femme du mobilier de celle-ci, ou leur en doit-il le montant? III, 173 et suiv.

S'il est échu des successions mobilières à la femme, et qu'elles ne soient point réalisées, contre qui les créanciers de ces successions pourront-ils agir? III, 175 *in fine*.

Le mari est-il tenu de rendre les fruits qu'il a perçus avant la demande des créanciers? III, 176.

Peut-il empêcher la saisie de la jouissance des biens de sa femme? IV, 90 et suiv., 359 et suiv.

*Quid*, des créanciers dont les titres n'ont pas de date certaine? III, 176 et suiv.

Cas où une veuve débitrice d'un compte de tutelle envers ses enfans d'un précédent mariage en contracte un second avec séparation de dettes. Y a-t-il des formalités particulières en ce qui concerne l'inventaire? III, 177 et suiv.

Quelle action les enfans ont-ils contre le second mari de leur mère? Explication des articles 395 et 396. III, 177 et suiv.

Si la veuve a fait procéder à l'inventaire prescrit par l'article 1442, doit-elle, en se remariant, appeler un tuteur *ad hoc* pour procéder à celui dont parle l'article 1510? III, 182 *in fine* et suiv.

Faut-il, pour que les créanciers de la femme n'aient droit que sur le mobilier de la femme, que celui du mari soit également inventorié? III, 184 et suiv.

Les époux font bien de faire un état des dettes de chacun. III, 186.

N'est-ce que pendant la durée de la communauté que les créanciers de la femme peuvent poursuivre le mari faute de représenter un inventaire? III, 186 *in fine*.

Cas où l'un des époux qui a des dettes s'est réservé de

vendre un propre pour les payer. S'il n'a pas vendu et que les dettes aient été payées, la communauté sera-t-elle suffisamment indemnisée? III, 187.

L'époux au préjudice duquel les dettes de l'autre ont été acquittées, peut-il exercer la reprise du montant total de ces dettes avec intérêt à compter du jour de la dissolution de la communauté? Ou bien l'époux qui prend des sommes sur la communauté pour acquitter ses propres dettes, est-il réputé ne faire qu'un prélèvement anticipé à valoir sur sa part des bénéfices? III, 188 et suiv.

## SOCIÉTÉ D'ACQUÊT.

Le mari peut-il doter seul un enfant commun en effets dépendans de la société d'acquêt? IV, 48.

Comment sont réglés les effets de la société d'acquêt? IV, 319 et suiv.

Différence entre la société d'acquêt et la communauté d'acquêt. IV, 320 et suiv.

Les époux doivent faire inventaire de leur mobilier exclus de la société. IV, 322.

Peut-on stipuler que les acquêts de la société appartiendront au survivant des époux, ou qu'ils seront réservés aux enfans provenus de leur mariage? Effet d'une pareille clause IV, 322 et suiv., 492 et suiv.

*Quid*, si un héritage est donné aux deux époux pendant le mariage? IV, 340.

Si l'article 1402 est applicable à la société d'acquêt?

L'article 1422 est applicable à cette société.

Si le mari fait une disposition testamentaire, elle ne s'exécutera que sur sa part dans les acquêts.

*Quid*, s'il vend, donne ou lègue un bien de la société?

Conciliation des articles 1423, 1021, 1476, 883. IV, 340 et suiv., 497 et suiv.

Le survivant est-il tenu de faire inventaire pour ne pas perdre son usufruit légal? Quand doit-il être commencé? IV, 345 et suiv.

On peut stipuler que la femme aura droit de toucher sur ses quittances une somme des fermiers; mais, si la société n'est composée que des seuls acquêts qui se feront, *quid?*

Si le contrat de mariage ne donne pas ce droit à la femme, un donateur peut-il le lui donner pendant le mariage? Peut-il lui donner celui d'administrer le bien dont il gratifie la société, lors même que le contrat de mariage rendrait dotaux les biens présens et futurs? IV, 352 et suiv.

Si la femme a apporté un objet dans la société, le mari peut empêcher les créanciers de la femme d'en saisir soit le fonds, soit la jouissance. IV, 367.
Les reprises dotales et extradotales de la femme s'exercent-elles sur les biens de la société? IV, 493 et suiv.
Si la femme n'a que des paraphernaux, pourra-t-elle invoquer l'article 1465? IV, 494.
Peut-elle dans ce cas demander le droit d'habitation qu'accorde l'article 1570? IV, 494.
Est-ce la société qui profitera des fruits que l'article 1571 accorde au mari? IV, 496 et suiv.

SOCIÉTÉ DE COMMERCE stipulée par contrat de mariage. V. *Conventions*.

SOLIDARITÉ. V. *Garantie*, *Dettes*, *Hypothèques*.

SOULTE. V. *Retour*.

STATUES. I, 107.

SUBROGATION.

Subrogation d'un héritage à un autre, subrogation d'un héritage à des choses mobilières. I, 200 et suiv.
Si la vente d'un propre a eu lieu à terme, le prix est-il subrogé au propre? I, 203.
*Quid*, si la femme ayant échangé un propre pour une rente, le débiteur de la rente devient insolvable, ou si, ayant vendu son propre à terme, l'acquéreur devient insolvable? I, 209 et suiv.
De la subrogation en une créance; ce qu'on entend par cette subrogation; ses effets. I, 348 et suiv. V. *Hypothèques*.

SUBROGÉ-TUTEUR.

Il est responsable lorsque le survivant a négligé de faire inventaire. Les mineurs ont-ils hypothèque sur ses biens? II, 82, 83.
Peut-il se faire représenter à l'inventaire? II, 244.

SUCCESSION.

Successions qui échoient pendant le mariage. I, 275.
De la succession mobilière. I, 275.

De la succession purement immobilière. I, 277.

De la succession en partie mobilière et en partie immobilière. I, 288.

Le mari peut-il seul accepter une succession échue à sa femme? I, 281 et suiv.

Si la succession est en partie mobilière et en partie immobilière. *Quid*, si le partage n'attribue au conjoint que des meubles ou des immeubles? I, 292. II, 405 et suiv.

Les héritiers de la femme ne sont pas à l'égard de la succession ce qu'ils sont à l'égard de la communauté. II, 307 et suiv.

Succession dotale. V. *Dotalité*.

SURENCHÈRE. V. *Séparation contractuelle*. III, 393 et suiv. I, 127 et suiv.

T

TABLEAUX.

S'ils sont propres. I, 106.

TERMES. V. *Dotalité*.

TESTAMENT.

Quelle influence a la découverte d'un testament fait par le mari en matière d'acceptation de communauté? II, 231.

*Quid*, si le testament émane de la femme? Les héritiers qui auront accepté la communauté dans l'ignorance de ce testament, pourront-ils révoquer leur acceptation s'il absorbe plus que la moitié de ce qu'elle y avait droit de prétendre? II, 233. (1)

---

(1) J'ai glissé trop légérement sur cette question: Si les héritiers de la femme ont fait inventaire, ils n'ont rien à redouter du légataire. S'ils n'ont pas fait inventaire, ils se trouveront dans la même position que tous autres héritiers, ils seront tenus indéfiniment envers les légataires auxquels ils ne peuvent rendre compte du montant de la communauté. Nous ne croyons donc pas que la découverte du testament donne lieu à l'application de l'article 783. Cet article ne s'applique qu'au cas où le testament absorbe la moitié de la succession ; or dans notre hypothèse il ne s'agit que d'un testament qui absorbe la moitié de la communauté ; et la communauté n'est pas la succession, elle en fait seulement partie. L'article 1476 ne favorise aucunement l'opinion contraire.

TONNEAUX.

Ceux d'un brasseur de bierre. I, 96.

TRANSPORT.

Le mari peut-il transporter les créances dotales de sa femme? V. *Dotalité*.

TRÉSOR.

Trésor trouvé sur un propre. I, 150 et suiv.
Si la moitié qui appartient à l'époux qui l'a trouvé tombe dans la communauté. I, 151.

TROUPEAUX.

S'ils font partie d'un propre. Leur croît est une espèce de fruit. I, 95.
Pour qui est la perte totale ou partielle du troupeau. I, 95.

U

USAGE.

Droit d'usage appartenant à l'un des conjoints tombe-t-il en communauté? I, 121.

USINES.

*Quid*, si ce qui sert à l'exploitation de l'usine vient à périr, la perte est-elle pour la communauté ou pour le conjoint? II, 408 et suiv.
Comment s'acquièrent les produits d'une usine en matière de communauté? V. *Fruits*.
Comment s'acquièrent les produits d'une usine en régime dotal. V. *Dotalité*.

USTENSILES. V *Agrès*.

Celles des forges, papeteries. I, 99.
*Quid*, si des choses dépendant d'une usine viennent à périr? V. *Usine*.

USUFRUIT.

Tombe-t-il en communauté? I, 121.
La communauté est usufruitière des biens des époux. I, 268.

Réparations auxquelles elle est tenue. I, 268.

Si un usufruit a été légué à l'un des conjoints, comment se paient les dettes? I, 297.

L'un des époux acquiert un usufruit avec des deniers qui lui sont propres, mais il stipule le droit de réversion intégrale sur la tête du survivant des deux: l'usufruitier survit à son conjoint, a-t-il droit à une reprise? III, 415.

Pour la matière de l'USUFRUIT LÉGAL, voyez au mot *Inventaire*.

Le recèl et le divertissement font perdre l'usufruit légal. V. *Divertissement*.

Si un propre est grevé d'un usufruit qui est ensuite racheté des deniers de la communauté, y a-t-il lieu à récompense? II, 400 et suiv.

En quoi consiste la récompense? II, 402 et suiv.

Dans le cas posé l'usufruit sera-t-il un conquêt? III, 419.

Un propre est échangé pour un droit d'usufruit, *quid?* 417 et suiv.

Usufruit en matière de régime dotal. V. *Dotalité*.

Usufruit en matière d'exclusion de communauté. V. *Exclusion de communauté*.

Usufruit en matière de séparation de dettes. V. *Séparation de dettes*, *Convention d'apport*, *Société d'acquêts*.

## VENTE.

Le mari peut-il vendre un conquêt de la communauté, si le mariage a eu lieu sous une loi qui le défendait? V. *Acquêt*.

Le mari ne peut vendre les biens de sa femme; mais sur qui pèse l'action en garantie? I, 487. Voyez aussi *Garantie*.

Si un propre est vendu, quelle est la reprise que l'époux propriétaire a droit de faire? II, 375 et suiv.

Si un propre est vendu moyennant une rente viagère, quelle reprise pourra prétendre l'époux propriétaire? II, 394.

Si une rente viagère ou un usufruit, propre à l'un des époux, est vendu durant le mariage, quelle reprise doit faire cet époux? V. *Rentes viagères*.

Si le pouvoir de vendre emporte celui de recevoir. V. *Paraphernaux*.

Vente du fonds dotal. V. *Dotalité*.

Vente des créances dotales. V. *Dotalité.*

Un cohéritier ou l'un des époux vend, après l'ouverture de la succession ou après la dissolution de la communauté, un bien ou sa part dans un bien qui en dépend ; si le bien est licité ou tombé au lot d'un autre, l'acquéreur aura-t-il droit au prix pour lequel il aura été adjugé, ou seulement à celui pour lequel il avait acheté? IV, 341 et suiv., 497 et suiv.

VENTILATION.

VEUVE.

Voyez *Inventaire*, *Divertissement*, *Délai*, *Deuil*, *Habitation*, *Dotalité.*

La veuve déclarée commune vis-à-vis l'un des créanciers, l'est-elle de plein droit vis-à-vis les autres? II, 303 et suiv.

Nourriture de la veuve. II, 349 et suiv.

S'il n'y a rien dans la communauté, les héritiers du mari sont-ils obligés de nourrir la veuve? II, 349 et suiv.

Si après les trois mois pour faire inventaire elle renonce, aura-t-elle encore droit de se nourrir aux dépens de la communauté? II, 358 et suiv.

*Quid*, si elle a obtenu une prorogation de délai? II, 359 et suiv.

VIOLENCE.

*Quid*, si la femme a accepté ou répudié la communauté par suite de violence? II, 231.

FIN DE LA TABLE.

# POST-SCRIPTUM.

J'ai trop senti la nécessité de cette table, pour ne pas y apporter tous mes soins. On y trouvera toutes les questions qui sont contenues dans les quatre volumes du traité. Mais, comme j'ai été obligé de revenir sur quelques-unes, et que quelquefois même il m'a fallu en rétracter, je prie le lecteur d'y faire attention. Il lui suffira de consulter la table et d'aller à tous les endroits qui sont indiqués par la question, sur-tout lorsqu'il aura quelque doute sur la solution.

Sans doute il est quelques erreurs que j'ai laissé subsister; mais il me semble qu'on ne doit pas être plus exigeant envers moi qu'envers les autres auteurs. Quelle que soit la supériorité de leur mérite, il n'est rien sorti de parfait de leurs mains, et il en sera de même de tous ceux qui les suivront dans la même carrière. Le plus heureux sera celui qui se trompera le moins.

J'ai de toutes les matières du Code choisi la plus difficile et la moins connue. Personne ne l'ayant encore approfondie, je me suis la plupart du temps trouvé sans guide, sur-tout dans le régime de la dotalité. Aussi le dernier volume m'a-t-il beaucoup plus coûté que les autres. Il est vrai que j'avais la législation romaine et la jurisprudence des parlemens de droit écrit; mais avec quelle défiance il faut puiser à ces sources! je ne l'ai fait qu'avec la plus sévère circonspection.

Quelles que soient les erreurs dans lesquelles j'ai pu tomber, le mal n'est peut-être pas irréparable; tôt ou tard je compte revoir mon ouvrage: qu'il ait ou non le mérite d'une seconde édition, je contracte envers tous mes lecteurs l'obligation de leur donner les corrections et augmentations que j'y pourrai faire au seul prix de l'impression.

Il est une question que j'ai traitée longuement dans plusieurs endroits, et sur laquelle je crois devoir revenir de nouveau. C'est celle de savoir si la femme mariée avec exclusion de communauté, ou sous le régime dotal, peut, à défaut d'inventaire, prouver la consistance du mobilier qu'elle a apporté en se mariant. Non que je veuille changer d'opinion; mais je prévois une objection qu'on ne manquera pas de me faire, c'est de n'avoir pas abordé assez franchement les articles 1533 et 1562. L'un dit que le mari est tenu des charges de l'usufruit; l'autre, qu'il est tenu de toutes les obligations de l'usufruitier: or celle de faire inventaire est une de ces obligations, et la loi n'a pas fait exception pour ce cas particulier.

Nous répondons: Le mari est en général tenu des obligations de l'usufruitier; le mari est en général assimilé à l'usufruitier. Mais, en admettant que l'article 1562 renvoie à l'article 600, voyons ce qui en résultera. L'article 600 porte: *L'usufruitier ne peut entrer en jouissance qu'après avoir fait dresser, en présence du propriétaire, ou lui dûment appelé, un inventaire des meubles et un état des immeubles sujets à l'usufruit.*

Arrêtons-nous à ces mots: *Ne peut entrer en*

*jouissance qu'après avoir fait dresser*, etc., etc.

Si le mari n'avait pas fait dresser cet acte, est-il bien vrai qu'il ne pourrait entrer en jouissance? Le mariage est célébré, le mari est usufruitier, il a la possession de tout le mobilier qui appartient à sa femme : tout ce que pourrait faire la femme, c'est d'intenter une action à son mari, soit tendant à faire un inventaire, soit tendant à obtenir une séparation fondée sur ce que le défaut de cet acte met sa dot en péril ; certes la loi a été trop soigneuse d'éviter des contestations entre époux pour leur laisser matière à celle-ci. Elle a voulu que l'inventaire eût lieu avant le mariage et de concert entre les époux; et, comme il y va de l'intérêt de la femme, le soin d'y faire procéder semble bien plus la concerner que son futur.

Passons à ceux-ci : *En présence du propriétaire, ou lui dûment appelé.* Cette phrase de l'article 600 est-elle bien applicable au cas de l'usufruit marital? Ainsi le futur ferait sommation à sa future de se trouver à l'ouverture. Cela ne serait ni prudent ni bienséant. Comme on l'a dit, cet acte ne peut se faire que de concert entre les époux. On voit donc qu'il n'est pas bien démontré que l'article 1562 renvoie à l'article 600, puisqu'il est nécessairement des choses dans cet article qui ne concordent pas avec l'usufruit marital.

Mais enfin j'assimile entièrement le mari à l'usufruitier. De ce que celui-ci est tenu de faire inventaire, en doit-il nécessairement résulter que si cet acte n'a pas été fait, le nu-propriétaire sera admis à prouver par témoins ? Sans doute, si l'usufruitier s'empare des choses sans que la délivrance lui en ait été consentie. Mais, s'il consent volontairement cette délivrance, et c'est le cas de la femme, les autres créanciers de l'usufruitier, après 10, 15, 20 ans, se contenteront-ils bien d'une preuve testimoniale? Ne pourront-ils pas invoquer l'article 1341, en disant qu'il ne tenait qu'au nu-propriétaire de se procurer une preuve écrite? On conviendra que si cette preuve est admise, c'est ouvrir une source à la mauvaise foi et faire une exception qui ne résulte nullement de l'article 600. Que dit en effet cet article? *Que l'usufruitier ne peut entrer en jouissance sans avoir fait inventaire.* Hé bien! usez de votre droit, faites faire cet acte, empêchez jusque-là la jouissance; cela ne tient qu'à vous: mais, si vous ne le faites, vous êtes dans votre tort, et il est injuste que vous en fassiez un moyen pour invoquer une preuve que la loi redoute elle-même; car enfin qui nous garantit qu'il n'y a pas collusion entre vous et l'usufruitier? Encore ce cas n'offre-t-il pas le même danger que celui qui nous occupe. D'abord il est certain qu'il y avait des choses sujettes à usufruit, ce qui n'est pas toujours certain en matière d'usufruit marital. En second lieu, le nu-propriétaire et l'usufruitier sont deux étrangers ; la collusion est bien moins présumable qu'entre mari et femme, sur-tout après une séparation de biens. En troisième lieu, l'usufruitier n'a pas d'hypothèque, la femme en a une qui primera tous ceux auxquels le mari en aura consenti.

En effet il s'agit là d'une créance dotale, d'une créance qui existait dès le jour du mariage, et qui doit jouir du privilége de l'hypothèque dès cette époque.

Nous croyons donc qu'il y a une très-grande différence entre celui qui consent volontairement la délivrance à l'usufruitier, sans le contraindre à faire inventaire, et celui qui n'a pu empêcher la possession de l'usufruitier; que l'article 600 n'est point une exception à la règle générale; que l'article 1341 régit le cas de l'usufruit; que, rigoureusement parlant, tout ce que pourrait faire le nu-propriétaire serait de contraindre l'usufruitier à faire inventaire du mobilier qu'il confesse avoir reçu du nu-propriétaire, et que la raison, l'équité et la loi s'opposent à ce que la preuve testimoniale soit recevable en tout temps, même contre l'usufruitier, mais sur-tout contre les tiers; que, lors même que cela devrait être en matière d'usufruit proprement dit, cela n'est pas une raison pour que cela soit en matière d'usufruit marital.

S'il s'agissait de meubles paraphernaux ou de ceux de la femme mariée avec séparation, nous croyons la preuve testimoniale admissible; nous disons plus, c'est que l'inventaire ou l'état auquel les époux auraient pu faire procéder ne motiverait pas toujours une demande de la part de la femme, car ayant la libre disposition de son mobilier, il serait possible qu'elle en eût disposé; ce qui doit engager les époux de ne point en ce cas confondre leur possession. La possession aura toujours l'effet d'éviter entre eux des contestations, et d'empêcher, en ce qui concerne les tiers, tout soupçon de fraude.

FIN.

www.ingramcontent.com/pod-product-compliance
Lightning Source LLC
Chambersburg PA
CBHW060844220326
41599CB00017B/2378
*9782011270184*